华东政法大学65周年校庆文丛

国际私法国际前沿年度报告
（2011～2016）

杜涛 / 著

法律出版社
LAW PRESS · CHINA

崛起、奋进与辉煌
——华东政法大学65周年校庆文丛总序

2017年，是华东政法大学65华诞。65年来，华政人秉持着“逆境中崛起，忧患中奋进，辉煌中卓越”的精神，菁莪造士，棫朴作人。学校始终坚持将学术研究与育人、育德相结合，为全面推进依法治国做出了巨大的贡献，为国家、为社会培养和输送了大量法治人才。一代代华政学子自强不息，青蓝相接，成为社会的中坚、事业的巨擘、国家的栋梁，为社会主义现代化和法治国家建设不断添砖加瓦。

65年栉风沐雨，华政洗尽铅华，砥砺前行。1952年，华政在原圣约翰大学、复旦大学、南京大学、东吴大学、厦门大学、沪江大学、安徽大学、上海学院、震旦大学九所院校的法律系、政治系和社会系的基础上组建而成。历经65年的沧桑变革与辛勤耕耘，华政现已发展成为一所以法学为主，兼有政治学、经济学、管理学、文学、工学等学科的办学特色鲜明的多科性大学，人才培养硕果累累，科研事业蒸蒸日上，课程教学、实践教学步步登高，国际交流与社会合作事业欣欣向荣，国家级项目、高质量论文等科研成果数量长居全国政法院校前列，被誉为法学教育的“东方明珠”。

登高望远，脚踏实地。站在新的起点上，学校进一步贯彻落实“以人为本，依法治校，质量为先，特色兴校”的办学理念，秉持“立德树人，德法兼修”的人才培养目标，努力形成“三全育人”的培养管理格局，培养更多应用型、复合型、高素质的创新人才，为全力推进法治中国建设和高等教育改革做出新的贡献！

革故鼎新，继往开来。65周年校庆是华东政法大学发展史上的重要里程碑，更是迈向新征程开创新辉煌的重要机遇。当前华政正抢抓国家“双一流”建设的战略机遇，深度聚焦学校“十三五”规划目标，紧紧围绕学校综合改革“四梁八柱”整体布局，坚持“开门办学、开放办学、创新办学”发展理念，深化

“教学立校、学术兴校、人才强校”发展模式，构建“法科一流、多科融合”发展格局，深入实施“两基地（高端法律及法学相关学科人才培养基地、法学及相关学科研究基地）、两中心（中外法律文献中心、中国法治战略研究中心）、一平台（“互联网＋法律”大数据平台）”发展战略，进一步夯实基础、深化特色、提升实力。同时，华政正着力推进“两院两部一市”共建项目，力争到21世纪中叶，能把学校建设成为一所“国际知名、国内领先，法科一流、多科融合，特色鲜明、创新发展，推动法治文明进步的高水平应用研究型大学和令人向往的高雅学府”。

薪火相传，生生不息。65周年校庆既是对辉煌历史的回望、检阅，也是对崭新篇章的伏笔、铺陈。在饱览华政园风姿绰约、恢弘大气景观的同时，我们始终不会忘却风雨兼程、踏实肯干的“帐篷精神”。近些年来，学校的国家社科基金法学类课题立项数持续名列全国第一，国家社科基金重大项目和教育部重大项目取得历史性突破，主要核心期刊发文量多年位居前茅。据中国法学创新网发布的最新法学各学科的十强排名，学校在法理学和国际法学两个领域排名居全国第一。当然我们深知，办学治校犹如逆水行舟，机遇与挑战并存，雄关漫道，吾辈唯有勠力同心。

为迎接65周年校庆，进一步提升华政的学术影响力、贡献力，学校研究决定启动65周年校庆文丛工作，在全校范围内遴选优秀学术成果，集结成书出版。文丛不仅囊括了近年来华政法学、政治学、经济学、管理学、文学等学科的优秀学术成果，也包含了华政知名学者的个人论文集。这样的安排，既是对华政65华诞的贺礼，也是向广大教职员工长期以来为学校发展做出极大贡献的致敬。

65芳华，荣耀秋菊，华茂春松，似惊鸿一瞥，更如流风回雪。衷心祝愿华政铸就更灿烂的辉煌，衷心希望华政人做出更杰出的贡献。

华东政法大学65周年校庆文丛编委会

2017年7月

目　　录

法律文件列表

1.欧盟

《阿姆斯特丹条约》(Amsterdam Treaty)

《关于破产程序的条例》[Council Regulation (EC) No. 1346/2000 of 29 May 2000 on insolvency proceedings]

《关于破产程序的条例(修订)》[Regulation (EU) No.2015/848 of the European Parliament and of the Council of 20 May 2015 on insolvency proceedings (recast)]

《关于婚姻案件和父母责任案件管辖权与判决承认和执行的条例》[Council Regulation (EC) No. 2201/2003 of 27 November 2003 concerning jurisdiction and the recognition and enforcement of judgments in matrimonial matters and the matters of parental responsibility]

《关于民商事案件管辖权和判决执行的第1215/2012号条例(重订)》[Regulation (EU) No. 1215/2012 of the European Parliament and of the Council of 12 December 2012 on jurisdiction and enforcement of judgments in civil and commercial matters (recast)]

《关于成员国法院间在民商事案件取证方面进行协助的条例》

《关于非合同之债法律适用的第864号条例》[Regulation (EC) No. 864/2007 of the European Parliament and of the Council of 11 July 2007 on the law applicable to non-contractual obligations]

《关于合同之债法律适用的第593号条例》[Regulation(EC) No. 593/2008 of the European Parliament and of the Council of 17 June 2008 on the law applicable to contractual obligations]

《关于扶养之债管辖权、法律适用、判决承认与执行和合作的第2009/4号条例》[Council Regulation(EC) No. 4/2009 of 18 December 2008 on Jurisdiction, Applicable Law, Recognition and Enforcement of Decisions and Cooperation in Matters Relating to Maintenance Obligations]

《关于离婚和司法别居法律适用的条例》[Council Regulation (EU) No. 1259/2010 of 20 December 2010 implementing enhanced cooperation in the area of the law applicable to divorce and legal separation]

《继承事项管辖权、准据法和判决承认与执行以及创设欧洲继承证书的条例》[Regulation (EU) No. 650/2012 of the European Parliament and of the Council of 4 July 2012 on jurisdiction, applicable law, recognition and enforcement of decisions and acceptance and enforcement of authentic instruments in matters of succession and on the creation of a European Certificate of Succession]

《关于相互承认民事保护措施的条例》[Regulation (EU) No. 606/2013 of the European Parliament and of the Council of 12 June 2013 on Mutual Recognition of Protection Measures in Civil Matters]

《为促进民商事领域跨境债务追索而创设欧洲账户冻结令程序的条例》[Regulation (EU) No. 655/2014 of the European Parliament and of the Council of 15 May 2014 Establishing a European Account Preservation Order Procedure to Facilitate Cross-Border Debt Recovery in Civil and Commercial Matters]

《关于在欧盟范围内简化某些公文的接受以促进公民和营业自由迁移并修订第1024/2012号条例的条例》[European Parliament legislative Resolution of 4 February 2014 on the Proposal for a Regulation of the European Parliament and of the Council on Promoting the Free Movement of Citizens and Businesses by Simplifying the Acceptance of Certain Public Documents in the

European Union and Amending Regulation（EU）No. 1024/2012］

《关于婚姻财产制事项的管辖权、法律适用和判决承认与执行的条例》（Council Regulation on Jurisdiction, Applicable Law and the Recognition and Enforcement of Decisions in Matters of Matrimonial Property Regimes）

《关于登记伴侣财产制事项的管辖权、法律适用和判决承认与执行的条例》（Council Regulation on Jurisdiction, Applicable Law and the Recognition and Enforcement of Decisions Regarding the Property Consequences of Registered Partnerships）

《关于在个人数据处理方面对自然人保护和此类数据自由流动的第2016/679号条例》［Regulation（EU）No.2016/679 of The European Parliament And Of The Council of 27 April 2016 on the Protection of Natural Persons with Regard to the Processing of Personal Data and on the Free Movement of Such Data, and Repealing Directive 95/46/EC］

《关于在欧盟范围内简化某些公文的接受以促进公民和营业自由迁移并修订第1024/2012号条例的条例》［Regulation of the European Parliament and of the Council on promoting the free movement of citizens and businesses by simplifying the acceptance of certain public documents in the European Union and amending Regulation（EU）No. 1024/2012］

2.美国

《外国人侵权索赔法》（Alien Tort Statute）

《反恐怖主义法》（ATA）

《酷刑受害者保护法》（TVPA）

《多德—弗兰克华尔街改革与消费者保护法》（Dodd-Frank Act）

《外国主权豁免法》（FSIA）

3.海牙国际私法会议

《取消外国公文认证要求的公约》（Convention Abolishing the Requirement of Legalisation for Foreign Public Documents）

《跨国收养方面保护儿童及合作公约》（Convention on Protection of

Children and Co-Operation in Respect of Intercountry Adoption）

《关于父母责任和保护儿童措施的管辖权、法律适用、承认、执行和合作公约》（Convention on Jurisdiction, Applicable Law, Recognition, Enforcement and Co-operation in Respect of Parental Responsibility and Measures for the Protection of Children）

《关于向国外送达民事或商事司法文书和司法外文书的公约》（Convention on the Service Abroad of Judicial and Extra Judicial Documents in Civil or Commercial Matters）

《扶养义务法律适用公约》（Convention of the Law Applicable to Maintenance Obligations）

《国际诱拐儿童民事方面的公约》（Convention on the Civil Aspects of International Child Abduction）

《关于从国外调取民事或商事证据的公约》（Convention on the Taking of Evidence Abroad in Civil or Commercial Matters）

《选择法院协议公约》（Convention on Choice of Court Agreements）

4.其他国家

《波兰国际私法典》（Polish Private International Law Act）

《罗马尼亚民法典》（Romanian Civil Code）

《捷克共和国国际私法典》（Private International Law Act of Czech Republic）

《多米尼加共和国国际私法典》（Private International Law Act of Dominican Republic）

《巴拉圭国际合同法律适用法》（Act on Applicable Law for International Contracts of Republic of Paraguay ）

《巴拿马共和国国际私法典》（Private International Law Act of The Republic of Panama）

《阿根廷共和国民商法典》（Civil and Commercial Code of the Republic of Argentina）

《巴西共和国民事诉讼法典》（Civil Procedure Act of the Republic of Brazil）

《黑山共和国国际私法典》(Private International Law Act of Montenegro)

《西班牙国际民事司法合作法》(Ley decooperación juridical internacional en material civil)

国际私法国际前沿年度报告
（2011～2012）

前言

2011年10月18日，党的十七届六中全会通过了《中共中央关于深化文化体制改革、推动社会主义文化大发展大繁荣若干重大问题的决定》（以下简称《决定》）。[1]其中明确提出“建设具有中国特色、中国风格、中国气派的哲学社会科学”这一宏伟目标。为实现此目标，《决定》提出了“繁荣发展哲学社会科学”的国家决策，要求广大哲学社会科学工作者必须“坚持以重大现实问题为主攻方向，加强对全局性、战略性、前瞻性问题研究”，以“推进学科体系、学术观点、科研方法的创新”。《决定》同时要求“推动中华文化走向世界”。要求我们“应当广泛参与世界文明对话，促进文化相互借鉴，积极吸收借鉴国外优秀文化成果。坚持以我为主、为我所用，学习借鉴一切有利于加强我国社会主义文化建设的有益经验”。只有这样，才能“增强中华文化在世界上的感召力和影响力”，并“增强我国的国际话语权”。

国际私法作为直接调整涉外民事关系的法律规则体系，直接与外国国家、企业和自然人打交道。在“推动中国文化走向世界”的宏伟愿景中，应该起到“先行先试”的表率作用。在文化交流中，“走出去”和“引进来”是相辅相成的。中国国际私

〔1〕《中共中央关于深化文化体制改革、推动社会主义文化大发展大繁荣若干重大问题的决定》，载《人民日报》2011年10月26日，第1版。

法学界30年来在“走出去”和“引进来”这两个方面都一直走在中国法学界的前列。

本章介绍2011～2012年度国外国际私法的前言发展动态。本年度,各国国际私法可谓精彩纷呈,相信不会让有耐心阅读下去的人士失望。

一、欧盟

(一)欧洲冲突法革命?

近十多年来,当代欧盟各国国际私法正面临一个重大转折,就是从各国国际私法向“欧洲国际私法”的转化,这被称为国际私法的“欧洲化”(Europeanization)。[1]

自从1999年5月1日《阿姆斯特丹条约》生效以后,欧盟国际私法的形式就不再是成员国间缔结的条约了,而是由欧盟理事会直接发布的条例(Regulation)、指令(Direction)和决定(Decision),这些条例、指令和决定对于各成员国都有直接法律效力。2009年12月1日,《里斯本条约》生效之后,欧洲统一化进程进一步加速,尤其是在司法领域内的合作进一步深入。原来的欧盟委员会下设的司法、自由与安全部被一分为二,即内务部和司法部。新成立的司法部专门负责欧盟各成员国之间的司法合作事务,职能更为集中。

近年来,欧盟制定的有关国际私法和国际民事诉讼法的条例主要有:

(1)2000年5月29日第1346号《关于破产程序的条例》。[2]它取代了未能生效的1995年欧盟《破产程序公约》。该条例于2002年5月31日起生效。[3]

(2)2000年5月29日第1347号《关于婚姻案件管辖权和判决承认与执行的条例》(以下简称旧布鲁塞尔第二条例)。[4]该条例取代了1998年5月28日的《布鲁塞尔第二公约》,并于2001年3月1日起生效。该条例被2003年11月27日《关于婚姻案件和父母责任案件管辖权与判决承认和执行的条例》(以下简称

〔1〕 Bernd von Hoffmann, *European Private International Law*(1998), S.15.

〔2〕 EG-Verordnung Nr.1346 / 2000 vom 29.5.2000 über Insolvenzverfahren(EuInsVO).

〔3〕 Haimo Schack, *Internationales Zivilverfahrensrecht*, 3.Aufl.2002, S.439.

〔4〕 EG-Verordnung Nr.1347 / 2000 vom 29.5.2000 über die Zuständigkeit und die Anerkennung und Vollstredkung von Entscheidungen in Ehesachen und in Verfahren betreffend die elterliche Verantwortung für die gemeinsamen Kinder der Ehegatten(EheGVO), in: *EG-Abl.*2000 160, S.19.

新布鲁塞尔第二条例)[1]取代。新布鲁塞尔第二条例于2005年1月1日起生效。

(3)2000年5月29日通过的2000年第1348号《关于成员国间民商事司法文书和司法外文书送达的条例》。[2]该条例取代了1997年《关于成员国间民商事司法文书和司法外文书送达的公约》,并于2001年5月31日起生效。

(4)2000年12月22日通过的《关于民商事案件管辖权与判决承认和执行的条例》(以下简称布鲁塞尔第一条例)。[3]该条例取代了1968年《布鲁塞尔公约》,并于2002年3月1日起生效。

(5)2001年5月28日通过的2001年第1206号《关于成员国法院间在民商事案件取证方面进行协助的条例》。[4]该条例于2004年1月1日起生效。[5]

(6)2007年7月11日《关于非合同之债法律适用的第864号条例》(以下简称罗马第二条例)[6]。该条例于2009年1月11日起生效。

(7)2008年6月17日《关于合同之债法律适用的第593号条例》(以下简称罗马第一条例)。[7]该条例将于2009年12月17日起生效。

(8)2008年12月18日《关于扶养之债管辖权、法律适用、判决承认与执行和合作的第2009/4号条例》。[8]2009年1月30日起生效,但从2011年6月18日起才正式适用。

(9)2010年12月20日《关于离婚和司法别居法律适用的条例》(以下简称罗马第三条例)。[9]将于2012年7月在14个成员国之间生效。

由此可见,欧盟成员国间的国际私法正在逐步走向统一,从而形成一种新

[1] Council Regulation (EC) No. 2201/2003 of 27 November 2003 concerning jurisdiction and the recognition and enforcement of judgments in matrimonial matters and the matters of parental responsibility.

[2] EG-Abl.L 160, S.37.

[3] EG-Abl.2001 L 12, S.1.

[4] EG-Abl.L 174, S.1.

[5] Haimo Schack, *Internationales Zivilverfahrensrecht*, S.313.

[6] Regulation (EC) No.864/2007 of the European Parliament and of the Council of 11 July 2007 on the law applicable to non-contractual obligations (Rome Ⅱ).

[7] Regulation (EC) No.593/2008 of the European Parliament and of the Council of 17 June 2008 on the law applicable to contractual obligations (Rome Ⅰ).

[8] Council Regulation (EC) No. 4/2009 of 18 December 2008 on Jurisdiction, Applicable Law, Recognition and Enforcement of Decisions and Cooperation in Matters Relating to Maintenance Obligations.

[9] Rome Ⅲ Regulation Implementing Enhanced Cooperation in the Area of the Law Applicable to Divorce and Legal Separation.

的“欧洲国际私法”。对于这种国际私法的性质，有学者将其称为从“国际私法”向“区际私法”的转变；[1] 也有学者将其称为“第三代欧洲冲突法”。[2] 对于这种“欧洲冲突法”对世界各国可能产生的影响，已经有人发出了“欧洲冲突法革命”的惊叹。[3] 美国杜克大学法学院于2008年2月9日专门举办了一场名为“欧洲冲突法新革命：对美国的启示”的国际研讨会，其成果也以专辑的形式发表于《杜兰法律评论》。[4]

欧洲冲突法的联邦化一方面使冲突法摆脱了民族国家的羁绊，另一方面也超越了传统欧洲冲突法的国际主义，开始向罗马帝国时代的普遍主义回归。这一点，罗马第二条例和罗马第一条例中都有集中体现。比如，罗马第二条例第7条就反映了欧盟对环境保护的共同利益；同样，罗马第二条例第5条有关产品责任的法律适用规则也放弃了传统国际私法中所谓的客观连结规则，而是体现了欧盟共同的价值观念和政策；罗马第一条例有关消费者保护的规则也是建立在欧盟条约第153条基础之上，反映了欧盟的共同政策。罗马第二条例第6条中所规定的反垄断法律适用规则，也是为了实现共同欧洲市场的目标。正是从这个意义上说，欧洲冲突法就是实现欧盟共同政策的工具。[5]

欧盟正在向一个准联邦机构发展，因此欧盟的冲突法立法也具有联邦法

---

〔1〕 Jayme/Kohler：Europäisches Kollisionsrecht 2000：Interlokales Privatrecht oder universelles Gemeinschaftsrecht? In：*IPRax* 2000 Heft 6，S.454ff.

〔2〕 Christian Kohler，Europäisches Kollisionsrecht zwischen Amsterdam und Nizza，in：*ZEus* 2001，S.575ff.

〔3〕 Pocar，Lacomunitarizzazione del diritto internazionale privato：una “European Conflict of Laws Revolution?”，*Riv.dir.int.priv.proc.*36（2000）873，883f.；Meeusen，Instrumentalisation of Private International Law in the European Union：Towards a European Conflicts Revolution? *Eur. J.Migr. & L.*9（2007）287，290f.，305；Symeonides，The American Revolution and the European Evolution in Choice of Law：Reciprocal Lessons，*Tul.L.Rev.* 82（2008）1741，1752f；Ralf Michaels，The New European Choice-of-Law Revolution，*Tul.L.Rev.* 82（2008）1607f；Ralf Michaels，Die europaeische IPR-Revolution：Regulierung，Europaeisierung，Mediatisierung，in *Festschrift Jan Kropholler*（2008）151ff；Jan von Hein，Something Old and Something Borrowed，but Nothing New? Rome Ⅱ and the European Choice-Of-Law Evolution，*Tul.L.Rev.* 82（2008）1663f.

〔4〕 Proceedings of the Duke Law Center for International and Comparative Law and Tulane Law Review Symposium：The New European Choice-of-Law Revolution：Lessons for the United States，*Tul.L.Rev.*82（2008），pp.1607-2180.

〔5〕 Ralf Michaels，Die europaeische IPR-Revolution：Regulierung，Europaeisierung，Mediatisierung，in *Festschrift Jan Kropholler*（2008），S.161.

律的性质。[1]这种联邦化的发展趋势使一些学者提出了欧洲冲突法“美国化”的怀疑。但欧洲冲突法虽然表面上看类似于美国的联邦法律，但实质上，美国迄今为止仍然没有实现冲突法的联邦化。美国冲突法仍然是各州各自为政。正是基于此，我们可以说欧洲冲突法更具有革命性意义。

（二）“承认原则”取代冲突法？

欧盟国际私法领域发生的另一场革命性变革是所谓的“承认原则”取代传统的冲突法制度。这股革命潮流从1999年阿姆斯特丹条约生效之后就开始了，[2]在欧盟理事会2010年通过斯德哥尔摩议程（Stockholm Programm）之后，进展进一步加速。其基本内容是：通过在欧盟各成员国之间建立相互承认彼此做出的法律公文的机制，最终实现欧盟的目标，即商品的流动自由、人员的流动自由、资本的流动自由和营业自由。某些学者乐观地预计，如果承认制度完全建立，则可达到消除法律冲突的效果。[3]2010年以来，欧盟加快了承认机制的建立。欧盟委员会为落实斯德哥尔摩议程而制定的“行动计划”规定，欧盟委员会最晚应在2013年年底出台一项“关于相互承认身份文书的立法建议”，可以被相互承认的身份文书包括出生证明、嫡出证明、收养证明和姓名证明等。欧盟还计划建立统一的欧洲身份文书。在继承法领域，2012年年初提交欧盟议会审议的《继承事项管辖权、准据法和判决承认与执行以及创设欧洲继承证书的条例（草案）》已经正式提出了一个“欧洲继承证书”的方案，要求各成员国相互承认在对方国家做出的继承证书。在同性婚姻领域，欧盟也在试图推动各成员国相互承认其他成员国境内登记成立的同性婚姻或同性伴侣关系。

不过，对于承认原则的具体含义及其法律效果，学者们展开了激烈争论，反对的意见认为，承认原则并不能替代冲突规范，承认只具有形式上的证明效

---

〔1〕 Chartes T.Kotuby, Internal Developments and External Effects: The Federalization of Private International Law in the European Community and its Consequences for Transnational Litigations, 21 *J.L. & Com.*157（2001-2002）, p.157f; Jürgen Basedow, Federal Choice of Law in Europe and the United States—A Comparative Account of Interstate Conflicts, 82 *TUL.L.REV.*（2008）, pp.2119-2146.

〔2〕 Erik Jayme/Christian Kohler, Europaeisches Kollisionsrecht 2001-Anerkennungsprinzip statt IPR? , *IPRax* 2001, S.501.

〔3〕 Heinz-Peter Mansel, Anerkennung als Grundprinzip des Europaeischen Rechtsraums-Zur Herausbildung eines europaeischen Anerkennungs-Kollisionsrechts: Anerkennung statt Verweisung als neues Strukturprinzip des Europaeischen internationalen Privatrechts, *RabelsZ* 70（2006）, S.651.

力，并不具有实体法上的法律效果。[1]

（三）继承条例草案

2011年度，欧洲冲突法的统一化进程继续深入开展。在继承关系等领域，2009年10月14日出台了《继承事项管辖权、准据法和判决承认与执行以及创设欧洲继承证书的条例（草案）》，[2]经过几年的讨论，2012年3月1日，欧洲议会开始审议该草案，预计在2012年内通过。草案在管辖权上采用被继承人最后经常居所地为管辖法院。在继承准据法方面采用了同一制，以被继承人最后经常居所地法为准据法（草案第16条）。被继承人可以选择继承的准据法。但是遗嘱的形式有效性不适用条例的规定，而应适用1961年的海牙遗嘱形式法律适用公约。草案特别规定，该条例不影响遗产的物权。遗产的物权，包括各成员国国内法中所存在的“物权法定原则”（numerus clausus）以及物权的公示等，都继续适用物之所在地法律。条例最大的创举是试图建立一种全新的“欧洲继承证书”（European Certificate of Succession）。该继承证书用于证明继承人或受遗赠人的能力、遗产管理人的权力等事项。继承证书由有管辖权的国家法院根据继承准据法做出，采用统一的格式，可以在欧洲范围内流通，并得到所有成员国的承认。

（四）婚姻财产制条例草案

在婚姻财产制方面，2011年3月16日，欧盟委员会提交了《关于婚姻财产制事项的管辖权、法律适用和判决承认与执行的条例（草案）》以及与之并行的《关于登记伴侣财产制事项的管辖权、法律适用和判决承认与执行的条例（草案）》，供欧洲议会讨论通过。[3]这两个条例草案，前者针对的是婚姻关系，包括同性婚姻和异性婚姻；后者针对的是登记伴侣关系，包括同性伴侣和异性

---

〔1〕 Hans Juergen Sonnenberger, Anerkennung statt Verseisung? Eine neue internationalprivatrechtliche Methode?, in *FS Spellenberg*, 2010, 371ff.

〔2〕 该条例草案文本见欧洲议会官方网站：http://eur-lex.europa.eu/LexUriServ/LexUriServ.do?uri=COM:2009:0154:FIN:EN:PDF。

〔3〕 Proposal for a Council Regulation on Jurisdiction, Applicable Law and the Recognition and Enforcement of Decisions in Matters of Matrimonial Property Regimes, Brussels, 16.03.2011, COM (2011) 126/2; Proposal for a Council Regulation on Jurisdiction, Applicable Law and the Recognition and Enforcement of Decisions Regarding the Property Consequences of Registered Partnerships, Brussels, 16.03.2011 COM (2011) 127/2.

伴侣。目前欧盟成员国中已有14个国家承认了登记伴侣关系。[1]两个条例在法律适用问题上有较大差别,对于夫妻财产制,夫妻双方可以协议选择准据法,若无选择,则适用婚后最初的共同经常居所地法律;若没有共同经常居所,则适用其共同国籍国法律。对于登记伴侣关系,则不允许双方选择法律,只能适用登记地法律。由于还有很多欧盟成员国不承认登记伴侣关系,因此,后一个条例近期内被通过的可能性比较小。

(五)国际私法总则问题

欧洲国际私法的总则也被提上议事日程。2011年3月18日,法国图卢兹大学举办了一次关于"欧洲国际私法典的结构"的研讨会。[2]会上,法国著名国际私法学家拉加德提交了欧洲历史上第一份国际私法总则的条款草案。[3]草案共分四章,第一章为前言,第二章为管辖权,第三章为冲突规范,第四章为判决承认与执行。草案一共只有24个条文,比较简略,主要目的是供欧洲各国学者进行讨论。拉加德的草案极大地引发了欧洲学者对欧洲国际私法法典化的热情。2011年9月16日至18日,欧洲国际私法小组(GEDIP)[4]在比利时布鲁塞尔召开会议,进一步讨论了国际私法总则条款。学者们关注的焦点在国籍、反致等具体规则上。

(六)欧洲统一货物买卖法

2011年度欧盟发生的另一起重大的国际私法事件是统一欧洲货物买卖法(Common European Sales Law)的起草工作。2011年10月11日,《欧洲统一货物买卖法条例》草案正式公布并提交给欧洲议会。[5]该条例对欧洲国际私法尤其是刚刚颁布不久的罗马第一条例将产生重大影响,因为该统一买卖法条例

---

〔1〕 分别是比利时、丹麦、德国、芬兰、法国、爱尔兰、卢森堡、荷兰、奥地利、瑞典、斯洛文尼亚、捷克、匈牙利和英国。

〔2〕 Fallon, Marc/Lagarde, Paul/Poillot Peruzzetto, Sylvaine (dir.) Quelle architecture pour un code européen de droit international privé? Peter Lang (Bruxelles–Bern–Berlin–Frankfurt am Main–New York–Oxford–Wien, 2011.

〔3〕 Paul Lagarde, Embryon de Reglement portant Code Européen de Droit International Privé, RablesZ 75 (2011), p.673.

〔4〕 欧洲国际私法小组(European Group for Private International Law)是由欧洲18个国家和机构的约30位顶尖国际私法学者组成的一个具有智库性质的封闭性学术论坛,1991年成立,每年举办一次活动。具体情况参见该小组官方网站:http://www.gedip-egpil.eu/。

〔5〕 Proposal for a Regulation of the European Parliament and of the Council on a Common European Sales Law, Brussels, 11.10.2011, COM (2011) 635 final.

将适用于跨国买卖合同关系，因此在该领域内，冲突法将失去用武之地。不过鉴于各方面的不同意见，最后通过的条例将是一个任意性（optional）的法律文件，供当事人选择适用。欧洲各国冲突法学者已经就该条例与冲突法的关系展开了激烈讨论。[1]

（七）布鲁塞尔第一条例的修订

在国际民事诉讼法领域，欧盟近年来一直在致力于对布鲁塞尔第一条例[2]的修改工作。2010年12月14日，欧盟委员会提交了一项关于修改该条例的建议稿。[3]建议稿相比以前的条例有几个非常重要的变化。其中最引人关注的是取消了对承认与执行外国判决的审查程序（exequatur）。几乎所有国家法律中，都对承认与执行外国法院判决规定了审查程序，只不过现在多数国家

---

〔1〕 C.Busch, Kollisionsrechtliche Weichenstellungen für ein Optionales Instrument im Europäischen Vertragsrecht, *Europäische Zeitschrift für Wirtschaftsrecht* 2011, p.655; G.Dannemann, Draft for a First Chapter (Subject Matter, Application and Scope) of an Optional European Contract Law, *Oxford University Comparative Law Forum* 2 (2011), http://www.ouclf.iuscomp.org, text under B. (last visited 26 February 2012); M.Gebauer, Europäisches Vertragsrecht als Option–der Anwendungsbereich, die Wahl und die Lücken des Optionalen Instrumentes, *Zeitschrift für Gemeinschaftsprivatrecht* 2011, p.227; H.Heiss, Party Autonomy, in F.Ferrari and S.Leible, *Rome I Regulation* (2009), pp.1, 13–16; H.Heiss and N.Downes, Non-Optional Elements in an Optional European Contract Law-Reflections from a Private International Law Perspective, 13 *European Review of Private Law*, p.693; M.Jagielska, Issues of private international law linked with the adoption of an optional EU instrument in the field of contract law (2010), http://www.europarl.europa.eu/webnp/webdav/site/myjahiasite/users/emartinezdealosmoner/public/Jagielska%20EN.pdf (last visited 26 February 2012); E.Lein, Issues of private international law, jurisdiction and enforcement of judgments linked with the adoption of an optional EU contract law (2010), http://www.europarl.europa.eu/webnp/webdav/site/myjahiasite/users/emartinezdealosmoner/public/Lein%20EN.pdf (last visited 26 February 2012); P.Mankowski, CFR und Rechtswahl, in M.Schmidt-Kessel, *Der Gemeinsame Referenzrahmen* (2009), p.390; Max Planck Institute for Comparative and Private International Law, Policy Options for Progress Towards a European Contract Law, Comments on the issues raised in the Green Paper from the Commission of 1 July 2010, COM (2010) 348 final, 75 *RabelsZ* 2001, p.371; H.Rösler, Rechtswahl und Optionales Vertragsrecht in der EU, *EuZW* 2011, p.1; H.Schulte-Nölke, Der Blue Button kommt–Konturen einer neuen rechtlichen Infrastruktur für den Binnenmarkt, 19 *ZEuP* (2011), pp.749, 753–754; M.Stürner, Kollisionsrecht und Optionales Instrument: Aspekte einer noch ungeklärten Beziehung, *Zeitschrift für Gemeinschaftsprivatrecht* 2011, p.236.

〔2〕 全称是《2000年12月22日关于民商事管辖权和判决承认与执行的第44/2001号条例》（以下简称布鲁塞尔第一条例）。

〔3〕 Proposal for a Regulation of the European Parliament and of the Council on jurisdiction and the recognition and enforcement of judgments in civil and commercial matters of 14.12.2010, COM (2010) 748 final.

都仅对外国判决做形式审查而不做实质审查。原来的布鲁塞尔第一条例第41条也同样如此。但新建议稿则完全废除了此种审查程序，而且还进一步取消了对被执行人（债务人）的救济措施。围绕着这个问题欧洲各国发生了激烈的争论。[1]根据欧盟委员会的解释，取消审查程序主要基于经济和政治两方面的考虑。首先，在经济上，取消审查程序可以使当事人之间的债务更快地得到履行，加快了资金和货物的流动，提高了经济效率。而且从实践来看，欧盟范围内90%以上的外国法院判决最终都通过了审查程序得到了执行，审查程序已无存在的必要性。其次，从政治上看，欧盟的目标就是要建立一个人员、货物、资金和营业可以自由流动的统一市场，这就必然需要在司法制度上加以保证。取消审查程序使各成员国的法院判决可以在欧盟范围内“自由流动”，这就可以极大地促进欧盟统一化进程。因此，欧盟理事会把判决的相互承认与执行视为“欧盟内部民事和刑事司法合作的基石”。

取消审查程序也存在很多问题，其中最关键的一点是它可能会与欧盟人权法相抵触，因为审查程序的一个主要功能就在于防止外国法院判决违反基本人权，一旦被废除，当事人将失去一个保护的屏障，法院也失去一道最后的安全阀。[2]欧洲律师协会提出的意见书就建议保留公共秩序审查条款。

布鲁塞尔第一条例修改建议稿第二个主要变化是对当事人协议选择管辖权的进一步鼓励。这一变化的主要目的在于促进平行诉讼问题的解决，提高涉外案件的审判效率。平行诉讼问题是困扰各国法院的一大难题。布鲁塞尔第一条例为了解决这一问题，要求后诉法院必须搁置案件的审理，等待前诉法院确定其管辖权，以避免平行诉讼。但这一规则往往会被当事人滥用。当事人可以到一个本来没有管辖权的国家法院去起诉，让该法院去判断自己的管辖权，这样就可以把案件拖延数月甚至数年。修改建议稿扩大了当事人管辖权选择协议的效力。首先，建议稿增加了一个管辖权协议准据法的条款，根

---

〔1〕 Paul Beaumont/Emma Johnston, Abolition of the Exequatur in Brussels I: Is a Public Policy Defense Necessary for the Protection of Human Rights? IPRax 2010, p.105.Haimo Schack, The misguided Abolition of Exequatur Proceedings in the European Union, in: FS Tadeusz Erecinski (2011); Peter Schlosser, The Abolition of Exequatur Proceedings–Including Public Policy Review? IPRax 2010, p.101; Gilles Cuniberti/Isabelle Rueda, Abolition of Exequatur, RabelsZ 75(2011), p.286.

〔2〕 Paul Oberhammer, The Abolition of Exequatur, *IPRax* 2010, p.197.

据该条款，管辖权协议的实质有效性依照当事人所选择的那个国家的法律确定。这样就可以避免有关国家的法院根据其自己的法律否决管辖权协议的有效性。其次，建议稿增加了一项规定，赋予当事人协议选择的管辖法院以优先性。当事人协议选择的法院无论是作为先诉法院还是作为后诉法院，都可以排除其他法院的管辖权。不过也有学者对这一修改提出了质疑，认为修改后的条款不一定能真正解决平行诉讼问题，而且还可能带来其他方面的法律不确定性。[1]

布鲁塞尔第一条例修改建议稿第三个变革是其适用范围的扩大，从原来的欧盟成员国之间的纠纷扩大到非成员国。根据布鲁塞尔第一条例第4条，如果被告在任何欧盟成员国境内无住所，则法院管辖权不适用布鲁塞尔第一条例，而适用各成员国国内法。但是，欧洲法院早在2005年的Owusu案中就已经打破了这一禁忌。[2]学术界也对布鲁塞尔第一条例的封闭性提出批判，认为仅仅以被告住所作为管辖权的依据过于狭隘。实践中很多情况下，虽然被告住所不在欧盟成员国境内，但法律关系的其他联结点都涉及欧盟成员国利益。有鉴于此，修改建议稿从以下几个方面扩大布鲁塞尔第一条例对非成员国当事人的适用：第一，扩大第23条的适用范围，住所不在欧盟成员国的当事人也可以选择管辖法院；第二，废除了第5条中关于被告住所在成员国境内的限制；第三，废除了第9条第(2)款、第15条第(2)款和第18条第(2)款。

布鲁塞尔第一条例的修改还涉及该条例是否适用于仲裁。该条例第1条第(2)款d项明确排除了对仲裁的适用。但近年来学界主流观点认为应当取消对仲裁的适用限制。[3]2007年欧盟委员会委托德国海德堡大学做出的“海德堡报告”就已经建议取消该限制；2009年欧盟委员会公布的一份正式报告和一份绿皮书也大体接受了海德堡报告的内容。[4]报告和绿皮书公布后在欧盟范围内引发了广泛争论。2010年欧盟委员会成立了一个专家小组专门讨论布鲁塞尔第一条例和仲裁的关系问题，该小组于2010年年底出具了一份意见书，成为欧

[1] Christian Heinze, Choice of Court Agreements, Coordination of Proceedings and Provisional Measures in the Reform of the Brussels I Regulation, *RabelsZ* 75(2011), p.581.

[2] ECJ 1.3.2005-Case C-281/02(Owusu), E.C.R.2005, I-1383, para.24.

[3] Hans van Houtte, Why Not Include Arbitration in the Brussels Jurisdiction Regulation? *Arbitration Int.*21(2005), p.509.

[4] COM(2009)174 final; COM(2009)175 final.

盟委员会布鲁塞尔第一条例修改建议稿的底本。2011年，各国学者围绕该问题发表了大量论文，赞成将仲裁纳入布鲁塞尔第一条例的观点居于主流，但也有反对意见。

（八）欧盟司法合作

2011年度欧盟司法合作领域另一个重大成就是通过了一项《为促进民商事领域跨境债务追索而创设欧洲账户冻结令的条例（草案）》。[1]该项草案是为了应对欧洲债务危机背景下债权债务的跨国追偿问题，也是对布鲁塞尔第一条例的重要补充。愈演愈烈的国际经济危机使欧洲很多企业身陷债务危机，欧洲现有的法律机制使债权人跨国追债十分困难。布鲁塞尔第一条例虽然规定了欧洲范围内法院判决的相互承认与执行义务，但对于如何执行外国法院判决的具体措施却没有相应规定。该问题仍然由各国国内法调整，而很多国家国内法规定的判决执行措施非常拖沓，耗时耗力，对债权人很不利。在这一背景下，欧盟委员会于2011年7月25日公布了该条例草案供欧洲议会审议通过。该条例草案试图通过创设一个独立的"欧洲银行账户冻结令"（European Account Preservation Order）来促进债务的履行，防止债务人为了躲避债权人的追债而把其银行账户内的款项从一国转移到另一国。草案规定，发布冻结令的管辖法院是对实体问题有管辖权的法院或者账户所在地国法院。发布冻结令必须符合规定的条件，比如债权人对实体案件有胜诉的可能性而且债务人有可能会转移其账户内的财产。冻结令可以在实体诉讼程序启动前提出，也可以在诉讼程序进程中提出。草案还规定，债权人必须提供担保以避免错误申请冻结令。冻结令的发出不需要事先通知债务人。草案还规定，冻结令一旦作出就自动在成员国生效，不需要审查程序。冻结令由账户所属银行具体执行。如果申请错误，债权人应当对被申请人承担赔偿责任。

2011年5月18日，欧盟委员会提交了一项《关于相互承认民事保护措施的条例（草案）》。[2]该条例的目的是在欧洲范围内为刑事犯罪行为的受害者提供民事保护。欧盟十几个成员国国内法中均存在民事保护制度。所谓民事保护

---

〔1〕 Proposal for a Regulation Of The European Parliament And Of The Council Creating a European Account Preservation Order to facilitate cross-border debt recovery in civil and commercial matters, Brussels, 25.7.2011, COM(2011)445 final.

〔2〕 Proposal for a Regulation of the European Parliament and of the Council on mutual recognition of protection measures in civil matters, COM/2011/0276 final.

制度，是指法院对暴力行为受害者下达民事保护令，提供特定的民事保护措施。比如，责令施害者远离受害者、禁止施害者进入受害者居所等。民事保护措施多用于家庭暴力的受害者。为了在欧盟范围内加强对受害者的保护，有必要在欧盟成员国之间相互承认和执行对方国家作出的民事保护措施。为此目的，条例草案规定，受保护人可以申请有关当局出具一份证书（certificate），记载所采取的保护措施，以便申请人请求外国承认和执行该保护措施。

在民事司法合作领域，欧盟委员会正在努力推动的一项议题是公文的自由流动和身份证明文书的相互承认。2010年，欧盟委员会发布了一份《减少对公民的官僚主义：促进公文的自由流动和承认身份文书效力绿皮书》，在欧盟范围内广泛征求意见。2011年，很多成员国都发布了自己的意见。[1]具体立法计划预计在2013年出台。

欧盟现在越来越积极地以一个独立单位参加国际条约活动。2011年4月6日，欧盟作为独立身份签署了2007年《海牙儿童扶养费用追偿国际公约》。[2]2011年6月9日，欧盟理事会决定该签署行为对所有欧盟成员国有效（丹麦除外）。此外，欧盟还于2010年4月8日签署了2007年《海牙扶养义务法律适用议定书》，该议定书虽然还未发生国际法上的效力，但已经于2011年6月18日起通过欧盟扶养条例第15条的规定而在所有欧盟成员国（丹麦和英国除外）得到适用。欧盟理事会还于2008年6月5日发布命令要求各成员国必须在两年内签署《海牙关于父母责任和儿童保护措施的管辖权、法律适用、判决承认与执行及合作的公约》。绝大部分成员国都履行了理事会的命令。截至2012年4月，除了英国、比利时、意大利和瑞典之外，公约已在其他所有欧盟成员国生效。

（九）经常居所的概念

由于欧盟立法中越来越多地采用经常居所（habitual residence）作为管辖权和法律适用的联结点，但是所有立法文件中都没有对经常居所的概念给予定义，因此，如何确定经常居所的概念就成为欧盟判例法的一个核心问题。2010年12月22日，欧盟法院在*Barbara Mercredi v. Richard Chaffe*案[3]中，

---

〔1〕 See http//ec.europa.eu/justice/newsroom/civil/opinion/110510_en.htm.

〔2〕 Convention of 23 November 2007 on the International Recovery of Child Support and Other Forms of Family Maintenance.

〔3〕 Barbara Mercredi v. Richard Chaffe, Case C-497/10 PPU, in: OJ EU 2010, C 328/45.

再次涉及对儿童经常居所的解释。法官认为，儿童的经常居所必须根据个案情况具体处理。在确定儿童经常居所时，最大的考虑是儿童的最佳利益(the best interests of the child)。此时，应考虑儿童对社会和家庭环境的融入程度，包括儿童在某地居住的条件和理由以及儿童的国籍等。经常居所不是临时居所，必须是一定持续期间的居住，但是最低期间多长，并没有统一标准。此时要考虑到当事人的主观意愿，结合个案的具体情况予以判断。儿童的年龄也是一个重要的考虑因素。对于婴儿来说，没有独立的主观意愿，因此，在考虑其社会和家庭融入程度时还要考虑到照顾他的人。通过对上述各种因素的考虑，如果仍然无法确定儿童的经常居所，则只能以其现在的所在地作为确定法院管辖权的标准。

(十)欧洲统一判例法标识码

2011年4月29日，欧盟理事会作出一项决议，准备推广一项“欧洲判例法标识码”项目(European Case Law Identifier, ECLI)。[1]该项计划的目的是便利不同成员国法院相互查明和使用对方国家的判例。欧盟目前的法律数据库不仅语言各异，而且缺乏统一的判例标识码。有些成员国开发了自己的判例识别码，有些成员国的判例识别码是由一些法律信息提供商自行开发的。这给使用者造成很大的不便。鉴于此，欧盟决定建立统一的判例法识别码，即ECLI。统一识别码由五部分组成：第一部分为欧洲判例法识别码的缩写ECLI，第二部分为成员国代码，第三部分为法院代码，第四部分为判例作出的年份，第五部分为特定案件的序列号。

二、日本国际民事诉讼管辖权制度的改革

(一)改革背景

日本原来的《日本民事诉讼法》中，并没有专门规定国际民事诉讼的管辖权。1996年修订《日本民事诉讼法》时，立法机关曾经考虑过增设关于国际审判管辖权的规定。但由于当时海牙国际私法会议正在讨论起草国际民商事管辖权和判决承认与执行公约事宜，日本由此决定先暂缓国内立法。此后，由于

〔1〕 Council Conclusions Inviting the Introduction of the European Case Law Identifier(ECLI) and a Minimum Set of Uniform Metadata for Case Law 2011, Official Journal Of The European Union (C/127) 1(Apr.29, 2011).

1999年的海牙国际私法会议没有能够就国际民商事管辖等问题达成协议，日本国内立法计划也被拖延下来。

由于立法上的长期空白，日本法院主要依靠最高法院的判例来确定国际民事诉讼管辖权。其中，日本最高法院于1981年10月16日就马来西亚航空坠机案件作出的判决，初步确立了一种所谓的"反向推理方法"（reverse inference approach），该方法基于是否存在违反"当事人的公平、裁判的正当、迅速"这一理念的"特别情况"来判断是否应该肯定日本法院国际审判管辖权的原则。[1]根据该案判决，日本法院的国际管辖权首先根据《日本民事诉讼法》关于国内管辖权的规定判断，除非存在违反公平的特别情况。这一原则在1997年最高法院的另一起判例中被进一步确认，[2]从此成为日本司法界主流观点。

但是，日本国际私法学者对该观点提出了批判。木棚照一教授指出，日本最高法院的判决所说的"特殊情况"存在程序上的两阶段问题：第一阶段是要基于日本民事诉讼法关于地域管辖的规定来确定日本法院对国际民事诉讼案件是否具有管辖权，在肯定有地域管辖权的前提下，第二阶段才判断是否存在否定其法院管辖权的"特殊情况"。而第二阶段所说的"特殊情况"的判断取决于法院的自由裁量。而法院仅仅以"当事人之间的公平、审理的迅速、正当"这些抽象概念来作为判断管辖权的标准缺乏明确性和可预见性，显然不妥。[3]

鉴于学界的批评，日本司法部立法委员会于2005年组织专家成立国际管辖权立法分委员会起草新法。2010年2月5日，该委员会完成了一份草案，并于2010年10月提交给国会审议。2011年4月28日，日本国会通过该草案，并于5月2日正式颁布，[4]2012年4月1日正式生效。此次修订主要是在《日本民事诉讼法》中增加了国际民事诉讼管辖权的相关规定，在第一编第二章中增加了第一节"日本法院的管辖权"，具体条文是第3.2～3.12条。新的条文基本上沿用

〔1〕 Goto et al. v. Malaysia Airline System Berhad, 35 MINSHU 7-1224(Sup Ct., 16 October 1981).

〔2〕 Family Inc. Ltd. v. Shin Miyahara, 51 MINSHU 4055(Sup Ct 11 November 1997).

〔3〕 [日]木棚照一：《日本知识产权纠纷的裁判管辖》，载《企业与法创造》2004年第4期。

〔4〕 该法全称为《民事訴訟法及び民事保全法の一部を改正する法律案》，第177回国会において成立。

了此前的判例法规则，但有一些条文属于创新。

（二）修订的主要内容

1.一般管辖权：被告住所地原则

新法首先确立了被告住所地原则作为日本法院行使管辖权的基本原则。如果住所未知，则以居所为准。对于法人和社团，则以其主事务所或主营业所为准。

2.特殊管辖权

违约之诉，如果合同履行地在日本，则日本得行使管辖权。财产权之诉，如果标的物在日本境内或者被告在日本境内有可供扣押的财产时，日本法院有管辖权。票据诉讼，票据支付地在日本境内的，日本法院有管辖权。船舶债权或船舶担保权诉讼，船舶在日本登记的，日本法院有管辖权。针对拥有事务所或营业所的人提起的诉讼，如果该事务所或营业所在日本境内，则日本法院有管辖权。不动产纠纷，不动产位于日本的，日本法院有管辖权。侵权之诉，侵权行为发生地或侵权结果发生地在日本境内的，日本法院有管辖权。船舶碰撞纠纷，受害船舶最先到达日本的，日本法院有管辖权。海难救助之诉，救助船舶最先到达日本的，日本法院有管辖权。继承之诉，被继承人在继承开始时住所位于日本的，日本法院有管辖权。住所不明的，以居所为准。

3.消费者合同与劳动关系的特别规定

消费者合同之诉，消费者在起诉时或订立合同时在日本有住所的，日本法院有管辖权。

劳动合同或其他劳务关系之诉，受雇者劳务提供地或雇主事务所位于日本的，日本法院有管辖权。

4.专属管辖权

（1）根据《日本公司法》提起的有关公司组织、公司职员责任或职员解雇问题的诉讼，如果公司根据日本法律成立，则日本法院有专属管辖权。与公司登记或注册有关的诉讼，如果是在日本登记或注册的，日本法院有专属管辖权。（2）与登记或登录有关的诉讼，登记或登录发生在日本的，日本法院有专属管辖权。（3）与知识产权的设立、注册、存在和效力有关的诉讼，如果登记地在日本的，日本法院有专属管辖权。

5.协议管辖权

当事人可以协议约定诉讼管辖法院。协议必须以书面形式。电子方式视为书面形式。当事人如果约定将诉讼提交外国法院管辖，而该外国法院在法律上或事实上无法行使管辖权的，该约定无效。

在消费者合同中，当事人约定管辖法院的协议必须符合以下条件才有效：（1）约定的法院是消费者在合同缔结时住所地国家法院；（2）消费者根据管辖权协议向指定的法院起诉或者商家向日本法院或外国法院起诉而消费者援引管辖权协议。

在劳动合同中，当事人约定管辖法院的协议也必须符合以下条件才有效：（1）协议约定的法院是劳动合同终止时劳务实施地国法院；（2）劳动者根据管辖协议向指定的法院起诉或者雇主向日本法院或外国法院起诉而劳动者援引管辖权协议。

6.应诉管辖权

如果被告对日本法院的管辖权不提出抗辩并且主动应诉答辩的，日本法院有管辖权。

7.不方便法院

特殊情况下，如果日本法院行使管辖权对当事人不方便，则可以放弃行使管辖权。

8.专属管辖例外

根据日本法律，日本法院拥有专属管辖权的情况下，《日本民事诉讼法》第3.2～3.4、3.6～3.8条不适用。

9.依职权取证

日本法院应当依照职权主动调取证据。

三、美国国际私法的新发展

（一）国际民事诉讼管辖权：保守主义的回归？

根据美国民事诉讼规则，法院受理一项诉讼必须满足三个基本条件：属人管辖权（personal jurisdiction）、事务管辖权（subject-matter jurisdiction）和适当审判地（proper venue）。[1]属人管辖权要求诉讼当事人必须与受诉法院具有充分的最低限度的联系；事务管辖权则是根据美国的联邦制原则来确定不同类型的诉讼由不同法院受理，尤其是用来确定联邦法院和州法院之间的分工；适当审判地则是指具体案件由哪一地方的法院受理。[2]在国际民事诉讼中，最为重要的是属人管辖权。在过去的几十年里，美国法院在国际民事诉讼领域一直奉行所谓的长臂管辖原则。这种长臂管辖权曾经给众多的外国被告带来无穷的麻烦，也因此而遭到世人的病诟。然而近两年来，美国法院尤其是联邦最高法院却忽然有回归保守主义的倾向，开始抑制美国法院对跨国民事诉讼的管辖权。

2011年6月27日，美国联邦最高法院同时作出了两个具有历史意义的判决：固特异轮胎公司诉布朗案（*Goodyear Dunlop Tires Operations, S.A.v.Brown*，以下简称固特异案）[3]和麦金太机械公司诉尼加斯托案（*J.McIntyre Machinery, Ltd.v.Nicastro*，以下简称麦金太案）[4]。这两个案例是美国联邦最高法院时隔25年之后再次涉足国际民事诉讼的属人管辖权问题，因此引起了国际私法学界的广泛关注。

美国法院的属人管辖权包括两种：一般管辖权（general jurisdiction）和特别管辖权（specific jurisdiction）。一般管辖权是指法院对与本地有密切和持久联系（住所和国籍等）的被告行使的管辖权。根据一般管辖权，法院可以审理针对该被告的任何诉讼请求，包括与法院地完全无关的行为所引起的诉讼请求。因此，一般管辖权也被称为“全能管辖权”（all-purpose jurisdiction）。特别管辖权是指法院根据被告与法院地之间的特殊联系而行使的管辖权。根据特别管辖权，法院仅能就与该特殊联系有关的诉讼请求行使管辖权。[5]固特异案涉及一般管辖权问题，而麦金太案涉及特别管辖权问题。

1.一般管辖权：固特异案

固特异案涉及一起发生在法国的交通事故，该事故导致两名北卡罗来纳

---

〔1〕［美］格兰农（Joseph W.Glannon）:《民事诉讼法》，中国方正出版社2004年版，第113～114页。

〔2〕同上书，第115、144页。

〔3〕131 S.Ct.2846（U.S.2011）.

〔4〕131 S.Ct.2780（U.S.2011）.

〔5〕Arthur von Mehren & Donald Trautman, Jurisdiction to Adjudicate: A Suggested Analysis, 79 *HARV.L.REV.*（1966）, pp.1121, 1136.

州的男孩死亡。事故的原因被归结于美国固特异公司土耳其分公司所生产的轮胎。死者的父母在北卡罗来纳州法院针对固特异公司及其外国分公司提起产品责任诉讼。本案争议的问题是:法院是否拥有针对固特异外国分公司的管辖权?由于本案诉讼请求与固特异外国分公司在北卡罗来纳州的行为或活动无关,因此本案不存在特别管辖权。但是北卡罗来纳州法院认为自己拥有一般管辖权,因为固特异外国分公司所生产的轮胎在北卡罗来纳州大量出售,因此符合“商业流通”原则(stream of commerce)。联邦最高法院驳回了州法院的裁决。金斯伯格大法官在撰写的全体一致意见书中,首先给一般管辖权下了一个定义,即只有当外国公司与某一州之间具有“持续而系统的一般商业联系”(continuous and systematic general business contacts),以至于该州已经成为该公司“实质上的家”(essentially at home)时,该州才可以对该外国公司拥有一般管辖权,从而可以受理针对该公司的一切诉讼。金斯伯格在判决书中对照了此前的铂金斯案[1]和直升机案,[2]认为固特异案中作为被告的外国分公司与北卡罗来纳州之间不存在持续而系统的一般商业联系,北卡罗来纳州在任何意义上都不是被告的家(home),因此北卡罗来纳州法院不能行使一般管辖权。[3]

固特异案中最引人注目的是金斯伯格在给一般管辖权所下定义中使用的“实质上的家”这一术语。评论者认为,这样一个限定性用语非常不利于美国法院确立自己的一般管辖权,尤其是在互联网时代。[4]

2.特别管辖权:麦金太案

麦金太案中,新泽西的原告使用了被告生产的金属切割机而受伤,被告麦金太公司是一家成立地和营业地均位于英格兰的公司。事故发生地位于新泽西州,因此原告在新泽西州法院提起产品责任诉讼。被告主张新泽西州法院无管辖权,因为被告并未在新泽西州销售该产品。新泽西州上诉法院根据联邦最高法院在朝日公司案[5]中确立的“商业流通标准”,认为新泽西州法院有

---

〔1〕 Perkins v.Benguet Consol.Mining Co., 342 U.S.437(1952).

〔2〕 Helicopteros Nacionales de Colombia, S.A.v.Hall, 466 U.S.408, 414-15(1983).

〔3〕 Goodyear, 131 S.Ct.at 2857.

〔4〕 Patrick J.Borchers, J.McIntyre Machinery, Goodyear, and the Incoherence of the Minimum Contacts Test, 44 *CREIGHTON L.REV.*, 2011, p.1245.

〔5〕 Asahi Metal Indus.v.Superior Court, 480 U.S.102(1987).

管辖权,理由是:第一,原告受害地位于新泽西州;第二,被告知道或应当知道其产品是在美国全国范围内销售并可能销售到新泽西州;第三,被告没有采取措施避免其产品销往新泽西州。麦金太公司上诉到联邦最高法院。最高法院受理该案的目的是试图解决1987年朝日公司案未能解决的属人管辖权标准问题。然而不幸的是,最高法院的九位大法官再次出现了严重分歧,未能达成一致或多数意见,白白浪费了一次机会。

肯尼迪大法官负责撰写的相对多数意见书得到斯卡利亚、托马斯和罗伯茨大法官的支持,该意见推翻了新泽西州上诉法院的裁决,认为新泽西州法院没有管辖权。肯尼迪认为,根据国际鞋业公司案[1]所确立的先例,美国法院对外国被告行使管辖权的条件是,该外国公司必须与法院地州有最低限度的联系(minimum contacts)。对于如何判断最低限度联系,肯尼迪支持朝日公司案中奥康纳大法官采用的"有目的利用标准"(purposeful availment standard),而反对布伦南大法官的"可预见性标准"(foreseeability approach)。肯尼迪认为,外国被告是否受某一州法院管辖,取决于该被告是否被证明实施了特别针对法院地州的行为并且获得了该州法律的保护。麦金太案中,被告的销售是以整个美国市场为目标,而非特别针对新泽西州,因此,被告缺乏与新泽西州之间的最低限度的联系。新泽西州法院对被告行使管辖权不符合联邦宪法第14修正案的正当程序原则。

布雷耶大法官提交了一份协同意见书(阿利托大法官加入),支持相对多数意见书的判决结果,但反对肯尼迪大法官提出的理由。布雷耶认为,仅仅根据本案的事实就足以推翻新泽西法院的管辖权,因为被告与新泽西州根本缺乏足够的最低限度的联系。新泽西州法院以被告产品在新泽西州销售为由主张管辖权不具有说服力。布雷耶指出,如果新泽西州法院的理由成立的话,美国法院对任何在美国销售产品的外国被告都可以行使管辖权了,这实在是过于牵强附会了,因此不值一驳。[2]

金斯伯格大法官撰写了异议意见书(索托马约尔和卡根大法官加入)。她强烈反对肯尼迪和布雷耶大法官的意见,认为新泽西州法院应当拥有对被告的特别属人管辖权。金斯伯格认为,只要被告有目的地利用了整个美国市场,

---

〔1〕 International Shoe Co.v.Washington, 326 U.S.310, 316(1945).

〔2〕 McIntyre, 131 S.Ct.at 2793.

美国任何一个州都可以行使针对被告的特别管辖权。金斯伯格认为,就本案而言,被告将其产品投入商业流通,应该能够预见到其产品会进入法院所在地州,因此被告与新泽西州之间也拥有足够显著的联系。金斯伯格还指出,如果驳回新泽西州法院对被告的管辖权,就会使外国生产商逃避产品责任发生地法院的管辖。[1]

3.评价

固特异案和麦金太案的判决表明,美国联邦最高法院试图收缩美国法院的长臂管辖权。这不禁让人联想起最高法院在2010年作出的同样具有颠覆性的"莫里森诉澳大利亚国民银行案"判决。该案中,最高法院推翻了美国法院四十多年来在美国联邦证券法域外管辖权问题上所奉行的"行为与效果原则",坚持"反域外适用推定",否决了美国原告依据美国证券法对外国公司提起的私人诉讼请求权。[2]

莫里森案、固特异案和麦金太案的判决结果再次证明,美国联邦最高法院自从进入罗伯茨时代之后,已经越来越趋于保守。保守派向来坚持司法克制主义,对司法国际主义持怀疑态度。他们一方面,反对美国法院援用外国法律解释美国宪法,[3]甚至反对美国法院在任何案件中适用任何外国法律。[4]另一方面,他们也反对任意扩大美国法律的适用范围。

最高法院的保守主义倾向也是美国整体社会形势的反映。由美国引发的百年不遇的全球经济危机,使保守主义思潮在美国逐渐蔓延。茶党势力的风起云涌和占领华尔街运动的如火如荼都是这一社会思潮的体现。全球经济危机深刻暴露了以华尔街为代表的美国经济监管制度的缺陷。美国也暂时失去了在全世界挥舞法律大棒的自信,无力对外国公司的行为说三道四。美国不再像以前那样继续采用司法单边主义政策,试图以美国法律作为全球商业市场的游戏规则。最高法院的这一系列判例标志着美国司法霸权主义和法律帝

---

〔1〕 Ibid., at 2804.

〔2〕 See Morrison v.National Australia Bank LTD., 130 S.Ct.2869,(U.S.2010).

〔3〕 参见杜涛:《美国最高法院关于外国法的大辩论》,载《美国研究》2010年第3期。

〔4〕 在保守势力操纵下,目前美国已有多达二十个州起草了禁止适用外国法律的法令,包括亚利桑那州、南卡罗来纳州、佛罗里达州、路易斯安那州、田纳西州和犹他州等。很多州的类似法案中都公然规定:"法院不得参阅任何异国或异文化的法律戒条";"如果当事人在合同中约定用外国法律来解决他们之间的争端,则只要这些法律限制了当事人在州宪法和联邦宪法上的人权,应被认定为无效。" See H.F.2313(Iowa 2010)(introduced by Rep.Jason Schultz).

国主义在全球的一次大撤退（retreat）。针对这一现象，已经有学者夸张地讽刺道：美国法院现在已经变成了一只“纸老虎”。[1]

不过我们也要看到，麦金太案的判决结果表明，最高法院试图统一特别属人管辖权标准的努力再次失败。与朝日公司案一样，判决未能达成绝对多数意见，只形成了相对多数意见，这就使美国法院今后在该问题上将继续面临模糊不清的局面。最高法院在麦金太案中的多数意见也遭到美国自由派法学界的广泛批评。学者认为，该判决将损害美国法院对外国公司的管辖权。一些跨国侵权行为的受害者将无法像以前那样在美国法院寻求合理的救济。

（二）不方便法院原则

在安扬格诉罗尔斯罗伊斯公司案中，被告是位于印第安纳州的直升机发动机生产商。该直升机飞行员在加拿大大不列颠哥伦比亚省发生坠落事故，导致一行人死亡，也就是本案原告的被继承人。原告在印第安纳州法院起诉，被告提出不方便法院抗辩。法院同意了被告的请求，认为大不列颠哥伦比亚省与本案有密切联系，其与判决结果有更加实质性利益关系。法院还指出，此案件在印第安纳州法院的处理将费时费力，而且印第安纳州与争议的联系也非常有限，因此印第安纳州不应该承担处理本案的责任。[2]

在2011年的另一起空难事故案件中，联邦第十一巡回法院也以不方便法院原则驳回了原告对发生在巴西的一起空难事故的产品责任诉讼。[3]该案让我们联想起引人关注的“包头空难”跨国诉讼。该案也是被美国法院以不方便法院原则为由驳回。目前该案在北京法院的诉讼仍处于搁置状态。

不过在新泽西州最高法院审理的一起在南非发生的交通事故引起的赔偿诉讼中，新泽西最高法院否决了新泽西州是不方便法院地而要求在南非进行诉讼的抗辩请求。本案中，原告乘坐被告的汽车在南非发生交通事故，导致被告受伤。该案不是产品责任事故，原告是新泽西人，被告公司也在新泽西从事商业活动。对否决不方便法院这一动议起关键性作用的因素是新泽西需要对

---

〔1〕 Stephen B.Burbank, International Civil Litigation in U.S.Courts: Becoming a Paper Tiger? 33 *U.Pa.J.Int'l L.*Spring 2012, p.663.

〔2〕 953 N.E.2d 1147（Ind.App.2011）.

〔3〕 Tazoe v.Airbus S.A.S., 631 F.3d 1321, 1331-32（11th Cir., 2011）.

其居民遭受的损害提供法院救济这一强烈的公共政策。[1]

（三）外国同性婚姻的承认

怀俄明州最高法院审理的一起案件中，涉及两个在加拿大缔结的同性婚姻当事人在怀俄明州法院的离婚。地区法院认为，因为怀州法律界定婚姻是“一个男人和一个女人”之间的协议，所以本案没有婚姻关系需要解决，故而本州法院没有事务管辖权（subject matter jurisdiction）。

怀俄明州最高法院驳回了地区法院的判决，认为地区法院行使的是一般管辖权（general jurisdiction）。怀俄明州最高法院指出，地区法院忽略了怀州另一个法律规定：“所有的按照婚姻协议发生地国的法律的有效婚姻协议在该州也是有效的。”最高法院认识到该法律虽然受普通法认可的一些例外的约束，包括“违反基督教国家普遍认可的自然法律的婚姻，例如一夫多妻和乱伦的婚姻，和那些因违反法律政策而被州立法规定不允许有任何合法性的婚姻”。但是，最高法院认为，这些例外很狭窄，加拿大同性婚姻不在这个范围内。在为进行离婚诉讼的有限目的下承认有效的外国同性婚姻并不减损怀州不允许同性婚姻成立的法律或政策。离婚诉讼不包括承认婚姻作为一个持续的关系。实际上，承认一个有效的婚姻存在除作为允许离婚的前提条件外没有任何作用。前提条件满足后，将适用关于离婚的法律而不适用关于结婚的法律。双方当事人并不是想在怀俄明州作为已婚夫妇居住，也不是为了获取其结婚产生的任何权利。事实正相反，他们只是想结束在加拿大的法律下而产生的法律关系。尊重加拿大法律而判决离婚，并不等同于在州的层面承认同性婚姻。因此，本州的不承认同性婚姻的政策并没有被违反。[2]

（四）外国人侵权索赔法的域外适用

《外国人侵权索赔法》（The Tort Claims Act）通常也简称为《外国人侵权法》（Alien Tort Statute），原本是1789年《美国司法法》（Judiciary Act of 1789）的一个条文，后来被编入《美国法典》第1350条，[3]它规定：“（联邦）地区法院对外国人针对侵权行为提起的任何民事诉讼拥有初始管辖权，只要该侵权行为触犯国际法或美国的国际条约。”该法通过后一直沉寂了近两百年，

[1] 16 A.3d 1040（N.J.2011）.

[2] Christiansen v.Christiansen, 253 P.3d 153（Wyo.2011）.

[3] 28 U.S.C. § 1350.

直到1980年发生的菲拉提加案才将其推上美国法律史的中央舞台。[1]从此以后，该法就像被打翻的“潘多拉魔盒”，被越来越多的外国原告用来控告外国自然人、政府官员和跨国公司。2004年，美国联邦最高法院作出了里程碑意义的索萨案[2]判决之后，外国人侵权索赔诉讼中的很多有争议的问题仍然没有得到澄清，尤其是对公司能否作为外国人侵权法诉讼的被告问题，近年来的争议愈演愈烈。仅在2011年，就有多起联邦上诉法院的判例涉及该问题，其中第九巡回法院的萨雷案和第二巡回法院的吉奥贝案已经上诉到最高法院。这两个判决结果正好相反，前者主张《外国人侵权法》适用于外国公司，后者则反对。

1.萨雷诉力拓案[3]

萨雷诉力拓案是一起持续了十年的复杂案件。2011年10月25日，联邦第九巡回法院作出了有关该案的第五份全席判决。该案中，原告萨雷起诉被告力拓矿业公司，指控被告操纵巴布亚新几内亚政府对当地居民实施了违反国际法的行动，包括种族屠杀、战争罪行、反人类罪行和种族歧视等。原告要求被告根据《外国人侵权法》承担侵权责任。

第九巡回法院在判决书中首先明确承认《外国人侵权法》具有域外适用效力，同时认为《外国人侵权法》也适用于公司。法院认为，本案涉及的是联邦事务管辖权，因此外国人根据《外国人侵权法》针对外国公司提起的诉讼可以由美国联邦法院管辖。虽然国际法作为一个整体不是美国联邦法的组成部分，但是强制性国际法规范构成美国联邦法的一部分。对于政治问题和国家行为理论，法院认为，本案中美国政府和巴布亚新几内亚政府都未提出反对意见，故不存在政治问题，而国家行为理论也不能作为违反国际强行法行为的抗辩。

2.吉奥贝案

吉奥贝案是目前为止联邦巡回法院作出的唯一一项反对公司应承担《外国人侵权法》责任的判决。[4]该案原告是尼日利亚居民，指控被告荷兰皇家石

[1] Filartiga v.Pena-Irala, 630 F.2d 876, 890(2nd Cir., 1980).

[2] Sosa v.Alvarez-Machain, 542 U.S.692(2004).

[3] __F.3d___, 2011 WL 5041927(9th Cir.Oct.25, 2011)(No.02-56256, 02-56390, 09-56381), petition for cert.filed, 80 BNA USLW 3335(Nov.23, 2011)(No.11-649).

[4] 值得注意的是，作出该案判决的恰恰是打开了外国人侵权诉讼魔盒的联邦第二巡回法院。该法院1980年作出了历史性的Filartiga判决。

油公司协助尼日利亚政府对当地居民实施了违反国际法的行为。原告根据《外国人侵权法》要求被告提供赔偿。

第二巡回法院认为，公司违反国际法的责任问题应当根据习惯国际法本身来判断。习惯国际法是调整国家之间关系的法律规范，而公司在习惯国际人权法上的民事或刑事责任问题尚未得到普遍承认，因此原告依据《外国人侵权法》提起的请求权因缺乏事务管辖权而被驳回。〔1〕

吉奥贝案引发了广泛质疑。2011年度其他巡回法院审理的四个类似案件都一致反对吉奥贝案的判决意见。除了上述萨雷案之外，还包括第七巡回法院的弗洛姆案、〔2〕哥伦比亚特区巡回法院的无名氏诉埃克森美孚案〔3〕和第四巡回法院的阿齐兹案。〔4〕在弗洛姆案中，第七巡回法庭的著名法官波斯纳特别反对吉奥贝案判决书中“公司或其他任何实体没有生命……不可能违反国际习惯法，不管行为有多恶劣”这一说法。波斯纳嘲笑说，这就等于“海盗可以根据《外国人侵权法》被起诉，而海盗公司（印度洋海盗公司，总部和主要营业地在索马里）则不可以。”〔5〕

吉奥贝案的上诉已经被联邦最高法院受理，2012年2月28日，双方当事人在最高法院进行了口头辩论。由于该案意义重大，最高法院出于谨慎考虑，于2012年3月5日宣布，将于2012年10月举行第二次口头答辩。不久之后，美国法院在这一问题上的争论将会得到一个明确的答案。

3.刘博山（Liu Boshan）诉中国建设银行案

第二巡回法院在吉奥贝案中的判决直接影响到另一起与中国有关的案件，即刘博山诉中国建设银行案。〔6〕该案中，前中国建设银行职员刘博山援引《外国人侵权法》指控中国建设银行在中国境内参与和协助实施了对原告的酷刑、虐待等违反国际人权法的行为并要求获得侵权赔偿。第二巡回法院援引吉奥贝案的判决驳回了原告的诉讼请求。尽管原告指出吉奥贝案的判决结果是错误的，但第二巡回法院仍然认为，吉奥贝案的判决对该法院来说已经构成了先

〔1〕 Kiobel v.Royal Dutch Petroleum Co., 132 S.Ct.472（U.S.2011）.

〔2〕 Flomo v.Firestone Nat.Rubber Co., LLC, 643 F.3d 1013（7th Cir., 2011）.

〔3〕 Doe VIII v.Exxon Mobil Corp., 654 F.3d 11（D.C.Cir., 2011）.

〔4〕 Aziz v.Alcolac, Inc.658 F.3d 388（4th Cir., 2011）.

〔5〕 Flomo, 643 F.3d at 1017.

〔6〕 Liu Bo Shan v.China Construction Bank Corp., 421 Fed.Appx.89（2nd Cir., 2011）.

例，在没有被最高法院或全体出庭的本院判决推翻之前，必须得到遵守。

（五）美国关税法第337条的域外适用：天瑞集团诉美国贸易委员会案[1]

天瑞集团和天瑞集团铸造有限公司（以下简称天瑞）在中国制造铸钢火车车轮，其产品出口到美国销售。案件原告Amsted工业公司是一家总部位于美国的铸钢火车车轮制造商，拥有两项专有制造流程，作为商业秘密加以保护。该公司在其美国业务中采用上述制造流程中的一项，另一项流程则已不再在美国本土使用，而是授权给中国的几家公司使用。天瑞从获得Amsted授权的一家中外合资企业那里聘请了九名员工，这些员工向天瑞披露了上述制造流程的细节。Amsted向美国国际贸易委员会指控，这既违反了这些员工的前雇主所制定的员工行为准则，也违反了保护该制造流程保密性的合同义务。通过这一手段，天瑞窃取了Amsted作为机密的制造流程。基于Amsted的指控，ITC 进行了第 337-TA-655项调查。

案件开始时，天瑞提出撤销案件的动议，理由是被指控的窃取行为发生在中国，第337条不适用于美国境外的行为。审理此案的ITC的行政法法官拒绝了这项动议，裁定第337条的关注点不在于窃取行为本身，而在于不公平竞争手段与进口的产品之间的关联。行政法法官因此裁定天瑞有违反第337条的行为。行政法法官也裁定Amsted不需要证明其在美国使用了ABC工艺以符合第337条的美国国内行业的要求，Amsted仅需证明其在美国国内的企业因为天瑞进口至美国的车轮而受到相当可观的损害。ITC未作审核而维持了行政法法官的裁定，颁布了有限禁止令以禁止天瑞出口火车车轮至美国。天瑞向美国联邦巡回上诉法院对此裁定提起上诉。

联邦巡回上诉法院审判庭维持了ITC的裁定：（1）根据第337条由ITC发起的针对窃取商业秘密的行为进行的调查受联邦法律管辖，而不是受各州法律管辖；（2）根据第337条，ITC 有权禁止在美国境外通过窃取商业秘密制造的产品进口至美国；（3）原告欲维护商业秘密权利，不需要证明其在美国国内的企业使用了该商业秘密。

联邦巡回上诉法院审判庭的法官们对于第337条规定的行为发生地“美国

---

〔1〕 TianRui Group Co.Ltd.v.International Trade Com’n, 661 F.3d 1322（Fed.Cir., 2011）.

境外”的解释有分歧。少数法官认为此案涉及的行为“完全发生在美国以外的一个国家”。作出此案判决的多数法官则反驳了这一解释，并阐述了窃取行为仅是违反第337条的前提，产品被进口到美国提供了第337条要求的与国内行业的关联。

多数法官作出的判决中提到，除非有明确的相反的立法原意，美国联邦法律一般只适用于美国管辖的地域之内。但上述假设不适用于此案，原因有三：第一，第337条适用于“在进口产品过程中的不公平竞争手段与不公平行为。”与移民类似，进口本身就是国际行为，国会不会意图以一部纯粹的国内法来规范进口行为。在进口与移民这两种背景下，法律上的焦点不在于惩罚境外的违法行为，而在于禁止进入美国。第二，此案涉及的盗窃商业秘密的行为并不是完全的“境外”行为。盗窃商业秘密的行为仅是天瑞的一系列行为的起点，这一系列行为最终导致火车车轮被进口至美国并对美国国内行业造成了损害。ITC并没有越权管辖美国境外的行为，而“仅仅是设定产品被进口至美国的条件”。第三，第337条的立法史为判决书对“美国境外”的解释提供了佐证。

天瑞认为ITC错误地将美国国内商业秘密法适用于在中国发生的行为。多数法官的判决驳斥了天瑞的这一论点，并认为ITC没有将美国国内的商业秘密法使用于境外行为。判决中提到，ITC在第337条下的权限是基于进口至美国的行为和与进口相关的活动，只有当行为与进口相关并且进口影响到美国国内市场的情况下，ITC才有权执行与如专利、商标、版权、集成电路布图或商业秘密有关的美国国内法。ITC无权管理完全在美国境外的行为，即不涉及进口至美国的行为。判决认为ITC的裁定不影响天瑞在中国或其他美国以外的区域销售火车车轮。[1]

该案审判庭的莫尔（Moore）法官出具了不同意见书，她认为ITC对第337条的解释惩罚了天瑞在美国境外的行为。莫尔法官认为涉案行为完全发生在美国境外，可以推定美国法律没有管辖权。如果Amsted的商业秘密是在美国被盗窃，那么根据第337条，进口相关产品就应该被禁止。但是，因为没有不公平的行为发生在美国，就没有违反美国法律的行为，也就不会有违反第337

〔1〕 661 F.3d 1322（Fed.Cir.，2011）.

条的行为。莫尔法官不认为国会有意图使第337条适用于美国境外的活动。她认为第337条本身的条文并没有显示国会有这样的意图。[1]

四、其他国家和地区

（一）波兰

自20世纪80年代以来，世界上许多国家和地区开始重新制定或者修改本国国际私法立法，兴起了一股国际私法立法的高潮。在2011年之前的十几年中，已经相继有加拿大魁北克省、美国路易斯安那州、波多黎各和俄勒冈州、德国、意大利、列支敦士登、比利时、土耳其、斯洛文尼亚、保加利亚、俄罗斯及其他独联体国家、越南、蒙古、朝鲜、突尼斯、委内瑞拉、日本、韩国等诸多国家或地区纷纷修订或重新颁布了本国或本地区的国际私法。

这股国际私法立法浪潮在2011年继续延续，波兰于当年通过了一部新的国际私法法典。这部法典是继1926年和1966年波兰国际私法法典之后的第三部国际私法立法。新法典的背景是波兰在东欧剧变之后发生的剧烈社会变革和波兰于2004年加入欧盟后所面临的欧盟一体化趋势，旧的法典已经无法满足现实的需要。1996年起，在民法典起草委员会下面设立了一个国际私法分委员会，经过多年努力，于2006年提出了一个国际私法草案，2008年由政府提交议会审议，并于2011年获得通过。[2]新法典只涉及传统的法律适用领域，而不包括国际民事诉讼程序问题，该问题由《波兰民事诉讼法》调整。[3]新法典的正式条文共68条，内容涵盖了涉外民事关系的各个领域，但票据关系由单行法调整。

新法典首先吸收了欧盟统一冲突法的成果，把罗马第一条例、罗马第二条例以及消费者保护指令的内容纳入其中。另外，还吸收了海牙国际私法会议通过的相关国际私法公约的内容。新法典的一些规定在波兰国际私法史上具有创新之处：第一，新法典规定了强制性规范的适用（第8条），不仅包括法院地的强制性规范，还包括外国的强制性规范。第二，新法典废除了1965年立法

〔1〕 661 F.3d 1322（Fed.Cir.，2011），dissenting opinion by judge Moore.

〔2〕 Maksymilian Pazdan，Das neue polnische Gesetz über das international Privatrecht，in：IPRax 2012（1），S.77.

〔3〕 新《波兰民事诉讼法》于2008年通过，2009年7月1日起生效。

的转致制度，仅接受了反致（第5条）。第三，新法典第6条规定，外国法并不因为其具有公法性质而被排除适用。这一规定被认为相当先进。《波兰民事诉讼法》第1143条已经废除了法官依职权查明和适用外国法的原则。第四，尽管在欧盟范围内爆发了对国籍原则的批判，但波兰仍然坚持了属人法上的国籍原则。特别是在自然人人身关系、家庭关系和继承领域，国籍原则被认为具有更大的稳定性，更易于确定。当然，新法典也很大程度上引入了流行的惯常居所原则，但大都作为补充性连结点。在代理权领域，新法典填补了旧法的空白，引入了流行的区别制原则，将代理权与基础关系区分开来。代理权原则上适用被代理人指定的法律，但该法的适用不得损害代理人和善意第三人的利益（第23条）。在物权法方面，新法典采用了传统的物之所在地法原则而没有引入当事人意思自治（第41～45条）。

（二）罗马尼亚

另一个东欧国家罗马尼亚2009年通过了新的《罗马尼亚民法典》，2011年6月3日颁布了民法典的施行法，[1]根据该法规定，新《罗马尼亚民法典》于2011年10月1日起生效。[2]新《罗马尼亚民法典》共2664条，分为七编，采用了大一统（民商合一）的立法模式，把所有民商事领域的单行法都纳入其中，包括原来单行的《罗马尼亚婚姻法典》《罗马尼亚商法典》等。其中，也包括了1992年通过的《罗马尼亚国际私法法典》。1992年《罗马尼亚国际私法法典》共183条，包括总则、法律适用和国际民事诉讼程序三编。这次国际私法被纳入《罗马尼亚民法典》之后，被作为第七编，删去了原来的国际民事诉讼程序部分，该部分被纳入新《罗马尼亚民事诉讼法典》中。新《罗马尼亚民法典》第七编共107条（第2557～2664条），其中第2557～2571条为总则，其余条款为法律适用分则。与1992年《罗马尼亚国际私法法典》相比，新《罗马尼亚民法典》所规定的国际私法条款在很多地方做了修改，特别是在合同和非合同之债方面完全接受了欧盟条例。另一个更新是增加了信托制度的规定。

---

〔1〕 Lege pentru punerea in aplicare a Legii nr.287/2009 privind Codul civil.

〔2〕 新《罗马尼亚民法典》罗马尼亚语文本可在以下网站下载：http://legeaz.net/noul-cod-civil/或http://coduri.cjo.ro/codul-civil/。

五、海牙国际私法会议动态

（一）海牙国际私法会议亚洲办事处设立

海牙国际私法会议总务和政策委员会在2012年4月17～20日举行的年会上根据秘书局的提议决定设立一个亚太地区办公室。委员会欢迎香港特别行政区作为该办公室的所在地。委员会任命香港终审法院夏正民法官为该办公室首任主任。夏正民将于2012年7月从终审法院退休后正式上任。亚太地区办公室是海牙国际私法会议的第二个地区办公室（第一个是设在阿根廷布宜诺斯艾利斯的拉美地区办公室）。我国香港地区办公室将于2012年年底正式设立。海牙国际私法会议秘书长汉斯·范·隆（Hans van Loon）指出："香港的亚太地区办公室毫无疑问将会对亚太地区所有国家提供重要的协助。"他说："香港办公室在各成员国的支持下，将提高海牙国际私法会议在亚太地区的知名度，促进海牙国际私法会议在该地区的工作并有利于海牙各项公约在该地区的实施，符合该地区各成员国及其公民的利益。"

（二）海牙国际私法会议外国法查明研讨会

2012年2月15～17日，欧盟委员会和海牙国际私法会议在布鲁塞尔联合举办了一次关于"民商事领域外国法获取问题"的研讨会。来自中国、美国、英国、德国、法国等30多个国家以及联合国、欧盟、世界银行、国际货币基金组织、海牙国际私法会议等机构的专家学者共130多人参加。[1]会议认为，国际社会应当致力于达成一项全球性文件以简化和方便外国法的获取。会议指出，现代信息技术的发展为外国法的获取提供了难得的便利。会议达成一项"关于起草一项未来立法的指导原则"（Guiding Principles to be Considered in Developing a Future Instrument）。该原则首先提出，缔约国应确保其法律和判例能够通过电子方式被所有人免费获取。缔约国应提供其法律资料的官方电子文本。缔约国还应当将其法律资料翻译为外国语言。

（三）《海牙国际商事合同法律适用原则草案》的起草工作结束

2011年，海牙国际私法会议取得的最大成果之一就是国际商事合同法律

---

〔1〕 Conclusions and Recommendations of the Joint Conference of the European Commission-Hague Conference on access to foreign law in civil and commercial matters, 15-17 February 2012, Brussels, Belgium.

适用原则草案的起草工作告一段落。早在1980年，当时的捷克斯洛伐克共和国就向海牙国际私法会议提出建议，希望起草一项国际合同法律适用方面的公约。[1]海牙国际私法会议当时也曾进行过可行性研究，[2]并且于1986年通过了《国际货物买卖合同法律适用公约》。但实践表明，该公约并未取得成功，迄今为止只有三个国家签署，一直未能生效。冷战结束以后，尤其是进入21世纪以来，随着全球化的深入发展，国际商事交往日新月异。当事人意思自治的观念在世界范围内得到越来越多的认同。2005年，《海牙协议选择法院公约》通过之后，协议选择合同准据法的问题便提上了海牙国际私法会议的议事日程。2006年，海牙国际私法会议就委托常设局对该问题进行研究，重点是研究起草一项相关公约的可行性和必要性。[3]该项研究工作一直持续进行。常设局委托两位学者分别做出了两份比较法方面的研究报告，一份针对法院实践部门，[4]另一份针对仲裁部门。[5]2007年，常设局还向各成员国、国际商会以及世界各地的115家国际商事仲裁机构发布了问卷调查，征求各成员国现行法律对待合同中当事人意思自治的态度以及实践部门在合同中运用法律选择条款的情况，并征求它们对起草一项国际商事合同法律选择文件的意见。常设局根据调查结果做出了一份总结报告。[6]调查结果显示，大多数成员国和国际商业机构都支持起草一项非约束性的国际法律文件（a non-binding instrument）

〔1〕 Proposal of the Government of the Czech Republic, “Suggestions from certains Governments concerning the future work of the Conference”, Prel.Doc.No. 10 of January 1980, Actes et documents de la Quatorzième session, tome I, Miscellaneous matters, edited by the Permanent Bureau of the Conference, The Hague 1982, pp.I-158, No. 18.

〔2〕 See H.van Loon, Feasibility study on the law applicable to contractual obligations, Prel. Doc.E of December 1983, Proceedings of the Fifteenth Session, tome I, Miscellaneous matters, edited by the Permanent Bureau, The Hague 1986, No. 36, p.98.

〔3〕 Conclusions of The Special Commission of 3-5 April 2006 on General Affairs and Policy of The Conference, Preliminary Document No. 11 of June 2006 for the attention of the Council of April 2007 on General Affairs and Policy of the Conference.

〔4〕 T.Kruger, Feasibility study on the choice of law in international contracts–Overview and analysis of existing instruments, Preliminary Document No. 22 B of March 2007 for the attention of the Council of April 2007 on General Affairs and Policy of the Conference.

〔5〕 I.Radic, Feasibility study on the choice of law in international contracts–Special focus on international arbitration, Preliminary Document No. 22 C of March 2007 for the attention of the Council of April 2007 on General Affairs and Policy of the Conference.

〔6〕 Feasibility Study on the Choice of Law in International Contracts-Report on Work Carried Out and Preliminary Conclusions, Preliminary Document No. 22 A of March 2007 for the Attention of the Council of April 2007 on General Affairs and Policy of the Conference.

用于调整国际合同中的法律选择问题。2009年，常设局受托成立了一个由世界各国国际私法、国际商法和仲裁法专家组成的国际合同法律选择工作组（Working Group on Choice of Law in International Contracts），负责起草工作。武汉大学的郭玉军教授当选为19位成员之一。2010年，海牙国际私法会议总务委员会对工作组的起草工作给予了肯定，要求工作组优先考虑当事人在合同中做出法律选择的情况。委员会要求常设局提交一份起草进程的报告。2011年，工作组完成了一份条款草案，常设局向委员会进行了汇报并提交了一份简要说明。[1]委员会决定将该条款草案连同其说明一起提交给一个特别委员会进行审议。2012年，工作组正式完成《海牙国际商事合同法律适用原则草案》（Draft Hague Principles on Choice of Law in International Commercial Contracts）的起草工作，并提交了一份详细的报告。委员会决定正式成立一个特别委员会对该草案和报告进行审议。审议工作将于2012年11月12～16日进行。

《海牙国际商事合同法律原则草案》由前言和11个正式条文组成。第1条规定了适用范围。它规定其适用于"国际"的"商事合同"。对于何谓"国际"，工作组在讨论中难以达成一致，实践中各国所采用的标准也各异。第1条采用了排除的方式，规定"除非合同各方当事人的营业地均位于一国并且各方当事人和其他相关因素均仅与该国相关"，该合同就是国际合同。对于何谓"商事"，通常是指"B to B"交易，而不包括劳动合同和消费者合同。第1条还规定了不适用于以下事项：自然人行为能力、仲裁协议和法院选择协议、公司和社团、破产程序、合同的财产效力以及代理等。第2条是最核心的条款，规定了合同当事人选择法律的自由。该条特别强调，所选择的法律不需要与当事人或交易有任何联系。该条特别规定，当事人还可以选择非国家的法律（non-state law or rules of law），这主要是针对国际商事仲裁而规定的。在国际商事合同中，一些国际立法机构制定的示范法或非强制性法律规则得到广泛采用，也被大多数仲裁庭承认。不过在法院诉讼中，当事人在合同中所选择的这种非国家法律规则受到很多限制。工作组在讨论过程中也有很大争议，

〔1〕 The Permanent Bureau of the Hague Conference on Private International Law, Choice of Law in International Commercial Contracts: Hague Principles? 15 *Uniform Law Review* 2010, Issue Nos. 3-4, pp.883-903.

最后文本采用了“rules of law”的用语，但是没有对该用语做出定义。需要说明的是，这里所说的“rules of law”并非中国学者常用的“国际惯例”。国际商会等民间组织制定的《国际贸易术语解释通则》和《跟单信用证统一惯例》等贸易惯例并非“rules of law”，它们被当事人订入合同后，只能被当作合同中的格式条款，而不能被视为合同的准据法。[1]第3条规定，法律选择可以明示，也可以默示。第4条规定，法律选择不受形式要件的影响，除非当事人另有约定。第5条规定，当事人选择法律的意思表示依照假定该意思表示成立时合同应当适用的法律确定。如果做出上述假定不合情理，则依照当事人营业地所在国法律判断该当事人的意思表示是否成立。第6条规定了法律选择条款的独立性，不能仅以合同无效为由否定法律选择的有效性。第7条规定，法律选择不包括冲突法，从而排除了反致。第8条规定了所选择法律的适用范围，具体包括合同的解释、合同产生的权利和义务、合同的履行和不履行的后果、合同义务的消灭和时效、合同有效和无效的后果、证明责任以及先合同义务（pre-contractual obligations）等。第9条规定，法律选择协议的形式有效性除了适用当事人选择的法律之外，也可以适用其他法律以支持其有效性。第10条规定了合同债权发生转让后的法律适用。债权转让后，如果转让合同的当事人就该合同达成了法律选择协议，则所选择的法律支配他们相互之间的权利义务；如果债权人和债务人就他们之间的合同达成了法律选择协议，则该法律支配以下问题：合同的转让能否对抗债务人；受让人针对债务人的权利；债务人的债务是否消灭。第11条规定了强行规范的适用和公共秩序保留原则。

六、海牙国际法学院暑期讲习班

2011年海牙国际法学院暑期讲习班吸引了全世界330名参加者。来自加拿大麦吉尔大学法学院的帕特里克·格伦（Patrick Glenn）教授讲授了总论课程（general course）。格伦教授在此次讲课中对传统冲突法提出了尖锐批判，他一开场就提出了一个耸人的命题：“法律冲突根本就不存在！”（Les conflits de lois n’existent pas！）该命题如此轰动，以至于海牙国际法学院秘书长伊

---

〔1〕 Policy Document Regarding Hague Principles on Choice of Law in International Commercial Contracts, drawn up by the Working Group on Choice of Law in International Contracts.

夫·都德（Yves Daudet）教授在最后的总结发言中开玩笑说："在国际法的首都，国际私法遭到了谋杀！"在国际法学院90年的历史上，对国际私法如此激烈的批判还是第一次。其实，在历史上宣判国际私法死刑的并非首例。早在20世纪60年代的"美国冲突法革命"中，以柯里为代表的美国学者主张废除传统的冲突法规则。不过，当代国际私法在全球范围内的蓬勃发展已经宣告了美国冲突法革命本身的衰落，它表明，美国冲突法革命只是国际私法（尤其是美国冲突法）历史上的一段小插曲而已。〔1〕格伦教授此次对国际私法的批判并非美国冲突法革命的延续。作为一名享誉全球的比较法学家，〔2〕格伦教授可不像50年前的美国学者那样偏执于北美一隅。格伦教授基于其全球化的视野，以其深厚的比较法功底，倡导一种新的"范式转换"。他认为，传统的法律冲突哲学建立在古典希腊逻辑学基础之上，而古典逻辑学的基础就是所谓的"二值原理"（Principle of bivalence），根据该原理，任何命题都只有两个可能的真值（truth value），要么是真，要么是假。与该原理相关的是"非矛盾律"（The law of non-contradiction），即对于任何命题 P，P 和非P 不能同时在场。用亚里士多德的话说就是："你不能同时声称某事物在同一方面既是又不是"。依照这种逻辑，传统冲突法就是要消除矛盾，即法律冲突。也就是说，对于同一法律关系，要么适用甲国法律，要么适用乙国法律，二者不可能同时适用。萨维尼将这一法律体系贯彻到极致，他通过建立一套双边的、中立的、抽象的连结规范，寻找法律关系唯一的"本座"。然而，当代社会日益走向多元化和复杂化，使当代哲学已经打破了传统哲学这种非此即彼的二元对立思维逻辑。当代著名思想家、诺贝尔经济学奖获得者阿马蒂亚·森（Amartya Sen）将传统的这种思维方式概括为"单一主义"（Solitarist），它根据某种单一而又涵括一切的标准来将世界上所有的人加以分类，把人们视为仅仅属于某一单个群体（要么是根据宗教和文化，要么是根据国家、民族或阶级）。〔3〕森认为，这种单一

---

〔1〕 Ralf Michael, After the Revolution–Decline and Return of U.S.Conflicts of Laws, Yearbook of Private International Law, Vol.11（2009）, pp.11–30.该文中译本载《华东政法大学学报》2011年第6期，袁发强译。

〔2〕 格伦教授的名著《世界法律传统》（Legal Traditions of the World）曾获国际比较法学会大奖。参见［加］帕特里克·格伦：《世界法律传统》，李立红、黄英亮、姚玲译，北京大学出版社2009年版。

〔3〕［印度］阿马蒂亚·森：《身份与暴力：命运的幻象》，李风华等译，中国人民大学出版社2009年版，第18页。

主义的认识论会导致对世界上几乎所有人的误解。试图按照某种单一标准对人们进行划分，是当今世界各种冲突的根源。事实上，世界上每个人的身份都是多重的。因此，森根据20世纪出现的多值逻辑（multi-valued logic）倡导一种多元主义下的社会选择理论。格伦以森的理论为基础，提出要放弃“法律冲突”的思维方式，淡化“法律选择”观念，代之以“法律协调”（conciliation des lois）的思想和原则。格伦指出，法律协调的思想已经在海牙国际私法会议新近通过的一些公约中有所体现。比如有关儿童保护的一系列公约，重点已经不再是传统的法律选择规则，而是如何加强成员国之间的合作以提高对儿童的保护。格伦还指出，国际私法中的功能识别方法也体现了法律协调思想。但是格伦批判了大陆法系国家要求法官依职权主动查明外国法的方法。格伦认为，这种做法还是传统的单一主义哲学思想的体现，它要求法官必须去适用冲突规则所指引的某一特定国家的法律，而不管具体情况如何。格伦教授的观点引发了广泛的讨论，尽管在一些具体问题上有待进一步的论证。

在此次暑期课程中，其他授课学者也从各自角度对传统国际私法提出了批判。来自比利时的莫森（Johan Meeusen）教授探讨了非歧视原则（principe de non-discrimination）对国际私法的影响。他指出，非歧视原则已经成为当代国际社会普遍承认的国际法原则。然而，传统国际私法规则却与非歧视原则格格不入。他指出，传统国际私法规则以案件的“涉外性”为基础，只有涉外法律关系才适用国际私法规则，非涉外法律关系则先验地适用法院地法。这种“内外有别”的制度是对非歧视原则的公然违背。莫森还通过一些具体案例的分析（比如欧洲法院2008年的Grunkin-Paul案），论证了传统国际私法规则如何对当事人构成了歧视。

来自日本九州大学的西谷祐子教授从文明冲突的角度对传统国际私法制度提出了反思。她指出，伊斯兰教、犹太教、印度教和东亚儒家等不同文明都拥有自己独特的价值观念，由此可能产生所谓文明间的冲突。传统的国际私法制度解决的是法律地域间的适用范围问题。由于全球化和跨国移民的影响，人的身份认同已经不再以传统的地域为联结手段，因此，冲突地域间的法律冲突规则难以解决文化间的法律冲突问题。[1]

---

〔1〕 Yuko Nishitani, *Identite culturelle en droit international prive de la famille*, Hague 2011.

七、总结与展望

近年来,全球国际私法的发展向我们展示了一幅生机勃勃的图景。我们有理由相信,进入21世纪后,国际私法似乎迎来了它的"黄金时代"。尽管这些年来世界上大多数国家都在经济危机的泥潭中挣扎,但这似乎并没有阻止国际私法发展的脚步。我们甚至有理由相信,正是因为包括国际私法在内的国际法体系的日益完善,这场百年不遇的全球经济危机才没有像20世纪30年代的经济危机那样导致世界大战。国际私法为各国人民提供了通过法律手段解决彼此之间经济纠纷的有效途径。

综观2011～2012年世界各国国际私法的发展,可以用一个词来总结:变革。但是,万变不离其宗。拨开全球化的迷雾,我们仍然要清醒地看到,当今世界国际私法的发展仍然难以摆脱西方中心主义的窠臼。欧盟和美国仍然占据着国际私法(包括其他国际法领域)的话语主导权。无论是欧盟还是美国的国际私法,其所要实现的,都是他们自身对这个世界所抱持的理想愿景。

当今世界是一个两极分化日益严重的世界,这不仅体现在物质财富的创造和占有方面,更体现在思想资源的创造和占有上。中国可以以匪夷所思的速度在经济上超英赶美,但是在学术创新方面与西方的距离非但没有缩小,甚至鸿沟有越拉越大之势(尽管我们的论文数量也已名列世界前茅)。这并非中国学者天生禀赋上的差距使然,责任在于学术体制。中国学者希望能够"增强国际话语权"。然而,增强国际话语权绝不仅仅是让中国学者用外国人的语言在外国人的期刊上去宣扬老祖宗的孔孟之道或介绍一下中国的国情现状。增强国际话语权的关键仍然是提高国内中文学术的创造力。最基本的一点是要真正贯彻思想独立、学术自由,实现百家争鸣、百花齐放的繁荣局面。这一问题已超出了本报告讨论的范围。期待下一年度的国际私法发展会给我们带来更多的惊喜。

国际私法国际前沿年度报告
（2012～2013）

前言

近年来，随着中国经济实力的增长，中国也迅速成为一个对外交往的大国。2012年，我国境内投资者共对全球141个国家和地区的4425家境外企业进行了直接投资，累计实现非金融类直接投资772.2亿美元，同比增长28.6%。[1]2012年，中国出境旅游人数突破8300万人次，超过美国和德国成为世界最大的出境旅游市场。[2]2012年度，我国对外劳务合作派出人员累计达到639万人。[3]全世界几乎所有国家和地区都有中国人的身影，从而把中国的利益延伸到地球的各个角落。海外利益的扩张必然会导致我国企业和个人与国外当事人发生各种经济纠纷，而解决纠纷最好的方式是法律。这就必然要求我们去了解世界各个地区的法律制度，尤其是外国的国际私法制度，因为我们在海外发生的纠纷不可能都回中国来打官司，大量的纠纷需要就地解决。随着中国企业的“走出去战略”，中国法律界的“走出去战略”也要提上议事日程。对海外司法制度的了解和掌握是

---

〔1〕 参见商务部网站：http：//www.mofcom.gov.cn/article/tongjiziliao/dgzz/201301/20130100006028.shtml，2013年8月9日访问。

〔2〕 中国旅游研究院编：《中国出境旅游发展年度报告2013》，旅游教育出版社2013年版。

〔3〕 参见商务部网站：http：//www.mofcom.gov.cn/article/tongjiziliao/dgzz/201301/20130100006031.shtml，2013年8月9日访问。该统计只包括通过官方途径外派劳务人员，不包括通过其他途径赴海外就业的人员。

中国法学界的当务之急。

本年度报告延续上一年度报告的风格和特色,涵盖的时间范围为2012年7月1日至2013年6月30日。正如上一年度报告中所说,由于此项工作涉及面太广,不可能面面俱到。限于笔者视野和能力,研究范围仍然按照以点带面的方式进行安排,不求大而全,而求主线集中、内容精练。本年度重点关注的仍然是国际民事诉讼制度。

一、欧洲冲突法:继续革命

在上一年度报告中,笔者已经介绍了欧洲国际私法日新月异的发展形势。过去的一年里,欧洲国际私法革命可谓后浪推前浪。

(一)欧洲继承条例

欧洲国家在继承方面存在很大的法律冲突,其中最主要的是统一制(principle of unity)和区别制(principle of scission)的区分。法国、英国和比利时等国采用区别制,而德国、西班牙、意大利和葡萄牙等国采用统一制。欧共体和欧盟一直试图统一各成员国继承冲突法,但均未成功。直到2009年10月14日,欧盟理事会出台了《继承事项管辖权、准据法和判决承认与执行以及创设欧洲继承证书的条例(草案)》(以下简称《继承条例》),经过几年的讨论,2012年7月4日,欧洲议会终于通过了该条例。[1]《继承条例》将于2015年8月17日起适用于该日之后死亡的死者的遗产继承。丹麦、爱尔兰和英国未采纳该条例。

《继承条例》共84条,分为七章。第一章为"范围和定义"。根据该章规定,《继承条例》只适用于死者的遗产继承问题,而不适用于自然人的身份、能力、失踪、死亡等问题。条例也不适用于夫妻财产制、信托等问题,同时也不影响遗产的物权。遗产的物权,包括各成员国国内法中所存在的"物权法定原则"(numerus clausus)以及物权的公示等,都继续适用物之所在地法律。遗嘱的形式有效性也不适用该条例。该条例只适用于跨国继承,而不影响各成员

〔1〕 Regulation(EU)No. 650/2012 of the European Parliament and of the Council of 4 July 2012 on jurisdiction, applicable law, recognition and enforcement of decisions and acceptance and enforcement of authentic instruments in matters of succession and on the creation of a European Certificate of Succession, at http://eur-lex.europa.eu/LexUriServ/LexUriServ.do? uri=OJ:L:2012:201:0107:0134:EN:PDF.

国对国内继承问题的管辖权。

第二章为管辖权。死者生前最后经常居所地国法院具有一般管辖权（第4条）。如果死者生前选择了某国法律作为继承准据法，则当事人也可一致同意该国法院对继承问题行使排他管辖权（第5条）。条例也规定了应诉管辖权（第9条）。如果死者最后经常居所地不在成员国境内，则遗产所在地国法院在特定情况下也可行使管辖权（第10条）。对于平行诉讼，《继承条例》与《布鲁塞尔条例》都采用了先诉法院优先原则（第17条）。

第三章为准据法。《继承条例》采用了彻底的同一制原则，以被继承人最后经常居所地法为唯一的准据法（第21条）。由于继承的管辖法院也是死者最后经常居所地法院（第4条），因此管辖权和准据法得到了统一，这有利于法律的确定性和可预见性，也有利于遗产在不同成员国继承人之间的统一分配。因此，经常居所在《继承条例》中就具有了举足轻重的地位。但是《继承条例》并未给经常居所下一个明确的定义，不过在“序言”第23段中，条例指出：“为了确定经常居所，处理继承事务的当局应全面评估死者生前和死亡时的生活情况，考虑到所有相关事实因素，尤其是死者出现在相关国家的持续时间和经常性以及死者出现在该国的条件和原因。考虑到本条例的目的，据此而确定的经常居所应与有关国家具有密切而稳定的联系。”此外，被继承人在生前可以通过遗嘱选择其本国法作为继承的准据法（第22条）。遗嘱的实质有效性由被选择的法律确定。继承协议（agreement as to succession）的实质有效性及其法律效力适用继承准据法。如果根据继承准据法遗产无人继承，则遗产所在地国家可以根据其法律将遗产据为已有（第33条）。

第四章为判决承认与执行。条例规定，任何成员国作出的判决无须任何特别程序均应在其他成员国内得到承认（第39条）。条例规定了拒绝承认的几项理由：公共秩序保留、被告未被合理送达而未能出庭、判决与承认国作出的判决相抵触、判决与他国法院作出的判决相抵触等。承认国不得对判决进行实质性审查。某一成员国法院作出的判决如果在该国具有可执行性，则在其他成员国也应具有可执行性，但需要根据利益相关人的申请并根据条例第45～48条规定的程序宣告其具有可执行性。

第五章规定了公证书和法院调解书在其他成员国的效力问题。《继承条例》规定，在某一成员国做出的公证书在其他成员国具有同等的证明效力，并可按照规定的程序被宣告具有可执行性。法院调解书也可被执行（第61条）。

第六章是《继承条例》最大的创举，它建立了一种全新的“欧洲继承证书”（European Certificate of Succession）。该继承证书用于证明继承人或受遗赠人的地位或权利、遗嘱执行人或遗产管理人的权力等事项。继承证书由有管辖权的国家法院根据继承准据法做出，采用统一的格式，可以在欧洲范围内流通，并得到所有成员国的承认。但继承证书的使用并非强制，并且并不取代各成员国国内的类似文书。

第七章为一般规定和最后条款，规定了该条例与其他国际公约的关系以及条例的生效等事项。

（二）布鲁塞尔第一条例的重订

在上一年度的综述中，笔者介绍了欧盟委员会2010年12月14日出台的布鲁塞尔第一条例修订建议稿。[1]2012年12月20日，欧盟委员会终于通过了《关于民商事案件管辖权和判决执行的第1215/2012号条例（重订）》。[2]该条例将于2015年1月10日生效，但不适用于丹麦。需要特别指出的是，新通过的条例是对2001年第44号条例即布鲁塞尔第一条例的重订（recast），而不仅仅是修订。新条例共81条，比旧条例增加了5条，同样分为八章。与旧条例相比，新条例有以下几方面的变化：

1.适用范围的变化

原布鲁塞尔第一条例第4条规定，如果被告在任何欧盟成员国境内无住所，则法院管辖权不适用布鲁塞尔第一条例，而适用各成员国国内法。但是，欧洲法院早在2005年的Owusu案中就已经打破了这一禁忌。[3]学术界也对布鲁塞尔第一条例的封闭性提出批判。实践中很多情况下，虽然被告住所不在欧盟成员国境内，但法律关系的其他联结点都涉及欧盟成员国利益。鉴于此，2010年的建议稿曾试图将布鲁塞尔第一条例扩大适用于住所位于非成员国境

〔1〕 Proposal for a Regulation of the European Parliament and of the Council on jurisdiction and the recognition and enforcement of judgments in civil and commercial matters of 14.12.2010, COM (2010) 748 final.

〔2〕 Regulation (EU) No.1215/2012 of the European Parliament and of the Council of 12 December 2012 on jurisdiction and enforcement of judgments in civil and commercial matters (recast), [2012] O.J.L 351/1.

〔3〕 ECJ 1.3.2005-Case C-281/02 (Owusu), E.C.R.2005, I-1383, para.24.

内的被告。然而这种激进的做法并未被最后通过的新条例所接受。新条例明确强调：本条例只适用于与成员国领土有一定关联的法律程序。因此，管辖权的一般规则原则上只有当被告居住在某一成员国境内时才能适用（第4条第1款）。不居住在某一成员国境内的被告一般应适用受理案件的法院所属成员国领土内的国内管辖权规则（第4条第2款）。不过，新条例还是有所拓展：为了保护消费者和受雇者，为了保障拥有专属管辖权的成员国法院的管辖权以及为了尊重当事人意思自治，本条例中的某些管辖权规则也应适用，无论被告住所地位于何处（第18条第1款、第21条第2款）。另外在协议管辖方面，新条例修改了旧条例第23条，允许住所在非成员国的当事人协议选择成员国法院管辖（第25条第1款）。

2.取消了对外国判决的可执行性宣告程序（exequatur）

几乎所有国家法律中，都对执行外国法院判决规定了审查程序，只不过现在多数国家都仅对外国判决做形式审查而不做实质审查。旧条例第41条也同样如此。但是旧条例第38条要求被申请执行的外国法院判决必须首先被宣告为可执行，才可以被申请执行。尽管在修订过程中发生了很大争论，[1]但新条例还是彻底废除了此种宣告程序。新条例第39条规定："由一个成员国作出的并可在该国执行的判决可在另一成员国执行，而无须任何可执行性宣告。"根据欧盟委员会的解释，取消宣告程序主要基于经济和政治两方面的考虑。首先，在经济上取消宣告程序可以使当事人之间的债务更快地得到履行，加快了资金和货物的流动，提高了经济效率。而且从实践来看，欧盟范围内90%以上的外国法院判决最终都通过了审查程序得到了执行，审查程序已无存在的必要。第二，从政治上看，欧盟的目标就是要建立一个人员、货物、资金和营业可以自由流动的统一市场，这就必然需要在司法制度上加以保证。取消宣告程序使得各成员国的法院判决可以在欧盟范围内"自由流动"，这就可以极大地促进欧盟统一化进程。因此，欧盟理事会把判决的相互承认与执行视为"欧

---

〔1〕 Paul Beaumont/Emma Johnston, Abolition of the Exequatur in Brussels I: Is a Public Policy Defense Necessary for the Protection of Human Rights? *IPRax* 2010, p.105.Haimo Schack, The misguided Abolition of Exequatur Proceedings in the European Union, in: *FS Tadeusz Erecinski* (2011); Peter Schlosser, The Abolition of Exequatur Proceedings–Including Public Policy Review? *IPRax* 2010, p.101; Gilles Cuniberti/Isabelle Rueda, Abolition of Exequatur, *RabelsZ* 75 (2011), p.286.

盟内部民事和刑事司法合作的基石”。新条例第40条还进一步规定:“一项可执行的判决根据法律应具有启动在被申请执行的成员国法律下存在的任何保护措施的效力。”为了回应对取消宣告程序的批评,新条例仍然规定了可以拒绝执行他国法院判决的情形,包括违反公共秩序、非法缺席判决和一事两诉等(第46条)。

3.对平行诉讼问题的规定

平行诉讼在布鲁塞尔条例中被称为未决诉讼(lis pendens),是指相同当事人就同一争议基于相同事实及相同诉因同时在两个或两个以上国家的法院进行诉讼的现象。它与“一事两诉”“双重起诉”“诉讼竞合”等是同义词。旧布鲁塞尔条例第九节专门规定了平行诉讼问题(第27条),但非常简略。该条采纳了先诉法院优先原则(“first-filed”-rule),即“相同当事人就同一标的及同一诉因向不同成员国的法院提起诉讼,则受诉在后的法院在受诉在先的法院确定管辖权之前,应主动中止程序。当首先受诉的法院的管辖权确定时,任何其他受诉法院都应放弃管辖权,由首先受诉法院受理。”布鲁塞尔条例的前身《布鲁塞尔公约》最初的六个缔约国均为大陆法国家,而先受理法院原则是大陆法系规制平行诉讼的代表性方法,它强调管辖权预设的中立性、确定性,具有一定的可取之处。先受理法院原则,一方面,能够督促当事人尽快行使诉权,在一定程度上可以提高诉讼效率。另一方面,它在规制设置上以法院受诉时间的先后为主要的判断标准,具有很强的可操作性。

但是该规则也是一个非常机械的规则,存在一些弊端,主要体现在两个方面:一方面,它过度保护原告和先受诉法院的管辖权。在实践中,先受诉的法院不一定是最适合审理案件的法院,如此做法可能牺牲案件的实质正义。另一方面,它鼓励了起诉竞争和判决竞争,给予了当事人挑选法院的可能,从而产生了所谓的“鱼雷诉讼”问题(torpedo actions)。[1]

在欧洲法院的司法实践中,由于对该条款的宽泛解释而产生了一些问题,首先是先诉法院优先原则与专属管辖的冲突。如果当事人之间约定了排他性的管辖法院,那么先受诉法院规则是否依然适用?

---

〔1〕 Christopher Stothers, Forum Shopping and “Italian torpedoes” in Competition Litigation in the English Courts, *G.C.L.R.*2011, 4(2), pp.67-73.

欧洲法院在*Overseas Union Insurance v. New Hampshire Insurance*〔1〕一案的判决中指出，条例有关专属管辖权的规定是先受诉法院规则的例外，也就是说当后受诉法院具有条例规定的专属管辖权，那么第27条不适用，此时应当由该专属管辖的法院审理。

如果法院的专属管辖权不是来自条例的直接规定，而是当事人的管辖权协议，该例外是否依然成立呢？2003年，欧洲法院在*Erich Gasser GmbH v. MISAT Srl*〔2〕一案中，明确指出上述例外不能延伸至根据管辖权协议享有专属管辖权的情况，也就是说先受诉法院规则依然适用，由首先受诉的法院来判定管辖权协议的有效性和可执行性。判决给出的理由是，未决诉讼条款的目的是适当司法，防止不同缔约国法院之间的平行诉讼，避免产生相冲突的判决。为了该目的，本条应当尽可能宽泛地解释，从最大限度和到目前为止的可能性方面排除可能的冲突判决。这样的判决导致的弊端显而易见。一些原告抢先在非协议指定的法院起诉，达到规避协议选择法院的目的，以实现自己的经济利益。布鲁塞尔条例的规定将置当事人的意思自治于不顾。虽然先受诉的法院最终也有可能裁定协定管辖协议有效，但由于该法院程序复杂，案件审理非常缓慢，导致另一方当事人由于有最先受诉法院的限制，无法再诉诸其他法院。〔3〕同时，它也鼓励了诉讼竞赛。有报告指出，一些债权人为了保障合同中约定的法院能够取得管辖权，过早地提起诉讼而产生一系列负面的经济效果。〔4〕

另一点值得注意的是，原布鲁塞尔条例第27条的规定仅适用于成员国之间的民事诉讼竞合。如果先受诉法院是非成员国法院，根据该条例，成员国没有中止诉讼的义务。也就是说，条例并没有对这种情况下的诉讼竞合问题作出规定，而留待成员国的国内法或者双边协定进行解决。自Owusu 案件之后，

〔1〕 Overseas Union Insurance v. New Hampshire Insurance, ECJ, 27 June 1991, C-351/89, p.I-3351.

〔2〕 Erich Gasser GmbH v. MISAT Srl, ECJ, 9 December 2003, C-116/02, p.I-14738.

〔3〕 Moore K A, Rethinking Forum Shopping in Cyberspace, Symposium on Constructing International Intellectual Property Law: The Role of National Courts, *Chicago-Kent Law Review*, 2002(77), pp.1325-1358.

〔4〕 Commission of the European Communities, Report from the Commission to the European Parliament, the Council and the European Economic and Social Committee on the application of Council Regulation(EC)No.44/2001 on Jurisdiction and the recognition and enforcement of judgments in civil and commercial matters, 21.4.2009, p.6.

欧洲法院对于这样的案件都予以驳回。[1]由此可能会造成就一项争议作出相互冲突的判决,也造成了司法资源的浪费。

针对上述问题,欧盟委员会2009年发布的绿皮书提出了如下几种解决方案:因违反法院选择条款给予赔偿、设定首先受诉法院审理案件的合理时间期限、标准法律选择条款、允许指定的法院继续审理案件、赋予指定的法院优先权。[2]其中前四种解决方案都是建立在承认先受诉法院规则的优先性的前提下提出的替代方案。在这几种方案下,依然是由首先受诉的法院继续审理案件。其中,给予赔偿可以惩罚违反法院选择条款的一方,设定合理时间期限和标准法律选择条款则是为了加快法院的诉讼程序,从根本上打消原告利用先受诉规则企图达到的拖延诉讼的目的。而允许指定的法院继续审理案件将会导致平行诉讼的可能性,这与《布鲁塞尔条例》的立法宗旨不相符。而第五种赋予指定的法院优先权则符合国际上的流行趋势,例如1999年海牙《民商事管辖权及外国判决公约(草案)》。

新条例采纳了最后一种解决方案。在序言第22段中,新条例指出要促进排他性选择法院协议的有效性,避免滥用诉讼伎俩,确保在这种情况下,协议选择的法院有优先权来裁定协议的有效性,以及该协议在多大程度上适用于当前的纠纷。同时在第31条规定:"在不影响第26条的情况下,如果第25条所指的协议赋予了某一成员国法院专属管辖权且该法院已经受理了案件,则在该法院宣布其根据协议没有管辖权之前,任何其他成员国法院都应暂停诉讼程序。"针对成员国法院与非成员国法院之间的诉讼竞合问题,新条例第33条专门作了规定:

第33条

1.当依据第四条或第七、八、九条行使管辖权时,如果诉讼正在某第三国法院进行,而同时某成员国法院受理了与该案相同的当事人之间具有相同诉因的某案件,此时,成员国法院可以暂停诉讼,如果:

---

〔1〕 Samuel P.Baumgartner, Changes in the European Union's Regime of Recognizing and Enforcing Foreign Judgments and Transnational Litigation in the United States, http://ssrn.com/abstract=2019067(accessed on July 31st, 2013).

〔2〕 Green Paper on the Review of Council Regulation(EC)No. 44/2001 on jurisdiction and the recognition and enforcement of judgments in civil and commercial matters, 21.04.2009, COM(2009) 175 final.

a.预计第三国法院作出的判决能在成员国得到承认，并且，在适当情况下，能得到执行。

b.成员国法院确信暂停诉讼对于适当司法行政而言是有必要的。

2. 成员国法院可以随时继续诉讼程序，如果：

a.第三国法院的诉讼程序暂停或中断；

b.成员国法院预计第三国的诉讼程序在合理时间内不能结束；或者

c.为了适当司法行政的目的，需继续诉讼程序。

3. 如果第三国法院已经结束诉讼程序，且做出一个在某一成员国能得到承认并且在适当情况下能得到执行时，该成员国法院应当驳回诉讼。

4. 成员国法院应当事人一方的请求或者在其国内法规定下主动适用本条之规定。

该条款同样是先受诉法院规则的一个体现，只不过相较于第27条多了一些限制，分别是判决的预期承认和适当司法行政。其具体含义应结合条例序言第22、23段来分析。序言第22段规定：本条例应提供一套灵活性的机制，允许成员国法院考虑到第三国正在进行的诉讼，尤其应考虑到第三国作出的某项判决根据相关成员国法律和正当司法程序能否在该成员国得到承认和执行。第23段进一步指出：当考虑到正当司法程序时，有关成员国法院应当考量当前案件的所有情况，包括案件事实与当事人和相关第三国之间的联系，当案件在成员国法院提起时，在第三国的诉讼已经进行的阶段，以及第三国法院能否在合理期限内作出判决。还需考量的因素包括当成员国法院在特定案件中有专属管辖权的情况下，第三国法院是否有专属管辖权。

首先，需注意的是，其他国家的判决是否能够得到承认与执行具有一些不确定的因素，例如程序是否公正等，所以此时采取中止本国诉讼，保留随时继续诉讼程序的可能性。其次，新条例还新增了成员国法院继续诉讼程序的几种情况，这些都可以有效防止当事人恶意利用先受诉法院原则。有一点值得注意，如果第三国法院的诉讼程序不能在合理时间内结束，成员国法院可以继续诉讼程序。而对于成员国的诉讼竞合，这种做法被认为是与条例不相符的。在*Erich Gasser GmbH v. MISAT Srl*一案中，法院认为是成员国之间的“互信”

才成就了这样一个“强制性管辖权体系”，同时出于保障法律的确定性考虑，使个人能够足够确定地预见其将在哪个法院被诉，判决裁定，合理时间不能作为成员国之间诉讼竞合情况下先受诉法院规则的例外。[1]最后，不像前述成员国内诉讼竞合规则，新增的国际诉讼竞合没有将成员国法院的中止和暂停诉讼作为义务规定，而是使用了“可以”这样的字眼，给予成员国法院较大的自由裁量权，从一定程度上缓和了先受诉法院规则的机械性。

但必须看到的是，虽然新增的条款较之前有所进步，但是也存在一些弊端。[2]该规定仅针对第三国受诉在先的情况，而对于成员国法院受诉在先的情况没有明确，相对应将无法避免当事人滥用诉讼伎俩。例如，如果原告在成员国法院首先提起诉讼，如匈牙利法院，而该诉讼仅仅和处在香港地区的一项财产有关，香港地区法院具有专属管辖权或者当事人协议选择香港地区法院为排他性管辖法院。此时匈牙利法院无法根据本条例拒绝行使管辖权。[3]此次新条例仅在序言第23段中提到，需考量的因素包括当成员国法院在特定案件中有专属管辖权的情况下，第三国法院是否有专属管辖权。这里有两点不明确，第一，此处专属管辖权是否包括管辖权协议赋予专属管辖权的情况；第二，本因素仅存在于序言中，没有直接规定在正文中，效力问题有待商榷；第三，如前所述，赋予排他性协议管辖权以优先权是保护当事人利益原则的体现，这一点也得到很多国家的立法实践和国际公约的认可。此次修正仅赋予协议选择成员国内法院为排他性法院的优先性，而不承认协议选择第三国法院为排他性法院的优先性的做法，尚有值得探讨的余地。

4.条例与仲裁的关系

在欧盟的建议稿中，仲裁被纳入布鲁塞尔条例的调整范围。但是这一建议遭到很多反对。最终通过的新条例仍然维持了原来的规定，将仲裁排除在条例的适用范围之外。

---

〔1〕 Erich Gasser GmbH v. MISAT Srl, ECJ, 9 December 2003, C-116/02, p.I-14746.

〔2〕 Peter Hay, Notes on the European Union's Brussels-I "Recast" Regulation, An American Perspective, *The European Legal Forum*, 2013(1), p.5.

〔3〕 Reform of the Brussels Regulation: are we nearly there yet? 26 April 2013, http://www.allenovery.com/publications/en-gb/Pages/Reform-of-the-Brussels-Regulation-are-we-nearly-there-yet.aspx (accessed on July 29th, 2013).

（三）《关于相互承认民事保护措施的条例》

2013年6月6日，欧盟委员会通过了《关于相互承认民事保护措施的条例》[1]。该条例的目的是在欧洲范围内为刑事犯罪行为的受害者提供民事保护。欧盟十几个成员国国内法中均存在民事保护制度。所谓民事保护制度，是指法院对暴力行为受害者下达民事保护令，提供特定的民事保护措施。比如，责令施害者远离受害者、禁止施害者进入受害者居所等。民事保护措施多用于家庭暴力的受害者。为了在欧盟范围内加强对受害者的保护，有必要在欧盟成员国之间相互承认和执行对方国家做出的民事保护措施。为此，条例规定，受保护人可以申请有关当局出具一份证书（certificate），记载所采取的保护措施，以便申请人请求外国承认和执行该保护措施。条例将于2015年1月11日起在欧盟成员国适用。

（四）关于欧洲国际私法总则的讨论

由于欧盟国际私法统一化采用了各自为政的立法模式，各项条例只就本领域内的国际私法问题进行规定，这样就代理了两方面的问题：一方面是立法空缺，即各个条例都欠缺一些总则性规定，比如关于识别、先决问题等；另一方面则是立法重复，即每个条例都要对一些一般性问题重复规定，比如关于反致、公共秩序保留、强行规范的适用等。有些问题各个条例都没有明确规定，需要从总体上进行统一规定，如对于经常居所的概念等。

欧盟内部近年来开始讨论是否需要制定一项国际私法总则条例，即所谓的《罗马零号条例》（Rome–0）。上一年度的报告中已经介绍了法国学者的研究成果，尤其是保罗·拉加德（Paul Lagarde）教授提出的一份草案。在2012年到2013年度，学者们继续就该问题进行了广泛讨论。德国拜罗伊特大学于2012年6月29～30日举办了一场专题讨论会。在该次会议上，有学者指出，鉴于欧盟各项冲突法立法的适用范围各不相同，各项立法的参加国也不相同，因此从法律政策方面考虑，制定统一的国际私法总则条例的前景并不乐观。[2]也有学者建议，当务之急是在制定各项单行国际私法条例时充分考虑总则条

---

〔1〕 REGULATION（EU）No. 606/2013 OF THE EUROPEAN PARLIAMENT AND OF THE COUNCIL of 12 June 2013 on Mutual Recognition of Protection Measures in Civil Matters.

〔2〕 R.Wagner, Das rechtspolitische Umfeld für eine Rom 0 Verordnung? In Leible/Unberath（ed.）, *Brauchen wir eine Rom 0-Verordnung?* 2013, S.51.

款的一致性，避免出现分歧，这样就可以逐步形成统一的欧洲国际私法一般原则。[1]接下来学者们对国际私法总则的具体规则进行了探讨。格林贝格尔（Gruenberger）教授讨论了“承认原则”与传统国际私法的关系，他指出，随着欧洲公民自由权利的发展，传统国际私法规则日益受到“承认原则”的影响，尤其是在自然人人身权和公司属人法问题上。对于识别问题，海斯（Heiss）教授认为，鉴于很多国家都没有规定，因此不宜将其纳入欧洲国际私法总则之中。韦勒（Weller）教授讨论了经常居所的概念。他指出，经常居所不仅需要客观的居住事实，更需要主观上的当事人意愿，因此没有必要对经常居所施加时间上的限制。由于欧盟已经确立了人口的自由迁移自由原则，经常居所具有了让当事人自由选择法律的功能。海因（Von Hein）教授讨论了反致问题，指出反致制度在欧盟法中经历了一个从“终结”到“复兴”的过程。在此前的欧盟国际私法条例中，反致一直被排除，因此有人提出了反致制度的“终结”。[2]但随着2012年7月《继承条例》第34条的通过，反致制度又重新回到欧盟国际私法之中。[3]其他学者还探讨了强制性规范、公共秩序保留、先决问题等。基宁格（Kieninger）教授讨论了外国法的查明和适用问题，特别强调了任意性冲突规范问题，针对一些学者坚持的冲突规范任意性适用的观点，她提出了一种折衷的建议：在任何案件中，如果当事人事后能够达成一致选择适用法院地法，则可以放弃援用冲突规范；但如果必须适用外国法律，则法院必须依职权查明外国法。她还特别提到，应当对查明外国法的成本与案件标的额之间的比例进行审查以便决定是否需要强行适用外国法律。该次会议论文集已经于2013年出版，并将出版英文版以便向欧洲推销德国学者的观点。[4]

（五）欧盟破产条例修订

《欧盟关于破产程序的第2000/1346号条例》[5]于2002年5月生效，适用

〔1〕 Nehne, *Methodik und allgemeine Lehren des europaeischen Internationalen Privatrechts*, 2012.

〔2〕 Dieter Henrich, Der Renvoi: Zeit fuer einen Abgesang, in: *FS von Hoffmann*, 2011, S.147.

〔3〕 Dennis Solomon, Die Renaissance des Renvoi im Europaeischen Internationalen Privatrecht, in: *FS Schurig* 2012, S.237ff.

〔4〕 Stefan Leible/Hannes Unberath (ed.), *Branchen wir eine Rom 0-Verordnung? Überlegungen zu einem Allgemeinen Teil des europäischen IPR*, 2013.

〔5〕 Council Regulation (EC) No. 1346/2000 of 29 May 2000 on insolvency proceedings, OJ L 160, 30.6.2000, p.1.

于除丹麦外的所有欧盟成员国，迄今已超过十年。该条例适用于自然人和法人的破产，只要破产财产或债权人位于多个成员国境内。该条例规定了启动破产程序的法院的管辖权、法律适用以及破产判决在欧盟境内的承认与执行。

由于史无前例的经济危机的影响，据统计，2009～2011年，每年欧盟有20万家企业破产，其中1/4属于跨国破产，从而适用该破产条例。为了尽早摆脱经济危机，实现经济恢复，迫切需要进一步完善跨国破产规则，促进企业复苏和就业增长。该条例第46条规定："不晚于2012年6月1日起，委员会应每五年向欧洲议会、理事会和经济和社会委员会提交关于本规则适用的报告。如有必要，报告应附上关于本规则修改的建议。"根据这一规定，欧洲委员会将对破产条例的复审加入2012年工作计划之中。委员会自2012年3月30日进行一项公共调查，这项调查包括了31个问题，这31个问题不仅涉及破产条例，同时也包括了寻求解决面临的问题和解决的方法(包括条例应当如何被修订)。调查共收到来自所有成员国的共计131份答复，被调查的对象包括股东、法律从业者、公共政府机构以及学者等。2012年4月和10月分别召开了两次专家会议。在此基础上，欧盟委员会于2012年12月12日正式提交了一份报告。[1]该报告参考了海德堡大学和维也纳大学联合发布了一份外部评估报告。[2]

根据欧盟委员会的评估报告，欧盟破产条例总体上是一项成功的立法文件。但是经过调查分析，该条例在实践中也反映出一些缺陷。主要体现在以下几个方面：

1.条例的适用范围

破产条例第1条规定的适用范围以债务人的支付不能为前提，并要求任命清算人对债务人的资产进行清算。但是当代各国破产法的发展趋势已经超出

〔1〕 Report from the Commission to the European Parliament, the Council and the European Economic and Social Committee on the application of Council Regulation(EC)No. 1346/2000 of 29 May 2000 on insolvency proceedings, Strasbourg, 12.12.2012, COM(2012)743 final.

〔2〕 Hess/Oberhammer/Pfeiffer, Study for an evaluation of Regulation(EC)No. 1346/2000 on Insolvency Proceedings; published on the Europa site of DG JUSTICE at: http://ec.europa.eu/justice/civil/document/index_en.htm.

了上述范围。很多国家国内破产法都增加了破产前程序和混合程序。[1]破产前程序是一种准集体程序（quasi-collective proceedings），它是指在法院或行政机关监督下给予陷入金融困境中的债务人在破产前进行重整的机会以避免其陷入破产境地。混合程序（hybrid proceedings）则是指将债务人的财产置于法院或破产管理人监督之下，但又允许债务人在一定程度上处分其财产的程序。由于破产条例没有涵盖破产前程序和混合程序，导致这些程序不能通过破产条例得到他国承认和执行。

另外，由于破产条例将个人破产也纳入其适用范围，而各成员国关于个人破产的国内法差异很大。有的国家根本不承认个人破产制度，有的国家只规定了消费者的个人破产，另一些国家针对不同身份的个人规定了不同的破产制度。这导致破产人的地位在不同国家有差异，甚至会鼓励那些在其本国被宣告为破产的人寻求到其他国家去继续从事职业工作。

此外，破产条例只适用于主要利益中心位于成员国境内的债务人的破产程序，而且对于欧盟境外的债权人和财产，其适用也有限制。这与当今的趋势也不相符。很多欧盟国家近年来都参照1997年《联合国跨境破产示范法》相继颁布了适用于所有跨境破产程序的法律。

2.管辖权规则

破产条例规定，债务人"主要利益中心地"（COMI）的成员国应具有启动破产程序的管辖权。这一规则得到各国实务界的广泛接受，但是对于"主要利益中心地"的含义，尤其是对于自然人的"主要利益中心地"，条例并没有明确规定，导致实践中各国产生歧义。有的国家以住所为标准，有的国家则以国籍为标准。如果自然人在破产程序开始前改变了住所，其主要利益中心地就更难判断了。欧盟法院在判例中以"申请开始主要破产程序的时间"作为确定主要利益中心地的时间点。但当事人可能会利用这一点，在申请开始破产程序前改变住所来达到规避法律的目的。

破产条例与布鲁塞尔第一条例之间的关系也是很多国家关注的问题。就破产判决与一般民商事判决的区分而言，破产判决是指直接在破产程序中作出并且与破产紧密相关的判决。但在实践中区分二者还是有一定困难的。

---

〔1〕 欧盟目前已有至少15个成员国国内法中有破产前程序或混合程序。

3.准据法

破产条例规定，破产适用破产法院地法律（lex fori concursus）。这一规则在实践中被广泛接受。对于破产条例中有关法律适用的条款，评估报告给予了良好评价，认为不需要进行大的修订。

4.主要程序和附属程序之间的关系

破产条例规定，在已经于成员国法院开始并被认可的程序（主破产程序）的情况下，可以在债务人的破产未被调查的另一成员国并根据第3（2）条的规定，有管辖权的法院启动一项附属破产程序。附属破产程序的效力仅限于债务人位于该成员国境内的财产。附属破产程序可以由主破产程序中的清算人申请启动，也可以由根据附属破产程序所在的成员国法律有权申请启动破产程序的其他人或者机构申请启动。欧盟委员会的评估报告认为，实践中，附属破产程序越来越成为一些成员国保护地方利益的工具，其弊端越来越大。破产条例对启动附属破产程序没有规定特定限制，导致附属程序妨碍了对企业的重整。主破产程序法院与附属破产程序法院之间也缺乏沟通和协调，二者往往各行其是。

5.公司集团的破产问题

实践中，跨国破产往往会牵涉跨国公司集团（multe-national enterprise group），但现行破产条例采用分别破产制，即针对公司集团中的每一家公司都要单独启动一项破产程序。在母公司破产程序和分公司破产程序之间，也没有一个合作机制来进行协调以便促进这些公司的重整。欧洲法院和各成员国法院发展出了一些机制来协调二者的关系，比如对于分公司破产程序的开启施加一些限制条件，或者任命同一批破产律师来处理母公司和分公司的破产程序等。但这些机制都不具有强制性。

6.破产程序的信息披露制度

现行破产程序缺乏对破产程序的信息披露制度。这导致债权人对其他成员国内进行的破产程序难以知晓，从而错失维护自己权益的机会。同时，这也会导致大量不必要的平行破产程序的产生。

基于上述评估，欧盟委员会提出了对破产条例的修订建议，包括：扩大条例的适用范围，将破产前程序和混合程序纳入其中；对“主要利益中心地”的概念进行解释，尤其是对自然人的“主要利益中心地”加以明确；通过不同方式提高破产程序的公示度；制定标准的送达格式以便利外国原告提起破产程序申请；制定关于公司集团破产程序的专门规则。

(六)公司国际私法：欧盟法院最新判例

1.背景分析

对于公司的属人法(lex societatis)，在欧盟内部一直存在两大阵营的对立：成立地主义(incorporation theory)和实际所在地主义(real seat theory)。前者以公司成立所依据的法律为公司属人法，后者则以公司实际经营所在地法律为公司属人法。英国、瑞士、荷兰、丹麦、匈牙利等国采用成立地主义，而德国、法国、比利时、卢森堡、葡萄牙、波兰、罗马尼亚、土耳其等多数大陆国家采用实际所在地主义。意大利等国则采取折衷主义。欧盟成立后，致力于推动欧盟内部的公司设立自由(freedom of establishment)。《欧洲联盟运作条约》(treaty on the functioning of the European Union)第49条和第54条规定，若公司是依据欧盟某一成员国法律设立且其章程住所、管理中心或主要商业中心在欧盟境内，则应受到和具有该成员国国籍自然人一样的待遇。

然而，公司设立和迁移自由却可能与公司属人法中的实际所在地主义理论发生冲突。如果公司仅将其营业地从一国迁移到另一国，而保留其注册成立地不变的话，在采用实际所在地法律作为公司属人法的国家就会遇到障碍。因为法人的管理中心或经营中心一旦转移到这些国家，其法人资格就可能改变。比如，一家在英国注册成立的公司，如果将其实际经营总部迁移到德国，则在英国法院看来，其属人法仍为英国法，该公司有法人资格；而在德国法院看来，其属人法变为德国法，依照德国法，该公司未在德国注册，不具有法人资格。

欧盟成立后，欧盟成员国之间的公司迁移活动越来越频繁，从而产生大量纠纷。欧洲法院(ECJ)已就公司迁移问题以及TFEU设立自由原则的适用出具了几个颇有影响力的判决：Daily Mail案、Centros案、Überseering案、Inspire Art案、Sevic System案、Cartesio案等。[1]这些判例引发了国际私法上一个重大的争论：国际私法上的实际所在地法主义是不是违背了欧盟法中的

〔1〕 Daily Mail, Case 81/87, Judgment of ECJ(1988); Centros, Case C-219/97, Judgment of ECJ(1999); Überseering, Case C-208/00, Judgment of ECJ(2002); Inspire Art, Case C-167/01, Judgment of ECJ(2003); Sevic System, Case C-411/03, Judgment of ECJ(2005).

公司设立自由？德国为代表的所在地主义国家是否需要向成立地主义转变？德国等国担心的是，如果允许外国公司在不改变属人法的情况下将管理中心迁移至德国，则德国公司法中所规定的对债权人、少数股东利益的保障，员工参与决策的双决策机制(Co-determination)[1]等制度将不能对这些公司适用，从而有损公共利益。欧洲法院在上述判例中并未给出一个前后一致的明确答案。在Überseering案的判决中可见，法院没有禁止成员国继续采用所在地理论，即使其在判决中可能更倾向于成立地主义。所以所在地主义并没有受到封杀。但欧盟各国国际私法向成立地主义的转化似乎是大势所趋。意大利、奥地利等国都逐渐转向了成立地主义。德国2008年提交国会审议的一项公司国际私法立法草案也采取了成立地主义。[2]

然而，2008年的Cartesio案[3]中，欧洲法院作出了一项颇有争议的裁决，认为各成员国有权决定公司属人法采用的联结点(成立地或所在地)以决定公司是否依法注册成立，以及公司维持其法人资格的条件。该判决遭到一些学者批判，被认为改变了欧洲法院此前的先例。[4]这一判决使德国等国向成立地主义转化的进程搁置下来。

2. VALE案

2012年7月欧洲法院判决的VALE案[5]似乎是为了平衡Cartesio案带来的冲击。该案案情与Cartesio案几乎相同，同样涉及意大利和匈牙利两国之间的公司迁移。该案中，Vale Costruzioni Srl是一家在意大利注册成立的有限责任公司，要在意大利解散并迁移至匈牙利重新注册成立一家新公司Vale Építésikft。新Vale公司希望在公司注册时继续保留Vale Costruzioni公司的权利义务，但遭到匈牙利当局拒绝，因为匈牙利是以公司实际所在地法为其

〔1〕 德国公司法中的员工参与决策机制从两个方面体现：一种是通过公司监事会的方式，另一种是通过公会的方式。超过500人的公司需要成立监事会，监事会由公司员工选举员工代表组成，并可以赞成或反对公司形成的初步决定(interim decisions)等权利。而工会也同样由全体员工选举组成，可以就与员工有关的事项与公司谈判。参见Andrew D.Clarke, German Corporate Governance Provision For Employees: Lessons For Australia? 10 S.Cross U.L.Rev.1, 16-31(2006)。

〔2〕 *Bollacher*, Referentenentwurf zur Regelung des Internationalen Gesellschaftsrechts, *RIW 2008, 200-205.*

〔3〕 Cartesio, Case C-210/06, Judgment of ECJ(2008).

〔4〕 Justin Borg-Barthet, European Private International Law of Companies after Cartesio, 58 *I.C.L.Q.* 2009, p.1020.

〔5〕 VALE Építésikft, Case C-378/10, Judgment of ECJ(2012).

属人法，在意大利注册设立的公司迁移其管理中心至匈牙利并重新注册后，不得再保留意大利公司的人格。欧洲法院需要判断匈牙利的法律是否违反了《欧盟运作条约》第49条和第54条规定的设立自由。法院创造性地解释了Cartesio案的判决结果，认为匈牙利法律允许国内公司进行转换而不允许受外国法律支配的公司进行转换，构成非国民待遇，违反了欧盟的设立自由原则。VALE案的判决结果意味着，在欧盟范围内，公司可以任意地进行跨国转换（conversion），换句话说，就是公司可以像自然人一样，自由地改变其“国籍”。〔1〕

3. Impacto Azul Lda案

2013年6月20日，欧洲法院再次作出了一项涉及公司迁移自由的判决。〔2〕该案涉及的问题是：根据葡萄牙法律，所在地位于葡萄牙境内的母公司应当对其分公司的债权人承担连带责任，而所在地位于外国的母公司则不需要承担连带责任，这是否违反了欧盟法上的营业自由原则？欧洲法院最后判决认为，葡萄牙的上述规定并不违反营业自由原则。

欧盟关于公司国际私法的大争论从根本上反映的仍然是各国关于公司本质的认识分歧。以英国为代表的采取成立地主义的国家崇尚公司自由原则，接受了公司契约理论，认为公司是当事人意思自治的产物，公司创办人可以自由选择公司的成立地，也就选择了公司的属人法。而以德国和法国为代表的国家坚持国家主义原则，认为公司应当受到所在地国家强制性法律的干预，尤其是在外国成立的公司不得以外国法律来规避其营业地国家的社会公共利益。

欧洲法院如此积极地介入跨国公司案件的审理，是希望通过不断实践宣示欧盟在这方面的价值追求，不断统一各成员国的思想。从欧盟的整体利益来看，成立地主义所体现的自由主义原则更有利于欧盟所倡导的设立自由和迁移自由原则，有利于欧盟境内的商业流动。实际所在地主义仍然有其存在的价值，可以被用来作为一种预防手段，防止公司创立人通过所谓的“邮箱公

---

〔1〕 Justin Borg-Barthet, Free at Last? Choice of Corporate Law in the EU Following the Judgment in VALE, *I.C.L.Q.2013*, 62（2）, p.503.

〔2〕 Impacto Azul Lda v. BPSA 9–Promoção e Desenvolvimento de Investimentos Imobiliários SA and others, Case C–186/12（2013/C 225/53）.

司”来规避法律。

（七）小结

尽管欧盟国际私法统一化取得了日新月异的进展，但问题仍然存在。最突出的一点是欧盟国际私法统一化呈现出“碎片化”的状态（Flickenteppich）。[1]具体表现就是每一欧盟成员国参与欧盟统一立法的方式都不一样，从而导致每项立法在每一成员国内的适用情形都不一样。比如，新通过的《继承条例》自2012年8月16日起生效，但要到2015年8月16日起才正式适用，而且在丹麦、爱尔兰和英国也不适用。重订后的布鲁塞尔第一条例也不适用于丹麦。

欧盟立法与海牙国际公约之间的关系也值得关注。很多欧盟成员国加入了一些海牙国际私法会议通过的公约，这些公约具有优先适用的效力，由此也带来欧盟国际私法在成员国间适用的不统一问题。比如，1971年《海牙公路交通事故法律适用公约》与罗马第二条例之间就存在这方面的问题。

另外，各项立法在相同问题上采用的联结点也有差异，从而会带来统一立法之间的冲突问题。比如重订后的布鲁塞尔第一条例在民商事管辖权方面仍然坚持了传统的被告住所地原则，而新通过的《继承条例》在管辖权上则采用了被告经常居所地原则。此外，布鲁塞尔第一条例不再适用于扶养义务纠纷，因为欧盟2008年12月18日新通过了一项《抚养事项管辖权、准据法、判决承认与执行和合作的条例》。

在各项条例制定过程中，由于各成员国之间利益诉求的分歧，导致新通过的条例并没有反映立法者本来的意图。比如重订后的《布鲁塞尔条例》与原先公布的修订草案相比，范围就大大压缩，尤其是对住所在第三国的被告，重订后的条例并不完全适用。

按照2009年12月2日通过的《斯德哥尔摩议程》，到2014年年底欧盟必须完成其他领域的国际私法统一化立法工作，其中包括国际物权法、国际公司法以及国际私法总则等内容。一些新通过的条例也面临修订，比如2007年通过

〔1〕 Mansel/Thorn/Wagner, Europaeisches Kollisionsrecht 2012: Voranschreiten des Kodifikationsprozesses-Flickenteppich des Einheitsrechts, *IPRax* 2013, S.1.

的罗马第二条例的修订工作就已经被提上议事日程。[1]因此，欧盟国际私法统一化工作可谓任重而道远。

二、美国国际私法：在自由与保守之间

在美国，冲突法是非常重要的法律领域，因为这方面的案例层出不穷。据西蒙尼德斯（Symeonides）教授的统计，2012年度，美国法院就宣判了4300起冲突法案件。[2]这些案件大多数是州际冲突法案件，真正的国际私法案件只占很小的比例。本次综述只涉及国际私法案件。

（一）外国人侵权法诉讼——联邦最高法院Kiobel案判决

2012～2013年度，美国联邦最高法院继续成为全球跨国公司和跨国诉讼界人士和学者们关注的焦点，原因就在于Kiobel诉皇家荷兰石油公司案。上一年度的报告中我们已经指出，Kiobel诉皇家荷兰石油公司案已经被联邦最高法院受理。该案原告是尼日利亚居民，指控被告荷兰皇家石油公司协助尼日利亚政府对当地居民实施了违反国际法的行为。原告根据《外国人侵权法》（ATS）要求被告提供赔偿。[3]联邦最高法院几经拖延，终于在2013年4月17日以9：0的票数维持了第二巡回法院的判决结果。[4]但该案的不同寻常之处在于罗伯茨（Roberts）大法官所撰写的意见书中提出的判决理由。本来，第二巡回法院在判决书中是以跨国公司在习惯国际法上没有法律地位为由驳回原告诉讼请求的。[5]但是最高法院在诉讼过程中却把问题的焦点转向另一个问题：《外国人侵权法》是否具有域外适用效力？对于该问题，最高法院援引了其在Morrison案中引入的“反域外适用的推定”（presumption against extraterritoriality）理论。[6]

所谓“反域外适用的推定”，是指当一项法令不存在域外适用的明确表

---

〔1〕 M.Lehmann, Vorschlag fuer eine Reform der Rom II-Verordnung im Bereich der Finanzmarktdelikte, *IPRax* 2012, p.399.

〔2〕 Symeon C.Symeonides, Choice of Law in the American Courts in 2012: Twenty-Sixth Annual Survey, 61 *Am.J.Comp.L.*2013, p.217.

〔3〕 Kiobel v.Royal Dutch Petroleum Co., 132 S.Ct.472（U.S.2011）.

〔4〕 Kiobel v.Royal Dutch Petroleum Co., 133 S.Ct.1659, 185 L.Ed.2d 671（2013）.

〔5〕 Kiobel v.Royal Dutch Petroleum Co., 132 S.Ct.472（U.S.2011）.

〔6〕 关于morrison案，参见杜涛：《美国证券法域外管辖权：终结还是复活？——评美国联邦最高法院Morrison案及〈多德—弗兰克法〉》，载《国际经济法学刊》2012年第19卷第4期，北京大学出版社2013年版，第188页。

示，则该法令就不能在域外被适用。罗伯茨大法官运用了法律解释的一般方法，即通过文本解释、历史解释以及目的解释，发现《外国人侵权法》都没有域外适用的含义。根据文本解释，法院没有解读出域外适用的含义。《外国人侵权法》涵盖由外国人提起的针对违反万国法的行为，但并没有暗示其可以进行域外适用。就其中的措辞“任何”(any)而言，法庭援引*Small v.United States* 案，并不认为该措辞就意味着可以适用于发生在美国领域外的侵权行为。

从历史背景的角度出发，法庭重申了当时国会制定《外国人侵权法》主要针对三种不法行为，即违反安全通行权的行为、侵犯大使权利的行为以及海盗行为。针对前两种不法行为，《外国人侵权法》没有域外适用的必要。而就海盗行为而言，其通常发生在公海上，而且美国最高法院在适用反域外适用的推定时通常将公海视为外国领域。原告基于此，认为《外国人侵权法》含有域外适用的意味。但本案中，美国最高法院认为，将美国法律适用于海盗行为并不是典型的将美国国家意志强加于发生于他国领域内行为的体现，因此针对海盗行为含有较少对外政策的结果。因此，立法者将《外国人侵权法》适用于海盗行为不足以说明该法令具有域外适用的性质。

就目的解释而言，美国最高法院认为《外国人侵权法》的通过并非使美国成为执行国际法独一无二而热情友好之地。承认《外国人侵权法》的域外性质，会产生外交上的冲突而非避免这种冲突。美国最高法院援引了*Doe v.Exxon Mobil Corp*案，该案中有包括加拿大、德国、印度尼西亚在内的多个国家反对《外国人侵权法》的域外适用。同时，最高法院认为一旦接受原告的意见(即承认《外国人侵权法》的域外适用)，其他国家也可能基于某些行为违反国际法而迫使美国公民卷入该国的法庭诉讼，即使这些行为可能发生在美国领域内或者世界上的其他地区。结合这些理由，美国最高法院不认可根据目的解释承认《外国人侵权法》的域外性质。

基于以上分析，法庭认为《外国人侵权法》中并不包含域外适用的含义。因此，反域外适用的推定适用于该法案。《外国人侵权法》本身不能适用于域外案件，除非能够认定该案件本身具有国内性质。但考察该案的一系列相关事实，如当事人的国籍、行为发生地等，没有任何因素涉及美国。值得注意的是，本案的被告是跨国公司，其经营实体等会出现在多个国家，包括美国。但美国最高法院认为，仅仅是公司的存在不足以说明案件的国内性质。[1]

美国最高法院的判决结果超出了众多学者以及实务界人士的预期，因为Kiobel案大多数的关注者都是从如何认定国际习惯法上的公司责任这一问题进行思考的，他们期待着在缺少明确成文法的情况下，美国最高法院对这一问题进行权威的认定。但实际上，最高法院却出人意料地采用了此前ATS诉讼中未曾用到过的理论来解决这一争议。

运用“反域外适用推定”来处理这一案件在最高法院内部也遇到挑战。布雷耶(Breyer)法官给出的意见书中就明确指出了该理论在本案中运用的缺陷。他援引*Morrison v.National Australia Bank Ltd.*案，指出反域外适用理论适用的基础在于立法机关制定相关法律是为了处理国内事务而非对外事务。而《外国人侵权法》的制定显然是为了调整某些对外事务，法律文本本身明确采用了“外国人”“条约”“万国法”等字眼。[2]因此，在布雷耶法官看来，采用域外适用理论只能提供有限的帮助。布雷耶大法官对于《外国人侵权法》适用范围的确定是通过诉诸《美国对外关系法重述(第三次)》来实现。他认为，法庭对ATS诉讼具有管辖权必须满足下列条件之一：(1)侵权行为发生在美国领土内；(2)被告是美国公民；(3)被告的行为实质上对美国公民的利益产生了影响。[3]通过联系本案的事实，布雷耶法官发现上述条件没有被满足，最终的认定结果与上述运用反域外适用推定的结果一致。

美国最高法院对Kiobel案的判决结果给了近年来愈演愈烈的《外国人侵权法》诉讼一剂冷却剂。如果说1980年的*Filartiga vs Pena-Irala*案体现的是美国国内法院在诉讼争夺战中主动出击的话，Kiobel案就是保守主义在美国司法系统释放的积极信号。[4]

《外国人侵权法》的复兴正是依托国际社会加强人权保护、强调公司社会责任这一大背景。《外国人侵权法》被认为是保护人权的有力武器。但Kiobel案的出台却大大限制了这件武器的适用范围，这显然是不利于人权保护的。

---

〔1〕 Kiobel v.Royal Dutch Petroleum Co., 133 S.Ct.1659, 185 L.Ed.2d 671(2013).

〔2〕 Ibid..

〔3〕 Ibid..

〔4〕 罗伯茨大法官的判决意见得到全体保守派大法官(斯卡利亚、肯尼迪、托马斯和阿利托)的赞同。自由派大法官布雷耶撰写的协同意见书得到其他自由派大法官(金斯伯格、索托马约尔和卡根)的赞同。

就像Morrison案一样，Kiobel案得到跨国公司的普遍欢迎就是可想而知的了。Kiobel案是否意味着ATS诉讼下公司责任的终结？答案并不确定。学者们指出，将来，受害者可能会继续寻求通过州法来追究跨国公司违反人权的法律责任。此外，还会出现针对跨国公司的实际控制人、董事、高级管理人员等人员的ATS诉讼。

（二）法院选择协议的可执行性

美国法院对待法院选择条款的态度与欧盟相比显得异常恭敬。比如，欧盟成员国法院根据布鲁塞尔第一条例并不会执行一项在争端发生前订立的对消费者和受雇者不利的法院选择条款。[1]而美国法院则不同，通常会毫不犹豫地执行这样的条款。

2012年的Estate of Myhra诉皇家加勒比游船公司案[2]就说明了这一点。该案的事实与联邦最高法院审理的声名狼藉的Carnival Cruise Lines公司诉Shute案[3]如出一辙，后者支持了一位华盛顿游客持有的一张游船票上的佛罗里达法院选择条款。而在Myhra案中，游船票上包含一项英国法律选择条款和一项英格兰和威尔士法院排他性管辖权条款。该游客居住于英格兰并在该地购买了从迈阿密到加勒比的游船票。在轮船旅游之后，该游客死于罗马军团病。其继承人认为他是在游船上感染该疾病的。其继承人在迈阿密起诉游船公司，认为法院选择条款无效，因为如果遵守该英格兰法律选择条款的话，将会限制游船公司的披露义务，而这违反了一项重要的联邦立法[（46 U.S.C. § 30509（a）]。根据该立法，那些试图限制"在美国境内承运旅客"的轮船公司因旅客受伤或死亡而承担的责任的条款，或者限制"当事人因人身伤害或死亡而向有管辖权的法院起诉的权利"的条款，均属无效。[4]实际上，适用英格兰法律会限制船方的责任，因为英国是《关于海上旅客及其行李运输的

〔1〕 参见欧盟2012年12月12日关于民商事领域管辖权与判决承认与执行的第1215/2012号条例（布鲁塞尔第一条例）第19条，L 351/1 O.J.（20.12.2012）。第19条规定，在消费者合同中规定许可性管辖基础的条款"只能依据下列协议排除：（1）该协议在纠纷发生后才缔结；（2）该协议允许消费者在指定的法院以外的法院起诉"或者该协议选择消费者和其他当事人共同住所地国法院。第23条规定，在雇佣合同中规定许可性管辖基础的条款"只能依据些列协议排除：（1）该协议在纠纷发生后才缔结；（2）该协议允许受雇者在指定法院以外的法院起诉"。

〔2〕 695 F.3d 1233（11th Cir., 2012）.

〔3〕 499 U.S.585（1991）.

〔4〕 46 U.S.C. § 30509（a）.

公约》(雅典公约)的缔约国,该公约限制了船方的赔偿责任。[1]

第十一巡回法院驳回了继承人的主张。法院依据Shute案认为"国会在制定第30509(a)号法律的时候关注的是禁止船方单方面强迫接受责任限制而不给予任何司法程序的救济"。[2]法院认为:

> 本案中则相反,法院选择条款只是将诉讼提交某一特定法院……该条款让该法院……通过适用其自身的法律选择规则或者通过执行合同中独立的法律选择条款来判断应适用的实体法。在任一情况下,都是由行使管辖权的法院的判决来确定应适用于案件的法律,而不是由船方的命令。[3]

法院也认识到,根据英格兰法律选择条款,英格兰和威尔士法院很可能会适用英格兰法律。"但是",法院指出,"该判决并非是由当事人任一方作出的,而是由英格兰和威尔士法院作出的",[4]因此它并非第30509(a)号法律所禁止的"单方面"行为。当然,第30509(a)号法律并没有说明船方的"单方面"行为到底是什么。该立法只是禁止限制船方责任的合同条款,[5]即那些由当事人双方都同意(至少表面上同意)的条款。本案恰恰就是如此:英格兰法院将会根据法院选择条款裁判本案并会根据英格兰法律选择条款而适用英格兰法律。因为法院同时认为这些条款(至少是法院选择条款)"已经合理通知了"旅客,不属于不公平条款,[6]因此它们不能被视为船方的"单方面"行为。不过,它们确实具有第30509(a)号法律所禁止的效果。因此,对于为什么不适用第30509(a)号法律,必须有一个更合理的解释。

当法院发现该旅客及其家庭是"英国公民并且是在英国的一家旅行社购买了船票",而且被告公司"在该国有办公室而且经常在该地招揽生意",[7]法院试图做出解释。法院也注意到该法院选择条款"允许美国法院尊重其他国

---

〔1〕 美国不是该公约缔约国。

〔2〕 Estate of Myhra, 695 F.3d at 1243.

〔3〕 同上。法院同时指出,第30509(a)条并没提到法院选择条款,即便如此,根据Shute案,国会基于其他理由修订了该法。

〔4〕 同注〔2〕。

〔5〕 "所有人……不得在一项条例或合同中加入一项限制……所有人责任的条款"。参见46 U.S.C. § 30509(a)。

〔6〕 See Estate of Myhra, 695 F.3d at 1244-47.

〔7〕 See Estate of Myhra, 695 F.3d at 1244.

家公民的权利和明示选择，同时也要尊重其他国家法院裁判争端的能力”，法院得出结论认为，在国会没有明文授权的情况下，法院不应“阻止其他国家在涉及其本国公民及其国内商业关系的案件中适用该国实体政策”。[1]然而，第30509（a）号立法却包含了这样一项有争议的授权，其中所要求的唯一联系是该载客船舶的出发港或目的港是美国港口。

（三）法院选择条款的排他性

当事人在合同中约定的法院选择条款是否具有排他性（exclusive），这一问题在不同国家有分歧。在欧洲，根据布鲁塞尔第一条例和《卢加诺公约》的规定，一项法院选择条款被认为具有排他性（exclusive），除非其中包含相反用语。[2]但是在美国并没有这样一种类似的推定。根据一些案例所反映的情况，在美国约定俗成的做法恰恰相反——一项法院选择条款被认为仅仅具有许可性（permissive）而非排他性，除非其中包含有相反的用语。[3]

2012年的一个案例是Boland诉George S.May Intern.公司案。[4]在该案中，法院选择条款规定“管辖权授予伊利诺伊州”。让该条款起草者失望的是，马萨诸塞州法院认为该条款只是“允许而非要求诉讼在伊利诺伊州法院进行”。[5]

如果法院选择条款的用语比较模糊，那么该条款到底是排他性的还是许可性的，这个问题必须通过司法解释来回答。如果法院选择条款没有伴随着一个法律选择条款，那么就应当根据法院地法律来进行。如果法院选择条款同时伴随着一个法律选择条款，那么问题就演变为：司法解释应当根据法院地

---

〔1〕 See Estate of Myhra, 695 F.3d at 1244.

〔2〕 布鲁塞尔第一条例第25条规定：“当事人无论住所位于何地，如果同意某一成员国法院解决他们之间特定法律关系引起的纠纷，该法院即拥有管辖权，除非该协议根据该成员国法律在实质上无效或失效。除当事人另有约定外，该管辖权具有排他性。”《卢加诺公约》第23条之规定也相同。

〔3〕 See, e.g., John Boutari & Son, Wines & Spirits, S.A.v.Attiki Imp.and Distrib., Inc., 22 F.3d 51, 53（2d Cir.1994）; Docksider, Ltd.v.Sea Technology, Ltd., 875 F.2d 762, 764（9th Cir.1989）; Hunt Wesson Foods, Inc.v.Supreme Oil Co., 817 F.2d 75, 77-78（9th Cir.1987）; Keaty v.Freeport Indonesia, Inc., 503 F.2d 955, 956-57（5th Cir., 1974）; Citro Florida, Inc.v.Citrovale, S.A., 760 F.2d 1231, 1231-32（11th Cir., 1985）.

〔4〕 969 N.E.2d 166（Mass.App.Ct.2012）.

〔5〕 Id.at 168.McDonald v.Amacore Group, Inc., 2012 WL 2327727（unpublished, N.J.Super. Ct.App.Div.June 20, 2012），该案提供了一个不同的但起草的同样不规范的条款的例证。该条款规定“本协议应受佛罗里达州法律支配，该州对本合同有关的事务引起的任何请求或纠纷具有排他性管辖权……”

法律来进行还是根据法律选择条款所选定的法律来进行?美国法院的实践二者兼有,有些法院适用法院地法律,[1]有些法院则适用所选择地的法律,前提是法律选择条款有效。[2]

Enquip Technologies Group诉Tycon Technoglass案[3]是新近的一起涉及该问题的案例。[4]该案中,一位意大利厂商和一家设在佛罗里达州的美国销售代理商签订的合同规定:“本协议应受意大利法律支配并依该法解释。威尼斯法院对任何争议拥有管辖权。”[5]佛罗里达公司在俄亥俄州起诉该意大利生产商违约且未支付佣金,因为该意大利公司的母公司总部设在俄亥俄州。法院认为,由于法院选择条款附带有一个法律选择条款,该法院选择条款的含义应

〔1〕 See, e.g., Wong v.PartyGaming Ltd., 589 F.3d 821, 827(6th Cir.2009); Fru-Con Constr. Corp.v.Controlled Air, Inc., 574 F.3d 527, 538(8th Cir.2009); Doe 1 v.AOL LLC, 552 F.3d 1077, 1083(9th Cir.2009); Ginter ex.rel.Ballard v.Belcher, Prendergast & Laporte, 536 F.3d 439, 441 (5th Cir.2008); Phillips v.Audio Active Ltd., 494 F.3d 378, 384(2d Cir.2007); P & S Bus.Machs. v.Canon USA, Inc., 331 F.3d 804, 807(11th Cir.2003); Jumara v.State Farm Ins.Co., 55 F.3d 873, 877(3d Cir.1995); Manetti-Farrow, Inc.v.Gucci America, Inc., 858 F.2d 509, 513(9th Cir.1988); Golden Palm Hospitality, Inc v.Stearns Bank Nat'l Ass'n, 874 So.2d 1231, 1234-1235(Fla.Dist. Ct.App.2004); Fendi v.Condotti Shops, Inc, 754 So.2d 755, 757-758(Fla.Dist.Ct.App.2000); Yamada Corp.v.Yasuda Fire & Marine Ins.Co., Ltd., 712 N.E.2d 926(Ill.App.Ct.1999).

〔2〕 See, e.g., Abbott Laboratories v.Takeda Pharmaceutical Co.Ltd., 476 F.3d 421, 423 (7th Cir.2007); Yavuz v.61 MM, Ltd., 465 F.3d 418(10th Cir.2006); Jacobsen Constr.Co.v.Teton Builders, 106 P.3d.719, 723(Utah 2005); Szymczyk v.Signs Now Corp., 168 N.C.Ct.App.182, 606 S.E.2d 728(2005); Jacobson v.Mailboxes Etc.USA, Inc., 646 N.E.2d 741(Mass.1995); Cerami-Kote, Inc.v.Energywave Corp., 773 P.2d 1143(Id.1989); Simon v.Foley, W.D.N.Y.No.07-CV-766S, 2011 WL 4954790(Oct.18, 2011); Lanier v.Syncreon Holdings, Ltd., E.D.Mich.No.11-14780, 2012 WL 3475680(Aug.14, 2012); Global Link, LLC.v.Karamtech Co., Ltd., 06-CV-14938, 2007 WL 1343684(E.D.Mich.May 8, 2007); TH Agric. & Nutrition, LLC v.Ace European Group Ltd., 416 F.Supp.2d 1054(D.Kan.2006).

〔3〕 2012 WL 6737839(unpublished, Ohio App.2nd Dist., Dec.28, 2012).

〔4〕 在Adams v. Raintree Vacation Exchange, LLC, 702 F.3d 436(7th Cir., 2012)案中,合同条款规定:“当事人在此同意受墨西哥城法律之约束和联邦地区法院之管辖,并明确放弃任何其他法院基于现在或将来之住所对他们具有的管辖权。”尽管该条款用语太粗糙,但该法院选择条款具有排他性,不过该案涉及的是一个不同的问题——该条款能否被一个非签字方援用。法院认为,因为上述条文中包含了一个墨西哥法律选择条款,因此该问题本来应由墨西哥法律决定。但是,双方当事人均未援用墨西哥法律且双方都援用了法院地法律。法院最终认为当事人的行为表明,他们放弃了法律选择问题并同意地区法院适用法院地法:“我们不明白,既然当事人双方均未提出要求,地区法院为什么要自寻烦恼地去寻求外国法律。合同当事人有充分自由去指定解释其合同的法律,也可以自由修改合同中做出的指定(视为修改合同)。由于当事人没有援用墨西哥法律且仅仅援引了联邦判例,他们已经放弃了对具有不同特点的墨西哥法律的信任,从而不能将其用于解释法院选择条款。”

〔5〕 Enquip Technologies, 2012 WL 6737839 at*8.

依据该法律选择条款所选定的法律予以确定，即意大利法律。法院认为："法律选择条款可以被视为同一合同中的法院选择条款的含义的证据。正如被选择的法律用于解释该合同中任何其他条款的含义一样，它也应被用于解释该法院选择条款。"[1]

如前所述，意大利所遵守的布鲁塞尔第一条例规定，法院选择条款"具有排他性，除非当事人另有约定。"鉴于该项规定以及意大利最高法院的一项判决，俄亥俄州法院认为"该法院选择条款在意大利法律中的含义是：威尼斯法院拥有排他性管辖权"。[2]法院接下来对其判决理由做了如下解释：

> 很清楚，对于"许可性—排他性"问题，我们没有将其作为法律选择问题处理。相反，我们只是将其作为合同解释问题。我们适用俄亥俄州合同解释法律来解释法院选择条款。俄亥俄州法律规定，法院选择条款的含义由当事人确定。根据当事人的法律选择条款的规定，当事人之间的协议应当由意大利法律来解释，我们认为，当事人希望的含义就是该法院选择条款在意大利法律中的含义。因此，我们确定了意大利法律对该条款用语所赋予的意义。然后，我们确定，意大利法律认为该法院选择条款具有排他性。[3]

但该案并未到此为止。其中一位原告的诉讼请求是被告违反了俄亥俄州一项立法，该立法规定，如果未能向在俄亥俄州境内从事销售的代理商支付佣金，将会支付三倍赔偿金。该项立法同时禁止任何非俄亥俄州法律选择条款和法院选择条款，并宣布任何排除该法规定的行为无效。法院不得不指出，尽管就原告的合同诉讼请求而言，法律选择条款和法院选择条款具有可执行性，而就原告针对未支付佣金而提起的三倍赔偿的法定诉讼请求而言，这些条款不具有可执行性。但是，这一结论"并不意味着应依据俄亥俄州法律来确定损害赔偿"。[4]法院解释道：

> 我们很不情愿地宣布，一份由意大利生产商和位于佛罗里达州的销售代理商在俄亥俄州境外谈判订立的合同要受俄亥俄州的一项

---

〔1〕 Enquip Technologies, 2012 WL 6737839 at*5.

〔2〕 Enquip Technologies, 2012 WL 6737839 at*9.

〔3〕 Enquip Technologies, 2012 WL 6737839 at*9.

〔4〕 Enquip Technologies, 2012 WL 6737839 at*10.

立法的支配，该合同授权销售商在四个国家和所有美国州内进行销售——尤其是其中只有很小一部分销售涉及俄亥俄州，而且只有很少一部分销售对于所主张的法定诉讼请求有关联。的确，俄亥俄州对于该合同而言并不重要。[1]

在分析了《第二次冲突法重述》有关侵权冲突法的相关条文之后，法院认为，俄亥俄州并不具有最密切联系。的确，“在三个可能的选项——俄亥俄州、佛罗里达州和意大利当中，到底应适用谁的法律？俄亥俄州与该案件和当事人具有最不显著的联系”，[2]法院认为。法院指出，不需要在佛罗里达州和意大利法律之间进行选择，因为根据二者的法律，原告都不能获得三倍赔偿金。

（四）美国《反恐怖主义法》（ATA）的域外适用

1.“9·11”恐怖袭击案

2001年的“9·11”事件发生后，反恐成为美国社会最为关注的焦点问题之一。一些恐怖主义事件的受害者纷纷在美国发起对恐怖主义支持者的诉讼行动，其中很多被告都是外国政府或外国企业或金融机构，他们被控为恐怖主义组织提供资金或金融服务，从而违反了美国《反恐怖主义法》。其中最为引人关注的是联邦第二巡回法院审理的“9·11”恐怖袭击案。[3]

“9·11”恐怖主义袭击案是因2001年纽约发生的“9·11”恐怖主义袭击而引发的一系列跨地区诉讼的总称。该案原告是John Patrick O’Neill等众多“9·11”恐怖袭击受害者及其家属和众多受到损失的商业机构，被告是数百名被指控支持本·拉登和基地组织的银行、金融机构、慈善机构和其他个人。原告指控被告违反了《反恐怖主义法》（ATA）、《外国人侵权法》（ATS）和《酷刑受害者保护法》（TVPA）以及普通法。这些案件在2003年被统一集中到纽约南区地区法院审理。[4]

该案由于被告人数众多，纽约南区联邦地区法院从2005年起先后针对不

〔1〕 Enquip Technologies, 2012 WL 6737839 at*11.

〔2〕 Enquip Technologies, 2012 WL 6737839 at*12.

〔3〕 See In re Terrorist Attacks on September 11, 2001, —F.3d—, No.11 3 Civ.3294, 2013 WL 1591883, at*2–3 (2nd Cir., 2013).

〔4〕 See In re Terrorist Attacks on September 11, 2001, 295 F.Supp.2d 1377, 1378 (J.P.M.L.2003).

同被告分别作出了多份判决。[1]这些判决中，原告所提出的指控大都被驳回，理由是美国法院对这些被告缺乏属人管辖权。原告针对这些判决向第二巡回法院提起上诉后，2013年4月16日，第二巡回法院针对其中37名被告作出了一项判决，维持了地区法院的判决，认为美国法院对其中绝大多数被告缺乏属人管辖权，理由是原告未能提供足够的事实证明这些被告所实施的被指控的侵权行为是故意针对美国的。[2]由于该案所涉及的被告中也有一些外国银行等金融机构，比如苏丹和列支敦士登的几家金融机构等，它们也被指控为基地组织提供金融服务，因此该案的判决结果对另一起涉及中国银行的案件“Wultz诉中国银行案”具有直接影响。

2. Wultz等诉中国银行案

(1)背景

2006年4月17日和2007年1月29日，巴勒斯坦伊斯兰吉哈德和哈马斯组织实施的恐怖袭击中，有100多名以色列公民在袭击事件中伤亡。2008年起，数十位事件受害者或其家属在美国发动了一场针对中国银行的诉讼行动，这次诉讼行动包括一系列案件，包括“Zahavi等诉中国银行案”、[3]“Elmaliach诉中国银行案”[4]和“Wultz诉中国银行案”[5]等。

中国银行之所以成为被告，是因为中国银行被指控为实施爆炸袭击的巴勒斯坦伊斯兰吉哈德组织和哈马斯组织提供金融服务。据原告披露，吉哈德和哈马斯自1997年起就一直被美国政府列为外国恐怖主义组织，并从2001年起被列入“特别指明的全球恐怖主义者”(Specially Designated Global Terrorist)名单。此后，他们受到美国的严厉经济制裁，其中包括禁止向他们提供银行服务以削弱他们进行恐怖主义活动的能力。全球绝大多数银行都遵

---

〔1〕 In re Terrorist Attacks on September 11, 2001, 349 F.Supp.2d 765(S.D.N.Y.2005); In re Terrorist Attacks on September 11, 2001, 392 F.Supp.2d 539(S.D.N.Y.2005); In re Terrorist Attacks on September 11, 2001, 538 F.3d 71(2nd Cir., 2008); In re Terrorist Attacks IV, 718 F.Supp.2d (2010); In re Terrorist Attacks v.740 F.Supp.2d(2010); In re Terrorist Attacks VI, 840 F.Supp.2d (2012).

〔2〕 IN RE TERRORIST ATTACKS ON SEPTEMBER 11, 2001(ASAT TRUST REG., et al.), April 16, 2013.

〔3〕 Zahavi et al.v.Bank of China Ltd., No.BC396714.(Docket No.6, Ex.A.)国内有关该案的早期报道参见:《中行身陷国际洗钱案》，载《财经》2008年第18期。

〔4〕 Elmaliach v.Bank of China Ltd.(Sup.NY, Decided July 7, 2011).

〔5〕 Wultz et al v.Bank of China Limited, Doc.261, May 1, 2013.

守美国的禁令，只有中国银行等少数几个银行拒绝遵守。原告认为，2003年7月，中国银行开始向吉哈德和哈马斯组织提供银行服务，为该组织在伊朗、叙利亚和中东其他地区的领导人提供了数十笔电汇业务。原告声称，这些电汇业务是通过中国银行在美国的分行实施的，大多数汇款都汇往中国银行在广州分行的一个账户，该账户为吉哈德和哈马斯组织的一位高级官员萨德·舒拉（Said al-Shurafa）所拥有。该笔汇款后来被转给吉哈德和哈马斯在以色列的领导人，并被用于策划和实施恐怖袭击活动。原告声称，中国银行提供的服务使吉哈德和哈马斯组织能够获得数百万美元用于恐怖袭击活动。而且原告声称，被告中国银行知道或者理应知道该汇款是用于吉哈德和哈马斯的恐怖袭击活动，因为以色列政府反恐官员早在2005年4月就向中国政府提供了有关信息并发出了警告。以色列政府还多次与中国政府有关部门（中国人民银行、外经贸部、安全部、公安部等）举行会议，讨论中国银行被恐怖主义组织利用的问题，并要求中国政府关闭这些组织在中国银行的账户。此外，情报显示，该汇款业务具有典型的非法交易特征。中国银行根据美国银行法的有关规定，理应对于这样的汇款交易提高警惕。2008年，中国银行经过内部审查，最终关闭了萨德·舒拉的银行账户。

中国银行提出了不方便法院原则的抗辩，但都被法院驳回。法院考虑了以下几个因素：案件对纽约法院的负担，对被告的潜在困难，原告是否拥有替代的其他法院起诉等。法院还考虑到当事人双方都不是纽约居民而且交易行为主要发生在美国境外。法院指出，任何一项因素都不具有决定性。不方便法院原则需要从个案进行考虑，需要考虑到正义、公平和方便等因素。法院援引了伊朗伊斯兰共和国诉巴拉维案："原则上，除非利益平衡强烈地支持被告，原告对法院的选择不应受到干扰。"[1]法院认为，被告未能证明纽约是不方便法院。尽管被告是一家外国企业，但其三家美国分行中有两家都位于纽约。而且，对于用于丰富资源的跨国公司而言，在纽约提交证人证言或书面文件的障碍是很小的。被告可能利用了纽约的银行分支机构实施了汇款转账交易，这也使案件与纽约具有了显著的联系。如果驳回本案诉讼而将案件交由中国

〔1〕 Islamic Republic of Iran v. Pahlavi, 62 NY2d 474, 479 (1984), cert den 469 US 1108 (1985).

法院审理，只会增加双方当事人在不同国家取证的困难。[1]这些案件中，最主要的是“Wultz诉中国银行案”，该案由纽约南区法院德林（Scheindlin）法官审理，涉及很复杂的国际私法问题。

（2）法律适用问题

Wultz等原告提出的诉讼请求中，认为中国银行违反了以色列法律，故要求中国银行承担以色列法律下的赔偿责任。该诉讼请求属于一项“非联邦法请求”（non-federal claim）。2011年8月3日，法官就该诉讼请求的法律适用问题作出了裁决。法官指出，如果当事人在诉状中要求适用某一国家或地区的法律，则必须提供充分的理由。由于原告根据以色列法律提出诉讼请求，而被告则要求适用纽约州法律。同时被告还提出，中国法律与案件也有密切联系。因此，本案需要依照所在州的冲突规则确定准据法。

纽约州冲突法在处理这类问题时，首先要判断是否存在真实的法律冲突（actual conflict of laws）。如果不存在法律冲突，法院将不进行法律选择；如果纽约法律是选项之一，则法院有权适用纽约法。[2]在有法律冲突时，纽约冲突法采取“利益分析方法”以确定哪一国家或地区对诉讼拥有最大的利益，其中主要考虑行为发生在哪里以及当事人与哪一地区联系最密切等。

德林法官接下来分析了美国法律、以色列法律和中国法律在本案中的利益。最终，法官认为以色列具有最大的利益，并认为适用以色列法律不违反正义的基本概念和善良道德。2011年8月3日，法官作出裁决，否定了被告要求适用纽约法律的请求，决定适用以色列法律，并要求双方当事人就以色列法律的解释提交意见书。[3]

2012年3月，情况又发生了巨大变化。这涉及另一起关联诉讼，“Licci诉美国快汇银行案”，该案背景也和“Wultz诉中国银行案”几乎完全相同，原告都是2006年以色列恐怖袭击事件中的受害者，被告黎巴嫩加拿大银行是一家总部设在黎巴嫩的银行，在美国没有分支机构；而美国快汇银行是位于美国纽约的银行，它作为黎巴嫩加拿大银行的通知行。两家银行都被指控向发动恐

---

〔1〕 Elmaliach v.Bank of China Ltd., 102026/09, NYLJ 1202501089993, at 1 (Sup.NY, Decided July 7, 2011).

〔2〕 International Bus.Mach.Corp.v.Liberty Mut.Ins.Co., 363 F.3d 137, 143 (2nd Cir., 2004).

〔3〕 Wultz v.Bank of China, No.11 Civ.1266, —F.Supp.2d—, 2011 WL 3423792 (S.D.N.Y., Aug.3, 2011).

怖袭击的黎巴嫩恐怖组织提供了金融服务。该案二审中，法院同样采用了利益分析方法。[1]法院认为，纽约拥有最大的利益，因为被告总部位于纽约，所实施的转账行为也发生于纽约。尽管原告住所位于以色列，所受伤害也发生于以色列，但这些因素与本案关系不大。

Licci诉美国快汇银行案二审判决作出后，德林法官马上于2012年5月25日作出第三次裁决，否定了自己于2011年8月3日作出的适用以色列法律的裁决，决定接受Licci案二审裁决意见。法官指出，本案被告中国银行是总部位于中国的银行，而且原告指控的侵权行为是中国银行广州分行所为。虽然两案中侵权的损害结果都发生在以色列，但在Licci案中，二审法院已经指出，结果发生地与案件没有重要联系。原告在其提交的意见书中也提到本案可能适用中国法律更为合适。[2]因此，本案应适用中国侵权法律。

（3）对中国侵权法的解释

双方当事人提交的专家报告都援引了中国最高人民法院网站上公布的《中华人民共和国民法通则》（以下简称《民法通则》）英译本。中国银行聘期的中国法专家证人是宾夕法尼亚大学的中国法专家雅克·德里斯勒（Jacques deLisle）教授和中国人民大学法学院的张新宝教授。原告提供的专家证人则是福特汉姆（Fordham）大学法学院的乔治·W.孔克（George W.Conk）教授和美国侵权法专家玛里琳·C.孔斯特勒（Marilyn C.Kunstler）。双方专家对中国侵权法的解释差异很大。法官认为，雅克·德里斯勒教授的报告最具有说服力。法官认为，对中国法律的解释不应只凭其字面含义，而应关注中国司法机关的审判实践。法官接下来根据中国法律的规定对原告所提出的三项指控进行了分析：

第一，疏忽（negligence）。原告认为，中国银行向吉哈德组织提供银行服务的行为构成了《民法通则》第106条[3]所规定的“过错”，故应承担民事责

[1] Licci v.Am.Express Bank Ltd., 704 F.Supp.2d 403, 409（S.D.N.Y.2010）.

[2] Plaintiffs' Memorandum of Law in Response to Order to Show Cause Issued March 6, 2012, at 8.

[3] 《民法通则》第106条第2款规定：“公民、法人由于过错侵害国家的、集体的财产，侵害他人财产、人身的，应当承担民事责任。”

任。另外，根据《民法通则》第119条，[1]侵害他人身体造成损害的，也应承担民事责任。被告专家雅克·德里斯勒则认为，从该条款并不能得出中国银行应对第三人的侵权行为承担责任。

第二，违反法定义务（breach of statutory duty）。原告认为，中国银行的行为违反了《民法通则》第49条规定的法定义务，故应承担民事责任。[2]雅克·德里斯勒教授指出，从《民法通则》第49条中无法得出侵权责任。甚至第49条的文字表述根本就不是针对民事责任。

第三，连带责任（vicarious liability）。原告主张，根据《民法通则》第130条，[3]中国银行应当承担连带责任。原告还引用了《最高人民法院关于贯彻执行〈中华人民共和国民法通则〉若干问题的意见（试行）》第148条第1款[4]以及2003年《最高人民法院关于审理人身损害赔偿案件适用法律若干问题的解释》第3条，[5]认为中国银行即使没有主观上的故意或过失，也应承担连带责任。中国法专家雅克·德里斯勒则指出，在中国法下，“帮助或唆使”他人实施侵权行为的，必须具备“一定程度的故意”，并且在被告行为与主要侵权人的行为之间必须存在一定联系时，被告才承担侵权责任。而本案中原告无法证明中国银行故意帮助吉哈德组织实施爆炸袭击。法官分析后认为，鉴于以色列政府有关机构已经向中国政府通报过与本案恐怖袭击分子有关的情报，中

〔1〕《民法通则》第119条规定：“侵害公民身体造成伤害的，应当赔偿医疗费、因误工减少的收入、残废者生活补助费等费用；造成死亡的，并应当支付丧葬费、死者生前扶养的人必要的生活费等费用。”

〔2〕第49条原文为：“企业法人有下列情形之一的，除法人承担责任外，对法定代表人可以给予行政处分、罚款，构成犯罪的，依法追究刑事责任：

（一）超出登记机关核准登记的经营范围从事非法经营的；

（二）向登记机关、税务机关隐瞒真实情况、弄虚作假的；

（三）抽逃资金、隐匿财产逃避债务的；

（四）解散、被撤销、被宣告破产后，擅自处理财产的；

（五）变更、终止时不及时申请办理登记和公告，使利害关系人遭受重大损失的；

（六）从事法律禁止的其他活动，损害国家利益或者社会公共利益的。”

〔3〕《民法通则》第130条规定：“二人以上共同侵权造成他人损害的，应当承担连带责任。”

〔4〕该条第1款规定：“教唆、帮助他人实施侵权行为的人，为共同侵权人，应当承担连带民事责任。”

〔5〕该条规定：“二人以上共同故意或者共同过失致人损害，或者虽无共同故意、共同过失，但其侵害行为直接结合发生同一损害后果的，构成共同侵权，应当依照民法通则第一百三十条规定承担连带责任。二人以上没有共同故意或者共同过失，但其分别实施的数个行为间接结合发生同一损害后果的，应当根据过失大小或者原因力比例各自承担相应的赔偿责任。”

国银行也收到过中国政府发出的警告，因此原告所主张的中国银行的共同侵权责任得以成立。最终，对于原告提出的三项指控，法官驳回了两项，接受了一项。

（4）诉讼时效问题

但是中国银行随即提出，原告的第三项指控已经超过了纽约州的诉讼时效。2013年4月16日，法官专门针对诉讼时效问题进行了裁决。

在诉讼时效的准据法上，美国现在有27个州继续把诉讼时效识别为程序问题并适用法院地法。剩下的24个州已经放弃了传统的识别为程序问题的做法并通过其他方法来解决时效冲突。纽约州仍然属于采用传统规则的州。[1]德林法官在本案中同样依照纽约州法律来判断原告的指控是否已过诉讼时效。纽约规定的针对故意侵权的诉讼时效是一年，而对过错致死民事诉讼的时效是两年。法官接受了中国银行的意见，认为导致本案发生的侵权事件（吉哈德组织的爆炸袭击）要么构成故意侵权，要么构成过错致死行为，而原告指控被告构成中国法律中的“共同侵权”，因此被告的侵权责任应依照过错致死行为的诉讼时效来判断，即依照纽约的两年时效。鉴于吉哈德组织的恐怖袭击时间发生在2006年4月17日，而Wultz死亡于2006年5月14日，原告于2008年8月28日提起诉讼，已超过两年。因此，原告的诉讼请求已超过诉讼时效。到此为止，原告所提出的所有三项“非联邦法诉讼请求”（non-federal claims）都被推翻。

（5）证据开示义务与中国保密法

原告并不善罢甘休，继而提出了另一项指控，即中国银行帮助和支持恐怖主义组织，应承担《反恐怖主义法》（ATA）上的侵权责任。[2]

由于本案中，中国银行被指控为吉哈德和哈马斯组织开设银行账号并提供金融服务，因此原告要想在诉讼中证明中国银行从事了支持恐怖主义的行为，就必须从中国银行获得对其有利的证据，因此原告向法院提出动议，要求中国银行提交相关证据，包括中国银行与中国政府之间的通讯记录以及

---

〔1〕 Soward v.Deutsche Bank AG, 814 F.Supp.2d 272, 277–78（S.D.N.Y.2011）.

〔2〕《美国反恐怖主义法》规定，在国际恐怖主义行为中遭受人身、财产或商业损害的任何美国国民或其遗产、幸存者或继承人，可以在美国任何适当的地区法院为此提起诉讼，并可以要求赔偿其因此遭受的损害和诉讼费用，包括律师费。参见《美国法典》第18卷第2333（a）条。

中国银行内部之间的通讯记录等,包括银行向管理机关提交的“可疑行为报告”“可疑交易报告”和“大额转账交易报告”等。2013年5月1日,法官再次就原告要求中国银行提交相关资料问题作出裁决,部分支持了原告的请求。[1]该项裁决中,法官重点分析了中国银行提出的抗辩,即提交相关文件违反中国的相关法律,包括《中华人民共和国反洗钱法》第5条第1款,[2]《金融机构反洗钱规定》第7条、[3]第15条第2款[4]和第16条,[5]以及《金融机构大额交易和可疑交易报告管理办法》第6条。[6]法官从以下方面对中国银行的抗辩进行了分析:

第一,域外取证的法律冲突。

在域外取证方面,美国加入了《海牙域外取证公约》。但是根据联邦最高法院在Société Nationale Industrielle Aérospatiale案中的裁决,上述海牙公约在美国只具有任意性效力而非强制性。地区法院可以采用其他方式要求当事人提交位于缔约国境内的证据。[7]但是,域外取证可能会导致与外国法律的冲突,因为外国法律可能会禁止向其他国家提供某些特定类型的证据。这种情况下,联邦最高法院强调,应根据“国际礼让原则”来判断是否应遵守外国的禁止性法律。此时,需要法院对请求国和外国之间的利益进行特殊的“利益分析”。[8]

第二,中国的保密法规。

根据美国法院的判例,当事人如果以外国法存在禁止性规定为由拒绝提供相关证据,该当事人必须承担举证责任,以证明该外国法律确实存在此项禁

〔1〕 Wultz et al v.Bank of China Limited, Doc.261, May 1, 2013.

〔2〕 该款规定:“对依法履行反洗钱职责或者义务获得的客户身份资料和交易信息,应当予以保密;非依法律规定,不得向任何单位和个人提供。”

〔3〕 该条规定:“中国人民银行及其工作人员应当对依法履行反洗钱职责获得的信息予以保密,不得违反规定对外提供。中国反洗钱监测分析中心及其工作人员应当对依法履行反洗钱职责获得的客户身份资料、大额交易和可疑交易信息予以保密;非依法律规定,不得向任何单位和个人提供。”

〔4〕 该条规定:“金融机构及其工作人员对依法履行反洗钱义务获得的客户身份资料和交易信息应当予以保密;非依法律规定,不得向任何单位和个人提供。金融机构及其工作人员应当对报告可疑交易、配合中国人民银行调查可疑交易活动等有关反洗钱工作信息予以保密,不得违反规定向客户和其他人员提供。”

〔5〕 该条规定:“金融机构及其工作人员依法提交大额交易和可疑交易报告,受法律保护。”

〔6〕 该条规定:“金融机构及其工作人员应当对报告可疑交易的情况予以保密,不得违反规定向任何单位和个人提供。”

〔7〕 Société Nationale Industrielle Aérospatiale v.United States Dist.Ct.for the Southern Dist.of Iowa, 482 U.S.522, 539–40(1987).

〔8〕 Id.at 543–44 & n.27.

令。[1]法官指出，中国银行有义务证明中国法律确实禁止中国银行遵守原告的证据开示要求。中国银行为此聘期了裴文睿（Randall Peerenboom）博士作为专家证人，提供了一份长篇说明，指出中国法律中对银行规定了很宽泛的保密义务。

虽然原告指出，根据中国《最高人民法院关于民事诉讼证据的若干规定》第17条第2款，“涉及国家秘密、商业秘密、个人隐私的材料”，当事人及其诉讼代理人可以申请人民法院调查收集证据。但是，德林法官指出，该条款只允许中国法院依当事人申请调取这些证据，但并未允许当事人向外国法院提交此类证据。另外，中国银行还指出，原告要求其提供的中国银行与中国人民银行之间的通讯记录已经被中国人民银行分别列为“绝密”“机密”和“秘密”，从而属于《中华人民共和国保密法》规定的国家秘密。根据该法第3条的规定，“国家秘密受法律保护。一切国家机关、武装力量、政党、社会团体、企业事业单位和公民都有保守国家秘密的义务。任何危害国家秘密安全的行为，都必须受到法律追究。”该法第30还规定：“机关、单位对外交往与合作中需要提供国家秘密事项，或者任用、聘用的境外人员因工作需要知悉国家秘密的，应当报国务院有关主管部门或者省、自治区、直辖市人民政府有关主管部门批准，并与对方签订保密协议。”中国银行未经中国国务院主管机关批准，也不得向外国法院提供上述信息。

第三，多要素利益分析。

通过对中国法律的分析可以发现，原告要求中国银行提供证据的请求与中国法律的规定相抵触。中国银行到底是否应该提供该证据？这一问题应根据“多要素礼让分析”（multi-factor comity Analysis）来判断。第二巡回法院在判例中发展出的“多要素礼让分析方法”具体从以下多个方面来进行分析：

①该信息资料对调查和诉讼的重要程度；

②取证要求的明确性；

③该信息资料是否来源于美国；

④获得该信息是否有其他替代方式；

⑤不遵守该取证要求在多大程度上会损害美国的重大利益，或者遵守该

[1] Strauss v.Credit Lyonnais, S.A., 242 F.R.D.199, 207.

取证要求在多大程度上会损害证据所在国的国家利益；

⑥遵守取证要求对当事人或其证人的难度；

⑦抵制取证要求的当事人的诚信度。[1]

就本案而言，对于第①点和第②点，即所要求的材料对诉讼的重要性以及要求的明确性，法官支持了原告。法官认为，中国银行关于萨德·舒拉账户的内部通讯记录和它与中国人民银行之间的通讯记录对于确定中国银行是否明知萨德·舒拉的账户被用于支持恐怖主义至关重要。而中国银行与中国政府之间关于外国官员访问并要求关闭萨德·舒拉账户的通讯记录对于本案而言是最为关键的证据。中国银行与中国政府之间关于反洗钱和反恐金融的通讯记录对于查明被告的故意也很重要。对于第④点，法官指出，如果中国银行不提交上述证据，也没有可替代的其他途径能够查明本案的关键点，即中国银行是否明知该银行账户被用于支持恐怖主义。对于第⑤点，法官指出，如果不支持原告的取证要求而驳回原告的诉讼请求，假如中国银行真的明知该账户被用于支持恐怖主义的话，就会违背美国国会制定《反恐怖主义法》所要保护的美国国家利益。当然，如果中国银行遵守原告的要求提供证据的话，也会违反中国的国家利益。而且，要求中国银行泄露中国的国家秘密，也会违反中国的国家主权和国际礼让。麻烦的是，中国银行直到2013年1月18日才明确提到中国的保密法，而在此之前，中国银行只是抗辩说，提交原告所要求的资料会违反中国法律。法官据此推断，如果原告所要求提供的资料真的违反中国的保密法，中国银行绝不会忽略这样一个重要的抗辩理由。法官据此认为，如果中国人民银行希望保护的国家秘密是中国银行收到了有关萨德·舒拉银行账户的警告以及中国银行会为此承担《反恐怖主义法》上的责任，那么，在尊重中国保护其国家秘密的国家利益与美国反对恐怖主义袭击并为当事人伸张正义的国家利益之间，美国的利益应当优先。

最后，德林法官考虑了第⑥点因素，即中国银行遵守取证要求的难度。德林法官援引了中国法专家裴文睿博士和奥尔福德（Alford）博士的观点，认为中国政府从未因中国的银行向外国法院提供保密信息而对其进行处罚。中国

---

〔1〕 Strauss v.Credit Lyonnais, S.A., 249 F.R.D.(E.D.N.Y.2007), at 438-39[citing Aérospatiale, 482 U.S.at 28 544 n.28; RESTATEMENT(THIRD)OF FOREIGN RELATIONS LAW OF THE UNITED STATES § 442(1)(c)].

银行也未能提供这方面的证据,证明某家中国银行曾因此而被处罚过。对于最后一点,即中国银行的诚信度(good faith),法官明确指出,中国银行在履行证据义务方面缺乏诚信。法官指出,中国银行不仅在对待原告的请求方面缺乏诚信,而且在遵守法官命令方面也缺乏诚信,经常对法官的命令置之不理。她还援引了另一起与中国银行有关的案件中主审法官的意见,认为中国银行在诉讼中故意有选择性地披露对其诉讼有利的信息。[1]综上所述,德林法官最后裁决,部分支持原告的请求,要求中国银行提交所要求的资料。

(6)小结

本案的最终判决结果尚未在本年度出台,但综合上述分析可以发现,本案经过持续多年的复杂诉讼程序,最终演变成了美国《反恐怖主义法》与中国金融监管法和保密法之间的冲突。中国银行确实面临一个两难的选择:遵守美国法院的命令,还是遵守中国的法律?无论选择哪一个,都会因此而面临对方的制裁。这一结果并不令人意外。事实上,近年来,美国法院要求涉案的外国当事人提交涉及外国国家秘密的证据的案例层出不穷。这一问题已经引起各国法律界人士和新闻媒体的广泛讨论和批评。

在一起类似案件中,美国纽约东区法院同样要求法国里昂信贷银行提供巴勒斯坦恐怖组织账户在该银行账户的有关信息。[2]被告则认为,提供该信息违反了法国的银行保密法,会导致其受到法国法律的制裁。最终,美国法院在进行了类似的礼让分析之后认为,法国与美国都是"国际金融反洗钱特别工作小组"(FATF)成员,该小组的目标是号召所有国家采取必要步骤遵守FATF制定的建议书,反对恐怖主义金融。因此,要求法国银行提供有关恐怖组织银行账户的信息并不会违反法国的国家利益,反而会促进该利益。因此,法院仍然要求里昂信贷银行提供有关信息。

美国法院一直强调,其做法并不违反国际法上的礼让原则,也符合互惠原则(reciprocity)。在中国银行案的裁决中,法官指出,假如一家在中国营业的美国银行支持某一恐怖主义组织并造成了中国人死亡,中国法院也会依据海牙公约要求该美国银行提供敏感资料。假如该美国银行不愿诚实地履行提供证据的义务,中国法院同样可以命令其提交这些敏感资料供法院进行非公开

---

〔1〕 Tiffany(NJ)LLC v.Forbse(S.D.N.Y.2012).

〔2〕 *Strauss v.Credit Lyonnais*, *S.A.*(E.D.N.Y.2011).

审查。法官最后还指出，如果没有证据支持原告的诉讼请求，本案就会通过简易判决结案而不会面临陪审团的宣判，中国银行也不会承担任何法律责任。为了实现这一目标，中国银行最好的选择就是按照要求提交相关证据，否则将会面临制裁。

我们认为，这一推论只是美国法官的一厢情愿。由于中国法律制度和美国法律制度存在根本差异，美国法官不能单方面按照对美国法律的理解来要求中国当事人。反恐怖主义行动涉及一国主权安全，一国有权采取任何反恐措施，但绝不能将这些措施强行施加于外国领域，并强行要求外国当事人遵守。中国的银行保密制度和金融监管制度属于中国主权范围内的事务，中国的金融机构必须绝对遵守。美国法院强行要求中国金融机构违背中国法律的规定向美国法院提交信息，无疑是干涉中国主权的行为。中国银行绝对不应遵守美国法院的这一违反国际法的要求。美国政府只能通过双边协商的方式就中美之间的联合反恐问题达成双边协议，在协议基础上可以相互提交有关信息和资料。

我们认为，无论本案判决结果如何，美国法院都滥用了自己的管辖权。其实，美国联邦第二巡回法院正在审理的“9·11”恐怖袭击案〔1〕已经为本案提供了活生生的先例。由于该案所涉及的被告中有很多是外国银行等金融机构，比如苏丹和列支敦士登的几家金融机构等，它们也被指控为基地组织提供金融服务，因此该案的判决结果完全可以用于“Wultz诉中国银行案”。

三、巴西国际私法：意思自治原则的逐渐接受

（一）当事人选择法律

巴西虽然是联邦制国家，但根据1988年《巴西共和国宪法》第22条，巴西的民商事立法权属于联邦政府，因此巴西有全国统一的《巴西民法典》和《巴西民事诉讼法典》。巴西国际私法的渊源包括两部分：法律适用规则为1942年的《巴西民法典施行法》〔2〕第7～17条，而国际民事诉讼规则由1973年《巴西民

---

〔1〕 See In re Terrorist Attacks on September 11, 2001, —F.3d—, No.11 3 Civ.3294, 2013 WL 1591883, at*2-3 (2nd Cir., 2013).

〔2〕 Decreto-Lei No.4.657, de 4 de setembro de 1942 (Brazil).2010年，该法名称被改为《巴西法律施行法》(Lei de Introdução às Normas do Direito Brasileiro)。

事诉讼法典》[1]加以规定。这些规则长期以来一直得到沿用。

巴西国际私法一个最大的争议问题在于合同当事人的意思自治。1942年的《巴西民法典施行法》没有明确规定合同当事人可以选择准据法。[2]司法判例中,有点判例承认合同中的法律选择条款,但有的判例则排斥该条款。[3]学者们之间一直存在观点分歧。1994年由美洲国家组织制定的《关于国际合同法律适用的墨西哥公约》虽然允许当事人意思自治,但该公约迄今只被墨西哥和委内瑞拉两个国家批准,对巴西不适用。不过在1996年颁布的新《巴西共和国仲裁法》中,已经明确允许当事人选择仲裁准据法。[4]实践中,一些当事人为了达到选择外国法的目的,将合同签订地设在外国。由于巴西国际私法以合同签订地作为合同准据法联结点,因此可以实现间接选择外国法的目的。[5]

2013年4月3日,巴西正式加入《联合国国际货物销售合同公约》(CISG)。[6]这使国际合同的法律适用问题,尤其是意思自治原则,再次在巴西得到广泛探讨。由于CISG公约明确采纳了当事人意思自治原则,[7]因此,巴西加入公约的行动被视为巴西国际私法部分接受了当事人意思自治原则。

(二)当事人选择法院

1973年《巴西共和国民事诉讼法典》在第四编第二章专门规定了巴西法院的国际管辖权。其中第88条规定,巴西法院对以下案件有管辖权:(1)被告人,不论其国籍,住所在巴西;(2)在巴西有需履行的债务;(3)诉讼起源于在

---

〔1〕 Lei No.5.869, de 11 de janeiro de 1973(Brazil).

〔2〕 1995年和2004年,巴西两次试图修改《巴西民法典施行法》,但都没有成功。

〔3〕 Acordao no Agravo de Instrumento n.3726256, Tribunal de Justica do Estado de Sao Paulo, December 1, 2011, which rejected the application of the foreign law chosen by the parties and applied Brazilian law as lex executionis; Acordao na Apelacao n.290653, Tribunal de Justica do Estado de Sao Paulo, November 22, 2011, where the Court upheld the choice of foreign law.

〔4〕 1996年《巴西仲裁法》第2条第1款。

〔5〕 Stringer, Dana.Choice of Law and Choice of Forum in Brazilian International Commercial Contracts: Party Autonomy, International Jurisdiction, and the Emerging Third Way, 44 *Columbia Journal of Transnational Law*, v.44, 2006, p.959.

〔6〕 该公约将于2014年4月1日起正式在巴西生效。巴西也成为CISG公约最新的成员国,使该公约缔约国增加到79个。全球GDP排名前十的国家中,只有英国和印度尚未加入该公约。参见http://www.uncitral.org/uncitral/en/uncitral_texts/sale_goods/1980CISG_status.html。

〔7〕 CISG公约第6条规定:“双方当事人可以不适用本公约,或在第12条的条件下,减损本公约的任何规定或改变其效力。”当事人如果在合同中明示选择了某一非缔约国国内法,则可以视为排除了公约。

巴西发生的事实或在巴西实施的行为;外国法人如果在巴西有代表处、分支机构或子公司的,视为在巴西有住所。第89条规定,巴西司法机构对以下案件有排他性管辖权:(1)涉及在巴西境内的不动产诉讼;(2)位于巴西境内的遗产清算和继承,即使被继承人为外国人或住所位于巴西境外。第90条则规定了平行诉讼问题:案件被提交到外国法院并不产生诉讼搁置(lis pendens)的结果,也不会阻碍巴西法院对同一法律关系引起的同一诉因的案件的审理。

从上述规定可以推断出,《巴西共和国民事诉讼法典》并未明确禁止当事人选择管辖法院。而且《巴西民事诉讼法典》有关国内管辖权的第111条中也允许当事人协议选择法院。[1]只不过根据第90条的规定,即使当事人约定将案件提交外国法院,也不能排除巴西法院的管辖权。在实践中,巴西法院对待管辖权协议的态度一直摇摆不定。2000年的一起案件中,合同中约定由美国法院管辖,但巴西最高法院否决了上诉人美国保险公司提出的管辖权抗辩。卡内罗法官(Athos Gusmão Carneiro)在该案中指出:"法官更应关注公正而不是效率……当事人可以以效率为由作为抗辩,但不能排除巴西法院的管辖权……巴西关于管辖权的规定属于公法,不能被合同排除,因为管辖权的行使是国家主权的固有表现形式……效率原则不妨碍巴西的管辖权。"[2]

2008年,巴西最高法院在一起跨国合同案件中,再次排除了当事人在合同中订立的排他性管辖权协议的效力,肯定了巴西法院对案件的管辖权。该案中,原告为巴西商人,被告住所在英国。原告在巴西圣保罗法院起诉,要求被告继续履行合同并赔偿原告的损失。被告则提出抗辩,主张双方在合同中已经约定英国法院对双方的纠纷拥有排他性管辖权。一审法院和二审法院都否决了被告的抗辩,认为双方的管辖权协议排除了巴西法院对案件的管辖权,构成了权利滥用,剥夺了当事人向巴西法院寻求救济的权利,违背了巴西宪法的基本原则。被告向巴西最高法院上诉,被驳回。最高法院也认为,巴西法院的管辖权不能被当事人的管辖权协议排除。[3]

---

〔1〕 巴西学者一般认为,第111条只针对国内案件,不能适用于国际案件。但也有国外学者援引第111条认为巴西允许涉外合同当事人选择管辖法院。See Dana Stringer, Choice of Law and Choice of Forum in Brazilian International Commercial Contracts: Party Autonomy, International Jurisdiction and the Emerging Third Way, 44 *COLUM.J.Transn'l.L.*2006, p.959.

〔2〕 S.T.J., R.E.No.251.438/RJ, Relator: Athos Gusmão Carneiro, 08.08.2000(Brazil).

〔3〕 Recurso Expecial 804.306, 19.8.2008, LEXSTJ, Band 230, p.152.

在2010年的一起案件中,最高法院承认了法院选择条款的效力,前提是不得违反公共利益。[1]而在2011年,最高法院又再次否决了一份合同中的法院选择条款的效力。[2]

巴西最近正在审议《巴西共和国民事诉讼法典》修正案。[3]2010年12月15日,该修订法案已经通过了联邦参议院的批准,尚待众议院批准。[4]《巴西共和国民事诉讼法典》修正案草案第24条对当事人协议选择法院作了专门规定:"如果在合同中有一项选择外国法院的排他性条款且被告在第一次出庭时就提出了该条款,则巴西司法机关不行使管辖权。如果当事人的主张涉及巴西的专属管辖案件,则本条不予适用。"这一规定明显采用了2005年《海牙协议选择法院公约》的规定。

四、海牙国际私法会议:新的征程

(一)海牙国际私法会议120周年

2013年是海牙国际私法会议成立120周年。1893年4月8日,海牙国际私法会议诞生于海牙,是在海牙成立的第一个国际组织。120年来,海牙国际私法会议历经两次世界大战和冷战的考验,日益焕发出生命力,成为沟通世界各大法系和各个成员国法律交往的桥梁。海牙国际私法会议迄今为止总共缔结了39项国际私法方面的条约,其中很多条约被世界各国广泛接受,比如《海牙取消外国公文认证要求公约》和《海牙国际儿童诱拐公约》有超过90个缔约国;《海牙送达公约》《海牙取证公约》《海牙跨国收养公约》也都有50个以上缔约国。进入21世纪之后,海牙国际私法会议的工作更为活跃,并历史性地在拉美(位于阿根廷)和亚洲(位于我国香港地区)设立了区域办事处。在120周年之际,海牙国际私法会议同时迎来了新任秘书长。来自瑞士的贝纳斯科尼(Christophe Bernasconi)取代了汉斯·范·隆成为这个古老机构的新掌门人。在过去的一年里,海牙国际私法会议积极开展工作,取得了一些成果。

---

〔1〕 S.T.J.R.E.No.1177915/RJ, Relator Vasco Della Giustina, 24.8.2010.

〔2〕 S.T.J.R.E.No.1168547/RJ, Relator Luis Felipe Salomão, 7.2.2011.

〔3〕 该法案原文参见巴西联邦参议院网站:http://www.senado.gov.br/atividade/materia/getPDF.asp? t=79547 & tp=1。

〔4〕 Teresa Arruda Alvim Wambier, Notes on Bill No.166/2010 for a New Civil Procedural Code, 2 *Civil Procedure Review* (2011), pp.14-19.

(二)《海牙国际合同法律适用原则草案》

在上一年度的报告里,笔者介绍了海牙国际私法会议正在进行的《国际商事合同法律适用原则草案》的起草工作。该项工作在2012年继续进行,委员会成立了一个特别委员会对该草案和报告进行审议。2012年11月16日,来自59个国家、欧盟和一些国际组织的专家举行了第一次特别委员会会议。会议一致同意向海牙国际私法会议提出建议,将《国际合同法律适用原则草案》定稿。会议提交的《海牙国际合同法律适用原则草案》共12条。[1]

第1条规定了适用范围。草案适用于"国际"的合同。对于何谓"国际",第1条采用了排除的方式,规定"除非合同各方当事人的营业地均位于一国并且各方当事人和其他相关因素均仅与该国相关",该合同就是国际合同。对于何谓"商事",通常是指"B to B"交易,而不包括劳动合同和消费者合同。第1条还规定了不适用于以下事项:自然人行为能力、仲裁协议和法院选择协议、公司和社团、破产程序、合同的财产效力以及代理等。第2条是最核心的条款,规定了合同当事人选择法律的自由。该条特别强调,所选择的法律不需要与当事人或交易有任何联系。第3条对所选择的法律的范围做了界定,它规定,准据法包括各种"法律规则"(rules of law),只要其在国际层面或超国家层面或地区层面被普遍接受为一套中立的公正的规则,除非法院地法律另有规定。这里的"法律规则"主要是指"非国家的法律"(non-state law),这主要是针对国际商事仲裁而规定的。在国际商事合同中,一些国际立法机构制定的示范法或非强制性法律规则得到广泛采用,也被大多数仲裁庭承认。不过在法院诉讼中,当事人在合同中所选择的这种非国家法律规则受到很多限制。工作组在讨论过程中也有很大争议,最后文本采用了"rules of law"的用语,但是没有对该用语做出定义。需要说明的是,这里所说的"rules of law"并非中国学者常用的"国际惯例"。国际商会等民间组织制定的《国际贸易术语解释通则》和《跟单信用证统一惯例》等贸易惯例并非"rules of law",它们被当事人订入合同后,只能被当作合同中的格式条款,而不能被视为合同的准据

〔1〕 Draft Hague Principles on the Choice of Law in International Contracts, http://www.hcch.net/upload/wop/contracts2012principles_e.pdf.

法。[1]第4条规定,法律选择可以明示,也可以默示。第5条规定,法律选择不受形式要件的影响,除非当事人另有约定。第6条规定,当事人选择法律的意思表示依照假定该意思表示成立时合同应当适用的法律确定。如果作出上述假定不合情理,则依照当事人营业地所在国法律判断该当事人的意思表示是否成立。第7条规定了法律选择条款的独立性,不能仅以合同无效为由否定法律选择的有效性。第8条规定,法律选择不包括冲突法,从而排除了反致。第9条规定了所选择法律的适用范围,具体包括合同的解释、合同产生的权利和义务、合同的履行和不履行的后果、合同义务的消灭和时效、合同有效和无效的后果、证明责任以及先合同义务(pre-contractual obligations)等。第10条规定了合同债权发生转让后的法律适用。债权转让后,如果转让合同的当事人就该合同达成了法律选择协议,则所选择的法律支配他们相互之间的权利义务;如果债权人和债务人就他们之间的合同达成了法律选择协议,则该法律支配以下问题:合同的转让能否对抗债务人;受让人针对债务人的权利;债务人的债务是否消灭。第11条规定了强行规范的适用和公共秩序保留原则。第12条规定,当事人如果有多个营业地,则以合同缔结时与合同有最密切联系的营业地为准。

2013年6月24～26日,国际合同法律选择工作小组(Working Group on Choice of Law in International Contracts)举行了第四次会议,讨论了《国际合同法律适用原则草案》的《评注》(Commentary)起草工作。会议还决定委托一位专家起草一份有关该原则草案的概要。会议决定,《评注》的起草工作应的2013年11月1日前完成,并尽快提交给各成员国以征求意见。原则草案及其《评注》的最终文本将于2014年的会议上提交给理事会。

(三)境外旅游者保护合作公约草案

海牙国际私法会议理事会2013年4月1日召开的会议上已经决定将境外旅游者保护合作公约的起草工作纳入议事日程。该项公约草案是由巴西政府倡议的。全球很多非政府组织、研究机构和学者已经通过各种方式呼吁海牙国

〔1〕 Policy Document Regarding Hague Principles on Choice of Law in International Commercial Contracts, drawn up by the Working Group on Choice of Law in International Contracts.

际私法会议将该事项纳入其议事日程。[1]

近年来，跨境旅游活动飞速发展，由此产生了大量对旅游者合法权益的侵犯行为，而全球迄今还不存在一项跨国合作的纠纷解决机制来应对此种行为。1970年由罗马国际统一私法协会制定的《旅行契约国际公约》只是一项合同方面的统一法公约，而且迄今只有寥寥几个缔约国。欧盟虽然在旅游者保护方面已有较为发达的法律机制（如《欧盟关于消费者保护合作的第2006/2004号条例》），但它只适用于欧盟境内的消费者（包括旅游消费者）。这导致大量的跨境旅游者的权益难以得到有效保障。有鉴于此，巴西政府于2013年4月向海牙国际私法会议提交了一项《关于境外旅游者和游客保护方面的合作公约草案》。[2]

该公约草案的核心内容是要求各缔约国建立一个中央机关（Central Authority），以便加强相互之间的合作。旅游目的地国的中央机关将向旅游者提供建议、信息和帮助，通过调解等方式维护消费者的权益。缔约国应指定一个主管机关负责执行保护消费者权益的法律，并与其他缔约国主管机关进行合作。公约草案还具体规定了各缔约国之间进行信息交换和信息共享的义务和法律援助事项。

（四）《法院选择协议公约》

2005年通过的《法院选择协议公约》迄今只有墨西哥一个缔约国。该公约遇到的一个障碍是仍然有很多国家国内法拒绝承认当事人的法院选择协议。比如《印度民事诉讼法典》规定，如果印度法院根据国内法不具有管辖权，印度法院也不会根据当事人的管辖权协议行使管辖权。[3]澳大利亚也同样如此。[4]巴西法院对待管辖权协议的态度也不友好。2008年，巴西最高法院在一起跨国合同案件中，排除了当事人在合同中订立的排他性管辖权协议的效力，肯定了巴西法院对案件的管辖权。最高法院认为，巴西法院的管辖权不

---

〔1〕 武汉大学国际法研究所全球消费者保护政策与法律研究中心也向海牙国际私法会议秘书处提交了建议，参见http://www.hcch.net/upload/wop/genaff2013inf08.pdf。

〔2〕 Proposal by the National Organ of the Government of Brazil-Draft Convention on co-operation in respect of the protection of tourists and visitors abroad and Explanatory Memorandum on the topic of tourist protection, http://www.hcch.net/upload/wop/genaff2013pd11.pdf.

〔3〕 Piramal Healthcare Limited v.DiaSorin S.p.A, 26 August 2010, CS(OS) No. 275/2010.

〔4〕 R.Garnett, The Hague Choice of Court Convention: Magnum Opus or much ado about nothing?, *Journal of Private International Law*, 2009, Vol.5, Issue 1, 165.

能被当事人的管辖权协议排除。[1]联邦德国法院在2012年的一起案例中也否决了一份代理合同中的法院选择协议的效力。[2]在加拿大，各省的态度也不一致。魁北克民法典（第3148条）明确肯定法院选择协议的优先性。而普通法各省则采用一种所谓的“强烈理由”（strong cause test）测试方法，即只要本省法院有强烈理由对案件行使管辖权，就可以不受当事人选择协议的影响。[3]

美国和欧盟对该公约相对比较积极，二者都于2009年签署了公约，但尚未批准。不过，欧盟和美国都在加快对该公约的批准前工作。尤其是欧盟于2012年年底通过了重新修订的布鲁塞尔第一条例，该条例的一个最大亮点就是吸收了《法院选择协议公约》中内容，强调了对当事人协议选择管辖法院的尊重。重订后的布鲁塞尔第一条例第25条第1款规定：“当事人无论住所位于何地，如果已经通过协议约定某一成员国的某一法院或某些法院有管辖权以解决因某种特定法律关系而产生的或可能产生的任何争端，则被指定的一个或多个法院应有管辖权，除非根据该成员国法律该协议在实体上无效。除当事人另有约定，该管辖权应是专属的。”该款规定充分借鉴了《法院选择协议公约》第5条的规定。欧盟委员会也将尽快完成批准该公约的程序。[4]在美国，国务院也正在进行一些前期准备工作，以便将来把公约转化为国内法。为此目的，国务院国际私法顾问委员会（ACPIL）于2013年提交了一份非官方的草案。美国学者也大都赞同美国尽快批准该公约。[5]但是有争议的是该公约在美国转化的方式，是通过联邦层面的统一转化，还是同时通过各州层面进行转化。

---

〔1〕 Recurso Expecial 804.306, 19.8.2008, LEXSTJ, Band 230, p.152.

〔2〕 http://juris.bundesgerichtshof.de/cgi-bin/rechtsprechung/document.py? Gericht=bgh & Art=en & Datum=2012-9-5 & nr=61762 & pos=11 & anz=12.

〔3〕 See G.Saumier and J.Bagg, Forum Selection Clauses before Canadian Courts–A Tale of Two (or Three?) Solitudes, *UBC Law Review* (2013), p.10.

〔4〕 See communication from the Commission to the European Parliament, the Council, the European Economic and Social Committee and the Committee of the Regions: Delivering an Area of Freedom, Security and Justice for Europe' s Citizens, Action Plan Implementing the Stockholm Programme (COM (2010) 171 final), p.28.

〔5〕 C.Edsall, Implementing the Hague Convention on Choice of Court Agreements in the United States: an opportunity to clarify recognition and enforcement practice, 2010, *Yale Law Journal*, Vol.120, Issue 2, p.397; G.S.Lipe, and T.J.Tyler, The Hague Convention on Choice of Court Agreements: Creating Room for Choice in International Cases, *Houston Journal of International Law*, 2010, Vol.33, Issue 1, p.1.

另外，乌克兰司法部也于2012年6月发布一份报告，讨论了乌克兰加入该公约的益处。[1]《法院选择协议公约》对一些国家的国内法也产生了积极影响。澳大利亚和新西兰通过的一项有关两国之间相互承认与执行对方法院判决的法律也采纳了该公约的规定。[2]加拿大统一法联合会（Uniform Law Conference）也于2010年发布了一项转化该公约的示范法，推荐给各省参考。[3]另外，中国内地和香港特别行政区之间签署的《关于内地与香港特别行政区法院相互认可和执行当事人协议管辖的民商事案件判决的安排》也采纳了公约的规定。

（五）判决承认与执行项目

海牙国际私法会议从1992年起就开始启动一项“管辖权与判决承认与执行计划”（Judgments Project，以下简称“判决计划”）。该计划由美国政府发起，起初试图制定一项范围广泛的关于法院的国际管辖权和判决承认与执行的国际公约。在1996年的第18届大会上，该项提议被列入议事日程，并成立一个特别委员会起草公约草案。1999年10月30日，特别委员会完成了一份公约草案，供第19届外交大会讨论。由于各国之间意见分歧太大，在2001年举行的第19届外交大会上，公约草案未能获得通过。但是，各国同意达成妥协，愿意就草案中已经达成共识的部分，即当事人协议选择法院的情形，继续进行谈判。经过数年的努力，最终在2005年6月14日的海牙国际私法会议第20届外交大会上通过了一项《法院选择协议公约》（该公约的缔约国情况见上文）。

2010年，海牙国际私法会议秘书处决定重新启动“判决计划”。[4]但随后

〔1〕 M.Snizhko, Prospects and implications of Ukraine signing the Convention on Choice of Court Agreements, Ministry of Justice of Ukraine Explanation, 12 June 2012, available at http://zakon4.rada.gov.ua/laws/show/n0021323-12.

〔2〕 See http://www.comlaw.gov.au/Details/C2011C00084; http://www.legislation.govt.nz/act/public/2010/0108/latest/DLM2576223.html.

〔3〕 Uniform Choice of Court Agreements Convention Act, at http://www.ulcc.ca/en/uniform-acts-new-order/current-uniform-acts/645-hague-convention-choice-of-court/1404-hague-convention-on-choice-of-court-agreements-act.

〔4〕 “Continuation of the Judgments Project”, Preliminary Document No. 14 of February 2010 for the attention of the Council of April 2010 on General Affairs and Policy of the Conference.

秘书处又决定等待《法院选择协议公约》生效之后再进行。[1]2011年，一般事务和政策委员会同意成立一个小规模的专家组研究重启该计划的准备工作。[2]2012年，该委员会终于正式同意成立一个工作组，开始着手起草有关判决承认与执行的公约条文，管辖权的内容也被包括在内。

2013年1月18～20日，工作组举行了第一次会议。工作组由来自18个成员的26位专家组成。[3]随后，专家小组也举行了第二次会议。工作组会议报告认为，将要起草的文件最后会成为一项与《法院选择协议公约》平行的公约。在未来的公约的适用范围上，工作组认为，应以《法院选择协议公约》第2条为基础，将一些特定问题排除在外，比如消费者和劳动事项、诽谤案件等。工作组还讨论了用声明和保留的方式来对公约的适用范围进行规定。对于公约涉及的判决类型，工作组认为也应包括准司法机构作出的裁决。工作组认为，公约草案应规定非金钱判决的承认问题；公约草案不应涉及保护性措施的承认和执行；公约草案应规定缺席判决的承认与执行；公约应规定对司法调解的承认与执行。工作组认为，管辖权问题也应纳入公约的规定。工作组的下一次会议将推迟到2013年10月举行。

对于海牙国际私法会议重启判决承认与执行公约起草计划，我们一方面乐观其成，但另一方面也要深刻反思。海牙国际私法会议此前在这个问题上的行动之所以以失败告终，就是过于忽略了各国在管辖权和判决承认与执行问题上的巨大差异。管辖权和判决承认与执行问题说到底是一个国家的司法主权问题。缔结一项国际公约就意味着要限制成员国的司法主权，这是很多国家不愿意接受的根本原因。即使各国愿意接受一个国际公约的限制，对于国际公约所体现的价值目标，各国也有巨大分歧。这种分歧来自美国、欧盟和发展中国家三个方面。

就美国而言，由于普通法制度具有某些先天的优势，具有一种“偏向原

---

〔1〕 See Conclusions and Recommendations adopted by the Council in “Report of the Council on General Affairs and Policy of the Conference of 7 to 9 April 2010”, Prel.Doc.No 1 of September 2010 for the attention of the Council of April 2011 on General Affairs and Policy of the Conference, p.17.

〔2〕 “Ongoing work on international litigation and possible continuation of the Judgments Project”.(Prel.Doc.No. 5 of March 2012)

〔3〕 18个成员分别是阿根廷、澳大利亚、白俄罗斯、巴西、中国、哥斯达黎加、塞浦路斯、欧盟、法国、德国、日本、墨西哥、新西兰、俄罗斯、南非、瑞士、英国和美国。

告”的倾向(pro-plaintiff features),吸引着各国当事人。[1]美国也一直试图在世界范围内推广美国的诉讼制度。在价值观念上,美国诉讼制度是以当事人为核心,处处体现的是当事人主义。法官审理案件关注的是个案中的公正。为了实现个案的公正,法官往往不拘泥于死板的法律教条,而通过一些灵活性极强的原则来进行自由裁量。比如,在管辖权上,美国法院所坚持的“最低限度联系”原则(minimum contacts test),就赋予了法官扩张管辖权的极大权力。同时,美国法院通过“不方便法院原则”来平衡与他国法院管辖权的冲突。普通法上的禁诉令制度也往往成为美国法院干涉他国法院管辖权的工具。所有这些,使美国的管辖权制度极具扩张性。为了配合美国法院管辖权的扩张,美国又极力促进各国达成一项相互承认法院判决的国际公约,从而使美国法院的判决能够走遍天下。这正是20世纪90年代初美国极力鼓动海牙国际私法会议发起判决承认与执行公约计划的原因。

就欧盟而言,追求的价值观与美国有很大不同。近年来,欧盟致力于欧洲的统一化进程,并在此基础上试图建构一种“后民族结构”下的全球新秩序。在这样的基础上,欧盟所追求的管辖权和判决承认与执行制度体现的是一种“社会价值导向”(social values),而非当事人主义。以布鲁塞尔第一条例为例,在管辖权问题上,它所强调的是管辖权规则的高度可预见性和确定性,特别重视管辖法院和诉讼之间的密切联系,以避免被告在一个不能合理预见的法院被起诉。这与美国诉讼制度所追求目标显然不同。

在当事人协议选择法院方面,欧美之间的差别也十分巨大。美国法院对法院选择条款的尊重甚至达到了一种将其神圣化的状态。比如,欧盟布鲁塞尔第一条例在保险合同、消费者合同和雇佣合同案件中限制对消费者和受雇者不利的法院选择条款。[2]而美国法院则不同,通常会毫不犹豫地执行这样

---

〔1〕 比如美国的诉前证据开示制度、陪审团制度、惩罚性赔偿制度、集团诉讼制度、律师风险代理收费制度等,吸引了各国当事人向美国法院起诉。See Russell J.Weintraub, Introduction to Symposium on International Forum Shopping, 37 *TEX.INT'L L.J.*, 2002, p.463.

〔2〕 参见欧盟2012年12月12日关于民商事领域管辖权与判决承认与执行的第1215/2012号条例(布鲁塞尔第一条例)第19条, L 351/1 O.J.(20.12.2012).第19条规定,在消费者合同中规定许可性管辖基础的条款“只能依据下列协议排除:(1)该协议在纠纷发生后才缔结;(2)该协议允许消费者在指定的法院以外的法院起诉”或者该协议选择消费者和其他当事人共同住所地国法院。第23条规定,在雇佣合同中规定许可性管辖基础的条款“只能依据些列协议排除:(1)该协议在纠纷发生后才缔结;(2)该协议允许受雇者在指定法院以外的法院起诉”。

的条款。2012年的Estate of Myhra诉皇家加勒比游船公司案[1]就说明了这一点。

发展中国家的关注点与欧美均有不同。印度、巴西、中国和广大亚非拉国家都特别强调管辖权和法院判决的国家主权属性，在管辖权的行使上不轻易让步。发展中国家对于美国法院过于扩张的长臂管辖制度尤其反感，因为很多发展中国家的政府或其领导人经常被起诉到美国法院，很多外国跨国公司也纷纷成为美国法院的被告，这都招致这些国家采取各种手段抵制美国法院的审判，甚至引发外交危机。[2]在对待当事人选择法院协议时，印度、巴西和中国法院在实践中都采取严格限制，并不因当事人选择外国法院而自动放弃本国法院的管辖。在承认外国法院判决时，也有非常严格的限制条件（如互惠原则、公共秩序保留等）。在发生管辖权冲突的情况下，发展中国家法院既不采用欧盟的先诉法院优先制度，也对不方便法院原则持限制态度。[3]

上述不同国家在管辖权问题上的分歧很难在短时间内消弭，因此，海牙国际私法会议重新启动的判决计划肯定会一如既往地遭遇强大阻力。各国之间在缔约过程中的明争暗斗仍然会贯穿始终。

（六）《取消外国公文认证要求的公约》

1961年10月5日通过的《取消外国公文认证要求的公约》（以下简称《签注公约》）迄今已有105个缔约国，是海牙国际私法会议迄今为止缔约国数量最多的公约，因此也是最成功的公约。海牙国际私法会议也十分珍惜该公约取得的成就，历年来都十分尽力地致力于完善和推广该公约，以方便该公约在成员国的适用。2003年和2009年，海牙国际私法会议设立的特别委员会曾两次对该公约在成员国的实际运用情况进行过调查评议。2012年11月6～9日，该特别委员会第三次进行了该项调查评议工作。特别委员会由来自75个国家和国际组织的162位人员组成。

特别委员会在评议报告中指出，该公约在各国实践中没有遇到大的障碍，

---

〔1〕 695 F.3d 1233（11th Cir.2012）.

〔2〕 如湖广铁路债券案等。近年来，美国法院开始收缩其长臂管辖权，参见Stephen B.Burbank, International Civil Litigation in U.S.Courts: Becoming a Paper Tiger? 33 *U.Pa.J.Int'l L.*2012, p.663。

〔3〕 比如，我国立法中尚未承认不方便法院原则，司法实践中虽有采用，但大都限于涉及香港地区的案件，在跨国案件中很少采用。

发挥了很大的效力,每年有数百万份签注根据该公约做出。该公约对有关地区之间的合作也产生了重大影响。欧盟已经开始考虑在其成员国之间取消所有的公文认证要求。东南亚国家联盟也在考虑采取类似举措,取消成员国之间的公文认证要求。在拉美地区,很多国际组织(如MERCOSUR等)致力于推广该公约,使该公约得到很多国家的接受。

目前,该公约只对中国香港和澳门地区适用。中国内地为何不加入公约?中国政府在回复海牙国际私法会议2012年所做的问卷调查时回答道:"考虑到中国的公证制度尚有待完善,并且中国现有的认证制度非常严格和统一,在保障公文的可信度以及公文的传递效率方面都发挥了积极作用,因此中国尚未加入公约(但公约已在香港、澳门特别行政区适用)。尽管如此,中国高度评价公约在促进人员和投资流动方面所发挥的作用。中国目前正在研究与公约有关的国内法律和法规。"中国政府还指出,中国正在考虑加入该公约,但尚无时间表。〔1〕

(七)其他活动

2012年年底刚刚成立的海牙国际私法会议亚太区域办事处(香港)首次开展了工作,于2013年3月27～28日举办了一场"东亚和东南亚国家关于1993年海牙跨国收养领域保护儿童和合作公约的工作坊"。《海牙收养公约》在东亚和东南亚地区已经有中国、柬埔寨、菲律宾、泰国和越南等缔约国。这些国家都派代表参加了该次工作坊。韩国和日本对公约也非常感兴趣,也有代表与会。韩国政府也在2013年5月24日正式签署了该公约。工作坊有40多位参与者。大家一起讨论了几个与公约有关的问题,包括公约的适用范围、经常居所的确定、信息共享、跨国收养的收费以及技术援助等。工作坊最后形成了一份结论和建议供各国参考。〔2〕

---

〔1〕 http://www.hcch.net/upload/wop/apostille2012_cn.pdf,与2008年进行的调查相比,中国政府表达的对公约的态度明显更为积极。2008年的调查问卷参见http://www.hcch.net/upload/wop/2008china12.pdf,2013年8月15日访问。

〔2〕 Workshop On The 1993 Hague Convention On Child Protection And Co-Operation In Respect Of Intercountry Adoption For East And Southeast Asian States, Macao, 27-28 March 2013, Conclusions And Recommendations, at: http://www.hcch.net/upload/workshop33macao_e.pdf.

五、总结与展望

过去一年来的发展让我们进一步深刻感受到当代国际私法正在发生革命性的变革。法律的发展永远都是社会变迁的产物，是时代精神的体现。当今时代是一个危机与变革并存的时代。当今世界出现了两个席卷全球的发展趋势：一个是金融和经济的全球危机，另一个是新的技术和产业革命。史无前例的经济大危机深深改变了各国政府的施政方针和很多百姓的生活方式。但是危机中潜存的革命性因素也给人类带来了希望，这一希望就是正在蓬勃汹涌的第三次工业革命浪潮。按照著名未来学家杰里米·里夫金的预言，在接下来的半个世纪，第一次和第二次工业革命时期传统的、集中式的经营活动将逐渐被第三次工业革命的分散式经营方式取代；传统的、等级化的经济和政治权力将让位于以社会节点组织的扁平化权力。即将到来的互联网技术与可再生能源的结合而释放的合作性权力，将从根本上重构人类的关系。[1]

每一次工业革命都带来社会的相应变革，进程带来法律的变革。在国际私法历史上，我们也经历过两个大的“革命”：19世纪以萨维尼“法律关系本座说”为代表的第一次革命和20世纪以柯里的“政府利益分析说”为代表的第二次革命。这两次革命对应的是19世纪第一次工业革命时代自由资本主义社会和20世纪第二次工业革命时代垄断资本主义社会的需求。萨维尼的国际私法革命是以国家和社会的分离为基础，强调各国私法抽象的等价性和互换性，以此构建一个虚幻的国际法律共同体，以各种价值中立的“本座”为联结点，实现各国法律的平等适用。而柯里的冲突法革命则建立在凯恩斯主义国家对社会的广泛干预基础之上，强调各国法律在政治上和意识形态上的相互对立，进而以现实主义的政府利益为考量，以区分敌我的方式来对待外国法的适用。

正在兴起的第三次工业革命带给人类的是一个全新的社会结构，它既不同于19世纪的私法社会，也不同于20世纪的政治社会，而是一个全球公民社会。它既不同于19世纪的个人主义导向，也不同于20世纪的国家主义导向，而是一种建立在新技术基础之上的合作主义。全球公民社会由各种社会利益

---

〔1〕［美］杰里米·里夫金：《第三次工业革命：新经济模式如何改变世界》，张体伟译，中信出版社2012年版，第XXVII页。

团体组成——宗教、文化、教育、研究、医疗、社会服务、体育、环境、休闲等各种组织。它倡导一种多元文化主义,尊重每个人的身份认同。第三次工业革命为国际私法的发展提出了挑战。国际私法正从“法律冲突法”(conflict of laws)向“法律竞争法”(competition of laws)迈进。中国应当积极参与全球法律竞争,才能适应时代的变局。

国际私法国际前沿年度报告
（2013～2014）

前言

2013～2014年，中国的新一轮改革开放进程加快了步伐。2013年8月22日，国务院正式批准设立中国（上海）自由贸易试验区，实验区于当年9月29日正式挂牌。《中国（上海）自由贸易试验区总体方案》明确规定，要使其成为推进改革和提高开放型经济水平的“试验田”，形成可复制、可推广的经验。它的意义不在于争取若干优惠政策，而旨在建立一套与国际接轨的新的制度体系。因此，上海自贸区归根结底是要让中国更深入地与世界紧密联系在一起，在一个更加自由、开放的全球体系中促进中国的全面发展。这无疑为中国国际私法的发展带来了更好的机遇。

随着《涉外民事关系法律适用法》的颁布，中国国际私法的立法工作已经告一段落。中国国际私法学界乃至中国法学界接下来的一个任重而道远的工作就是要实施“法律走出去”战略，参与全球的“法律竞争”。国际私法学科应当继续成为中国法律走向全球的“领头羊”。

本年度报告是一项持续性研究工作，涵盖的时间范围为2013年7月1日至2014年6月30日。鉴于此项工作涉及面太广，笔者能力和精力有限，因此本报告与以前一样，主要以欧美地区和东亚地区为主要研究范围。重点是欧盟和美国，以及海牙国际私法会议、国际统一私法协会和国际贸易法委员会的国际私法立法、判例和活动。

一、欧盟

与前几年相比，2013～2014年度的欧洲国际私法可谓波澜不惊，统一国际私法的工作继续有条不紊地进行，虽然正式出台的法律文件没有像前几年那么集中，但这并不表明欧盟国际私法的无所作为。欧盟国际私法的统一化已经涵盖了大多数领域，剩下的都是相对比较困难的领域。此外，鉴于欧盟层面的国际私法立法已经基本形成体系，接下来的艰巨任务就是如何应用这些规则。因此，欧盟法院的判例将会成为关注的焦点。

除了欧盟层面的立法之外，欧盟成员国的国际私法也在同步发展。鉴于大多数欧盟国际私法条例都只适用于成员国之间，在成员国和第三国之间的案件中，成员国国际私法仍然适用。各成员国近年来纷纷修订或颁布新的国际私法法规。

（一）欧盟破产条例的修订

由于史无前例的经济危机的影响，跨国破产问题在欧盟各成员国引起了高度关注。欧盟委员会于2012年12月12日正式提交了一份评估报告，[1]正式建议欧洲理事会对2000年的《关于破产程序的第2000/1346号条例》[2]进行修订，同时提交了一份修订草案。[3]欧盟理事会于2013年6月和12月分别举行政策讨论会，通过了一系列修订工作纲要。2014年2月，欧洲议会以压倒性多数票一读通过了对该项修正案的决议。2014年6月，欧盟理事会法律与内部事务司（Justice Council）也批准了该项修正案，并做出了少数修改。欧洲议会、欧盟理事会和欧盟委员将会继续磋商，争取在2014年年底之前达成一项最终文本。根据欧盟理事会法律与内部事务司通过的文本，新修正案的目的是提高跨境破产的效率和效益，应对史无前例的经济危机，促进经济复苏，为大量陷

---

〔1〕 Report from the Commission to the European Parliament, the Council and the European Economic and Social Committee on the Application of Council Regulation (EC) No. 1346/2000 of 29 May 2000 on Insolvency Proceedings, Strasbourg, 12.12.2012, COM (2012) 743 Final.

〔2〕 Council Regulation (EC) No. 1346/2000 of 29 May 2000 on insolvency proceedings, OJ L 160, 30.6.2000, p.1.

〔3〕 European Commission, Proposal for a Regulation of the European Parliament and of the Council Amending Council Regulation (EC) No. 1346/2000 on Insolvency Proceedings, COM (2012) 744 Final.

入困境的中小企业提供重整机会。修正案主要包括以下要点：

1.调整范围

修正案扩大了原条例的调整范围，将混合程序（hybrid proceedings）、破产前程序（pre-insolvency proceedings）和债务清偿程序等都纳入其中。[1]为了更清晰起见，修正案在附录A中专门列举了其所调整的程序。各成员国代表所争议的是：成员国是否可以自行扩大附录中所列举的程序范围。为了折中各方意见，理事会建议通过正常立法程序对附录进行定期修订。

2.破产程序对雇佣合同的影响

原条例第10条规定，破产程序对雇佣合同和雇佣关系的效力由适用于该雇佣合同的成员国法律另行确定。如果破产债务人在其他国家有分支机构，与该分支机构有关的雇佣合同的解除或修改不受主要破产程序所在地国法律的影响。但是该条并未规定应由何国法院来对该雇佣合同的解除和修改行使管辖权。因此，修正案对第10条增加了一款，规定由附属破产程序所在国法院行使管辖权。

3.破产登记册

修正案要求各成员国建立破产登记簿，将有关债务人和破产管理人的信息予以登记并通过欧洲电子司法网站（European e-Justice Portal）进行公布，以方便相关当事人查阅。但是这样做也会遇到个人信息保护的法律障碍，特别是涉及消费者个人破产的情况下。最后理事会主席团提出了一个折中方案，它规定，当涉及非从事独立商业活动的个人信息时，成员国可以对该信息的获取施加额外的条件。

4.综合程序

委员会提交的修正案允许主要程序中的破产管理人向各地方的债权人提供一项承诺，保证在主要程序中像在附属程序中一样对待他们。如果这些债权人接受该承诺，则不需要提起附属破产程序。为了保护地方债权人利益，修正案采取了一种折中方案，要求该项承诺必须由多数债权人批准。债权人仍然保留了在一定期限内发起附属破产程序的权利。

---

〔1〕 欧盟目前已有至少15个成员国国内法中有破产前程序或混合程序。

5.公司集团的破产问题

欧盟现行破产条例采用分别破产制，即针对公司集团中的每一家公司都要单独启动一项破产程序。在母公司破产程序和分公司破产程序之间，也没有一个合作机制来进行协调以便促进这些公司的重整。为解决这些问题，修正案决定建立一个专门针对公司集团成员破产的协调机制以加强各法院与破产管理人之间的合作。修正案还规定，在修正案生效5年之后，将邀请欧盟委员会对该协调机制的实施情况进行评估，如果有必要，可以对其进行修订。

(二)相互承认民事保护措施的条例

欧盟委员会于2011年5月18日提交了一项《关于相互承认民事保护措施的条例(草案)》。[1]2013年6月12日，欧盟议会和理事会通过了该项条例。2015年1月11日起，该条例将在除丹麦外的所有欧盟成员国生效。该条例的目的是在欧洲范围内为刑事犯罪行为的受害者提供民事保护。欧盟十几个成员国国内法中均存在民事保护制度。所谓民事保护制度，是指法院对家庭暴力行为受害者下达民事保护令，提供特定的民事保护措施。比如，责令施害者远离受害者、禁止施害者进入施害者居所等。民事保护措施多用于家庭暴力的受害者。为了在欧盟范围内加强对受害者的保护，有必要在欧盟成员国之间相互承认和执行对方国家做出的民事保护措施。为此，条例规定，受保护人可以申请有关当局出具一份证书(certificate)，记载所采取的保护措施，以便申请人请求外国承认和执行该保护措施。其他成员国作出的民事保护措施裁决可以自动在其他成员国得到承认和执行，只有在违反公共政策的情况下才可以申请拒绝承认与执行。此项条例仅适用于民事领域的保护措施，对于刑事领域的保护措施，则适用2011年12月13日通过的欧盟议会和理事会关于欧洲保护措施的指令。该项指令将于2015年1月11日转化为各国国内法。

(三)欧盟账户冻结令程序条例

2014年4月15日和5月13日欧洲议会和欧盟理事会先后通过了《为促进民商事领域跨境债务追索而创设欧洲账户冻结令程序的条例》。[2]该条例是为了

---

〔1〕 Proposal for a Regulation of the European Parliament and of the Council on Mutual Recognition of Protection Measures in Civil Matters, COM/2011/0276 final.

〔2〕 Regulation(EU)No. 655/2014 of the European Parliament and of the Council of 15 May 2014 Establishing a European Account Preservation Order Procedure to Facilitate Cross-Border Debt Recovery in Civil and Commercial Matters.

应对欧洲债务危机背景下债权债务的跨国追偿问题，也是对布鲁塞尔第一条例的重要补充。该条例将从2017年1月18日起在除英国和丹麦之外的其他欧盟成员国直接适用。该条例的目的只是暂时冻结债务人的账户，但是不能直接将款项支付给债权人。债权人仍然要通过各成员国国内法途径获得一个终审判决。

（四）罗马第三条例适用范围的扩大

2010年12月20日欧盟通过了罗马第三条例；[1]但该条例引起了广泛争议，因此一开始只在14个成员国之间生效（分别是比利时、保加利亚、德国、西班牙、法国、意大利、拉脱维亚、卢森堡、匈牙利、马耳他、奥地利、葡萄牙、罗马尼亚和斯洛文尼亚）。不过，近年来，其他成员国也开始相继采纳该条例。2014年5月22日起，该条例在立陶宛生效。希腊也将于2015年7月25日起适用该条例。

（五）身份证明文书的承认

2010年，欧盟委员会发布了一份《减少对公民的官僚主义：促进公文的自由流动和承认身份文书效力绿皮书》。2013年4月24日，欧盟委员会通过了一项《关于在欧盟范围内简化某些公文的接受以促进公民和营业自由迁移并修订第1024/2012号条例的条例的建议》。[2]2014年2月4日，欧洲议会表决通过了对该项建议的修正案。[3]

早在1987年，欧共体就通过了一项关于取消欧共体成员国之间公文认证的公约，但是该公约只有六个国家批准，因此一直没有生效。当前，欧盟各成员国公民之间的流动日益频繁，每天有大约1200万位欧盟成员国公民生活在其他成员国境内。为了保障这些居民的公民权利，需要在各成员国之间相互承认对方公文。对于中小企业而言，公文的相互承认对于它们的跨境经营也

〔1〕 Rome Ⅲ Regulation Implementing Enhanced Cooperation in the Area of the Law Applicable to Divorce and Legal Separation.

〔2〕 Proposal for a Regulation of the European Parliament and of the Council on Promoting the Free Movement of Citizens and Businesses by Simplifying the Acceptance of Certain Public Documents in the European Union and Amending Regulation（EU）No. 1024/2012.

〔3〕 European Parliament legislative Resolution of 4 February 2014 on the Proposal for a Regulation of the European Parliament and of the Council on Promoting the Free Movement of Citizens and Businesses by Simplifying the Acceptance of Certain Public Documents in the European Union and Amending Regulation（EU）No. 1024/2012［COM（2013）0228 –C7–0111/2013– 2013/0119（COD）］.

至关重要。目前，欧盟成员国之间仍然存在对他国公民的间接歧视待遇，而欧盟层面和国际层面都还不存在对行政公文的相互承认法律机制。该条例的颁布将会促进欧盟成员国公民和企业之间的自由流动，降低各种交易成本，预防和打击公文伪造行为。

该条例适用于各国主管机关颁发的公共文书，涉及出生、死亡、姓名、婚姻、登记伴侣关系、亲子关系、收养、居所、居民身份、国籍、房产、公司法律地位和代理、知识产权以及犯罪记录等方面。私人出具或签署的文书以及非成员国主管机关出具的公文不适用该条例。

需要注意的是，该条例的目的并非是要完全统一各成员国的公文认证制度，也不是要各国相互承认对方公文的法律效力，而只是要促进各国公文的"自由流动"，取消各国对外国公文的验证手续和翻译要求。为实现这一目的，该条例根据2012年10月25日欧盟条例建立的"内部市场信息体系"（IMI）实现各成员国之间有效而安全的行政合作。同时，该条例还建立了欧盟范围内通用的各种身份文书的多语言的标准格式文本。这些标准格式文本虽然不具有强制性，但它们与各成员国颁发的公文具有同等法律效力。

（六）欧洲小额诉讼程序和支付令程序的修订

2007年7月11日，欧洲议会和欧盟理事会通过了《关于建立欧洲小额诉讼程序的欧盟第861/2007号条例》（以下简称《小额诉讼条例》）。[1]该条例创设了一个欧盟统一的小额诉讼制度，自2009年1月1日起正式生效，适用于标的不超过2000欧元的小额诉讼。这是欧盟在统一国际私法方面的又一新发展，是欧洲民事诉讼改革发展的一项重大措施。它促使小额程序的解纷功能渗入欧洲各国司法实践，极大地推动了欧盟各国间民事司法合作的开展。

根据该条例第21条的要求，欧盟理事会必须在2014年1月1日前向欧洲议会提交一项有关该条例实施情况的评估报告。根据该报告，理事会认为该条例需要进行修改。主要背景是，欧盟正面临史无前例的经济危机，跨境小额诉讼争端急剧增长。该条例实施以来，尽管有效降低了跨境诉讼的费用和时间，但是该条例所建立的小额诉讼制度仍然影响有限，很多当事人仍然不太熟悉该程序，很少加以利用。该制度也显现出一些弊端，比如条例的适用范围有

---

〔1〕 Regulation（EC）No. 861/2007 Concerning Establishing a European Small Claims Procedure.

限，诉讼标的额度过低而且仅限于跨境纠纷，该程序的费用和时间成本仍然太高，诉讼程序缺乏透明度，该程序在技术层面不能反映当代技术进步的特征等。2013年，欧盟委员会在《欧洲公民报告》中提到要对该条例进行修订以促进跨境买卖纠纷的解决。[1]

另外，2006年欧洲议会为欧盟建立了一个新的支付令程序。该程序简化、加速、减少了民商事诉讼中有关金钱索赔的无争议的跨境案件的诉讼成本。除了丹麦，所有的欧盟成员国均承认了该程序。在这些成员国中支付可以更容易地执行，且无须进行进一步强制声明。该条例于2008年12月12日生效。该程序的基本思想是建立一套成员国之间的关于无争议债的简化的收债体系。通过该程序，有管辖权的法院发布一个支付告示，告示中通知被告人有关索赔事宜，并且给予债务人正式提出答辩的机会。如果被告债务人正式辩护，支付令程序自动终结，案件转入普通民事诉讼程序。如果债务人不作为，法院即向债务人送达支付令，要求支付。支付令有强制执行力，且无须进一步执行证书(Exequatur)。该程序的最大缺点是，被告方不必说明任何理由或举出任何证据即可提出异议，该异议一旦提出，支付令程序即告终止，因此债权人需要提前做好下一步诉讼的准备。另外，随着上述小额诉讼程序的实施，支付令程序条例第17条需要修改。

2013年11月19日，欧盟委员会通过了一项关于修订小额诉讼程序条例和支付令程序条例的立法草案。[2]2014年7月16日，欧盟经济与社会委员会出具了对该项草案的评审意见。[3]

---

〔1〕 Commission Communication to the European Parliament the Council, the Economic and Social Committee and the Committee of the Regions on a EU Citizenship Report, EU Citizens: Your Rights, Your Future, COM(2013)269 final, pp.15-16.

〔2〕 Proposal for a Regulation of the European Parliament and of the Council Amending Regulation(EC)No. 861/2007 of the European Parliament and the Council of 11 July 2007 Establishing a European Small Claims Procedure and Regulation(EC)No. 1896/2006 of the European Parliament and of the Council of 12 December 2006 Creating a European order for Payment Procedure', COM(2013)794 Final.

〔3〕 Opinion of the European Economic and Social Committee on the "Proposal for a Regulation of the European Parliament and of the Council Amending Regulation(EC)No. 861/2007 of the European Parliament and the Council of 11 July 2007 Establishing a European Small Claims Procedure and Regulation(EC)No. 1896/2006 of the European Parliament and of the Council of 12 December 2006 Creating a European Order for Payment Procedure", COM(2013)794 Final—2013/0403(COD), 2014/C 226/08.

该项立法议案的要点包括:第一,将小额诉讼程序所适用的请求标的提高到10000欧元;第二,扩大了跨境案件的范围;第三,增加了电子通讯方式的运用;第四,要求法院运用视频会议、电话会议等远程通讯手段进行口头听证和取证;第五,对法院诉讼费用设置了一个最高限额(35欧元);第六,在诉讼费用支付方面简化相关手续。

(七)欧盟与海牙国际私法公约

1.海牙《法院选择协议公约》

2014年1月30日,欧盟委员会通过了一项建议,要求欧盟以欧盟的身份批准海牙《法院选择协议公约》。[1]早在2009年4月1日,欧盟就签署了该项公约。一旦欧盟批准该公约,该公约即将生效(需要两个国家批准即可生效,目前已有墨西哥批准该公约)。欧盟批准该公约有助于推动该公约被更多国家接受。

欧盟批准海牙《法院选择协议公约》后将可能产生该公约与欧盟布鲁塞尔第一条例之间的关系问题。布鲁塞尔第一条例并不适用于非欧盟成员国。不过2012年通过的布鲁塞尔第一条例(重订)已经按照海牙《法院选择协议公约》的条款作了修订。因此,一旦欧盟正式批准该公约,将来在协议选择法院条款的承认方面,欧盟成员国之间以及欧盟成员国与非成员国之间的规则会趋于一致。

《法院选择协议公约》第26条第(6)款规定了该公约与其他区域性公约之间的关系:本公约不应影响作为本公约缔约方的区域经济一体化组织规则的适用,不管其在本公约之前或之后通过,只要a)任何一方当事人均非该缔约国居民,且该缔约国不是该区域经济一体化组织的成员国;b)涉及该区域经济一体化组织成员国之间的判决的承认或执行。

根据上述规定,只要有一方当事人是该公约缔约国居民,就应适用该公约而不是布鲁塞尔第一条例。也就是说,除非两个当事人都是欧盟成员国居民或者都来自非公约缔约国,该公约的规则将取代布鲁塞尔第一条例的管辖权规则。对于判决的承认与执行方面,如果作出判决的法院和被请求承认与执行地法院都位于欧盟境内,则适用布鲁塞尔第一条例。在其他情况下都适用《法院选择协议公约》。

---

[1] Proposal for a COUNCIL DECISION on the Approval, on behalf of the European Union, of the Hague Convention of 30 June 2005 on Choice of Court Agreements, COM(2014)46 Final.

总之，一旦欧盟批准该公约，布鲁塞尔第一条例的适用范围将大为缩小。当然，鉴于海牙《法院选择协议公约》适用领域有限，而且迄今为止缔约国数量稀少，这一担忧并不必要。另外，欧盟在批准该公约的建议中还根据公约第21条作出了保留，即该公约不适用于知识产权和保险合同。但欧盟并未作出公约第19、20条和第22条规定的保留。

2.海牙扶养公约

2014年4月10日，欧盟最终批准了2007年11月23日的海牙《关于国际追索儿童抚养费和其他形式家庭扶养的公约》。[1]2014年8月1日，该公约正式在欧盟成员国生效(丹麦除外)。该公约目前的缔约国还有阿尔巴尼亚、波黑、挪威和乌克兰。此外，欧盟还批准了海牙《抚养义务法律适用议定书》，并于2013年8月1日起在欧盟成员国生效(丹麦和英国除外)。

二、美国

2013～2014年，美国冲突法案例在数量上打破了历史纪录。据西蒙尼德斯(Symeonides)教授统计，在Westlaw上公布的2013 年度冲突法判例就达到5419件(不包括各州法院审理的案件)，比2012年度增加了近千件。[2]本综述只关注其中具有重大影响的国际性案件，尤其是与中国有关的案件。

(一)法院选择条款的效力

自从联邦最高法院的不莱梅诉查帕塔离岸公司案(M/S Bremen v.Zapata Off-Shore Co.)[3]和嘉年华游船公司诉舒特案(Carnival Cruise Lines, Inc. v.Shute)[4]之后，美国各级联邦法院以及很多州法院对待法院选择条款的态度都越来越友好，甚至有时候显得过于偏爱。2013年的彼得森诉波音公司案(Petersen v.Boeing Co.)[5]中，亚利桑那州联邦地区法院宣布一项雇佣合同中的法院选择条款可以执行，该条款要求一位雇员在沙特阿拉伯对其雇主提起

---

〔1〕 The Hague Convention of 23 November 2007 on the International Recovery of Child Support and Other Forms of Family Maintenance.

〔2〕 参见[美]西蒙·C.西蒙尼德斯:《冲突法在美国法院(2013):第27次年度综述》，杜涛译，载梁慧星主编:《民商法论丛》(第56卷)，法律出版社2014年版，第498页。

〔3〕 407 U.S.1(1972).

〔4〕 499 U.S.585(1991).

〔5〕 715 F.3d 276(9th Cir., 2013).

合同和侵权诉讼请求。

原告与被告波音公司在沙特阿拉伯签署一份雇佣合同,其中包含一项沙特阿拉伯法院选择条款。原告签署合同后,被告拿走了他的护照并拒绝归还。在美国领事馆干预下,被告才归还了他的护照,原告得以返回家乡,并在那里起诉。原告要求法院拒绝执行合同中的法院选择条款,他声明他在经济上没有能力前往沙特阿拉伯,而且一份美国国务院的报告也显示:

(1)沙特阿拉伯当局不会向他颁发返还沙特的签证;

(2)如果他真的返回沙特,他的雇主会在整个诉讼期间扣留他,因为该雇主"可以要求有关机关禁止其雇员离开该国直到争议解决为止,通常是为了强迫该雇员接受一份不利的和解协议,否则就会在没有任何和解协议的情况下被驱逐出境";[1]

(3)他不会在沙特得到公平审判,因为沙特司法机关"并不独立而且……受到权势人物的影响"。[2]

尽管如此,地区法院仍然在没有听证会的情况下,根据《联邦民事诉讼规则》12(b)(3)以"不适当审判地"为由驳回了原告的请求。第九巡回法院推翻了该裁决。法院认为,原告的主张有充分证据支持,足够构成一项事实上的争议点,即该法院选择条款是否可予执行。而且地区法院在没有听证会的情况下驳回诉讼,属于滥用自由裁量权。第九巡回法院要求重审该案,并指示初级法院举行这样的听证会以便确认:(1)该条款是否以欺诈或不正当手段订立;(2)是否在此种情况下执行该条款会剥夺原告向法院起诉的权利。[3]

在全国工业集团控股公司诉卡莱利投资公司案[Nat'l Indus.Grp.(Holding)v.Carlyle Inv.Mgmt.LLC][4]中,特拉华州最高法院运用了"可分割

---

〔1〕 715 F.3d 276(9th Cir., 2013), at 281.

〔2〕 Id..

〔3〕 法院同时指出,如果地区法院发现该条款可以执行,它也会审查其是否涵盖原告的侵权请求,这意味着该请求并不依赖于合同的解释。有关在雇佣合同中执行法院选择条款的案例,参见In re Brown, ___S.W.3d___2013 WL 6115855(Tex.App.Nov.21, 2013); Anosike v.Covenant Transp., Inc., 2013 WL 2298543(Cal.Ct.App.May 24, 2013)(unpublished/noncitable); Ranjan v.Patni Computer Sys., Ltd., 2013 WL 3286240(Cal.Ct.App.June 28, 2013)(unpublished/noncitable)。有关没有执行法院选择条款的雇佣案件参见 Lapolla Indus., Inc.v.Hess, 750 S.E.2d 467(Ga.Ct.App.2013)(该合同中包含一项得克萨斯州法院和法律选择条款以及竞业禁止协议,该协议根据得克萨斯州法律有效,但违反了佐治亚州公共政策)。

〔4〕 67 A.3d 373(Del.2013).

性”概念，认为包含有法院选择条款的合同无效并不特别影响该条款本身，除非当事人能够证明该法院选择条款本身无效。[1]原告是一家科威特公司，它向出售的住房抵押担保证券投资了2500万美元。销售协议包含了一项强制性特拉华州法院选择条款并规定该协议受特拉华州法律支配，“除非受到州证券法或者向投资者的要约做出地的‘蓝天法’的影响”。[2]美国金融危机爆发后，原告试图在科威特起诉被告以便挽回损失。原告声称，该销售协议根据科威特的证券法无效，因为该法禁止此类证券销售。被告则在特拉华州提起反诉，要求法院发出禁诉令，禁止NIG在特拉华州之外提起任何诉讼。法院做出缺席判决，准许了Carlyle的禁令申请。后来，NIG提出一项动议要求撤销该禁令。大法官法庭否决了该项动议，而特拉华州最高法院维持了该裁决。法院指出：(1)即使科威特的证券法应当适用并且会使销售协议无效，该无效也不会影响法院选择协议的有效性；(2)NIG根据科威特证券法享有的任何诉讼请求必须由特拉华州法院裁决而非科威特法院；(3)法院选择条款已经成为州际和国际商业协议中重要的组成部分；(4)本案中，经验丰富的双方当事人经过长期谈判达成协议，认为特拉华州法院“符合他们的商业诉讼中的中立性和专业性标准。”法院得出结论认为，除了某些强制性和抵销性理由之外，法院选择条款应当被尊重，而本案不存在这些例外情形，而国际礼让也不反对确认此项禁令。[3]

（二）不方便法院原则

不方便法院原则一项非常具有灵活性的制度，即使在很相似的案件中，不同法院也可能会作出不同的裁决。在科特兹诉皇宫度假公司案（Cortez

〔1〕 2013年度其他得出相同判决结果的案件参见In re Harris Corp., 2013 WL 1190238(Tex. App.Mar.20, 2013); Brandt v.MillerCoors, LLC, 993 N.E.2d 116(Ill.App.Ct.2013); Salehpour v.Just A Buck Licensing, Inc., 2013 WL 5533113(Ohio Ct.App.Oct.7, 2013); In re Emex Holdings L.L.C., 2013 WL 1683614(Tex.App.Apr.18, 2013), application for mandamus filed(May 20, 2013)。另一些案件中，法官认为法院选择条款不可执行，理由是所选择的法院与当事人和法律关系没有联系，参见Dunlap v.Starz Home Entm't, LLC, 2013 WL 2470080(Cal.Ct.App.June 10, 2013)(unpublished/noncitable), as modified(June 12, 2013), review denied(Sept.18, 2013)。另一起案件中，一项法院选择条款被错误地从一份合同复制到另一份合同中，该条款被认为有效。参见Espresso Disposition Corp.1 v.Santana Sales & Mktg.Grp., Inc., 105 So.3d 592(Fla.Dist.Ct.App.2013)。

〔2〕 Nat'l Indus., 67 A.3d at 377.

〔3〕 Nat'l Indus., 67 A.3d at 387.

v.Palace Resorts, Ins.)[1]和麦凯琳诉万豪国际公司案[McLane v.Marriott Intern., Inc.(McLane Ⅱ)][2]中，都涉及美国公民在外国度假地遭受侵害而提起的侵权赔偿。前一案件中，佛罗里达州初级法院以不方便法院原则为由驳回了原告的诉讼，理由是：原告没有资格选择该法院因为她不是佛罗里达州居民。佛罗里达州最高法院推翻了该裁决，认为“除非原告来自另一个国家，原告最初的法院选择始终应得到尊重。”[3]而在后一案件中，佛罗里达州联邦地区法院则两次依据不方便法院原则驳回了在哥斯达黎加受伤害的美国原告的诉讼。[4]

迪费德里科诉万豪国际公司案(DiFederico v. Marriott Int' l., Inc.)[5]是一起美国人境外遭遇恐怖主义袭击而发生的侵权诉讼，原告是美国国务院的一位美国私人供应商的遗孀，该供应商在巴基斯坦伊斯拉马巴德万豪酒店发生的一次恐怖主义袭击中死亡，该酒店由一家巴基斯坦特许经营人经营。该遗孀在该特许经营方万豪国际的主营业地马里兰州提起诉讼，主张万豪对于伊斯拉马巴德酒店的安全有完全的支配权但是却未能提供足够的安全。初级法院依据不方便法院原则驳回了诉讼并主张诉讼应在巴基斯坦进行。但第四巡回法院推翻了该裁定。法院称：“一个美国原告的选择只有当被告证明对被告造成的压力和烦恼超过了对原告的便利的比例，而这种便利显然很微不足道甚至根本不存在时，才能被排除。”[6]

西格尔诉凯悦全球公司案(Siegel v.Global Hyatt Corp.)[7]与迪费德里科案有类似的事实和情节，但是结果却两样。在约旦阿曼的凯悦酒店发生的一起恐怖袭击事件的受害者家属在凯悦特许经营方的总部所在地伊利诺伊州库克县起诉凯悦酒店特许经营方。与迪费德里科案可能的不同之处在于，西格尔案的原告不是美国公民。初级法院认为，不方便法院原则的所有私人利益

〔1〕 123 So.3d 1085(Fla.2013), reh' g denied(Oct.1, 2013).

〔2〕 ___F.App' x____2013 WL 6482012(11th Cir., 2013).

〔3〕 Cortez, 123 So.3d at 1096(emphasis added).

〔4〕 另一起案件 Goldstein v.Hard Rock Cafe Int' l.(USA), Inc., 519 F.App' x 653(11th Cir., 2013)，涉及一位在多米尼加共和国酒店受伤的美国公民，该案中，第九巡回法院维持了下级法院的不方便法院裁决。从该案中还不太清楚，是否佛罗里达州与案件有任何联系，除了管辖权上的连结之外。原告勉强承认多米尼加共和国提供了适当的可用法院。

〔5〕 714 F.3d 796(4th Cir., 2013).

〔6〕 Id..

〔7〕 2013 IL App(1st)112832-U(Ill.App.1st Dist.Sept.26, 2013).

和公共利益要素都倾向于驳回诉讼而倾向于在约旦法院诉讼，而且中级法院也维持了该裁决。

（三）中国银行涉及的恐怖主义侵权诉讼

中国银行在美国法院面临一系列因以色列恐怖袭击事件而牵涉的案件。该案起因于巴勒斯坦伊斯兰吉哈德和哈马斯组织对以色列实施的恐怖袭击，其中有数十位受害者或其家属在美国法院针对中国银行提起民事赔偿诉讼。其中，伍尔兹诉中国银行案（Wultz v.BOC）是在纽约联邦法院提起，而艾尔马里亚赫诉中国银行案（Elmaliach v.BOC）则在纽约州法院进行。两个案件目前都尚未了结。

1.艾尔马里亚赫案的进展

2013年9月17日，纽约上诉法院针对艾尔马里亚赫诉中国银行案作出了一项裁决，维持了纽约县最高法院于2011年7月8日的裁决，驳回了中国银行提出的抗辩。[1]该案涉及两个国际私法上的问题：第一，应适用何国法律？纽约州法律还是以色列法律？第二，不方便法院问题。

对于第一个问题，原告主张适用以色列法律，包括1968年《以色列民事侵权法》第35条和第36条规定的“过失侵权”，以及《以色列民事侵权法》第63条规定的违反法定义务责任。原告还声称，被告违反了《以色列反恐法》第4条和《以色列刑法》第145条和第148条以及《以色列国防法》第85条。中国银行则主张适用纽约法律，根据纽约法律，“银行并不向非顾客承担一项义务，保证其不受其顾客的侵权损害”。[2]2011年7月7日，纽约州最高法院法官卡普尼克（Barbara R.Kapnick）在一项裁决中适用了纽约法律，但是并未采纳中国银行的意见，而是认为中国银行明知该账户持有人舒拉法（Shurafa）与恐怖组织有关联，但中国银行仍然继续向其提供服务，因而应当承担侵权责任。

纽约最高法院上诉庭芬曼（Feinman）法官在上诉裁决中，改变了卡普尼克法官适用纽约州法律的做法，转而适用了以色列法律。芬曼法官采用了纽约州冲突法来分析本案的法律冲突。芬曼法官首先承认本案所涉的几个国家的法律之间存在真实冲突，因此需要采用利益分析方法来确定到底适用哪一国家或地区的实体法。

---

〔1〕 Elmaliach v. Bank of China Ltd., 971 N.Y.S.2d 504（N.Y.App.Div.2013）.

〔2〕 Licci v. American Express Bank Ltd., 704 F Supp 2d 410（SDNY 2010）.

利益分析方法就是要看哪一法律与案件有最密切的联系。此时要考虑两方面因素:第一,案件所涉及哪些连结点;第二,所涉法律的性质和目的。联结点包括当事人的住所和侵权行为发生地。而所涉法律主要是银行对第三人的义务。根据纽约冲突法,此类案件应适用侵权行为地法,通常是损害发生地法,因为侵权行为地法对于调整其境内的行为具有最大利益。当被告的过错行为和原告所受损害的地点不一致时,原告的损害发生地将被视为侵权行为地。

本案中,所涉联结点分布于三个国家:美国纽约、以色列和中国。三个地方都具有各自不同的利益。芬曼法官分析了伍尔兹案和里奇案[1]的判决结果。伍尔兹案和本案属于姊妹案件,被告都是中国银行。尽管在伍尔兹案中纽约南区法院认为应当适用被告行为地法律即中国法律,但是芬曼法官认为本案可以不受伍尔兹案的影响,并且表示不同意纽约南区法院的观点。芬曼法官坚持认为,最后的损害发生地也就是爆炸发生地才具有最大利益本案中,因此,以色列的法律应当适用。芬曼法官还驳回了中国银行有关公共秩序保留的抗辩,认为适用以色列法律并不违反纽约州的公共政策。法官认为,中国银行未能提供足够证据表明纽约州存在这样一项公共政策,即银行不对非客户第三人承担其免受侵权损害的责任。相反,银行如果未能客观谨慎行事,就不得以其应遵守某项法律为由免除其侵权责任。法官指出,根据以色列法律,中国银行存在重大过失,违反了《以色列民事侵权法》第63条。

对于第二个问题,即中国银行提出的不方便法院抗辩,芬曼法官也予以驳回。中国银行认为中国与本案具有更实质性联系,原告主张的大多数侵权行为和证据也位于中国境内,因此纽约法院审理本案不方便,应由中国法院审理。但法官认为,纽约与本案也具有足够利益和联系。而且在伍尔兹案中,联邦法院同样驳回了中国银行提出的不方便法院抗辩。综上所述,芬曼法官最终驳回了中国银行的抗辩。

艾尔马里亚赫案的裁决在美国也引起了争议,尤其是纽约上诉法院对侵权行为地的认定与第二巡回法院的认定标准出现了分歧。正如著名学者西蒙尼德斯教授所评论的那样,纽约上诉法院和第二巡回法院的观点都不完全正

---

〔1〕 Licci v.Am.Express Bank Ltd., 704 F.Supp.2d 403, 409(S.D.N.Y.2010).

确，该问题的正确答案取决于该两个国家（州）法律的目的。就艾尔马里亚赫案而言，正确的法律选择分析应当集中关注银行是否已经预见到会在以色列发生损害。如果答案是否定的，则适用以色列法律就是不恰当的。

2.伍尔兹案的新进展

伍尔兹案与上述艾尔马里亚赫案是姊妹案件，原告是同一起袭击事故的受害者，被告也是中国银行，诉因也完全相同。不同的是，伍尔兹案是由纽约联邦地区法院审理的。[1]

该案与艾尔马里亚赫案涉及类似的问题，即法律适用问题和不方便法院问题。在法律适用方面，辛德林法官（Scheindlin）先是主张适用以色列法律，后来在里奇案判决结果公布后又改变了态度，认为应当适用侵权行为发生地法律，即中国法律。此后，双方围绕中国侵权法的解释进行了多轮辩论。最后，法官驳回了原告侵权法上的指控。但是，原告随后又提出联邦《反恐怖主义法》（ATA）上的赔偿请求。原告向法院提出动议，要求中国银行提交相关证据，包括中国银行与中国政府之间的通信记录以及中国银行内部之间的通信记录等，包括银行向管理机关提交的“可疑行为报告”、“可疑交易报告”和“大额转账交易报告”等。中国银行则指出，提交上述资料会触犯中国的保密法规。2013年5月1日，辛德林法官仍然做出裁决要求中国银行提交上述资料。[2]

2013年6月30日，中国银行向法院申请传唤第三人以色列哈勃利姆（Hapoalim）银行，要求该银行提交与舒拉法账户有关的交易记录，同时还要求该银行提交其反洗钱和反恐怖主义的政策以及该银行与以色列政府之间的通信记录等资料。中国银行将哈勃利姆银行拉进本案的目的是要证明这样一个推论：假如以色列政府对于其本国境内的银行与恐怖主义组织的金融交易都未能发出警告，那么就无法解释以色列政府为何要千里迢迢去警告一家中国的银行为恐怖主义组织提供金融服务。因为，哈勃利姆银行的证据对于确定中国银行的法律责任至关重要。而哈勃利姆银行则认为，遵守该传票将会导致该银行触犯以色列的保密法并可能导致其自证有罪。2014年2月13日，辛德林法官作出裁决，驳回了哈勃利姆银行的抗辩，要求其提交该证据。法官给出

---

〔1〕 Wultz et al. v.Bank of China Limited, Doc.261, May 1, 2013.

〔2〕 Ibid.

了以下理由：首先，哈勃利姆银行的证据对于本案至关重要；其次，该证据无法通过其他途径获取，因为以色列政府已经依据“主权与安全例外”拒绝了法院的取证请求；最后，美国的利益在这个问题上大过以色列政府的利益。

2014年7月21日，法院又作出一项裁决，支持了以色列政府向法院提起的一项动议，撤回了对一名前以色列国家安全局官员的传票。原告认为，该名官员在任职期间负责以色列政府对巴勒斯坦恐怖组织的金融反恐工作，并直接负责与中国政府就中国银行涉嫌恐怖组织金融服务的行为进行交涉。但以色列政府认为，对该名官员的传唤违反了以色列享有的国家豁免权，同时也触犯了以色列的国家保密法，同时也违反了《联邦民事诉讼规则》第45条。法院支持了以色列的请求，认为以色列政府有权提起该项异议，被传唤的外国政府官员也享有豁免权。

上述两个案件恐怕都还要耗费很长时日。无论如何，我们认为，美国法院受理此类案件本身就是荒谬的。虽然中国银行在纽约设立了分支机构，但是本案所涉及的账户位于中国广州，恐怖主义袭击行为也发生于以色列，案件所涉及的大量证据资料都需要从中国和以色列获取。美国法院强行受理该案必然会引发与中国和以色列之间的主权冲突。

（四）外国人侵权法诉讼的新发展

科贝尔诉皇家荷兰石油公司案（Kiobel v.Royal Dutch Petroleum Co.）中，联邦最高法院几经拖延，终于在2013年4月17日以9：0的票数维持了第二巡回法院的判决结果。[1]本来，第二巡回法院在判决书中是以跨国公司在习惯国际法上没有法律地位为由驳回原告诉讼请求的。[2]但是最高法院在诉讼过程中却把问题的焦点转向另一个问题：《外国人侵权法》是否具有域外适用效力？对于该问题，最高法院援引了其在莫里森案中引入的“反域外适用的推定”（presumption against extraterritoriality）理论，认为《外国人侵权法》不具有域外适用效力。

科贝尔案之后，一些人权主义团体并不死心，仍然希望寻找《外国人侵权法》域外适用的空间。巴林图罗诉戴姆勒公司案（Balintulo v.Daimler AG）[3]

---

〔1〕 Kiobel v.Royal Dutch Petroleum Co., 133 S.Ct.1659, 185 L.Ed.2d 671（2013）.

〔2〕 Kiobel v.Royal Dutch Petroleum Co., 132 S.Ct.472（U.S.2011）.

〔3〕 727 F.3d 174（2d Cir.2013）.

也是一起《外国人侵权法》案件,由南非种族隔离制度期间的违反人权行为而引起,其中一些被告是美国公司。基于该事实,原告援引了以上案例中法院意见书中最后一段表述[1]以及布雷耶大法官的协同意见书,主张科贝尔案并没有完全排除《外国人侵权法》的适用,因为被告的美国国籍“涉及”美国且具有“显著说服力”以排除反域外适用推定。[2]

第二巡回法院驳回了该观点,指出原告“明显采取了布雷耶大法官所表述的观点”,但该观点并不代表多数意见书的观点。[3]多数意见书“并未说明被告的国籍对于反域外适用推定具有重要意义”,而且多数意见书要求诉讼请求“涉及”美国也只是法律格言而已。[4]根据第二巡回法院的意见,科贝尔案采用一种“明线”测试方法(bright-line test),“反复重申《外国人侵权法》禁止针对发生在境外的行为提起的诉讼”。[5]巴林图罗案进一步限制了《外国人侵权法》域外适用的空间。

(五)证券法的域外适用

在莫里森诉澳大利亚国民银行案(Morrison v.Nat' l Austl.Bank Ltd.)[6]中,最高法院根据所谓的“反域外适用推定”将1934年的《美国证券交易法》的反欺诈条款[第10(b)条]的地域适用范围限定为“在本地登记的证券的交易和在本地对其他交易所证券的交易”。[7]这一判决推翻了美国法院四十年来普遍采用的“效果与行为”标准,极大地限制了美国法院对境外证券欺诈案件的管辖权。但是在莫里森案判决作出后不到24小时,美国国会就在2010年6月25日上午5时39分左右通过了《多德—弗兰克华尔街改革与消费者保护法》(以下简称《多德—弗兰克法》)。[8]该法第929P(b)条的标题为“联邦证券法反欺诈条款的域外管辖权”,其中第(1)款规定,在1933年《证券法》第22条最后增加如下新款:“(c)域外管辖权。对于证券交易委员会或美国政府以违反第17(a)条为理由提出或发起的任何诉讼或程序,如果涉及以下事项,则美国的

[1] See supra text accompanying note 315.
[2] Balintulo, 727 F.3d at 189.
[3] Ibid.
[4] Balintulo, 727 F.3d at 190.
[5] Balintulo, 727 F.3d.
[6] 130 S.Ct.2869(U.S.2010).
[7] Morrison, 130 S.Ct.at 2884.
[8] Dodd-Frank Act, Pub.L.No.111-203, 124 Stat.1376, 1376(2010).

任何地方法院以及任何属地的美国法院都拥有管辖权：（1）构成该违法活动的关键步骤的行为发生在美国境内，即使证券交易发生在美国以外并且只牵涉外国投资者；或（2）发生在美国境外的行为在美国境内造成了可预见的实质性影响。”[1]这一条款将莫里森案中被最高法院废除了的“效果与行为”标准又复活了。

1.莫里森案结论与《多德—弗兰克法》的关系

莫里森案的判决结论与几乎同时通过的《多德—弗兰克法》第929P（b）条形成了鲜明对比，也就是说，国会和最高法院在联邦证券法的域外效力问题上产生了尖锐对立。由此产生了一个重大的争论：《多德—弗兰克法》第929P（b）条是否推翻了莫里森案的结论？学者们对此形成了两种对立的观点：一种积极观点认为该法案推翻了莫里森案判决；而另一种消极观点认为，该法案对莫里森案的判决几乎没有什么实质影响。[2]

近年来，美国各级法院在一些案件中已经遇到这个难题。比如在证券委员会诉图尔案（SEC v.Tourre）中，纽约南区法院认为：“就证券委员会所提起的执行诉讼而言，《多德—弗兰克法》已经有效地推翻了莫里森案……”[3]该法院在证券委员会诉格鲁斯案（SEC v.Gruss）中也简单指出：“《多德—弗兰克法》第929P（b）条允许证券委员会在某些案件中针对域外的行为提起民事诉

---

〔1〕 该条款英文原文：SEC.929P.Strengthening Enforcement by The Commission。

(b) Extraterritorial Jurisdiction of The Antifraud Provisions of The Federal Securities Laws.

(1) Under the Securities Act of 1933.Section 22 of the Securities Act of 1933 (15 U.S.C.77v (a)) is amended by adding at the end the following new subsection:

"(c) EXTRATERRITORIAL JURISDICTION.—The district courts of the United States and the United States courts of any Territory shall have jurisdiction of an action or proceeding brought or instituted by the Commission or the United States alleging a violation of section 17 (a) involving—

"(1) conduct within the United States that constitutes significant steps in furtherance of the violation, even if the securities transaction occurs outside the United States and involves only foreign investors; or

"(2) conduct occurring outside the United States that has a foreseeable substantial effect within the United States."

〔2〕 See Richard W.Painter Douglas Dunham Ellen Quackenbos, When Courts and Congress Don' t Say What They Mean: Initial Reactions to Morrison v.National Australia Bank and to the Extraterritorial Jurisdiction Provisions of the Dodd-Frank Act, 20 Minn.J.Int'l L. (2011), p.1.

〔3〕 SEC v.Tourre, 10 Civ.3229, 2013 WL 2407172, at*1 n.4 (S.D.N.Y.June 4, 2013).

讼”。[1]在证券委员会诉国际金融公司案中，法院则进一步指出：“《多德—弗兰克法》第929P（b）条表明国会有意将联邦证券法的某些条款域外适用，而莫里森案中法院认为其不能域外适用。可以认为《多德—弗兰克法》是有意地被设计出来以便恢复第二巡回法院的‘行为和效果标准’”。[2]

不过，上述案例中，法院都没有对这个问题进行具体分析论证，而只是一笔带过。直到2013年8月6日，伊利诺伊州北方地区法院在证券委员会诉芝加哥会议中心案的判决中对这个问题作出了迄今为止最为详尽的阐释。[3]

2013年2月26日，美国证券交易委员会指控芝加哥会议中心有限公司等三位被告违反了1933年证券法、1934年《美国证券交易法》第10（b）条和《美国证券交易法》规则10b-5。证券委员会指控称，几位被告对250多名中国投资者实施了证券诈骗活动。这些中国投资者希望通过在美国投资而获得美国公民身份。根据1990年《美国移民和国籍法》，只要外国人在美国投资超过100万美元（在高失业地区和农村只需50万美元）并创造至少10个就业岗位，就可以获得美国绿卡。被告人之一赛斯（Anshoo Sethi）以此为诱饵，谎称要在芝加哥地区建造世界上第一座零碳排放的LEED认证的宾馆和会议中心，并成立了一家所谓的“芝加哥会议中心有限公司”，向这些中国投资者出售该公司股份。证券委员会查明，被告在向投资者招揽投资时提供了虚假信息，比如被告声称已有多家大型连锁酒店参与了被告的项目并且被告已经获得了各项许可手续、被告将投入价值超过1.7亿美元的土地在该项目中、该项目将创造超过800个就业岗位等。被告还向美国国籍与移民服务中心（USCIS）提供了虚假信息以便让该中心向投资者颁发临时签证。截至起诉之日，被告已经骗取了超过250名中国投资者高达1.45亿美元的投资，其中被告收取的管理费高达1100万美元以上。证券委员会向法院起诉并要求发布禁令以便阻止被告的欺诈行为。

〔1〕 SEC v.Gruss, 11 Civ.2420, 2012 WL 3306166, at*3 (S.D.N.Y.Aug.13, 2012).

〔2〕 SEC v.Compania Internacional Financiera S.A., 11 Civ.4904, 2011 WL 3251813, at*6 n.2 (S.D.N.Y.July 29, 2011).

〔3〕 SEC v.Chicago Convention Ctr., LLC, No.13-C-982, 2013 WL 4012638, at*3 (N.D.Ill. Aug.6, 2013).

被告则根据《联邦民事诉讼规则》第12（b）（6）条请求驳回原告请求。[1]被告认为，其行为发生于中国境内，根据莫里森案所确立的“交易标准”，联邦证券法的反欺诈条款不具有域外适用效力，因此证券委员会的指控应被驳回。证券委员会则援引《多德—弗兰克法》第929P（b）条，认为该条款重新确立了“行为和效果标准”，并推翻了莫里森案，因此莫里森案的交易标准不能适用于由证券委员会发起的诉讼。

伊利诺伊州南部地区法院认为，本案的关键是，《多德—弗兰克法》第929P（b）条是否推翻了莫里森案。而要解决这个问题，首先需要弄清楚第929P（b）条到底是一项管辖权规则还是一项实体法规则。

被告认为，《多德—弗兰克法》第929P（b）条的字面意思清楚表明该条款是一项纯粹的管辖权规则，特别是在章节安排上，该条款被放置在证券交易法的管辖权部分。[2]相反，原告证券委员会则认为，该条款并非管辖权条款。从国会的立法意图来分析，该条款实际上是一项实体性规范。根据该条款，证券委员会可以根据联邦证券交易法第10（b）条行使实体法上的请求权。证券委员会认为，国会制定第929P（b）条的目的就是推翻莫里森案中的“反域外适用推定”，并恢复莫里森案之前的“行为和效果标准”。

法院承认，这个问题确实是一个新问题。尽管此前已经有一些法院在判决中表示，《多德—弗兰克法》第929P（b）条已经推翻了莫里森案。但是这些案例都没有对第929P（b）条的含义进行详细解释而只是一笔带过。因此，本案需要对第929P（b）条的含义进行解释。

法院认为，在莫里森案中，最高法院认为联邦证券法没有明文规定其可以域外适用，因此根据“反域外适用推定”认定其中的反欺诈条款不具有域外效力，而只能适用于发生在美国境内的交易。而国会制定第929P（b）条款的本来目的就是为了弥补联邦证券法的这一漏洞，明文赋予其域外效力，从而打破“反域外适用推定”。然而令人遗憾的是，第929P（b）条所使用的语言却并没有能够表达出国会的真实意图。它的用语让人乍看上去会以为它仅仅规定的是事项管辖权问题（subject matter jurisdiction）。如果这样理解的话，第929P

---

〔1〕《联邦民事诉讼规则》第12（b）（6）项允许被告提出如下抗辩，即原告未能提出一项可以得到救济的诉讼请求（failure to state a claim upon which relief can be granted）。

〔2〕第929P（b）条的标题就是“联邦证券法反欺诈条款的域外管辖权”。

（b）条就不会与莫里森案相冲突了，因为在莫里森案中，Scalia大法官已经承认联邦法院拥有事项管辖权。因此，现在的问题就是，在第929P（b）条的字面意思和立法者的真实意图发生冲突的情况下，该如何解释第929P（b）条的含义。

为了解决这个问题，法院首先诉诸立法解释的一般原则。美国法院确立的立法解释一般原则是："如果一项立法用语明确，则法院的职能就是按照其用语予以实施。"[1]也就是说，法院应当按照立法的字面意思解释该法律，除非这样做会破坏该立法的整体目的并导致荒谬的结果，或者明显违背立法者的真实意图。如果立法的用语含义不清楚，则可以采用外部的考量因素以便查明该用语背后隐含的立法意图。其中一项重要的考量因素是："立法解释应当尽量避免导致法律中的条款、语句或字词成为多余、无效或无意义。"[2]

按照上述原则，法院分析了第929P（b）条的字面意思。法院指出，由于第929P（b）条使用了"管辖权"（jurisdiction）这一用语并且是出现在《美国证券交易法》的管辖权章节之中。因此，从字面意思上看，该条款确实是一项管辖权条款而非实体条款。但是，法院指出，这种字面解释会使该条款丧失其意义从而成为一项多余的条款。在莫里森案中，最高法院就已经承认联邦法院对于证券委员会提起的跨国证券执行案件拥有事项管辖权。如果第929P（b）条也被解释为管辖权条款的话，就成为重复立法了。

接下来，法院又分析了第929P（b）条的立法历史。第929P（b）条的起草人保罗·坎乔斯基议员就明确指出，第929P（b）条的立法目的就是要直接推翻莫里森案的判决理由，包括反域外适用推定和Scalia创立的"交易标准"。[3]坎乔斯基宣布，该法案的目的就是给证券委员会和司法部域外适用《美国证券法》《美国证券交易法》和《美国投资顾问法》提供一个清晰的统一标准，这些法律的域外适用可以不考虑该证券是否在国内交易所交易或者交易是否发生在美国境内。[4]坎乔斯基在立法说明中专门提到莫里森案并声称第929P（b）条的目

---

〔1〕 Sebelius v.Cloer, —U.S.——, 133 S.Ct.1886, 1889, 185 L.Ed.2d 1003（2013）.

〔2〕 Marx v.Gen'l Rev.Corp., —U.S.——, 133 S.Ct.1166, 1177, 185 L.Ed.2d 242（2013）.

〔3〕 See 156 Cong.Rec.H5237（daily ed.June 30, 2010）（statement of Rep.Kanjorski）（"This bill's provisions concerning extraterritoriality are intended to rebut th[e] presumption [against extraterritorial application] by clearly indicating that Congress intends extraterritorial application in cases brought by the SEC or the Justice Department"）.

〔4〕 See 156 Cong.Rec.H5233, 5235–5239.

的就是推翻该案中的反域外适用推定。他特别指出："《美国证券法》《美国证券交易法》和《美国投资顾问法》中的特别规定可以域外适用……只要行为明显发生在美国境内或者该行为发生在美国境外但在美国境内产生了可预见的实质性影响。"[1]

但是法院也注意到，第929P（b）条的草案其实是在莫里森案判决之前就已经起草好了。早在2009年12月，众议院就通过了《多德—弗兰克法》的文本，包括第929P（b）条。[2]这似乎表明，第929P（b）条的立法目的并非直接针对莫里森案。而坎乔斯基众议员对929P（b）条的解释是在莫里森案判决结果出来之后一天才发布的，因此坎乔斯基的解释并不能代表国会制定第929P（b）条的真实意图。而且，一项法案的起草人的观点并不能作为该立法的权威解释。[3]

很多学者也同意，国会在起草第929P（b）时实际上犯下了一个技术性错误（drafting error）。[4]起草人的真实意图是希望赋予《美国证券法》、《美国证券交易法》和《美国投资顾问法》域外适用的效力，但是却误用了"域外管辖权"这一术语并将其当作管辖权条款来对待。不过退一步讲，就算国会犯了错误，法院也无权按照自己的意愿去改正该项错误。[5]

证券委员会还提出了一项抗辩，认为把第929P（b）条理解为管辖权条款会产生荒谬的结果（an absurd result）。但是法院认为按照字面意思来解释第929P（b）条并不必然导致荒谬的结果。

最终，法院认为，《多德—弗兰克法》第929P（b）条是否推翻莫里森判决的问题是一个过于复杂的问题，难以有明确的结论。但是，就本案而言，法院无须解决这个问题，因为无论是根据Morris案的"交易标准"还是根据第929P（b）条的"行为与效果标准"，证券委员会的抗辩都能够成立。

---

〔1〕 156 Cong.Rec.H5233, at 5237.

〔2〕 See Beyea, *supra* at 570（citing Dodd–Frank Act, H.R.4173, 111th Cong. § 7216（2009）.

〔3〕 See Mims v.Arrow Financial Services, LLC, ---U.S.----, 132 S.Ct.740, 752, 181 L.Ed.2d 881（2012）.

〔4〕 Joshua L.Boehm, Private Securities Fraud Litigation After Morrison v.National Australia Bank: Reconsidering A Reliance–Based Approach to Extraterritoriality, 53 Harv.Int'l L.J.249, 261（2012）.

〔5〕 Lamie v.U.S.Tr., 540 U.S.526, 542, 124 S.Ct.1023, 1034, 157 L.Ed.2d 1024（2004）; see also United States v.Head, 552 F.3d 640, 643（7th Cir., 2009）.

首先，按照“行为与效果标准”，只要过错行为发生在美国境内，或者该过错行为在美国境内或对美国人造成实质性影响，证券委员会就可以提起诉讼。本案中，被告公司的行为地及其影响地都在美国境内。

其次，按照莫里森案的“交易标准”，只要交易发生在美国境内，证券委员会就可以提起诉讼。对于“国内交易”的界定，尽管莫里森案没有具体解释，但联邦第二巡回法院在绝对积极价值大师基金公司诉费赛托案（*Absolute Activist Value Master Fund v.Ficeto*）中认为，对于不在美国证交所上市的证券的交易，只要原告能够证明其在境内产生不可避免的责任或其所有权在美国境内转移，就可以认定其为国内交易。[1]本案中，证券委员会声称，被告在美国境内进行了证券交易。第一，被告是在美国境内将其发行条件告知投资者以便其签订认购协议并将该协议送达美国境内的被告；第二，投资者需要获得美国签证后才会向被告交付投资金额；第三，投资者的认购协议需要被告公司的管理成员接受并副署之后才生效，而接受和副署行为都发生在美国境内。因此，最终导致不可避免的责任产生的行为发生在美国境内。

综上所述，法院于2013年8月6日作出裁决，否决了被告公司要求驳回诉讼的请求，支持了证券委员会的主张。

2.莫里森案结论是否适用于刑事诉讼？

与此有关的另外一个争议的焦点在于，莫里森案确立的“反域外适用推定”是否在证券刑事诉讼中同样有效？[2]

在美国诉维拉案（United States v.Vilar）[3]中，第二巡回法院认为，根据莫里森案，第10（b）条在刑事诉讼中和在民事诉讼中具有同样的地域适用范围。维拉案的被告在莫里森案之前被判几项证券欺诈罪行。莫里森案之后，他们据此提起上诉要求驳回对他们的指控，理由是被指控的行为发生在美国境外，因此根据莫里森案判决不构成第10（b）条项下的犯罪。美国政府则认为，莫里森案的结论只适用于民事诉讼而不适用于刑事诉讼。不过第二巡回法院却指出，“一般规则是，反域外适用推定适用于刑事法律，第10（b）条也不例

---

〔1〕 Absolute Activist Value Master Fund Ltd.v.Ficeto, 677 F.3d 60, 67（2nd Cir., 2012）.

〔2〕 David Keenan & Sabrina P.Shroff, Taking the Presumption Against Extraterritoriality Seriously in Criminal Cases after Morrison and Kiobel, 45 LOY.U.CHI.L.J.71, 96 et.seq.（2013）.

〔3〕 729 F.3d 62（2d Cir.2013）.

外”。[1]该推定“是解释一项立法的方法，它在所有案件中都有相同含义……而不是一项用来适用于每个案件特定事实的规则。”[2]一项立法“要么适用于域外，要么不适用”，既然最高法院已经将第10（b）条解释为只适用于登记在美国证交所的证券和在美国境内交易的证券，“如果根据第10（b）条提起刑事诉讼从而允许政府惩罚域外行为，‘将会建立……危险的原则，即法官可以在不同案件中赋予同一项立法文本不同的含义’”。[3]法院认为，尽管国会在《多德—弗兰克法》中修改了证券法的域外管辖权规则，但是该修正案的文本并没有明确将其限定在民事诉讼领域。不过，法院并未因此而推翻对被告的犯罪指控，而是认为被告所实施的欺诈行为是在美国境内实施，故此构成境内交易，应当受到美国证券法的制裁。

（六）《多德—弗兰克法》反报复条款的域外效力问题——刘诉西门子公司案

刘梦林（Liu Meng-Lin）是我国台湾地区居民。2008年3月，西门子中国有限公司聘用刘担任该公司医疗保健部门的集团合规专员（GCO）。此后，刘又担任分部的合规专员。西门子中国是德国西门子股份公司的子公司。西门子中国的医疗保健部负责开发和生产专门销往中国医院的医疗设备。刘声称，该公司医疗保健部涉足一项回扣计划。他指控西门子中国在向朝鲜和中国的公立医院销售医疗成像设备时经常性地抬高报价。该报价一旦被接受，销售该设备的中间商会给接受订单的官员一定比例的提成。

2009年10月，刘注意到在朝鲜进行的一笔买卖涉嫌规避了西门子股份公司的内部合规审查程序，而该程序是在西门子公司于2008年承认违反《外国腐败行为法》的指控后开始实施的。2009年12月，刘收到一份负面的业绩评估，而他认为这是对他关注该事件的报复。但是刘继续进行揭发活动，通过e-mail和演讲发布西门子的违规事项。他尤其注意到西门子给医院的报价和西门子从中间商那里实际收回的货款之间存在偏差。

2010年4月，刘试图实施一项新的合规程序，按照该程序，西门子中国、购货医院和中间商之间将会签订一式三份的合同，通过这种方式，他认为可以避

[1] Vilar, 729 F.3d.at 74.

[2] Ibid.

[3] Vilar, 729 F.3d.at 44–74 [quoting Clark v.Martinez, 543 U.S.371, 386 (2005)].

免腐败风险。然而，他的上司拒绝采用他的新程序并拒绝向他报销履行费用以参加在德国举行的西门子公司内部的全球医疗合规大会。2010年6月，刘拒绝批准采纳某些中间商向中国军队医院销售设备的报价。随后他突然被解除了审批权。

2010年8月，西门子中国取消了刘对审批和合规事务的监督权，将其职责仅限于“培训、工艺改良和（地区合规专员）分派的其他特定任务”。刘利用其获得的空闲时间收集资料，比较了3个月间内所有中国交易中报价和向中间商实际销售价之间的差额。他发现抬高的额度在25%～133%。2010年10月，刘将其发现报告给西门子中国的医疗部财政总监（CFO）Stefan Mueller先生。

大约两周之后，刘在西门子公司于上海举行的一次大会上做了发言，西门子中国董事长和首席执行官Cheng Mei-Wei先生也参加了大会。刘声称“合规性很低，如果西门子遵守合规指南，西门子将会失去30%的医疗业务”。同一天，刘接到一封信函，通知他不必再履行其雇佣合同中的剩余3个月间。2011年3月，刘的聘用合同到期。2011年5月17日，刘向美国证券交易委员会（SEC）举报西门子中国公司可能违反FCPA。

刘根据《多德—弗兰克法》第922条的反报复条款（Anti-Retaliation Provision）提起诉讼，认为自己因为举报西门子中国公司违反FCPA的行为而遭到该公司报复从而被非法解雇。《多德—弗兰克法》第922条规定：“在雇佣合同期间，如果举报人实施了2002年《萨班斯—奥克斯利法》、1934年美国证券交易法》或任何其他属于证券委员会管辖范围的法律、法规或条例所要求或保护的揭发行为，任何雇主不得因为举报人实施的合法行为而直接或间接地解聘、降职、停职、恐吓、骚扰或以其他方式区别对待举报人。”[1]《多德—弗兰克法》将“举报人”（whistleblower）定义为“任何以证券委员会所认可的方式向证券委员会提供有关违反证券法的信息的个人”。[2]

法院援引了联邦最高法院2010年在莫里森案中提出的判决理由：“除非国会以非常明确的方式表达了肯定的意图赋予一项成文法域外效力，否则我们

---

〔1〕 15 U.S.C. § 78u–6(h)(1)(a).

〔2〕 15 U.S.C. § 78u–6(a)(6).

必须推定该成文法主要调整的是国内事项”。[1]因此，只要该法律本身没有明确规定其可以域外适用，则不能域外适用。在2013年的Kiobel案中，最高法院再次肯定了这一原则，即美国的法律原则上只调整国内事项而不是要管全世界。[2]2013年，得克萨斯州南方地区法院在阿萨迪案中已经对《多德—弗兰克法》中的反报复条款的域外效力问题作出过裁决，认为该条款不具有域外效力。[3]基于上述理由，纽约南区地区法院认为，《多德—弗兰克法》的反报复条款并未规定其是否可以域外适用。这本身就隐含反域外适用的推定。尽管该条款中使用了“任何个人”和“任何雇主”等宽泛的字样，但这并不表明该条款可以约束美国境外的人。另外，尽管《多德—弗兰克法》在其他一些条款中明确规定其可以域外适用，比如该法第929P（b）条允许证券委员会可以对发生在美国境外的某些行为或交易提起执行诉讼。但这也仅仅表明只有该条款可以域外适用，其他没有明文规定可以域外适用的条款就不能域外适用。

刘援引了一项证券委员会的条例，根据该条例，外国政府的雇员和官员不能获得举报人奖金。刘认为，这表明外国雇员也被包括在“举报人”的范围之内。法院驳回了刘的这一抗辩，认为位于境外的人可以作为举报人，但并不意味着该人可以受到《多德—弗兰克法》反报复条款的保护。不能把这两个问题混为一谈。

法院指出，本案原告是台湾居民，被告是德国公司，所涉及的是该公司中国子公司在中国和朝鲜实施的腐败行为。该案唯一与美国的联系是西门子公司在美国发行了美国存托凭证（ADRs）并在纽约证券交易所上市交易。这一点与莫里森案中的情形很类似。因此，莫里森案的结论适用于本案是适当的。鉴于国会丝毫没有将反报复条款域外适用的意图，法院于2013年10月21日判决，驳回刘的诉讼请求。[4]

---

〔1〕 Morrison v.Nat'l Austl.Bank Ltd., 561 U.S.247, 130 S.Ct.2869, 2877, 177 L.Ed.2d 535 (2010).

〔2〕 Kiobel v.Royal Dutch Petroleum Co., ---U.S.----, 133 S.Ct.1659, 1664, 185 L.Ed.2d 671 (2013).

〔3〕 Asadi v.G.E.Energy (USA), LLC, No.4: 12-345, 2012 WL 2522599 (S.D.Tex.June 28, 2013), aff'd on other grounds, 720 F.3d 620 (5th Cir., 2013).

〔4〕 Meng-Lin Liu v.Siemens A.G.---F.Supp.2d----, 2013 WL 5692504 (S.D.N.Y.), Fed. Sec.L.Rep.P 97, 711, 36 IER Cases 1698.

（七）反垄断法的域外管辖权

近年来，随着经济全球化进程的加快，各国企业之间的跨国竞争日益激烈。除了反倾销和反补贴等法律手段之外，反垄断诉讼也成为各国企业进行市场竞争的另一个“撒手锏”。2013年11月26日，美国纽约联邦地区法院经过多年审理后作出最终裁决，认定中国的华北制药集团有限公司及其下属河北维尔康制药有限公司等维生素C生产企业因联合抬升价格，垄断操控美国VC市场，触犯了美国反托拉斯法，以“三倍赔偿”的原则被处以1.623亿美元巨额赔偿。[1]该案被称为美国对华反垄断第一案，引发了各方面广泛关注。

该案并非孤例。2005年9月，美国多名原告针对中国五矿化工进出口商会和中国五金矿产进出口总公司等17家中国镁砂企业提起另一起反垄断诉讼案，该案已经进行了多年，至今尚未终审。美国法院于2011年作出了一项裁决，驳回了中国企业的属人管辖权抗辩。[2]该案案情与维生素C案实际上属于姊妹案件，两案几乎同时发起，案情非常类似，两案还有一个共同原告Animal Science Products公司，而且其代理律师也是同一人，因此两案最终结果也可能大同小异。[3]

在“维生素C”案中也涉及属人管辖权的争论。[4]该案中，被告之一石药集团有限公司（CPG）根据美国《联邦民事诉讼规则》第12（b）（2）条对法院的属人管辖权提出了抗辩。石药集团有限公司是本案被告之一河北维生公司的控股公司，注册地位于香港。[5]石药集团认为，该公司在香港注册，在美国境内没有任何营业地、雇员、代理机构、产品销售、银行账号或财产。石药集团也从不参与维生素C的生产、销售和经营，其主要业务是投资。石药集团并不控制维生公司的生产经营，两家公司各自独立经营。石药集团与纽约、马萨诸塞

---

〔1〕 In re Vitamin C Antitrust Litigation[Animal Science Products, Inc., et al.v.Hebei Welcome Pharmaceutical Co.Ltd., et al.], No.06-md-1738, No.05-cv-0453, E.D.N.Y.

〔2〕 Animal Science Products, Inc.v.China Minmetals Corp., et al., No.10-2288(3d Cir. Aug.17, 2011).

〔3〕 美国法院受理的针对中国博赛矿业集团公司的反垄断诉讼案也在进行中，参见Resco Prods., Inc.v.Bosai Minerals Group Co., Ltd., No.06-235, 2010 WL 231069(W.D.Pa.June 4, 2010)。

〔4〕 Animal Science Products, Inc.et al v.Hebei Welcome Pharmaceutical Co.Ltd.et al, MEMORANDUM DECISION AND ORDER denying(387)Motion for Summary Judgment; denying (286)Motion to Dismiss for Lack of Jurisdiction, July 18, 2012.

〔5〕 石药集团有限公司在香港上市公司名称为中国制药集团有限公司（China Pharmaceutical Group Ltd.）。

州、加州乃至整个美国都没有任何联系。原告则认为，石药集团是河北维生公司的控股公司。维生公司所进行的价格操控行为都是在石药集团的主导下进行的。维生公司的11位董事同时也担任过石药集团的董事。维生公司的所有董事都由石药集团任命。石药集团的年报和官方网站也公开声称自己是中国主要的原料药生产商，主要产品包括维生素C等。

法院审理认为，对于法院的属人管辖权，应当由原告负责举证。原告必须提供表面证据证明法院的属人管辖权是适当的。法院要对石药集团行使管辖权，必须符合三个条件：第一，原告对被告的传票送达必须符合程序；第二，必须有法定的授权；第三，法院对被告的管辖权必须符合宪法的正当程序条款。

对于送达问题，法院认为，由于石药集团在答辩书和法庭答辩中对原告的送达程序均未提出抗辩，因此应推定送达程序是适当的。对于立法授权问题，原告主张，法院的管辖权依据是《克莱顿法》和纽约州、马萨诸塞州和加州的长臂管辖法。《克莱顿法》第12条规定："根据反托拉斯法针对公司提出的任何诉讼或程序可以向该公司常驻地法院提起，也可以向该公司被发现或从事经营的地区法院提起；这些案件中的任何传票送达均可在该公司常驻地或被发现地进行。"[1]第二巡回法院将该条规定解释为，只要在世界范围内对被告进行了适当的传票送达，美国法院的属人管辖权就可以成立。[2]本案中，鉴于被告并未对原告的送达提出抗辩，因此可以对其行使属人管辖权。马萨诸塞州的《长臂管辖法》则规定：本州法院可以对一个直接或通过代理人实施行为的人行使属人管辖权，只要诉因是因该人的以下行为引起：（1）在马萨诸塞州从事的交易；（2）通过合同在马萨诸塞州境内提供服务或商品；（3）在马萨诸塞州境内的行为或过失导致侵权损害；（4）在马萨诸塞州境外的行为或过失导致在马萨诸塞州境内发生侵权损害，并且该人在本州内经常性从事经营或持续地参与其他活动，或者从本州境内使用的商品或服务中获取实质收入。[3]在本案中，原告主张，由于石药集团通过其控股的维生公司在马萨诸塞州从事交易，从而符合上述立法规定的条件。石药集团提出抗辩认为，虽然维生公司根据马萨诸塞州的长臂管辖法应受马萨诸塞州法院管辖，但石药集团与马萨诸

〔1〕 Clayton Act, Section 12, 15 U.S.C. § 12.
〔2〕 See Daniel v.Am.Bd.of Emergency Med., 428 F.3d 408, 423 (2nd Cir.,2005).
〔3〕 MASS.GEN.LAWS ch.223A, § 3.

塞州并不存在任何联系，故不应受其管辖。双方争议的焦点是：子公司与法院地具有的联系能否使该公司的母公司也从属于该法院的属人管辖权？法院根据先前判例提出了七项应予考虑的因素：(1)该母公司是否子公司的唯一股东？(2)两个公司的官员和董事之间是否明显混同？(3)母公司是否独立任命子公司的官员？(4)母公司是否对子公司的行为承担责任？(5)母公司是否直接参与有利于子公司的发展计划？(6)母公司是否公开宣称自己完成了实际上由子公司完成的特定任务？(7)子公司是否未召开董事会？法院认为，由于石药集团对维生公司拥有“非同寻常的支配权”，维生公司事实上可以被认定为石药集团的代理人。

最后，法院还进一步分析了属人管辖权的行使是否违反宪法第十四修正案的正当程序条款。法院指出，正当程序条款要求属人管辖权的行使必须建立在被告与法院地之间存在“最低限度联系”的基础之上。而判断“最低限度联系”的因素包括三个方面：(1)被告是否有目的地利用其在法院地营业的特权并可以预见到自己会因此而在该地法院被起诉；(2)原告的诉讼请求是否因被告与法院地之间的联系而引起；(3)对被告行使管辖权是否公平合理。法院分析后认为，石药集团通过维生公司在纽约、加州和马萨诸塞州销售了大量维生素C，属于有目的地利用了其营业特权。原告的诉讼请求是直接因维生素C的销售而引起。对石药集团行使管辖权公平而合理。最终，法院驳回了被告石药集团提出的属人管辖权抗辩。

（八）阿根廷债务危机引发的诉讼

20世纪90年代，阿根廷大规模举债，外债总额达到上千亿美元。21世纪初，受东南亚金融危机影响，阿根廷终于爆发主权债务危机。2001年12月23日，阿根廷政府宣布暂时停止偿付所有公债的利息和本金。虽然阿根廷此后与国际金融机构达成债务重组协议，但此次债务危机留下的后遗症迄今仍未完全消除。近年来，一些受害者在实际上多国法院和仲裁机构发起了对阿根廷的诉讼和仲裁。2014年，美国最高法院连续作出了两项针对阿根廷政府的判决。

1.英国石油诉阿根廷仲裁条款案

1990年英国和阿根廷政府双边投资协定第8条包含一项争端解决条款，其中规定，双方当事人应当首先将争端提交东道国法庭解决。如果该法庭在18

个月内仍未作出判决的，当事人可以提交仲裁。本案的争议就是围绕着该项仲裁条款而发生。美国最高法院需要回答的问题是：当法院在审查一项根据国际条约作出的仲裁裁决时，是否需要重新对条约中的本地诉讼条款进行审查，或者，法院对此问题应当听凭仲裁裁决本身的决定。换句话说，到底应当由法官还是由仲裁员来判断本地诉讼条款的效力？最高法院认为，该问题应当由仲裁员来决定，法官不应干预。

该案案情如下：20世纪90年代，阿根廷政府实行私有化政策，将其国有天然气资源卖给一些私有企业，其中包括MetroGAS公司，该公司是由原告英国石油公司（BG公司）控股的一家阿根廷企业。阿根廷政府授权MetroGAS公司享有35年的天然气专属开采权。同时，阿根廷政府通过法律规定对天然气企业收税，并且以美元结算，其税率将保证这些企业能够获得合理水平的回报。

2001年爆发的金融危机导致阿根廷政府通过了新法律，规定对天然气的税收不再以美元支付而代之以比索，其汇率按照1：1兑换。但是在金融危机下，阿根廷比索的实际汇率只有3：1，这导致MetroGAS公司损失严重。BG公司认为阿根廷政府的行为违反了阿根廷和英国政府之间的双边投资协定。2003年，BG公司依照该协定地8条请求仲裁，双方同意将争议提交国际商会仲裁院进行仲裁，仲裁地位于美国华盛顿。BG公司主张阿根廷政府的行为违反了双边投资协定中的禁止征收条款和公平与公正待遇条款。阿根廷政府则主张仲裁庭没有管辖权，最重要的理由是BG公司没有首先向阿根廷本地法院提起诉讼而直接提请仲裁，违反了投资协定第8条。2007年年底，仲裁庭作出最终裁决，认为阿根廷政府的行为使得BG公司无法遵守投资协定第8条所规定的本地诉讼条款，因为阿根廷政府在2002年颁布一项命令，冻结执行任何法院做出的与新经济政策有关的诉讼判决。阿根廷政府还实施了一项协商计划，与公共服务合同当事方商讨有关的债务问题。但是阿根廷政府却将任何起诉阿根廷政府的企业排除在该协商计划之外，这导致BG公司无法在阿根廷境内通过诉讼解决争端。鉴于此，仲裁庭认为BG公司有权提请仲裁，仲裁庭拥有管辖权，并最终裁决阿根廷政府败诉并向BG公司支付1.85亿美元赔偿。

2008年，双方均向哥伦比亚特区地区法院提请司法审查。BG公司要求法院根据纽约公约和联邦仲裁法承认和执行该裁决，而阿根廷政府则申请法院判决该仲裁裁决无效，因为仲裁庭没有管辖权。地区法院否决了阿根廷政府的请求。[1]但是哥伦比亚特区巡回法院却推翻了地区法院的判决。巡回法院认为，法院有权重新审查投资协定第8条的本地诉讼条款的效力，而不用考虑仲裁庭的看法。[2]巡回法院认为，BG公司在任何情况下都应当遵守本地诉讼条款并首先在阿根廷境内诉讼，只有等待18个月而未获判决之后才能提请仲裁。

BG公司向最高法院提请调卷令，最高法院认为该案对于国际商事仲裁而言具有重大意义并同意了调卷。2014年3月5日，最高法院作出终审判决，推翻了巡回法院的判决。最高法院首先认为，本案涉及的是对一项双边国际条约中的仲裁条款的审查，而对条约中的仲裁条款的审查与对普通合同中的仲裁条款的审查没有什么不同。双边条约就是两个国家之间的合同。对于合同中的仲裁问题，应当区分两个层面的问题：第一，关于可仲裁性问题（arbitrability）一般应由法官来判断。可仲裁性问题包括当事人是否受某一仲裁条款的约束、某一合同中的仲裁条款是否适用于某一特定争议等。第二，对于提请仲裁的一些程序性前提条件，则应由仲裁员决定。所谓程序性条件包括对可仲裁性的放弃、暂缓或抗辩等，也包括对仲裁义务的时间限制、通告、疏忽、禁反言等。最高法院认为，本案所涉的问题即本地诉讼条款只是对仲裁设置的一个前置程序条件，在性质上属于程序性问题，因此应当由仲裁员而不是法院来决定。最终，由布雷耶大法官撰写的判决书以7：2的票数驳回了阿根廷政府的请求，维持了仲裁庭作出的裁决。

2.阿根廷诉NML资本公司案

2014年6月16日，联邦最高法院又作出了另一项针对阿根廷政府的裁决。2001年和2002年，阿根廷发生创纪录的950亿美元的灾难性债务违约，一批对冲基金乘机以极大折扣购买了大量阿根廷主权国债。2005年和2010年，阿根廷宣布债务互换方案，但NML等几只对冲基金却拒绝参与。在美国对冲基金巨头Elliott Management创始人保罗·辛格尔（Paul Singer）带领下，这些对冲基金在美国纽约南区法院向阿根廷政府提起诉讼，要求阿根廷100%全额偿付本息。2011年，纽约地区法院判决阿根廷政府向这些对冲基金支付总计25亿美元的款项。2012年12月26日，第二巡回法院维持了原判。[3]阿根廷政府向最

---

〔1〕 764 F.Supp.2d 21（DC 2011）；715 F.Supp.2d 108（DC 2010）.

〔2〕 665 F.3d 1363（2012）.

〔3〕 NML Capital，Ltd.v.Republic of Argentina，699 F.3d 246（2d Cir.2012）.

高法院要求提审，最高法院于2014年6月16日驳回了调卷请求。

阿根廷女总统克里斯蒂娜将这些国际债权人称为贪婪的“秃鹫”，并拒绝执行这些判决。这些对冲基金于是寻求在世界范围内执行法院的判决。早在2003年起，NML等基金就要求法院调查阿根廷政府的海外资产。2010年，NML要求法院发布传票，命令美洲银行和阿根廷国民银行披露阿根廷海外账户资产。法院同意了NML的要求。阿根廷政府提出上诉，主张该项命令违反了美国的外国主权豁免法。第二巡回法院维持了下级法院的裁决，认为该项命令只是要求披露(discovery)阿根廷境外资产，而不是查封(attachment)，而且该项命令针对的是第三方银行而非阿根廷政府本身。因此阿根廷的主权并未受到侵犯。阿根廷政府向最高法院请求调卷令，最高法院经过调卷审理，于2014年6月16日驳回了阿根廷的请求，维持原判。

美国法院的裁决引发了全球关注，阿根廷股市大幅下跌。国际货币基金组织等一些机构表示，他们担心对阿根廷不利的裁决将让其他国家更加难进行重组债务，从而造成金融灾难。一些机构也表示，美国法院的裁决会纵容这些秃鹫基金更加肆无忌惮地对那些陷入债务困境的国家发起攻击。NML为了执行对阿根廷的判决，曾于2012年在加纳扣押了一艘阿根廷海军军舰。几年前，FG Hemisphere对冲基金公司也曾在我国香港法院申请扣押中国中铁公司资产用于偿还刚果共和国所欠债务，并引发了全国人大常委会关于外国国家豁免问题的释法行动。

(九)美国各州禁止适用外国法的立法

近年来，文明冲突似乎正在向法律领域蔓延。法律间的文化冲突在西方国家似乎有愈演愈烈之势。尤其在“9·11”之后，随着西方与伊斯兰世界之间冲突的深化，西方法学界日益关注伊斯兰法律和西方法律之间的冲突。欧洲一些国家的法院在司法实践中也遇到相关案例，需要判断如何对待伊斯兰法律。[1] 2010年10月14日的《经济学家》杂志发表了一篇评论:《伊斯兰法在西方:谁的法律算数?》。该文认为，在伊斯兰法律和西方法律之间要想找到

[1] Katayoun Alidadi, The Western Judicial Answer to Islamic Talaq: Peeking Through the Gate of Conflict of Laws, 5 UCLA J.Islamic & Near E.L., p.1.

一种妥协异常艰难。[1]在深受"9·11"事件刺激的美国，这场争论以更为激烈的方式表现了出来。在美国社会一直有一股巨大的力量在顽强抗拒外国法律对美国的影响。美国法官在审查某项国内立法是否违宪时，能否援引外国法律资料来作为论据？围绕着这一问题，前几年在美国最高法院爆发了一场大辩论，个别极端保守的学者在公开发表的文章中对主张援引外国法的大法官进行公然的人身攻击和死亡威胁。这场争论甚至惊动了美国国会。2004年，众议院的共和党人提出一项决议，要求禁止援用外国法律。美国参议院也在2005年提出了一项内容相同的决议。国会还组织了多次针对最高法院大法官的听证会，要求他们对外国法的适用问题做出解释。个别参议员甚至建议，如果法官援引外国法来解释美国宪法，将被视为犯罪行为予以弹劾。美国的各大媒体也推波助澜，大肆炒作。[2]

在美国社会，著名的反伊斯兰律师和活动家大卫·耶鲁沙米尔（David Yerushalmi）发起了一项"American Laws for American Courts"的运动，起草了一项示范法（American Laws for American Courts Act），呼吁各州立法机关采纳。[3]其中公然规定："法院不得参阅任何异国或异文化的法律戒条"；[4]"如果当事人在合同中约定用外国法律来解决他们之间的争端，则只要这些法律限制了当事人在州宪法和联邦宪法上的人权，应被认定为无效。"[5]目前已有二十多个州响应该项呼吁，提出了相应的立法议案。尽管美国联邦法院在2010年的一起判例中认定奥克拉荷马州的上述立法违反了联邦宪法第一修正案。[6]但一些州很快改头换面，对原有法案进行修改使之表面上符合联邦宪法。原来的法案主要针对的是伊斯兰法律，现在的新法案则都采用了较为中性的用语（比如外国法律或国际法律），不再专门针对伊斯兰法律，这样就不违反宪法的平等保护和宗教自由原则。这些法律很快得到一些州议会通

---

〔1〕 Sharia in the West, Whose law counts most? The Economist, Oct 14th 2010, 载http://www.economist.com/node/17249634, 2011年6月20日访问。

〔2〕 参见杜涛:《美国法院关于外国法的大辩论》，载《美国研究》2011年第3期。

〔3〕 参见该组织网页：http://publicpolicyalliance.org/legislation/american-laws-for-american-courts/。

〔4〕 South Carolina General Assembly, 118th Session, 2009-2010, Joint Resolution 1387, available at http://scstatehouse.gov/sess118_2009-2010/bills/1387.htm, 2014年6月20日访问。

〔5〕 H.F.2313（Iowa 2010）（introduced by Rep.Jason Schultz）.

〔6〕 See Awad v.Ziriax, 2010 WL 4676996（W.D.Okla.Nov 09, 2010）（NO.CIV-10-1186-M）.

过。[1]2014年5月12日，佛罗里达州州长正式签署了一项法令，禁止该州法院在家庭法领域援引任何外国法律和判例。该州成为第八个正式颁布类似法律的州。这些法律实际上主要针对的是伊斯兰法律，因此遭到美国伊斯兰团体的广泛抗议。

三、其他国家

（一）日本加入海牙《国际诱拐儿童公约》

2014年1月24日，日本正式加入海牙国际私法会议1980年《国际诱拐儿童民事事项公约》（以下简称《诱拐儿童公约》），成为该公约的第91个缔约国。该公约自2014年4月1日起对日本生效。日本加入该公约在国际社会引发了广泛关注，这主要是因为日本与西方国家（主要是美国）之间围绕着跨国儿童诱拐问题存在着长期的争端。美国甚至因此问题与日本发生过多次外交纠纷，奥巴马总统在多次日美首脑会晤中专门向日本施压，要求日本尽快加入该公约。

根据《诱拐儿童公约》的规定，任何缔约国都有义务将非法转移到该国境内的儿童交还至该儿童的经常居住地国家。长期以来，日本女性外嫁到西方国家的跨国婚姻日益增长。而这些跨国婚姻破裂之后，很多日本女性往往会私自将子女携带回日本。根据西方国家的法律，离婚后，父母双方仍然拥有对子女的共同监护权。因此，女方私自将子女带离其经常居住地的行为违反了当地法律，构成诱拐儿童行为。该行为甚至在一些国家被列为犯罪行为，女方因此而可能受到刑事通缉。然而在日本法律中，离婚后子女监护权往往都判给母亲。因此，一旦发生母亲将子女带回日本的事件，当外国一方监护人到日本法院要求将儿童返还时，日本法院往往会加以拒绝。日本的种种做法遭到美国等西方国家的激烈批评。迫于外界压力，日本政府终于从2011年开始考虑加入海牙儿童诱拐公约，并终于在2013年获得国会批准。

不过，由于日本的家庭法受到传统文化的影响，很难在短期内改变。即使国会修订了法律，也难以在短期内获得良好实施。对于日本如何履行公约义务，还有待实践的检验。

---

〔1〕 La.Act No.886（approved June 29，2010；effective Aug.15，2010），*codified at* La.R.S.9：6000.

日本的做法对中国等亚洲国家也有很大借鉴意义。东亚地区长期受儒家文化熏陶，东南亚国家则受伊斯兰教影响，在婚姻家庭法方面与国际公约的要求存在很大距离。海牙儿童诱拐公约虽然已有90多个缔约国，但亚洲国家加入的并不多，原因也在于此。中国也曾发生过多起所谓的“跨国夺子大战”。[1]在婚姻家庭法律领域，更多体现了文化的冲突。目前的国际条约受西方法律文化影响，往往重视“儿童的最佳利益”。但在中国涉及儿童监护权分配时，往往并不完全考虑儿童的最佳利益。比如，中国父母如果有两个孩子，通常会一人判给一个，把两个孩子分给父母两个人，但在欧美国家这是不道德的，他们认为把几个孩子分离是残忍的。又如，中国人考虑孩子的监护权的时候，常常也会从父母的角度出发，通常会照顾女方。另外，如果父母一方年龄大身体不好不能再婚，或者失去了生育能力，或者身有残疾，法院是会优先考虑他的监护权的，因为在中国人的观念里，孩子可以照顾父母，尤其是在他们晚年的时候，孩子可以成为依靠。而在西方会重视孩子的感受和成长需求，他们会认为孩子跟着年龄大的或身有残疾的人是对孩子的不公平，他们往往会把孩子判给更有能力抚养孩子的一方。这就是东西方观念的差别。

(二)俄罗斯修订国际私法

2013年9月30日，俄罗斯总统发布了第260-FS号法律，对《俄罗斯民法典》第三卷第六编中所规定的国际私法条款进行了修订，并自2013年11月1日起生效。新修订的条款主要涉及以下内容：

1.将第1192条的名称由“强行规范的适用”改为“直接适用的规范”。直接适用的规范是指俄罗斯立法中具有特殊性质的强制性规范，它们可以不考虑准据法的规定而直接被适用。这一修订的目的是解决此前实践中对强行规范概念的滥用。

2.法人的准据法。新法将《俄罗斯民法典》第1202条增加了第4款。它针对的是那些在外国成立、但主要在俄罗斯从事经营的法人成员的责任。根据其规定，此类法人成员的责任应适用俄罗斯法律或者根据债权人的选择适用该法人的属人法。

---

〔1〕 朱伟东：《南非妈妈和中国爸爸的夺子之战》，载《法制日报》2011年7月12日，第9版；赵春艳：《华裔母亲带子回京被捕引关注》，载《民主与法制时报》2014年9月29日，第16版。

3.物权关系准据法

新法对《俄罗斯民法典》第1205条作了修订。该条规定了物之所在地法原则，即动产和不动产的所有权和其他物权适用该物之所在地法律。

新法增加了一个条文，即第1205.1条，该条规定了物权准据法适用的范围。物权准据法用于确定以下事项：物权标的的种类，包括该物属于动产还是不动产；物的可交易性；物权的种类；物权的行使和物权的保护等。

《俄罗斯民法典》第1206条增加了一款，规定了当事人意思自治原则，即当事人在不损害第三人利益的前提下，可以协议选择将他们之间的合同的准据法适用于物权的产生和终止。

4.法律行为的形式

由于新《俄罗斯民法典》第162条第3款被废除，涉外合同不再以书面形式为要件，因此《俄罗斯民法典》原第1209条也失去意义。新修订的第1209条规定，法律行为的形式适用该行为的准据法。此外，只要符合行为地法的形式要件，该行为亦可成立。如果法人成立地法律对该法人的有关行为有特殊的形式要求，则应遵守该地法律。需要在俄罗斯强制登记的行为，必须遵守俄罗斯法律。

5.当事人未选择时合同的准据法

合同原则上适用当事人选择的法律。但当事人未选择时，原来的《俄罗斯民法典》第1211条第1款采用了最密切联系原则。新法不再把最密切联系原则放在首位，而是直接规定适用合同特征性履行方住所地或营业地法律。只有当合同与其他地点具有更为密切的联系时，才可以适用其他地方的法律。

对于各种合同的特征性履行方的确定，新法也对《俄罗斯民法典》第1211条第2款的规定作了适当调整。原来的特许经营合同和许可合同都是以特许方和许可方为特征性履行方，新法则对接受许可方的利益给予了考虑。

6.消费者合同

新法对第1212条作了修改，进一步加强了对消费者的保护。新增加的第四款规定，合同中的法律选择不得剥夺消费者在没有选择的情况下所获得的保护。

7.法人成立合同

原来的《俄罗斯民法典》第1214条只规定了合资企业合同的准据法。新法则将其扩大到所有成立法人的合同。此种合同可以由当事人选择准据法，但不得违反法人成立地法律的强制性规定。如果当事人没有选择准据法，则适用法人成立地法律。

8.代理关系准据法

新法为《俄罗斯民法典》增设了第1217.1条，规定了代理关系准据法。协议代理，代理人与被代理人的关系适用其合同准据法。代理人或被代理人与第三人之间的关系适用被代理人在授权书中所选择的法律。若没有选择，则适用代理人住所地法律。对于涉及不动产的代理，适用不动产登记地法律。诉讼或仲裁代理，适用诉讼地或仲裁地法律。

9.债务抵销

新增的第1217.2条规定了债务抵销的准据法。债务抵销原则上适用导致债权产生的法律关系准据法。

10.侵权

对于侵权行为，新法对第1219条第2款和第3款作了修订。双方当事人住所相同的，适用其共同住所地法；住所不同但国籍相同的，适用共同国籍国法律。

（三）捷克共和国新国际私法

2012年，捷克共和国颁布了一部新的国际私法法规，并于2014年1月1日正式生效。[1]新法继承了1963年捷克斯洛伐克共和国国际私法典的立法模式，将法律适用规范、国际民事诉讼规范集中规定为一部法典之中。捷克共和国自1993年独立以来，一直沿用1963年捷克斯洛伐克国际私法典。该法典在2004年捷克共和国加入欧盟后做了一些修改，但没有大的改变。新国际私法典的起草工作早在20世纪90年代就已开始。近年来，随着新民法典的颁布，新国际私法典的立法进程也加快，并终于在2012年得以通过。

新法典共125条，包括4章。第1～3章为总则，第4章为主体部分，包括具体法律关系的管辖权、法律适用和判决承认与执行规范。第5章为国际司法协助规范。第6章和第7章分别规定了跨国破产和仲裁。第8章为最后条款。新

〔1〕 Monika Pauknerova/Magdalena Pfeiffer, The New Act on Private International Law in the Czech Republic: Starting Points and Perspectives within the European Union, 10 Journal of Private International Law (2014), No.2, p.205.

法典将原来存在于其他单行法中的国际私法条文都纳入进来，比如原《捷克斯洛伐克共和国商法典》中关于法人属人法的规定、原《捷克斯洛伐克共和国票据法》中的冲突法规定、原《捷克斯洛伐克共和国仲裁法》中关于国际商事仲裁的规定等。

在法律适用方面，新法典一个重大改变在于对惯常居所这一连结点的采纳。惯常居所不仅作为属人法的主要连结点，同时也作为管辖权的主要依据。鉴于捷克司法实践中历来坚持国籍原则，新法典对惯常居所的采纳受到了一些学者的批评，认为这对司法实践造成很大不便。

新法典在很大程度上受到欧美国际私法立法的影响。作为欧盟成员国，捷克法院首先要适用欧盟国际私法。只有欧盟立法覆盖不到的领域，才会适用捷克国际私法。为了与欧盟立法保持一致，新法在很多领域原封不动采纳了欧盟立法。

(四)新加坡首次执行中国法院判决

新加坡高等法院于2014年1月28日裁定执行了中国苏州市中级人民法院就“昆山捷安特轻合金科技有限公司与雅柯斯(远东)私人有限公司、上海亚提思机电设备有限公司买卖合同纠纷一案”作出的判决。[1]这是新加坡法院首次执行中国大陆司法判决。

该案原告昆山捷安特轻合金科技有限公司系在苏州注册的一家外商合资企业，经被告上海亚提思机电设备有限公司担保，于2003年12月向被告雅柯斯(远东)私人有限公司购买了两台发电机组，后经有关出入境检验检疫部门检验鉴定，发电机原产地为新加坡或土耳其，而非合同约定的英国。苏州中院经审理后认为，被告雅柯斯(远东)私人有限公司交付的标的物不符合约定，构成根本违约，遂判决其返还原告昆山捷安特轻合金科技有限公司货款并赔偿损失。因被告雅柯斯(远东)私人有限公司系一家注册在新加坡的企业，故判决生效后原告在新加坡高等法院申请执行并最终获得支持。目前，中国大陆与新加坡并未签署任何关于互相承认和执行法院判决的双边或多边协议。此次苏州中院的判决在新加坡得到承认和执行，无疑为中国企业在新加坡申请执行中国法院判决开创了一个良好的先例。

---

〔1〕 Giant Light Metal Technology (Kunshan) Co. Ltd. v. Aksa Far East Pte Ltd. (2014) SGHC 16.

四、海牙国际私法会议

(一)海牙国际合同法律适用原则草案及其注释

近年来,海牙国际私法会议一直在进行《国际商事合同法律适用原则草案》的起草工作。2013年11月,国际合同法律选择工作小组完成了一份正式的评注草案(draft commentary),[1]该评注草案对原则草案的12个条文进行了逐项解释。2014年1月27～28日,国际合同法律选择工作组在海牙举行了第五次工作会议,继续对原则草案和评注草案进行了讨论和修改。2014年3月,常设局向总务委员会提交了工作小组完成的原则草案供委员会讨论。[2]2014年4月8～10日举行的总务委员会大会对该原则草案及其评注草案给予了高度评价,并进一步要求各成员国在2014年8月31日之前继续向常设局提交修改意见。之后,工作小组将根据修改意见完成一份最终文本并提交给各成员国书面批准。[3]

常设局2014年7月提交的原则文本仍然保持了12个条文,但最大的修改之处是其标题,将原来的"国际合同法律适用原则"改为"国际商事合同法律适用原则"。增加"商事"一词是为了突出显示该原则仅适用于商事合同领域。商事合同是指当事人出于贸易或其他职业行为而缔结的合同。消费者合同和雇佣合同被排除在商事合同之外。另外,原则草案对"国际"一词的定义也比其他国际公约广泛。该草案第1条第(2)款仅仅排除了那些仅与一个国家有关联的合同,而没有对国际一词进行正面界定。在评注中,起草者也认为,国际性的定义需要从个案角度进行分析。比如,位于甲国境内的合同双方当事人购买一批位于甲国境内的货物,尽管该批货物原产于乙国,但该合同仍不属于国际合同,因为货物原产于外国对该合同并无实质性影响,该合同仍然只是一项内国合同。此外,合同中选择外国法律本身也不能使该合同具有国际性。

此外,新提交的原则草案对原来的第3、6、10条和第11条等进行了文字上的修改,在基本内容上没有实质性改动(基本条文内容见2013年度综述)。需

〔1〕 http://www.hcch.net/upload/wop/princ_com.pdf.

〔2〕 http://www.hcch.net/upload/wop/gap2014pd06_en.pdf.

〔3〕 Revised Prel.Doc.No. 6 of July 2014.

要注意的是，评注草案对原则草案第3条规定的“法律规则”(rules of law)进行了解释。根据其解释，所谓的“法律规则”一般是指国际统一私法协会制定的国际商事合同通则、联合国贸易法委员会制定的国际商事合同示范法、欧洲合同法原则等国际社会广泛承认的机构或组织制定的合同法规则。但是像国际贸易术语等商事规则并不能被接受为“法律规则”。

(二)《法院选择协议公约》与判决承认与执行项目

2005年海牙国际私法会议通过的《法院选择协议公约》迄今只有墨西哥一个国家批准。但是欧盟在2014年1月30日公布了一项议案，准备批准该项公约。欧盟的批准程序预计将在2015年上半年完成，届时《法院选择协议公约》将因两个缔约方批准而生效。此外，已有俄罗斯、塞尔维亚、土耳其、乌克兰等国家也已经启动国内程序准备加入该公约。[1]为了宣传该公约，海牙国际私法会议常设局与亚太办事处在中国政府合作下于2013年9月23～24日在武汉大学举办了一次研讨会。来自亚太地区13个国家的40多名高级官员、法官和学者参加了该次会议。各个参会国代表介绍了各国有关国际管辖权和判决承认与执行方面的现行立法和司法实践。各国代表也表达了对《法院选择协议公约》的支持态度。

与《法院选择协议公约》紧密相关的是重新启动的判决承认与执行项目。2011年和2012年，海牙国际私法会议总务委员会分别成立了一个专家组和一个工作组，重启判决承认与执行公约的起草工作(judgments project)。目前遇到的问题是，专家组和工作组的任务发生重叠，两个小组成员在一些问题上也经常发生意见分歧，导致工作效率低下。常设局于2013年8月发表了一份报告，[2]对两个小组的分工提出了建议。常设局认为，为了节约资源，提高效率，应当优先考虑让工作组发挥作用，而专家组的工作可以推后进行。目前，应当由工作组继续从事判决承认与执行项目的准备工作并向委员会汇报，专家组的工作可以暂停。

根据上述建议，工作组于2014年2月24～28日举行了第二次会议，来自19

---

〔1〕 Prel.Doc.No. 7 of February 2014 -Ongoing work on judgments-Choice of Court Convention and Judgments Project, http://www.hcch.net/upload/wop/gap2014pd07_en.pdf.

〔2〕 Process Paper on the Continuation of the Judgments Project drawn up by the Permanent Bureau, http://www.hcch.net/upload/wop/jdgm2013processpaper_e.pdf.

个成员方的31位代表参加了该次会议。会议就以下议题进行了讨论并达成共识：第一，应当按照2005年法院选择协议公约的模式起草新的关于判决承认与执行公约；第二，未来的公约所针对的判决应当包括金钱判决和非金钱判决；第三，未来的公约不应包括临时性和保护性措施的承认，该问题留待以后再规定；第四，缺席判决的承认与执行也应包括在内；第五，司法和解的承认与执行也应包括在内。工作组决定将在2014年10月（香港）和2015年（海牙）举行第三次和第四次会议并对以下议题进行讨论：侵权和合同判决的承认与执行问题；集体诉讼判决的承认与执行问题；消费者纠纷和雇佣纠纷问题；知识产权纠纷问题。2014年6月17日，常设局与俄罗斯外交部在圣彼得堡合作举办了一次“跨境判决承认与执行研讨会”。[1]工作组预计于2015年年底提交一份初稿供特别委员会审议。

（三）跨国代孕的国际私法问题

随着医学的发展，出现了代孕现象（gestational surrogacy）。代孕是指通过辅助生殖技术将体外受精的卵子植入孕母子宫，由孕母替他人完成怀胎和分娩的行为。世界上大多数国家包括我国都在法律上禁止商业性人工代孕，[2]但是仍有一些国家和地区允许商业代孕，比如印度和美国的某些州。[3]由此导致世界各地的人士纷纷到这些允许代孕的国家找人代孕生子。[4]在印度甚至形成了一个年营业额数亿美元的跨国代孕市场。[5]

跨国代孕给传统家庭关系造成严重挑战，比如父亲身份、母亲身份、监护权、探视权、儿童的权利等。在国际私法上，应依照什么法律解决上述问题，以及代孕协议的跨国承认与执行问题，开始引起国际社会的关注。海牙国际

---

〔1〕 Conference “Cross-Border Recognition and Enforcement of Judgments”, St Petersburg, Russian Federation（17 June 2014）.

〔2〕 参见我国卫生部2001年颁发的《人类辅助生殖技术管理办法》第22条。

〔3〕 美国加利福尼亚州、伊利诺伊州和内华达州允许代孕，see Johnson v.Calvert, 851 P.2d 776, 778（1993）; Cal.Fam.Code § 7606（2012）；另外，英国、俄罗斯、希腊、乌克兰等国也允许代孕。印度、美国加州和俄罗斯允许商业代孕。

〔4〕 2010年，香港巨富李兆基未婚的长子李家杰通过代孕生下三胞胎，此事因违反香港法律而引起广泛关注。

〔5〕 Kimberly D.Krawiec, Altruism and Intermediation in the Market for Babies, 66 *WASH. & LEE L.REV.*, 2009, pp.203, 225.

私法会议从2010年起开始关注该问题。[1]2010年4月，总务委员会邀请常设局向其提交一份有关该问题的报告。2011年3月，常设局完成了该报告。[2]2012年3月，常设局根据总务委员会的要求提交了一份更详尽的初步报告。[3]该报告对代孕问题进行了较为详细的比较法研究，并提出了国际私法上的应对方案，包括统一相关领域的国际私法规则并在各国之间建立合作框架。

在总务委员会支持下，常设局于2013年进行了一系列问卷调查，分别针对各成员国、法律实务部门、各卫生组织和代孕代理企业。在上述问卷调查的基础上，常设局于2014年发布了一份名为“关于进一步从事父母身份/代孕项目的必要性和可行性”的初步报告。[4]该报告指出，在父母身份和跨国代孕领域制定一项国际法律文件具有很大的必要性和可行性。首要的原因在于各国法律在父母身份的确定方面存在很大的差异，短期内很难将各国实体法进行统一，而国际私法方法可以在各国法律之间建立一座沟通的桥梁。各国国际私法规则在此领域也有差别，这使代孕所生的儿童在法律地位上处于极为不利的状态，迫切需要进行国际协调。

从各国对问卷调查的回复来看，大多数国家也都支持制定一项此领域的国际法律文件。对于该项国际法律文件的性质，多数意见认为应当采取有约束力的国际公约的形式。至于将来的国际法律文件的范围，多数意见都认为应当统一各国有关父母身份的国际私法规则。这样可以确保代孕所生子女的法律地位的统一。报告指出，将来的法律文件应当实现两个政策目标：一是确保儿童获得相应的法律身份；二是保护各相关当事人的权利和待遇使其符合国际人权标准。报告建议组成一个专家小组进一步对将来的法律文件的起草问题进行研究。

常设局的工作得到了2014年总务委员会年度会议的好评。总务委员会要

---

〔1〕 All information concerning the “Parentage/Surrogacy Project” can be found on the specialised section of the Hague Conference website: www.hcch.net, then “Parentage/Surrogacy Project”.

〔2〕 Private International Law Issues Surrounding the Status of Children, Including Issues Arising from International Surrogacy Arrangements, Prel.Doc.No.11 (Mar.2011), *available at* http://www.hcch.net/upload/wop/genaff2011pd11e.pdf (last visited Mar.13, 2013).

〔3〕 http://www.hcch.net/upload/wop/gap2012pd10en.pdf.

〔4〕 The desirability and feasibility of further work on the Parentage/Surrogacy Project, Prel. Doc.No 3B of March 2014, http://www.hcch.net/upload/wop/gap2014pd03b_en.pdf.

求常设局继续进行该项研究工作，并准备在2015年度会议上讨论是否组建一个专家组。

（四）民事强制措施的承认与执行项目

所谓民事保护制度，是指法院对暴力行为受害者下达民事保护令，提供特定的民事保护措施。比如，责令施害者远离受害者、禁止施害者进入施害者居所等。民事保护措施多用于家庭暴力的受害者。早在2008年，联合国就号召各国采取立法措施，保护女性免受家庭暴力的侵害。近年来，各国纷纷制定相关法律，引入民事保护令制度。[1]由于各国民事保护令彼此存在差异，其相互承认与执行问题就日显突出。2013年6月6日，欧盟委员会通过了《关于相互承认民事保护措施的条例》。[2]该条例的目的是在欧洲范围内为刑事犯罪行为的受害者提供民事保护。

与欧盟的立法相对应的是，海牙国际私法会议也于2011年将外国民事保护令的承认问题纳入议事日程。[3]2012年3月，常设局发表了一项初步报告，[4]对各国立法现状进行了比较法研究。2012年11月，常设局向成员国和一些组织机构进行了问卷调查，并对调查结果进行了总结，提交给2013年总务委员会会议审议。2013年4月，总务委员会授权常设局组建一个专家小组对该问题进行进一步研究，并讨论制定一项国际法律文件的可行性。2014年2月12～13日，专家小组召开第一次会议并发表了一份报告。报告指出，有必要在该领域缔结一项国际法律文件。

专家小组讨论了将来的法律文件可能采纳的三项制度：一是现场执行（on-the-spot/immediate enforcement）制度，即外国保护令可以立即在他国得到执行而不需要任何手续；二是提前登记制度（advance establishment），即当事人可以事先将其在一国获得的保护令向他国有关当局申请获得认可。三是

---

〔1〕 据联合国统计，已有86个国家规定了民事保护令制度。参见http://webapps01.un.org/vawdatabase/advancedResults.action? searchType=viewall，2016年5月25日访问。

〔2〕 REGULATION（EU）No 606/2013 OF THE EUROPEAN PARLIAMENT AND OF THE COUNCIL of 12 June 2013 on Mutual Recognition of Protection Measures in Civil Matters.

〔3〕 Conclusion and Recommendation No 23 of the Conclusions and Recommendations of the Council on General.

Affairs and Policy of the Conference（5-7 April 2011）.

〔4〕 Recognition and enforcement of foreign civil protection orders：a preliminary note，Prel. Doc.No. 7 of March 2012.

事先承认制度（advance recognition），即通过事前申请他国当局承认的方式获得他国的保护。

专家小组认为，各国制定一个中央机关专门负责民事保护令的相互执行是一个有效的制度。专家小组还认为，常设局草拟的国别情况表（Draft Country Profile）也是一个很好的方案，可以方便当事人获得有关国家的信息。

（五）对取证公约、送达公约、救助公约的评估

2014年5月20～23日，海牙国际私法会议特别委员会召开会议，对海牙送达公约、取证公约和救助公约的实施情况进行了评估。此前，海牙国际私法会议已经分别于2003年和2009年先后对这几个公约进行了评估。评估的对象是1965年11月15日的民商事司法文书和司法外文书域外送达公约、1970年3月18日的民商事域外取证公约和1980年10月25日的国际司法救助公约。特别委员会由来自53个国家和8个国际组织的130位代表组成。此次评估主要是审查这些公约在过去5年来的实施情况，并起草新版的公约操作手册。

特别委员会首先对这几个公约在过去5年来的实施情况表示满意。这几个公约是海牙国际私法会议比较成功的公约。目前，送达公约已有68个缔约国，取证公约已有58个缔约国，救助公约已有26个缔约国。甚至有很多非会员国都加入了这些公约。特别委员会的主要任务是起草新版的取证公约操作手册和送达公约操作手册。针对这两个公约在实施中遇到的问题，特别委员会分别作出了解释和说明。

就取证公约而言，特别委员会提醒各缔约国应当尽早向被请求国提交请求书。特别委员会欢迎各缔约国使用电子通信方式进行有关合作，但是要注意保护隐私。特别委员会鼓励缔约国使用格式请求书（Model Form），并欢迎常设局发布的《格式请求书填写指南》。对于请求的费用，特别委员会指出，公约并没有规定被请求国可以预支费用。在取证请求被撤回的情况下，被请求国仍然可以要求对方支付费用。电子支付方式也可以被接受。

对于拒绝取证请求的理由，比较有争议的是第12条第1款规定的司法机关职权范围。特别委员会要求各缔约国向常设局提交有关信息以表明哪些职权在该国不属于司法机关职权。对于通过远程视频进行取证，特别委员会表示会建议总务委员会成立一个专家小组进行研究，以探讨是否需要制定一项议定书，允许通过视频等现代技术手段进行域外取证。

对于取证公约的强制性问题，最早是美国联邦最高法院在国家航天工业公司诉美国爱荷华州南区地区法院案(Société Nationale Industrielle Aérospatiale v.United States District Court for the Southern District of Iowa)中首次提出的。该案中，美国联邦最高法院认为取证公约不具有强制性。[1]2008年常设局对这一问题做出了详细讨论，认为取证公约的强制性问题由各国国内法确定。一般而言，大陆法系国家倾向于认为该公约具有强制性，而普通法系国家倾向于认为其不具有强制性。造成分歧的原因主要在于取证公约的文本中使用了较为模糊的用语，比如公约第1条就规定，每一缔约国“可以”根据该国法律请求另一缔约国主管机关调取证据或履行某些其他司法行为。而且公约第27条还规定，公约不妨碍缔约国根据其国内法律或惯例允许以本公约规定以外的方式调取证据。相反，在送达公约中就不存在这一争议，因为该公约中没有出现这些模棱两可的字眼。因此，送达公约普遍被认为属于强制性公约。

对于送达公约，特委会也提出了一些建议。首先，特委会要求各缔约国相互协助以确定被送达人的处所。其次，特委会鼓励缔约国采用格式请求书。对于公约第5条第2款规定的非正式送达，特委会表示，尽管有些缔约国国内法并没有这方面的规定，但公约并不禁止采用该种方式。对于送达费用问题，特委会认为可以借鉴取证公约领域的做法。对于拒绝提供送达的理由，特委会认为只能根据公约第13条第1款的规定，不能超出其范围。特委会针对电子方式送达专门表示了欢迎态度，建议常设局继续对此进行研究。特委会特别提到电子送达中的安全问题。

鉴于送达公约和取证公约都只适用于民商事领域，对于何谓民商事，特委会表示，这属于各缔约国国内法解释的问题。特委会希望各缔约国不要仅仅根据请求机关的性质来决定，而是要根据请求事项的性质而定。最后，特委会表示，下一次特别委员会会议将在4～6年后举行。

(六)对收养公约的评估

2015年6月，海牙国际私法会议将举行跨国收养公约特别委员会第四次会议，对收养公约生效20年来的实践进行评估。为准备该次会议，2014年7月，

---

[1] 482 U.S.522(1987).

常设局发布了一份问卷调查表，要求各缔约国针对20个问题作出回答。

在收养公约的实施中，越来越多成员国开始关注跨国收养中的财务问题。1993年的跨国收养公约允许参与收养的有关机构收取合理的费用（第32条第2款）。但是公约并未明确规定何谓“合理的”费用，各国在这方面的规定也各不相同。这就导致在实践中，收养人在某些国家被强迫要求支付高额费用以完成收养。在一些国家，围绕着跨国收养已经形成了非法的地下产业，甚至出现拐卖儿童用于跨境收养的违法犯罪行为。海牙国际私法会议总务委员会于2011年4月组建了一个专家小组专门来研究跨国收养中的收费问题。专家组成立于2012年，成员来自中国、美国、德国、意大利、澳大利亚、法国、荷兰、菲律宾、南非、巴西、加拿大、瑞典、立陶宛和瑞士等国。这些国家是世界上最主要的收养国和送养国。专家组的主要任务是收集相关信息，就相关概念达成一致，讨论相关问题的解决方案。专家组经过讨论，于2012年10月完成了一份总结报告，并制定了一套跨国收养收费表，包含两份表格，一份针对送养国，另一份针对收养国。该表格详细列明了跨国收养中具体收费细目，使跨国收养收费透明化。专家小组还制定了一份跨国收养财务问题最佳实践总结表，目的是为各国提供一个明确的收费规范。在上述工作基础上，专家小组发布了一项“关于跨国收养财务问题的说明”。[1]该说明在2014年总务委员会年度大会上受到欢迎。该说明对当前跨国收养商业化带来的严重问题给予了高度关注。根据该说明，专家小组的长期任务是帮助各缔约国采取措施，控制和监管跨国收养中的滥收费问题，防止有关机构和个人从跨国收养中牟利，避免跨国收养走向商业化。为实现这些目标，必须使跨国收养透明化，同时，必须保证跨国收养的非营利性，限制对跨国收养的收费。对于跨国收养中收养人的捐献捐赠和合作项目，必须使其与收养行为本身保持独立。一些国家设立的跨国收养基金，也需要进行合理监管，避免其走向盈利化。在2015年举行的特别委员会大会上，还就这一问题进行了进一步讨论。

（七）拉美地区和亚太地区办事处的工作

1.拉美办事处

2013年，海牙国际私法会议分别在阿根廷布宜诺斯艾利斯和中国香港特别行政区建立了两个地区办事处。2013年8月23日，关于海牙国际私法会议

〔1〕 http://www.hcch.net/upload/wop/note33fa2014.pdf.

拉美地区办事处的东道国协议正式生效。该协议规定了地区办事处的法律地位、特权与豁免及其与海牙总部的关系等。同日，海牙国际私法会议秘书处在布宜诺斯艾利斯举办了一个成立大会，来自拉美地区的15国代表参加。

在拉美地区办事处的组织下，2013年10月17～18日，第八届电子认证国际论坛在蒙特维迪奥举行。该次会议有利于电子认证（e-APP）在拉美地区的推广。2013年12月4～6日，拉美地区办事处组织召开了拉美国际儿童保护和域外索取抚养费会议（圣地亚哥会议）。该次会议主要讨论1996年的父母责任和儿童保护措施公约以及2007年关于国际追索儿童抚养费和其他形式家庭扶养的公约在拉美地区的实施问题。会议出台了两份文件："关于儿童保护公约特定问题的解释说明（草案）"和"儿童抚养公约对拉美国家的法律和实践影响研究"。

伊比利亚—美洲司法峰会（Ibero-American Judicial Summit）分别于2013年2月26日～3月1日和9月4～6日举行。该峰会关于司法合作的工作组负责起草了一份"伊比利亚—美洲司法合作议定书"，准备提交下次峰会审议。

在拉美地区办事处的帮助下，很多拉美国家都在考虑参加一些海牙国际私法公约。2013年12月10日，巴拉圭加入海牙取消认证公约（2014年8月30日起生效）。另外，智利和危地马拉等国在办事处的帮助下也在加强对该公约的研究，积极准备加入该公约。危地马拉最高法院于2013年1月发布命令，完善了法院对儿童诱拐民事案件的管辖权。海牙国际私法会议举办了一个培训班，帮助法官和有关官员更好地理解和运用公约的条款。委内瑞拉最高法院也举办了第一次有关国际儿童拐带公约的大会，有800多人参会。阿根廷、巴拉圭和乌拉圭最高法院也在海牙国际私法会议帮助下举办了该公约的培训班。萨尔瓦多虽然加入了海牙国际收养公约，但是其国内法中却没有相关规定。在拉美办事处协助下，该国也召开了一次关于跨国收养的国际论坛，准备在公约基础上制定新的国内法。哥伦比亚也在海牙国际私法会议常设局协助下于2013年5月举办了有关跨国收养问题的会议。

2.亚太办事处

海牙国际私法会议亚太地区办事处的东道国协议是2012年12月13日生效的。随后，办事处与多家大学和机构签署了合作备忘录。其中，办事处与剑桥大学合作，计划按照劳特派特国际公法研究中心的模式建立一家国际私法研究中心。在过去的一年里，办事处举办了多项重要活动。2013年6月，办事处与亚太经合组织合作在印尼举办了一场有关取消认证公约的研讨会。亚太经合组织计划与办事处合作在2014年下半年举办有关送达公约和取证公约的研讨会。2013年9月，办事处在武汉大学召开了一场有关亚太地区国际诉讼的研讨会。该研讨会的主要目的是介绍海牙法院选择协议公约和未来的判决承认与执行项目。办事处还于2013年12月向香港政府申请成立了一家名为“香港亚太办事处之友”的非营利性机构。其目的是吸引一些对国际私法感兴趣的人参加并支付年费，所获得的收益将资助一些与国际私法有关的讲座和研讨会。该机构还将建立一家网站和判例数据库，公布亚太国家的与国际私法有关的判例。办事处代表参加了多国举办的研讨会，并大力宣传海牙公约。

五、国际统一私法协会

（一）与欧洲法学会合作的跨国民事诉讼项目

2004年，国际统一私法协会（UNIDROIT）与美国法学会合作完成了《跨国民事诉讼原则》。[1]该原则试图弥合世界各国民事诉讼规则之间的差异，致力于全球民事诉讼规则的统一和协调，从而有利于跨国民事纠纷的解决。尽管该原则完成十年来并未被任何国家采纳，但UNIDROIT仍然希望继续完善和推广该原则，使其成为各国立法机关参考的范本。近年来，随着欧盟统一化进程的加速，欧盟也开始了统一成员国民事诉讼规则的努力。这一努力与UNIDROIT的愿望不谋而合。2011年，欧洲法学会（ELI）成立。该学会是仿照美国法学会（ALI）而成立的一个独立的非营利性学术团体，目标是致力于欧洲法律的统一化研究。该学会成立后，马上将民事诉讼法的统一化研究纳入议事日程。经过两个机构之间的协商，双方决定联合发起一项研究计划，共同探讨在《ALI-UNIDROIT跨国民事诉讼原则》基础上制定统一的欧洲民事诉讼规则的可能性。

为了宣传该项计划，2013年10月18～19日，国际统一私法协会和欧洲法学

---

〔1〕 http://www.unidroit.org/instruments/transnational-civil-procedure.

会联合在维也纳举办了该项目的第一次说明会。[1]该次会议探讨了联合计划的背景和可行性。其重点问题是，ALI/UNIDROIT跨国民事诉讼原则能否被引入欧洲以及该原则是否适应欧洲的法律文化。会上，来自美国法学会的专家介绍了ALI/UNIDROIT原则起草经验并对欧洲的起草计划提出了自己的建议。该次会议确定了三个专题作为该项目的开端：诉讼的送达和正当传唤、临时性和保护性措施以及信息和证据的获取。2014年，欧洲法学会理事会批准了该项计划，并任命了五名报告员。[2]欧洲法学会和UNIDROIT签署了一份谅解备忘录并成立了一个指导委员会。2014年5月，该项目的指导委员会在罗马召开了第一次会议并任命了工作组成员。工作组将于2014年11月在罗马举行会议，并将在2015年内提交一份报告。

(二)关于订单农业的国际法律指南项目

订单农业(contract farming)是指按照农产品订购合同进行农业生产，也叫合同农业或契约农业。签约的一方为买方，另一方为农民或农场主。订单农业具有市场性、契约性、预期性和风险性。[3]订单农业具有巨大优势，近年来在全球广为流行。但是，订单农业也存在较大的法律风险。尤其是在全球化背景下，很多跨国企业在全球范围内进行订单采购农产品，而各国法律各不相同，由此很容易引发法律纠纷。联合国粮农组织(FAO)近年来非常关注订单农业中的法律问题。2011年，粮农组织与UNIDROIT联合举办了一次这方面的研讨会。2012年，UNIDROIT决定与粮农组织合作，起草一份有关订单农业的法律指南。2013年，UNIDROIT建立了一个工作组。工作组于2013～2014年举行了多次会议，并将在2014年年底完成该草案。指南的最终文本预计将于2015年上半年公布。

根据工作组2014年完成的一份草案，指南将包括以下内容：导论，合同当事人，合同形式及其成立，当事人义务，不履行合同的免责事由，违约责任，合同的期限、终止和延续，准据法和争端解决。

---

〔1〕 The ELI-UNIDROIT Project: From Transnational Principles to European Rules of Civil Procedure-1st Exploratory Workshop, http://www.unidroit.org/english/documents/2014/study76a/201310-eli-progr-e.pdf.

〔2〕 分别是Neil Andrews, Gilles Cuniberti, Fernando Gascon Inchausti, Astrid Stadler 和Eva Storskrubb。

〔3〕 http://www.fao.org/ag/ags/contract-farming/faq/zh/.

订单农业的一个重要特征在于合同双方当事人地位的不平等。订购人往往占据优势地位，因为他可以拒绝付款或者取消合同。但是农场主却处于不利地位，因为他的农产品是根据订单而生产的，在对方不履行合同的情况下很难找到其他买家。鉴于此，为了保障农产品生产者的利益，订单农业合同往往直接适用生产地国家的法律。对于争端解决方式，该指南草案规定了直接磋商、调解、仲裁和诉讼等多种方式。为了进一步征求世界各地区对该指南的意见，UNIDROIT和粮农组织还于2014年举办了多场研讨会，包括在南美洲的布宜诺斯艾利斯、亚洲曼谷和非洲的斯亚贝巴。

(三)促进新兴市场证券交易的原则和规则

UNIDROIT于2009年10月通过了一项《关于间接证券的实体规则的公约》(日内瓦证券公约)。为了促进该公约被更多国家接受，UNIDROIT组织了许多活动来宣传该公约。UNIDROIT外交大会还成立了一个“新兴市场、后续事项和实施委员会”以协助秘书处完成该任务。秘书处还准备撰写一份指南以便向新兴市场国家推荐2009年的证券公约。截至2013年年底，该委员会已经举办了三次会议。在2013年11月伊斯坦布尔会议上，委员会起草了一份《促进新兴市场证券交易的原则与规则立法指南》，[1]供新兴市场国家立法者参考。

六、总结与展望

综观近年来全球国际私法的发展，笔者深深感受到，自从全球金融危机爆发以来，随着世界格局的剧烈变动，国际私法也面临重大转折关口。

首先，金融危机改变了美国全球独霸的国际格局，也沉重打击了美国司法界的国际主义势力。由于保守主义势力在美国联邦最高法院占据了主导地位，美国在跨国诉讼领域开始改变以前的“长臂管辖”政策，越来越自我克制。[2]最高法院在2010年的莫里森案中所确立的“反域外适用推定”已经从证券诉讼领域扩展到其他各种跨国诉讼之中。我们以前所极力批判的美国司法帝国主义似乎正在主动洗心革面。美国的司法保守主义不仅仅体现在审判当

---

〔1〕 http://www.unidroit.org/english/documents/2013/study78b/cem-03/s-78b-cem03-02-e.pdf.

〔2〕 参见杜涛:《美国联邦法院管辖权的收缩及其启示》，载《国际法研究》2014年第2期。

中。美国政府和美国法律界在国际立法方面似乎也失去了十几年前那种高昂的激情。遥想当年，冷战结束不久，正是在美国政府代表的鼓吹之下，海牙国际私法会议才发起了一项雄心勃勃的关于跨国民商事管辖权和判决承认与执行的公约起草计划。美国法学会也意气风发地与UNIDROIT合作出台了一项《跨国民事诉讼原则》。美国各级法院更是挥舞着长臂，把一部沉睡了上百年的《外国人侵权赔偿法》从坟墓中复活过来，让那些在美国境外为非作歹的个人和企业胆战心惊。然而形势比人强，如今的美国司法界早已把罗尔斯的"新万民法"抛在了脑后，再次捡起了"反域外适用推定"这面盾牌，试图"两耳不闻窗外事"。一些学者甚至讽刺联邦法院变成了"纸老虎"。

其次，就在美国被司法保守主义笼罩之时，大西洋彼岸的欧盟开始了一场轰轰烈烈的国际私法"革命"。随着里斯本条约的出台，欧盟在国际私法领域的立法权得到进一步加强，从而试图首先从国际私法领域开始逐步实现其一统欧盟法律的宏伟大业。在国际层面，欧盟也跃跃欲试。在欧盟的推动下，海牙国际私法会议最近重新启动了搁置已久的判决承认与执行项目，欧盟也于2014年批准了2005年《法院选择协议公约》，使该公约生效。以欧盟为主导的海牙国际私法会议近年来在拉美和亚太地区设立地区办事处并极力鼓动各国加入海牙公约。此外，欧盟与国际统一私法协会合作展开了《跨国民事诉讼原则》的欧洲化工作。当美国法学会于2008年完成了《知识产权冲突法原则》[1]之后，欧洲马上也出台了一项与之相抗衡的欧洲版《知识产权冲突法原则》。[2]种种迹象表明，欧盟利用美国退缩之机，开始极力争取在国际私法统一化运动中的领导地位。

欧盟和美国如此，同为欧盟成员国的英国和德国之间也展开了法律的竞争。我们注意到，英国法学会不久前公开出版了一份名为"英格兰和威尔士：理想的管辖地"的宣传手册，向全球推销英国法院和英国法律。[3]德国联邦司

---

〔1〕 The American Law Institute, *Intellectual Property: Principles Governing Jurisdiction, Choice of Law and Judgments in Transnational Disputes*, ALI Publishers, 2008.

〔2〕 The Final Draft of the CLIP Principles is available at http://cl-ip.eu/(last visited 25 Feb.2013).

〔3〕 The Law Soc'y of Eng. & Wales, England and Wales: The Jurisdiction of Choice, available at http://www.lawsociety.org.uk/documents/downloads/jurisdiction_of_choice brochure.pdf(last visited Feb.23, 2013).

法部则针锋相对地发布了一份名为“法律德国制造”的宣传手册，并联合法国司法部共同发布了一份向全球宣传大陆法系的文件。[1]

由此可见，各发达国家已经开始利用世界格局转型之机，大力展开了法律之间的竞争。在仲裁领域，这种竞争更显激烈而残酷。[2]百年不遇的经济危机使各国都充分认识到，当今世界面临的诸多问题都是传统的“国际体系”无法解决的。自从1945年以来的“国际治理”（international governance）已经漏洞百出、捉襟见肘，而“全球治理”（global governance）则变得日益必要和迫切。全球化和全球问题是全球治理的根本依据。全球治理是当今世界最强烈的政治呼吁之一。而在全球治理中，国际私法将发挥怎样的作用以及如何发挥作用，已经引起了国际私法学术界的高度关注。德国马克斯普朗克国际私法研究所所长巴泽多（Basedow）于2013年出版的新著《开放社会的法》中，运用卡尔·波普的开放社会理论，为国际私法在未来世界的作用描绘了一幅理想图景。[3]

在新的世界格局中，中国国际私法何去何从？我们认为，首要一点，中国国际私法应当承担中国法律“引进来、走出去”的重任，积极参与全球游戏规则的制定。中国的法院也不应故步自封，而应借中国（上海）自由贸易区的东风，积极参与全球法律竞争，做中国企业在全球市场的坚强后盾。同时，中国法院也要借助党中央新一轮反腐败斗争和法治建设的春风，在全世界树立司法正义的旗帜，积极参与全球治理。[4]

我们欣喜地注意到，我国一些法院已经开始在某些领域有所突破。比如在反垄断领域，我国广东省高级人民法院于2013年10月28日在广受关注的华为公司诉美国InterDigital公司滥用市场支配地位纠纷案作出了二审判决，坚决地驳回了IDC公司的上诉，维持了一审法院的判决。该案中，广东法院创

〔1〕 Bundesministerium der Justiz, Law-Made in Germany, http://www.bmj.bund.de/files/-/3426/Broschuere-Rechtsexport.pdf (last visited Aug.30, 2014).See also Volker Triebel, Der Kampf ums anwendbare Recht, 5 ANWALTSBIATT 305 (2008).该手册2013年已发布了第二版，并有了中文和俄文译本。

〔2〕 *Wilske/Fox*, The Global Competition for the “Best” Place for International Arbitration–Myth, Prejudice, and Reality Bits, *Austrian Arbitration Yearbook* 2009, pp.383, 415.

〔3〕 Jürgen Basedow, *The Law of Open Societies: Private Ordering and Public Regulation of International Relations: General Course on Private International Law*, Nijhoff 2013.

〔4〕 关于国内法院在全球治理中的作用，参见Christopher A.Whytock, Domestic Courts and Global Governance, 84 *Tulane L.Rev.*, 2009, p.67。

造性地在全球首次将“Frand原则”（Fair, reasonable, and non-discriminatory terms）运用于专利反垄断诉讼之中。同时，该案还第一次实现了我国反垄断法真正意义上的域外适用。[1]

---

〔1〕（2011）深中法知民初字第858号判决书；（2012）粤高法立民终字第160号裁决书；（2013）粤高法民三终字第306号判决书。

国际私法国际前沿年度报告
（2014～2015）

前言

2014年10月23日，中国共产党第十八届中央委员会第四次全体会议通过了《中共中央关于全面推进依法治国若干重大问题的决定》，特别要求我党“加强涉外法律工作。适应对外开放不断深化，完善涉外法律法规体系，促进构建开放型经济新体制。积极参与国际规则制定，推动依法处理涉外经济、社会事务，增强我国在国际法律事务中的话语权和影响力，运用法律手段维护我国主权、安全、发展利益。强化涉外法律服务，维护我国公民、法人在海外及外国公民、法人在我国的正当权益，依法维护海外侨胞权益。深化司法领域国际合作，完善我国司法协助体制，扩大国际司法协助覆盖面”。

2015年4月，发改委、外交部和商务部联合发布了《推动共建丝绸之路经济带和21世纪海上丝绸之路的愿景与行动》，宣告“一带一路”进入了全面推进阶段。中国所主导的金砖国家开发银行已于2015年7月21日正式开业。另一个由中国主导的亚洲基础设施投资银行也于2015年签署了章程，即将在2015年年底正式成立。这都表明，经过三十多年的改革开放，中国开始以一种新的角色参与全球治理，并发挥更积极的建设性作用。所有这些新的发展都给我国国际私法带来了机遇和挑战。

本综述将坚持既有方针，对2014年7月至2015年6月世界范围内的国际私法新发展进行全面系统的梳理和介绍。本年度报告与以前一样，主要以欧盟和美国为重点关注地区，同时广泛介绍其他发展中国家国际私法的前沿发展。本年度尤其关注拉美地区，也详细介绍了海牙国际私法会议、国际统一私法协会等国际组织的最新立法活动。

一、欧盟

（一）欧盟民事司法合作的新五年议程

1999年5月1日阿姆斯特丹条约生效后，欧盟获得了民事司法合作领域的立法权。到2014年，欧盟在这一领域已经成功地实施了三个五年议程，即2000～2004年的坦佩雷议程、2005～2009年的海牙议程和2010～2014年的斯德哥尔摩议程，参与的成员国也从2000年的15个增加到2010年的27个。15年来，欧盟颁布了一系列国际私法领域的条例，形成了一个崭新的法律部门——欧盟国际私法，并引发了一场所谓的“欧洲国际私法革命”。[1]

2014年，对于欧盟国际私法而言是一个“范式转型”的时代，因为欧盟理事会已经在2014年6月26日/27日举行的大会上通过了一项新的五年议程。[2]因欧盟理事会未像从前那样给新的议程命名，学界称其为“后斯德哥尔摩议程”。[3]从2015年开始的新五年议程将会在民事司法合作领域开启一个新的时代，其重点将不再是令人眼花缭乱的一部接一部的立法，而是对现行法律进行统一转化、有效适用和协调。当然，斯德哥尔摩议程所遗留下来的项目还会继续进行，包括关于担保和跨国公司的法律适用问题的立法规划。“后斯德哥尔摩议程”标志着欧盟司法合作逐渐进入深水区，合作的质量而不是数量越来越

〔1〕 Pocar, La comunitarizzazione del diritto internazionale privato: una “European Conflict of Laws Revolution?” (2000) 36 *Riv.dir.int.priv.proc.* 873, p.883; Meeusen, Instrumentalisation of Private International Law in the European Union: Towards a European Conflicts Revolution? (2007) 9 *European Journal of Migration & Law* 287, pp.290, 305; Symeonides, The American Revolution and the European Evolution in Choice of Law: Reciprocal Lessons, *Tulane Law Review*, Vol.82, 2008, p.1741, 1752f; Ralf Michaels, The New European Choice-of-Law Revolution, *Tulane Law Review*, Vol.82, 2008, p.1607; Ralf Michaels, Die europaeische IPR-Revolution: Regulierung, Europaeisierung, Mediatisierung, in Dietmar Baetge/Jan von Hein/Michael von Hinden (ed.), *Festschrift Jan Kropholler*, Tuebingen: Mohr Siebeck, 2008, S.151ff; Jan von Hein, Something Old and Something Borrowed, but Nothing New? Rome Ⅱ and the European Choice-Of-Law Evolution, *Tulane Law Review*, Vol.82, 2008, p.1663.

〔2〕 ABl.EU 2014, C340/13.

〔3〕 Rolf Wagner, Das neue Programm zur justiziellen Zusamenarbeit in Zivilsachen–Ein Wendepunkt? , Heft 6, *2014*, *IPRax*, S.469.

成为关注的焦点。

（二）2012年布鲁塞尔第一条例的修改

2012年12月12日，欧盟颁布了新修订的布鲁塞尔第一条例（Brussels I recast）。之后，由于欧盟于2013年2月19日通过了一项《统一专利法院的协议》，根据该协议，欧盟建立了一个统一的专利法院。同时，关于比荷卢法院如何适用布鲁塞尔第一条例也需要专门规定。2014年5月15日，欧盟最终通过了一项《关于修改欧盟第1215/2012号条例有关对统一专利法院和比荷卢法院适用的规则的第542/2014号条例》。[1]由于原条例只适用于成员国法院，而统一专利法院和比荷卢法院不属于任何单一成员国。故此，第542/2014号条例将统一专利法院和比荷卢法院也包括进布鲁塞尔第一条例的适用范围之内。另外，第542/2014号条例还修订了布鲁塞尔第一条例第71条关于该条例与国际条约关系的规则。第542/2014号条例为布鲁塞尔第一条例增加了第71a－71d条，专门针对统一专利法院和比荷卢法院的管辖权作了规定。第542/2014号条例于2015年1月10日生效。

（三）《欧盟破产程序条例》修订

在上一年年度综述中，我们介绍了欧盟对《破产程序条例》进行修订的背景和过程。2015年6月5日，新修订的条例终于在欧盟官方公报上正式公布。[2]新修订的条例于2015年6月26日生效，并将于2017年6月26日起在除丹麦之外的所有欧盟成员国施行。新条例主要内容如下：

1.适用范围的扩展

新条例扩大了适用范围，将破产前的重整程序以及所谓的混合程序等纳入其中。这一点显然是受到了联合国国际贸易法委员会《跨境破产示范法》的影响。新条例的目的显然不仅仅是对债务人的清算，而是更着重于对破产债务人的挽救，促使其重获生机。不过，新条例不适用于公司法所提供的一般救济，另外，也不适用于保险公司、信用机构、投资公司和其他企业的破产程序，它们受第2001/24/EC号欧盟指令的约束。

---

〔1〕 Regulation（EU）No.542/2014 of the European Parliament and of the Council of 15 May 2014 amending Regulation（EU）No.1215/2012 as regards the rules to be applied with respect to the Unified Patent Court and the Benelux Court of Justice.

〔2〕 Regulation（EU）2015/848 of the European Parliament and of the Council of 20 May 2015 on insolvency proceedings（recast）.

2.内容的更新

新条例没有改变原来的基本框架。第3条仍然将破产程序分为主破产程序和附属破产程序。主破产程序由破产债务人的主要利益中心地（COMI）法院管辖，附属破产程序可以在债务人营业地进行，但附属破产程序只具有地域效力。值得注意的是，新修订的条例对主要利益中心地的概念作了进一步明确规定。它是指“债务人经常性对其利益进行管理并且被第三人所明确知晓的地点”。对于法人，一般推定为其章程规定的住所地。这实际上是采纳了欧盟法院在过去的判例中所确立的规则。但是这不适用于在破产程序开始前三个月内将其章程住所迁入另一成员国境内的情形。这主要是为了预防所谓的“破产旅游”，也就是一些债务人恶意挑选法院地。对于自然人营业者，其利益中心地推定为其主营业地。未从事营业活动的自然人，利益中心地是其经常居所地。新条例新增了第6条关于关联诉讼程序的管辖权。与破产程序相关的其他程序，也由破产法院管辖。

3.建立欧盟破产登记簿

为了便于债权人更好地了解有关信息并避免不必要的平行破产程序，新条例第25条要求各成员国必须在2019年6月26日前建立一个欧盟破产登记簿，该登记簿必须与各成员国现有的或者必须在2018年6月26日前建立的国内破产登记簿联网，并通过欧洲电子司法网站进行公布，作为数据库供各国当事人查询。为了保护个人信息，对于涉及消费者破产的程序，新条例第24条第4款规定了保护措施，对于那些不是从事独立职业或自由职业的自然人的破产，不得将其登记入国内的破产登记簿。

4.公司集团的破产程序

新条例的一个重要改革是关于公司集团的破产程序。现行条例采用分别破产制，对公司集团中的每一家公司都要单独启动一项破产程序，由各自利益中心地法院管辖。新条例并没有采纳某些学者提出的建议赋予母公司利益中心地法院统一的管辖权，而是出于保护子公司债权人的目的而继续沿用了分别破产制，但同时加强了各个破产程序之间的合作与协调。新条例专门规定了公司集团不同成员的破产程序之间的协调机制。

（四）婚姻财产制条例草案的新进展

在婚姻财产制方面，2011年3月16日，欧盟委员会提交了《关于婚姻财产制事项的管辖权、法律适用和判决承认与执行的条例（草案）》以及与之并行的《关于登记伴侣财产制事项的管辖权、法律适用和判决承认与执行的条例（草案）》，供欧洲议会讨论通过。[1]这两个条例草案，前者针对的是婚姻关系，包括同性婚姻和异性婚姻；后者针对的是登记伴侣关系，包括同性伴侣和异性伴侣。目前欧盟成员国中已有14个国家承认了登记伴侣关系。[2]两个条例在法律适用问题上有较大差别，对于夫妻财产制，夫妻双方可以协议选择准据法，若无选择，则适用婚后最初的共同经常居所地法律；若没有共同经常居所，则适用其共同国籍国法律。对于登记伴侣关系，则不允许双方选择法律，只能适用登记地法律。由于同性伴侣关系在很多欧盟成员国不被承认，因此，上述条例的起草工作遇到障碍，几年来没有进展。随着形势的变化，欧洲议会将在2015年下半年重新对该条例草案进行表决，有望在2015年年底通过一项新的决议。

（五）姓名冲突法的立法建议草案

关于自然人的姓名，目前欧盟层面还没有统一的冲突法规则。这给当事人造成了很大困扰。2013年12月5日，欧洲人权法院作出一项裁决，认为法国政府部门拒绝承认一位拥有阿尔及利亚和法国双重国籍的人在阿尔及利亚使用了几十年的姓名违反了《欧洲人权条约》第8条。[3]欧盟法院也遇到类似案例。2014年9月23日，德国卡尔斯鲁厄法院向欧盟法院请求解释以下问题：一个甲国公民同时拥有乙国国籍，他在乙国被收养从而获得了一个贵族姓氏并在乙国登记机关登记。后来他回到甲国并与乙国不再有联系，他申请甲国机关按照他在乙国的姓氏登记其姓名，遭到拒绝。此时，甲国是否应当根据《欧盟条约》第18条和第21条承认该人新的姓名？欧盟法院尚未作出裁决。

上诉案例引发了学界对姓名冲突法问题的关注。2014年，一个由德国大

---

〔1〕 Proposal for a Council Regulation on Jurisdiction, Applicable Law and the Recognition and Enforcement of Decisions in Matters of Matrimonial Property Regimes, Brussels, 16.03.2011, COM (2011) 126/2; Proposal for a Council Regulation on Jurisdiction, Applicable Law and the Recognition and Enforcement of Decisions Regarding the Property Consequences of Registered Partnerships, Brussels, 16.03.2011 COM (2011) 127/2.

〔2〕 分别是比利时、丹麦、德国、芬兰、法国、爱尔兰、卢森堡、荷兰、奥地利、瑞典、斯洛文尼亚、捷克、匈牙利和英国。

〔3〕 Henry Kismoun v. France, [2013] ECHR 1236, 32265/10.

学教授组成的工作小组起草了一份关于姓名法律适用的条例草案。[1]该草案以当事人的经常居所地作为姓名准据法的主要连结点，并允许当事人选择准据法。

（六）《欧盟民商事司法和司法外文书送达条例》立法规划

2013年12月4日，欧盟委员会公布了一份关于2007年《欧盟民商事司法和司法外文书送达条例》[2]的评估报告。[3]该报告指出了该条例的优点，同时也列举了很多不足之处，并建议进行修订。报告提出了几个可供考虑的方面，比如是否应当把欧盟法院的判例纳入条例的文本、是否应当采纳电子送达方式、是否需要与各成员国国内送达规则更加协调等。报告还建议对送达的时间期限进行压缩以及对邮寄送达进行更好规范等。

（七）欧盟电子司法网络

欧盟于2014年通过了一项建立欧盟电子司法网络的行动计划，将在2014～2018年内完成。[4]首要的工作是建立电子司法网站（E-Justiz-Portal）。[5]该网站有关于各成员国司法制度的相关信息和各国民事法院的详细介绍，在该网站上还可以查阅到各国登记信息，其目的是促进电子方式的跨境司法信息交往，通过电子方式便利跨国法律纠纷的司法和非司法解决。

（八）欧盟对外事务管辖权的扩张

近年来，欧盟在司法合作领域的对外事务管辖权逐渐扩张。

1.接受第三国加入海牙《诱拐儿童公约》的权限

2013年6月27日，欧盟委员会向欧盟法院提起一项咨询案，要求该法院就以下问题发表咨询意见：当某一非欧盟成员国加入海牙《诱拐儿童公约》时，

---

〔1〕 Dutta/Frank/Freitag/Helms/Kroemer/Pintens, Ein Name in ganz Europa–Entwurf einer europaeischen Verordnung ueber das Internationale Namensrecht, *StAZ*, 2014, S.33; English text in: *Yearbook of Private International Law*, Vol.15, 2013/2014, p.31.

〔2〕 Council Regulation (EC) No.1393/2007 on the service in the Member States of judicial and extrajudicial documents in civil or commercial matters.

〔3〕 Report on the Application of Regulation (EC) No. 1393/2007 of the European Parliament and of the Council on the service in the Member States of judicial and extrajudicial documents in civil or commercial matters (service of documents), COM (2013) 858 final.

〔4〕 ABl.EU 2014, C 182/2.

〔5〕 该网站网址为：http://e-justice.europa.eu，最后访问时间：2015年10月15日。

是由欧盟统一发表接受声明，还是继续由各成员国做出该声明。[1]2014年10月14日，欧盟法院终于发表了该咨询意见，并对该问题给予了肯定的答复。

2.批准《海牙扶养公约》

2014年4月10日，欧盟向海牙国际私法会议递交了接受2007年《海牙扶养公约》的批准书，使该公约从2014年8月1日起对除丹麦之外的所有欧盟成员国生效。

3.加入《海牙法院选择协议公约》

欧盟委员会于2014年12月4日正式通过《关于以欧盟名义批准2005年6月30日〈海牙法院选择协议公约〉的决定》。[2]根据该决定，欧盟以地区性经济一体化组织的身份加入该公约。欧盟之前于2009年4月1日签署了公约。2015年6月11日，欧盟代表正式向荷兰外交部交存了批准书。此前，墨西哥已经批准了该公约。根据公约第31条的规定，公约自第二份批准书交存后三个月期间届满后的第一个月的第一天起生效，因此，公约于2015年10月1日起正式生效。

欧盟在签署公约时就根据公约第30条作出了一项声明，即欧盟对公约所适用的所有事项均有权限，并且欧盟成员国不会成为公约缔约方，但是欧盟所有成员国都将受公约的约束。公约中所有提到“缔约国”或“国家”的时候，都等同适用于欧盟成员国。值得注意的是，英格兰和爱尔兰也将受公约的约束，但是丹麦例外。

另外，欧盟还根据公约第21条作出了一项特别声明，将保险合同排除在公约适用范围之外(再保险合同和其他一些特殊保险合同除外)。该项声明的目的是为了保留欧盟布鲁塞尔条例针对投保人、被保险人或受益人所规定的保护性管辖规则。但是，欧盟并未将知识产权排除在公约适用范围之外。欧盟也没有提出公约第19、20条和第22条所规定的保留。

4.欧盟批准《移动设备国际利益公约关于铁路机车车辆特定问题的卢森堡议定书》

《移动设备国际利益公约》(the Convention on International Interests in

---

〔1〕《国际诱拐儿童民事方面的公约》第28条规定，加入该公约仅在加入国与声明接受该加入的缔约国之间有效。

〔2〕 Council Decision of 4 December 2014 on the approval, on behalf of the European Union, of the Hague Convention of 30 June 2005 on Choice of Court Agreements(2014/887/EU).

Mobile Equipment）是国际民航组织和国际统一私法协会2001年10月29日至11月16日在南非开普敦召开外交会议制定，于2004年4月1日生效。截至2015年8月31日，共有69个国家加入了公约。[1]欧盟以地区经济组织的身份加入了开普敦公约及其航空议定书，并于2014年12月批准了《关于铁路机车车辆特定问题的议定书》。后一议定书迄今只有两个缔约方（欧盟和卢森堡），尚未生效。值得注意的是，欧盟及其成员国都可以成为该公约及其议定书的成员方。在适用公约及其议定书时，对于实体法问题由各成员国管辖，对于冲突法问题，由欧盟管辖。

5.与《卢加诺公约》缔约国签署关于送达和取证的公约

欧盟与卢加诺公约缔约国瑞士、冰岛和挪威谈判达成了两项新公约，根据该公约，欧盟送达条例和取证条例将扩展适用于这些国家。

（九）对《布鲁塞尔Ⅱa条例》的修订建议

欧盟于2000年5月29日颁布的第1347号《关于婚姻案件管辖权和判决承认与执行的条例》（以下简称布鲁塞尔Ⅱ条例）[2]取代了1998年5月28日的《布鲁塞尔第二公约》，并于2001年3月1日生效。2003年11月27日欧盟又颁布了新的《关于婚姻案件和父母责任案件管辖权与判决承认和执行的条例》（以下简称《布鲁塞尔Ⅱa条例》），[3]取代了原条例，于2005年3月1日生效。

该条例生效十年来，欧盟在跨国婚姻领域已经发生了巨大变化。欧盟境内人员的自由流动越来越便利，跨国婚姻的数量日益增长，跨国婚姻带来的法律纠纷越来越复杂。《布鲁塞尔Ⅱa条例》的一些规定也需要与时俱进。为此，欧盟委员会开始着手该条例的修订工作。2014年4月15日，欧盟委员会发布了

〔1〕 我国全国人大常委会于2008年10月28日审议批准了该公约及其《关于航空器特定问题的议定书》。

〔2〕 EG-Verordnung Nr.1347 / 2000 vom 29.5.2000 über die Zuständigkeit und die Anerkennung und Vollstredkung von Entscheidungen in Ehesachen und in Verfahren betreffend die elterliche Verantwortung für die gemeinsamen Kinder der Ehegatten（EheGVO）, in: EG-Abl.2000 160, S.19.

〔3〕 Council Regulation（EC）No 2201/2003 of 27 November 2003 concerning jurisdiction and the recognition and enforcement of judgments in matrimonial matters and the matters of parental responsibility.

一项广为期待的报告。[1]同时，委员会于2014年4月15日至7月18日在网上进行了一项问卷调查。在报告中委员会认为，该条例运作良好，但还有待改进的余地。过去十年来欧盟法院的判例法在很多方面已经架空了该条例；该条例的管辖权条款具有任意性，容易导致挑选法院；该条例第12条第3款规定了管辖权的实际联系原则，这容易带来解释难题；该条例也缺乏必要管辖权的规定。报告还建议该条例采纳协议管辖权。在判决承认与执行方面，委员会建议该条例取消执行许可（exquatur）程序。根据该调查结果，欧盟委员会在意大利主持下于2015年10月举办一次专门会议并将提出一项具体的改革建议。该条例的改革需要获得欧洲议会全体通过。

（十）欧洲法院判例

1.关于布鲁塞尔第一条例的解释

新修订的布鲁塞尔第一条例于2015年1月9日起生效。目前的判例都是关于此前的条文的解释。

（1）哪些问题可以提请欧盟法院预先裁决

2014年11月6日，欧盟法院针对匈牙利法院提请裁决的涉及布鲁塞尔第一条例第23条解释的案件[2]作出一项裁决指出，并非所有问题都可以提请欧盟法院预先裁决。如果所申请的问题不具有足够的实质性，则欧盟法院可以不予受理。在另一起案件中，欧盟法院同样驳回了预先裁决的申请。[3]法院指出，所请求的问题不能是假定的问题，而必须是在现实发生的程序中所遇到的真实问题。

（2）布鲁塞尔第一条例与《破产程序条例》的关系

布鲁塞尔第一条例调整的是民商事案件的管辖权和判决承认与执行，而《破产程序条例》专门调整破产程序的管辖权和其他问题。一些案件到底适用哪一个条例，各成员国法院经常会发生疑问。关键是对布鲁塞尔第一条例第1

〔1〕 Report from the Commission to the European Parliament, the Council and the European Economic and Social Committee on the application of Council Regulation (EC) No 2201/2003 Concerning Jurisdiction and the Recognition and Enforcement of Judgements in Matrimonial Matters and the Matters of Parental Responsibility, Repealing Regulation (EC) No. 1347/2000, COM (2014) 225 Final.

〔2〕 EuGH, Beschl.v.6.11.2014–C–366/14, BeckRS 2014, 82371.

〔3〕 EuGH, Beschl.v.5.6.2014–C–350/13, BeckRS 2014, 80988.

条第1款中“民商事案件”的解释。法院在一起裁决中指出，对“民商事”的概念应扩大解释。区分的关键不是诉讼的程序背景，而是法律关系的基础。该案涉及债权人破产后要求其支付运费的请求，该项请求应当通过诉讼程序向破产管理人提出，该案应属于布鲁塞尔第一条例的适用范围，而不属于《破产程序条例》。[1]

（3）证券欺诈纠纷的管辖权

奥地利法院提请裁决的一起案件涉及一位住所在奥地利的消费者从奥地利一家银行购买了一家英格兰银行的股票权证。后来该消费者以英格兰银行违反信息披露义务和欺诈为由向奥地利法院提起违约之诉和侵权之诉。欧盟法院认为，奥地利作为原告住所地，仅对侵权之诉具有管辖权。因为根据布鲁塞尔第一条例第5条第3项，奥地利是损害结果发生地，因为相关的账户开设在该地。[2]

（4）著作权侵权

一位居住在奥地利的摄影师在奥地利法院起诉一家位于德国并使用德国顶级域名的网站。该网站未经原告同意将原告的摄影作品放在其网上供用户下载。欧盟法院裁决认为，著作权受属地原则支配，应适用各个成员国当地的实体法来判断其是否侵权。奥地利构成本案的侵权损害发生地，因为可以从该地进入该网站。奥地利法院只能对在奥地利发生的损害行使管辖权。[3]

（5）无抗辩应诉管辖

布鲁塞尔第一条例第24条规定，如果被告在某一成员国法院出庭，除非他是为了对法院的管辖权提出抗辩或其他成员国法院对该案享有专属管辖权，则该法院可以对其行使管辖权。欧盟法院在一起案件中指出，如果被告的住所不明导致诉讼文书无法送达被告而且他的监护人也没有被告知法院缺乏管辖权，则不能适用第24条。[4]

（6）公共秩序保留

立陶宛法院在一起案件中对价值5800万欧元的财产作出了诉前担保扣押

---

〔1〕 EuGH, NZI 2014, 919 mit Anm.Mankowski, NZI 2014, 922.
〔2〕 EuGH, EuZW 2015, 218 mit Kommentierung Müller.
〔3〕 EuGH, GRUR 2015, 296.
〔4〕 EuGH, EuZW 2014, 950 mit Anm.Öhlinger, EuZW 2014, 955.

的裁决。该裁决在拉脱维亚法院遭到法院拒绝执行，理由是布鲁塞尔第一条例第34条所规定的公共秩序保留。欧盟法院驳回了拉脱维亚法院的裁决，认为该案中，立陶宛法院对损害数额的计算方式以及损害数额本身都不构成违反公共秩序。[1]

（7）优先适用其他公约

在一起案件中，欧盟法院指出，当一起纠纷同时符合布鲁塞尔第一条例和《国际公路货物运输合同公约》的适用范围时，应当优先适用后者。[2]

（8）侵权行为的管辖权

多个国家的法院向欧盟法院提起预先裁决请求，要求对布鲁塞尔第一条例第5条第3款的规定作出解释。[3]这些案件尚待最后裁决。

（9）电子形式的管辖权协议

布鲁塞尔第一条例第23条第1款规定，法院选择协议必须采用书面形式。但是其第2款规定：任何能够提供该协议的持续记录的电子通讯方式也等价于书面形式。2015年5月21日，欧盟法院在一项裁决中解释了第23条第2款的含义。[4]该案涉及一份网上买卖合同。卖方网上公布的交易条件中包含一项比利时鲁汶法院选择条款。但是，买方抗辩称，卖方的网站上有一个提示："点击此处打开新窗口查看交易条件"，只有打开该窗口才能看到交易条件，包括该法院选择协议。买方称，这种点击方式（click-wrapping）不符合布鲁塞尔第一条例第23条所规定的形式要求，因此不能约束买方。欧盟法院在判决中指出，通过网上点击打开方式接受一般交易条件的方式符合第23条第2款所规定的电子形式。

（10）仲裁与诉讼的关系

新修订的布鲁塞尔第一条例序言第12条规定："本条例不适用于仲裁。本

〔1〕 EuGH, EuZW 2015, 76 mit Kommentierung Landbrecht.

〔2〕 EuGH, NZI 2014, 919.S.hierzu schon oben mit Fn.49.

〔3〕 Tribunale civile di Trieste (Italien), Vorabentscheidungsersuchen v.10.7.2014 (anhängig unterC-350/14).Hoge Raad der Nederlanden (Niederlande), Vorabentscheidungsersuchen v.9.1.2015 (anhängig unterC-12/15).ÖstOGH, GRUR Int 2015, 291.RL 2001/29/EG des Europäischen Parlaments und des Rates v.22.5.2001 zur Harmonisierung bestimmter Aspekte des Urheberrechts und der verwandten Schutzrechte in der Informationsgesellschaft (ABl.2001 L 167, 10).ÖstOGH, Vorabentscheidungsersuchen v.12.12.2014 (anhängig unterC-572/14).Fővárosi Ítélőtábla (Ungarn), Vorabentscheidungsersuchen v.16.2.2015 (anhängig unter C-102/15).

〔4〕 Case C-322/14, Jaouad El Majdoub v CarsOnTheWeb.

条例的任何内容都不妨碍成员国的法院在受理一个双方达成了仲裁协议的案件时，告知当事人诉诸仲裁，中止或驳回案件，或者根据其国内法审查仲裁协议是否无效、未生效或者不能履行。成员国法院作出的仲裁协议是否无效、未生效或者不能履行的裁定，无论是作为主要问题还是先决问题作出的，均不适用本条例有关承认与执行的规定。"

欧盟法院在2015年5月13日的"Gazprom案"中进一步解释了仲裁裁决的执行与诉讼的关系。[1]该案双方当事人是俄罗斯一家天然气公司和立陶宛政府。双方在一份股权协议中约定，所有争议由斯德哥尔摩商会仲裁院(SCC)仲裁。后来双方发生纠纷，立陶宛政府对该俄罗斯公司所投资的立陶宛天然气公司启动调查程序。俄罗斯公司认为该项调查违反了双方的仲裁协议，于是申请斯德哥尔摩商会仲裁院仲裁。2012年，斯德哥尔摩商会仲裁院作出裁决，认为立陶宛对该公司的调查违反了双方的仲裁协议，要求立陶宛政府取消该调查程序。俄罗斯公司申请在立陶宛执行该项裁决，但立陶宛法院以违反立陶宛公共政策为由予以拒绝。原告上诉到立陶宛最高法院后，最高法院向欧盟法院就以下问题作出预先裁决：立陶宛法院能否根据"West Tankers案"[2]的先例拒绝执行该仲裁裁决?

欧盟法院在判决中认为，本案所涉及的仲裁裁决的执行应当完全依照《纽约公约》来进行，而不需要援引布鲁塞尔第一条例以及欧盟法院此前的"West Tankers案"。本案与"West Tankers案"不同。在"West Tankers案"中，欧盟法院裁决驳回了英国法院依据仲裁协议而作出的一项禁诉令的效力。而本案发生后，新修订的布鲁塞尔第一条例已经明确将仲裁排除在适用范围之外。本案所涉及的是仲裁裁决的执行，而仲裁裁决与禁诉令本质上不同，不能按照对待禁诉令的方式对待仲裁裁决。最后，布鲁塞尔第一条例本身不能作为成员国国内的公共政策，不能以此为由拒绝执行外国仲裁裁决。

2.《布鲁塞尔Ⅱa条例》的解释

爱尔兰法院向欧盟法院提请裁决，当二审判决撤销了一审的监护权判决后，在一审判决生效后、二审判决作出前被带到外国的儿童是否需要被重新带

〔1〕 Case C-536/13-Gazprom.

〔2〕 Allianz SpA (formerly Riunione Adriatica di Sicurta SpA) v. West Tankers Inc (C-185/07) (2009) 1 A.C.1138; Times, February 13, 2009 (ECJ (Grand Chamber).

回法院地国。欧盟法院认为，这种情况下，将该儿童带走的行为虽然并不违法，但自二审判决作出后，继续控制该儿童是违法的。[1]

另一起案件中，欧盟法院对条例第12条第3款规定的协议管辖做了解释，认为当事人的管辖权协议的效力截止到诉讼程序结束之日，而不能继续约束诉讼程序终结后发生的其他程序。[2]欧盟法院还在另一起案件中对第12条第3款规定的明示选择或单方承认的条件做了解释。[3]

捷克法院向欧盟法院提出一项申请，请求解释国内法院对一项未成年人签署的继承协议的许可是否符合《布鲁塞尔Ⅱa条例》。[4]葡萄牙法院要求欧盟法院解释《布鲁塞尔Ⅱa条例》第19条所规定的优先原则的含义。[5]

3.罗马第一条例中的强行规范

该案是因希腊债务危机引发的一起劳动合同纠纷。原告是一位希腊公民，作为教师被希腊政府派往位于德国纽伦堡的希腊学校教书。因2009年年底希腊爆发债务危机，希腊政府颁布第3833/2010号和第3845/2010号法令，大幅压缩财政支出，包括削减政府雇员的工资。这导致原告的薪金锐减。原告向德国劳动法院提起诉讼，要求希腊政府按照双方劳动合同支付报酬。希腊政府则以第3833/2010和第3845/2010号法令作为抗辩。

地方劳动法院一审驳回原告诉讼，认为德国法院没有管辖权。联邦劳动法院推翻一审判决，认为德国法院可以管辖。希腊政府上诉称，尽管劳动合同在德国履行并适用德国法律，但希腊政府颁布的第3833/2010号和第3845/2010号法令属于罗马第一条例所规定的必须适用的强行规范。

联邦劳动法院第五法庭向欧盟法院提请解释以下问题：

第一，是否2009年12月16日以后所签订的劳动合同都属于罗马第一条例调整范围?

---

〔1〕 EuGH, FamRZ 2015, 107 = IPrax 2015, 239 (mit Anm.Pirrung, *IPrax* 2015, 207) = BeckRS 2014, 82297.Zu den Einzelheiten dieser Entscheidung s.auch Mansel/Thorn/Wagner, *IPRax* 2015, 1 (23 f.).

〔2〕 EuGH, *NJW* 2014, 3355.

〔3〕 EuGH, *NJW* 2015, 40 mit Anm.Mankowski, *NZFam* 2015, 94.

〔4〕 Nejvyšší soud České republiky (Tschechische Republik), Vorabentscheidungsersuchen v.25.7.2014 (anhängig unterC-404/14).

〔5〕 Supremo Tribunal de Justiça (Portugal), Vorabentscheidungsersuchen v.13.11.2014 (anhängig unterC-507/14).

第二，罗马第一条例第9条第3款是否仅仅排除了对第三国强行规范的直接适用？或者也排除了间接考虑第三国强行规范？

第三，国内法院在考虑是否直接或间接适用其他成员国的强行规范时，是否需要考虑欧盟条约第4条第3款所规定的成员国之间的忠诚合作原则？

该案目前仍在审理之中，其结论对于罗马第一条例中强行规范的适用具有重大指导意义。

4.《欧盟破产程序条例》的解释

《欧盟破产程序调条例》第3条第1款规定："债务人主利益中心所在地的成员国应具有启动破产程序的管辖权。在公司或者法人破产的情况下，如无相反证据，公司注册登记办公地点所在地应被推定为主利益中心所在地。"欧盟法院在一起案件中解释说，破产管理人针对公司经理提起的要求偿还公司支付不能后产生的金钱债务的诉讼，也属于破产程序条例第3条第1款所规定的管辖范围。〔1〕一家公司如果在其营业地之外被纳入清算程序，也可以根据《破产程序条例》第3条第2款在其营业地成员国被提起附属破产程序。〔2〕

《欧盟破产程序条例》第4条（m）项规定，损害全体债权人利益的法律行为的无效、可撤销或者无执行效力，也适用破产程序地法律。但是条例第13条规定：当从损害所有债权人行为中获益的人能够提出证据证明上述行为根据成员国法律而非程序开始国法律得为，并且该法律不允许在相关情况下对该行为效力进行任何形式的否认，则第4条（m）项不予适用。在一起案件中，破产管理人对一笔金钱支付行为提出抗辩，该笔支付是在破产程序开始前所抵押的款项，但是在破产程序开始后才进行支付。欧盟法院认为，这种情况属于第13条适用的例外范围。另外，法院还指出，该条还适用于所抗辩的法律行为准据法所规定的诉讼时效、抗辩时效和排除时效。〔3〕

德国联邦最高法院也向欧盟法院提交了一项请求，内容是《德国有限公司法》第64条是否属于《欧盟破产程序条例》第4条所说的破产法院地法的涵盖范围。同时还要求欧盟法院解释，《德国有限公司法》第64条是否违反欧盟法

---

〔1〕 EuGH, EuZW 2015, 141 mit Anm.Kindler, *EuZW* 2015, 143.

〔2〕 EuGH, EuZW 2015, 34 mit Anm.Schulz, *EuZW* 2015, 38.Vgl.Mansel/Thorn/Wagner, *IPRax* 2015, 1 (28 f.).

〔3〕 EuGH, EuZW 2015, 429 mit Anm.Schulz, *EuZW* 2015, 432.

中的营业自由原则。[1]该案目前尚在审理之中。

（十一）代孕和同性婚姻问题

1.德国法院承认代孕子的法律地位

2014年12月10日，德国联邦最高法院（BGH）作出裁决，承认了美国加州法院一项关于代孕儿童亲子关系的判决。[2]该案中，A和B是一对同性伴侣，拥有德国国籍，住所地在柏林。二人于2010年与一位美国加州妇女J达成代孕协议，借腹生子。根据协议，生下来的孩子的唯一的法定父母是A和B。胚胎是由A的精子和一位匿名捐献者的卵子受精而成，然后移植到J的子宫内并成功生下一对双胞胎。2011年，A和B获得了一份加州最高法院的判决，认定A和B是该双胞胎的父母。2011年6月，二人携带子女到柏林并要求当地主管机关进行出生登记，遭到拒绝。二人向地方法院起诉，被驳回。

联邦最高法院推翻了下级法院判决，认为应当根据《德国家事程序法》（FamFG）第108条承认美国加州判决。该判决的承认不违反该法第109条所规定的限制性条件，也不违反德国公共秩序。

2.法国法院裁定同性婚姻合法

2013年5月17日，法国宪法委员会认定同性婚姻与领养法案合宪，否决右派反对党人民运动联盟的主张。2013年5月18日，法国总统弗朗索瓦·奥朗德签署法案完成立法，[3]法国成为全球第14个同性婚姻合法的国家，同时也是第九个同性婚姻合法的欧洲国家。

2013年5月18日的法律在《法国民法典》中新设了第202-1条，对同性婚姻的准据法作出了规定。根据该条，两位同性人士结婚的，只要其中一人的本国法、住所地法或居所地法中任一法律允许该婚姻，即为准许。

2015年1月28日，法国最高法院作出了一项有意思的判决，允许一位法国男子和一位摩洛哥男子在法国结婚。[4]该案中值得关注的地方在于，法国和摩洛哥曾缔结一项双边条约，其中规定婚姻的条件必须适用当事人各方本国法。由于国际条约的效力高于法国国内法，因此该案不应该适用《法国民法典》第

---

〔1〕 BGH, NZG 2015, 101(anhängig unterC-594/14).

〔2〕 BGH, Beschluss vom 10.12.2014-Ⅻ ZB 463/13.

〔3〕 LOI n° 2013-404 du 17 mai2013-art.1.

〔4〕 Cour de cassation, chambre civile 1, Audience publique du 28 janvier 2015, N° de pourvoi: 13-50059.

202-1条，而应适用该条约的规定。由于摩洛哥现行法律仍然禁止同性婚姻，因此根据双边条约的规定，该摩洛哥男子的结婚条件应依照摩洛哥法律，从而不能与同性结婚。但是，法国最高法院认为，摩洛哥禁止同性婚姻的法律违反了法国2013年5月18日法律中所蕴含的公共政策，因而不得适用。若干年前，同性婚姻本身还被认为是违反社会公共政策的事情。而现在，保护同性婚姻竟然成了法国的公共政策。

二、美国

（一）第三次《冲突法重述》编纂工作启动

美国法学会（ALI）于2014年11月17日正式宣布，将于2015年启动第三次《冲突法重述》的编纂工作。[1]新版重述着结构和范围上将与旧版保持一致。新版重述的报告人是宾夕法尼亚大学法学院的科米特·罗斯福三世教授（Kermit Roosevelt Ⅲ）。他生于1971年7月14日，毕业于哈佛大学法学院，是美国前总统特奥多·罗斯福（Theodore Roosevelt）的曾曾孙，也是“二战”总统富兰克林·罗斯福的第五代侄儿。助理报告人是天普大学法学院的利托（Laura E.Little）教授和加州大学埃尔文分校法学院的惠特克（Christopher A.Whytock）教授。

关于第三次《冲突法重述》的编纂，美国法学界一直存在很大争议和分歧。[2]未来的《冲突法重述》到底会是什么模样？现在尚言之过早。不过，我们可以从三位报告人新近作品中窥见一些端倪。

报告人罗斯福教授早在1999年发表的《法律选择的神话》一文中就系统表述了他的冲突法思想。该文中，罗斯福教授对比尔（Beale）的既得权理论和柯里（Currie）的政府利益分析进行了继承性批判。他批判了既得权理论的属地主义观念，但接受了比尔的权利概念；他评判了柯里的法院地主义倾向，但接受了柯里的分析方法。罗斯福认为，冲突法的本质并不在于选择法律，而在于解决州际法律冲突问题。他认为，应当在美国联邦宪法的充分诚信原则、正

---

〔1〕 See Press Release, Am.L.Inst.（Nov.17, 2014）, available at http://www.ali.org/email/pr-14-11-17.html（last visited Semptember 30, 2015）.

〔2〕 See Symposium, Preparing for the Next Century—A New Restatement of Conflicts,（2000）75 *Indiana Law Journal*, p.399.

当程序原则和特权与豁免原则基础之上建构美国冲突规则体系。[1]2014年年底，在罗斯福教授已经被任命为第三次《冲突法重述》报告人之后，他在《柯里对法律选择的贡献：回顾与展望》一文中，再次表述了自己对美国冲突法的乐观态度。[2]他认为，只要能够批判性继承和发扬柯里的深刻思想，美国冲突法的前景就会一片光明。他认为，柯里思想的核心就是去分析各州（国）法律的适用范围，这实际上是一个法律解释问题。罗斯福教授认为，近年来美国联邦最高法院的一些国际性冲突法判例都遵循了这种思路，比如莫里森诉澳大利亚国民银行案、吉奥贝诉皇家荷兰石油公司案等。

另一位助理报告人利托（Little）教授也在2015年发表了一篇颇具煽动性的论文《冲突法的结构和视野：复兴一门值得重视的学科》。[3]她指出，冲突法学科具有越来越重要的作用，当前人们关注的很多热点问题都涉及这一学科，比如同性婚姻、互联网、跨国侵权集体诉讼等。很多热门课题研究也离不开冲突法，比如全球化、全球治理、人权保护等。因此，冲突法学科需要得到复兴（reinvigorating）。

（二）《统一州际家庭扶养法2008修正案》

2007年，美国签署了海牙国际私法会议制定的《关于国际追索儿童抚养费和其他形式家庭扶养的公约》。2008年7月，美国统一法委员会（Uniform Law Commission）修订了《统一州际家庭扶养法》即2008修正案，使该法与公约的规定保持一致。2014年7月23日和9月18日，国会参众两院通过了一项新的立法《阻止性交易和强化家庭法》（Preventing Sex Trafficking and Strengthening Families Act）。该法要求各州必须在两年内批准《统一州际家庭扶养法2008修正案》，否则将不能从联邦政府获得相关资金。2014年9月29日，奥巴马总统也批准了该立法。截至2015年9月，美国绝大多数州都已完成了批准程序。

---

〔1〕 Kermit Roosevelt Ⅲ, The Myth of Choice of Law: Rethinking Conflicts, *Michigan Law Review*, Vol.97, 1999, p.2448.

〔2〕 Kermit Roosevelt Ⅲ, Brainerd Currie's Contribution to Choice of Law: Looking Back, Looking Forward, *Mercer Law Review*, Vol.65, 2014, p.502.

〔3〕 Laura E.Little, Conflict of Laws Structure and Vision: Updating a Venerable Discipline, *Georgia State University Law Review*, Vol.31, 2015, p.231f.

(三)联邦最高法院再次受理针对外国公司的管辖权案件

2015年1月23日，联邦最高法院发布调卷令，同意对“OBB Personenverkehr AG诉Sachs案”进行提审。[1]该案原告是一位加利福尼亚州居民，被告是OBB公司。原告在马萨诸塞州通过网站购买了一张欧洲火车通票。在奥地利因斯布鲁克旅游期间，原告在登火车时受伤，并在美国联邦法院起诉被告。被告OBB是奥地利政府所有的铁路运输公司，主张自己与原告不存在直接的合同关系，因此美国法院没有管辖权。加州联邦地区法院驳回了原告诉讼，认为美国法院缺乏事务管辖权，因为被告OBB公司是外国政府所属企业，根据《外国主权豁免法》享有管辖豁免。第九巡回法院在全席判决中推翻了该判决，认为马萨诸塞州的网站是OBB在美国的代理机构，因此被告在美国境内有商业活动，根据《外国主权豁免法》中的商业活动例外，美国法院对其有管辖权。[2]最高法院的提审需要解决两个问题：第一，普通法上的代理理论能否用来解释一家独立企业的行为构成一个外国国家的行为？第二，被告的行为是否构成商业活动例外？

无论最高法院的判决结果如何，本案都将具有里程碑意义，因为它是最高法院30年来首次对外国国有企业的豁免权问题作出的判决。近年来，最高法院已经通过多起判例收缩了对外国公司的管辖权，[3]本案的判决结果无疑将会继续引起举世关注。

(四)戴姆勒案对中国企业的影响

2011年最高法院审理的固特异轮胎公司诉布朗案(*Goodyear Dunlop Tires Operations, S.A.v.Brown*)[4]中，最高法院给一般管辖权下了一个定义，即只有当外国公司与某一州之间具有“持续而系统的一般商业联系”(continuous and systematic general business contacts)，以至于该州已经成为该公司“实质上的家乡”(essentially at home)时，该州才可以对该外国公司拥有一般管辖权，

〔1〕 Order List 574 U.S., January 23, 2015.http://www.supremecourt.gov/orders/courtorders/012315zr_6jgm.pdf(last visited September 15, 2015).

〔2〕 SACHS v.REPUBLIC OF AUSTRIA OBB AG, United States Court of Appeals, Ninth Circuit, No.11-15458.

〔3〕 Daimler AG v.Bauman, 134 S.Ct.746(2014); Goodyear Dunlop Tires Operations, S.A.v.Brown, 131 S.Ct.2846(2011), and J.McIntyre Mach., Ltd.v.Nicastro, 131 S.Ct.2780(2011).

〔4〕 Goodyear Dunlop Tires Operations, S.A.v.Brown, 131 S.Ct.2846(U.S.2011).

从而可以受理针对该公司的一切诉讼。2014年1月，最高法院进一步在“戴姆勒诉鲍曼案”（Daimler AG v.Bauman）[1]中对“实质上的家乡”这一术语作出了解释。法院认为，法院对法人的一般管辖权只能建立在以下三个基础之上：（1）法人的成立地（place of incorporation）；（2）法人的主营业地（principal place of business）；（3）例外情形下，法人具有持续而系统的一般商业联系并能合理被认为在家乡的地点。[2]法院强调，第三个标准只有在极其例外情形下才能适用。通常情形下，即使一家公司在某地已经有大量商业活动，也不能认为它已经以该地为家（at home）。这一判决打破了美国数十年来的先例，正式宣告了“经营活动管辖权”的终结。[3]

这一判决结果对于外国公司而言是一个好消息，其中包括在美国设有分支机构的中国银行。2014年9月17日，美国第二巡回法院在“古驰诉中国银行案”[4]中根据戴姆勒案的判决结果，推翻了纽约南区地区法院的一项判决，认为美国法院对中国银行没有一般属人管辖权。[5]尽管中国银行已经在美国开设了四家分行，但尚不符合戴姆勒案中所确立的“在家”标准。不过，第二巡回法院要求地区法院重新审查对中国银行是否拥有特别属人管辖权。第二巡回法院还特别提示地区法院在判断特别属人管辖权时，要考虑到中国银行与美国法院之间的特别联系。在同日宣判的另一起“蒂芙尼诉中国招商银行案”中，该法院也作出了同样的判决。[6]

（五）合同中的法院选择条款的效力

如果某一法院选择条款是通过欺诈、强迫、意思表示错误或其他不适当的方式造成的，则该条款不可执行。但是，如果包含有该条款的合同是欺诈的产物，但是没有证据显示该条款本身是欺诈的产物，则该如何处理？此时该条款是否可以执行？

---

〔1〕 Daimler AG v.Bauman, 134 S.Ct.746, 760（2014）.

〔2〕 Daimler AG v.Bauman, at 760-61, 761 n.19.

〔3〕 Tanya J.Monestier, Where is Home Depot “At Home”? Daimler v.Bauman and the End of Doing Business Jurisdiction, *Hastings Law Journal*, Vol.66, 2014, pp.233, 234.

〔4〕 该案的真正被告是WEIXING LI等多位涉嫌在网上销售假冒古驰（Gucci）产品的个人和网站，但古驰公司同时申请法院发布命令，要求中国银行提供被告在银行的账户信息。中国银行以法院缺乏属人管辖权为由提出抗辩，但遭到一审法院驳回。

〔5〕 Gucci Am.v.Bank of China, 768 F.3d 122（2d.Cir.2014）.

〔6〕 Tiffany LLC v.China Merchants Bank, 12-2317-cv（L）（2d Cir.2014）.

在美国，大多数法院对这个问题的回答都是肯定的。他们会执行这样的条款，除非对方当事人证明该条款本身而不仅仅合同是欺诈的产物。[1]这种证明很难成功，因为这些条款通常并不是通过特别的谈判缔结的。[2]

联邦最高法院在"M/S Bremen诉Zapata离岸公司案"[3]和"Scherk诉Alberto-Culver公司案"[4](以及包含仲裁条款的案件)[5]中，赋予了法院选择条款一种几乎不容置疑的有效性推定。这一推定也得到众多下级法院的支持。但是也并非没有不同观点。因为从逻辑上来看，如果法院选择条款是合同的一部分而合同是欺诈的产物，那么整个合同也都是无效的，合同的所有部分包括法律选择条款当然也都应该无效。

要想使最高法院的观点从逻辑上有效，唯一的办法是进行这样的解释，即法院选择条款并非包含该条款的合同的一部分；相反，它是一个独立的合同，即便它事实上不是。这种拟制与"可分性"并不完全一致。"可分性"是指可以被分开，但是"独立的"这一术语是指该条款独立于合同本身。如果该条款被视为独立的，则其命运也独立于主合同。因此，如果主合同因欺诈而无效，其无效性并不及于该条款。

---

〔1〕 See, e.g., Afram Carriers, Inc.v.Moeykens, 145 F.3d 298, 301(5th Cir., 1998); Haynsworth v.Corporation, 121 F.3d 956, 963(5th Cir., 1997); Riley v.Kingsley Underwriting Agencies, Ltd., 969 F.2d 953, 960(10th Cir., 1992); Rucker v.Oasis Legal Finance, L.L.C., 632 F.3d 1231(11th Cir., 2011); Provence v.Nat' l Carriers, Inc., 360 S.W.3d 725, 729(Ark.2010); Edge Tele-com, Inc.v.Sterling Bank, 143 P.3d 143 P.3d 1155, 1162(Colo.App.2006); Nat' l Indus.Grp.(Holding) v.Carlyle Inv.Mgmt.L.L.C., 67 A.3d 373(Del.2013); AMS Staff Leasing NA, Inc.v.Superior Court, 2004 WL 1435928, at*2(Cal.App.June 28, 2004); Holeman v.Nat' l Bus.Inst., Inc., 94 S.W.3d 91, 102(Tex.App.2002); In re Harris Corp., 2013 WL 2631700, at*5(Tex.App.June 4, 2013); Brandt v.MillerCoors, LLC, 993 N.E.2d 116(Ill.App.2013); Salehpour v.Just A Buck Licensing, Inc., 2013 WL 5533113(Ohio App.Oct.7, 2013).

〔2〕 In Tucker v.Cochran Firm-Criminal Defense Birmingham L.L.C., ___P.3d___, 2014 WL 7157047(Okl.2014), 该案中，一家律师事务所和一位俄克拉荷马州居民为了在俄克拉荷马州轻罪法庭进行法律代理而签订的律师费协议中包含一项加利福尼亚州法律选择条款。在随后的针对该律师事务所的不当行为诉讼中，该顾客主张该条款未经协商。他指出一个事实，即有几个合同条款都要求签上他的姓氏首字母以表明他的意思，但该条款却没有留下地方让他签字。实际上，为什么要在俄克拉荷马州聘请律师呢？

〔3〕 407 U.S.1, at 15(1972).

〔4〕 417 U.S.506, at 519 n.14(1974).

〔5〕 See Prima Paint Corp.v.Flood & Conklin Mfg.Co., 388 U.S.395(1967); Buckeye Check Cashing, Inc.v.Cardegna, 546 U.S.440(2006); Nitro-Lift Technologies, L.L.C.v.Howard, 133 S.Ct.500(U.S.2012).

这种逻辑仍然显得不太自然，因此，最近的一些判例中，一些法院仍然采取了相反的做法：如果包含有法院选择条款的合同因欺诈或其他类似原因而无效，则法院不会执行该条款，即使没有证据显示该条款本身无效。[1]其中较为典型的是犹他州最高法院，其代表性判例是“Energy Claims公司诉Catalyst投资集团公司案”。[2]该案的合同中除了一项法院选择条款之外还包含一项英国法律选择条款。犹他州法院在讨论法院选择条款时并未援引英国法律，相反，法院直接根据法院地法进行了裁决。[3]

相反，在“San Diego Gas & Elec.公司诉Gilbert案”[4]中，蒙大拿州最高法院没有考虑法院地法。该合同中包含一项加利福尼亚州法律选择条款和法院选择条款，法院面对的问题是该法院选择条款到底是强制性的还是许可性的。法院认为，加利福尼亚州法律选择条款是有效的，因此裁决“依照加利福尼亚州法律解释该法院选择条款”。在讨论了大量加利福尼亚州判例之后，法院认为该条款是强制性的，因为该条款规定，当事人“一致同意在加利福尼亚州圣地亚哥市……进行……所有诉讼程序”。[5]

由此产生另一个困难的问题：法院在判断法院选择条款时到底应该遵循谁的“逻辑”？是受理案件的法院自己的逻辑还是被选择的法院的逻辑？是否所涉问题不同，答案就会不一样？比如在Gilbert案中哪样所涉的是解释问题，或者在“Energy Claims案”中哪样涉及的是该条款的执行问题。没有哪家法院进行这种区分。事实上，在“Energy Claims案”中，犹他州法院不仅在确定可执行性问题时适用了犹他州法律，而且在解释该条款时也一样，比如在判断该条款是否足够宽泛以涵盖侵权诉讼时。[6]

很多法院也未能进行此种区分，有的是因为案件只涉及其中一个问题，有的是因为法院没发现有什么区别。比如，在“Raydiant Technology公司诉Fly-

〔1〕 See, e.g., Farmland Indus., Inc.v.Frazier-Parrott Commodities, Inc., 806 F.2d 848, 851–52(8th Cir.1986); DeSola Grp., Inc.v.Coors Brewing Co., 199 A.D.2d 141, 141–42, 605 N.Y.S.2d 83(N.Y.App.Div.1993); SRH, Inc.v.IFC Credit Corp., 619 S.E.2d 744, 746(Ga.App.2005); Lamb v.MegaFlight, Inc., 26 S.W.3d 627, 631(Tenn.App.2000).

〔2〕 325 P.3d 70(Utah 2014).

〔3〕 Ibid.

〔4〕 329 P.3d 1264(Mont.2014).

〔5〕 329 P.3d 1264(Mont.2014), at 1266.

〔6〕 See Energy Claims, 325 P.3d at 82.

N-Hog Media集团公司案”[1]中，原告主张被告在引诱订立合同时有欺诈行为，该问题显然是可执行问题，而不是解释问题。尽管双方当事人都依据法院地法进行辩论，但法院认为，该问题应依照法律选择条款中所选定的法律予以确定。法院将执行问题和解释问题混为一谈，并解释说："如果像本案中这样，案件涉及法院选择条款的执行，而合同包含一项法律选择条款，则当事人所选择的法律调整法院选择条款的解释问题。"[2]

也有很多法院明确进行了这种区分，[3]包括第二巡回法院审理的"Martinez诉Bloomberg公司案"。[4]这是一起因雇佣合同引起的联邦问题案件，该合同包含了一项英国法律选择条款和法院选择条款。法院区分了后一条款的可执行问题和解释问题，比如该条款是否强制性或许可性，或者是否某些当事人或者某些案件属于其适用范围等。法院认为：(1)法律选择条款中选定的实体法，即英国法，支配法院选择条款的解释问题；(2)法院地法，即联邦法律，支配法院选择条款的可执行性问题。根据英国法律，原告提出的雇佣歧视诉讼属于法院选择条款的适用范围，根据联邦法律，该条款可以执行。

法院花费了大量笔墨去解释为什么由法院地法/联邦法律来支配可执行性问题："联邦法律必须支配一项法院选择条款的最终执行问题以确保一家联邦法院（根据Bremen案）不会去执行这样一项条款，如果'协议选择的法院如此困难和不方便以至于（抗辩方当事人）出于各种现实的目的被剥夺了出庭的机会'，或者'如果执行会违背诉讼进行地的强烈公共政策，无论该政策是立法还是司法判决所宣示的。'"接着，法院解释了为何应当由被选择的法律来支配法院选择条款的解释问题。法院认为，适用法院地法律"会损害法院选择条款所具有的可预见性……它赋予了一项法院选择条款在联邦法院更宽或更窄的范围，而这种范围超出了本来的意图，从而违背了当事人的预期……（同时）将一项本来根据当事人所选择的法律应该被解释为许可性的条款转化成了强

---

〔1〕 439 S.W.3d 238（Mo.App.2014）.

〔2〕 439 S.W.3d 238（Mo.App.2014），at 240.

〔3〕 See，e.g.，Yavuz v.61 MM，Ltd.，465 F.3d 418（10th Cir.，2006）；Albemarle Corp.v.AstraZeneca UK Ltd.，628 F.3d 643（4th Cir.，2010）；Phillips v.Audio Active Ltd.，494 F.3d 378（2nd Cir.，2007）.

〔4〕 740 F.3d 211（2nd Cir.，2014）.

制性条款，或者相反。”[1]

法院在区分法院选择条款的可执行性和解释时还“根据Erie案所发展出来的程序规则和实体规则之间的区分理论做出了说明”。法院选择条款的可执行性是一个程序问题，该问题必须适用法院地法（联邦法），而合同的解释问题则是“Erie案意义上的实质问题”。

在“杰克逊诉Payday Financial公司案”[2]中，第七巡回法院承认：“大多数联邦上诉法院都主张，一项法院选择条款的可执行性问题涉及联邦程序因此应当适用联邦法”。但是，第七巡回法院采取了不同的方法：“出于简便的理由，在判断法院选择条款的有效性和含义时……应根据支配包含该条款的合同的其他方面的法律，而不是去让法院在同一案件中适用两套不同的法律。”[3]因此，在包含一项法律选择条款的合同中，“法律选择条款中所选择的法律应用来确定法院选择条款的有效性”。本案中，涉及的是伊利诺伊州消费者和位于南达科他州夏延河苏族部落（Cheyenne River Sioux Tribe）印第安人保留区的借贷人之间的网上借贷合同，其中的法律选择条款规定，该合同适用该印第安人保留区法律并且“不受任何其他法律的约束”。但是，由于该保留区没有关于法院选择协议的法律或判例，法院因而遵循该保留区的实践，援用联邦法。根据联邦法，法院认为该借贷协议中包含的仲裁条款（被法院认为类似于法院选择条款）不可执行，因为它们在程序上和实体上都不公平并具有迷惑性。该条款要求“由夏延河苏族部落的授权代理人根据该地区消费者争端解决规则进行仲裁”。而记录显示，该部落地区没有官方仲裁机构，也没有消费者争端解决规则。

在“GDG Acquisitions公司诉伯利兹政府案”[4]中，佛罗里达州的一家电信设备公司和伯利兹政府之间签订的一份合同中含有一项放弃政府豁免权的条款、一项佛罗里达州法律选择条款和一项排他性佛罗里达州法院选择条款。尽管有上述条款，地区法院还是驳回了该公司针对伯利兹政府提起的违约之诉，理由是不方便法院原则和国际礼让。第十一巡回法院推翻了该裁决，批

〔1〕 740 F.3d 211（2nd Cir., 2014）, at 220.

〔2〕 764 F.3d 765（7th Cir., 2014）.

〔3〕 764 F.3d 765（7th Cir., 2014）, at 774-775.

〔4〕 749 F.3d 1024（11th Cir., 2014）.

评地区法院在对不方便法院原则进行分析时没有对法院选择条款给予足够重视，而该条款一旦可以执行的话，将会发挥“决定性作用”。[1]根据最高法院在“Atlantic Marine Const.公司诉得克萨斯州西区美国地区法院案”[2]中的判决，同意订立法院选择条款的当事人“放弃了以不方便为由挑战事先选择的法院的权利”，[3]因此第十一巡回法院注意到，一项有约束力的法院选择条款“要求法院去发现不方便法院原则的私人要素完全有利于被选择的法院”。[4]法院将案件发回地区法院重审并要求其审查该条款的可执行性。

第十一巡回法院还指责地区法院在这样一起普通商业合同案件中援用国际礼让来驳回诉讼，尤其是本案中美国的利益与外国的司法权是针锋相对的：“美国对于确保根据合同法原则执行有效债务具有强烈利益，尤其对于继续执行外国对美国债权人的债务……在联邦法院诉讼有利于在涉及美国当事人的争端中执行在美国领土上达成和履行的协议，从而维护美国的利益。”[5]

（六）婚前协议中的法院选择条款

“Ofer诉Sirota案”[6]涉及一份婚前协议中的法院选择条款的执行，该条款授予以色列法院拥有离婚的排他性管辖权。妻子在纽约法院起诉，她认为，如果强行到以色列诉讼的话，她将失去胜诉的机会，因为：(1)以色列法律不允许无过错离婚；(2)按照犹太法规定，“get”（犹太法离婚）需要丈夫的同意，而其丈夫拒绝同意，尽管按照婚前协议丈夫有义务同意。

法院以婚前协议中的法院选择条款为由驳回了该诉讼。法院注意到，尽管在以色列的诉讼将会“面临更大挑战”，但原告在那里也会有获胜机会，而其丈夫拒绝同意犹太教离婚（get）的问题也会“得到以色列法院的处理”。[7]法院解释说，原告“因为纽约法律可能会有利于她获得无过错离婚从而逃避以色列的法律制度”是“不合适的”，尤其是她作为一个以色列公民“充分了解以色列离婚由犹太法律调整”。纽约“对于通过民事诉讼消除任何对再婚的妨碍具有强烈而重大的公共政策”，但这并不能排除该法院选择条款，“因为原告并

〔1〕 749 F.3d 1024（11th Cir., 2014), at 1028.

〔2〕 134 S.Ct.568（U.S.2013).

〔3〕 *GDG Acquisitions*, 749 F.3d at 1028.

〔4〕 749 F.3d at 1029.

〔5〕 749 F.3d at 1032.

〔6〕 984 N.Y.S.2d 312（N.Y.A.D.2014).

〔7〕 984 N.Y.S.2d 312（N.Y.A.D.2014), at 313.

不会在被选择的法院被剥夺胜诉机会”。[1]

（七）合同的法律适用

1.适用CISG公约的案例

“VLM食品贸易国际公司诉伊利诺伊州贸易公司案”[2]涉及的是一份销售合同，当事人双方分别是一位加拿大农业供应商和一位伊利诺伊州农产品分销商。所涉问题是，在伊利诺伊州买方接受合同后由加拿大卖方提交的发票中所包含的的律师费条款是否构成合同的一部分并因此而约束买方。地区法院对该问题给出了肯定答案，将其视为《统一商法典》第2-207条项下的“形式争论”问题。

第七巡回法院推翻了该裁决，认为美国和加拿大都加入了《联合国国际货物销售合同公约》（CISG），本案应适用该公约。如本案所示，只要双方当事人营业地位于不同的公约缔约国，则应适用该公约，除非当事人明确排除该公约。由于当事人并未排除该公约，故该公约应予适用，而且该公约针对本案所涉问题的规定（第19条）明显不同于《统一商法典》第2-207条。法院将该案发回地区法院重审并要求其适用CISG。

2.当事人未选择时的合同准据法

至少有三个州（加利福尼亚州、蒙大拿州和俄克拉荷马州）仍保留了19世纪制定的成文冲突法规则，该规则起源于1865年的《戴维·达德利·菲尔德民法典》，而且可以进一步追溯到斯托瑞（Story）和肯特（Kent）。[3]该规则规定“合同应根据其履行地法律和惯例进行解释；或者，如果该合同并不具有一个履行地，则根据合同订立地法律和惯例。”[4]尽管三个州在其他方面都放弃了传统的方法，但它们对某些特定合同或合同事项继续适用该规则。[5]

---

〔1〕 984 N.Y.S.2d 312（N.Y.A.D.2014）, at 313.

〔2〕 748 F.3d 780（7th Cir., 2014）.

〔3〕 See Joseph Story, *Conflict of Laws*, Boston: Harvard University Press, 7th ed., 1872, p.325; James Kent, *Commentaries on American Law*, Boston: Little, Brown, and Company, 12th ed., 1873, p.622.

〔4〕 CA.CIV.CODE § 1646.The rule is identical in the other two states.

〔5〕 因此，奥克拉荷马州将该规则适用于普通合同，而将《冲突法重述（第二次）》适用于保险合同，将《统一商法典》适用于货物销售合同。参见Harvell v.Good-year Tire & Rubber Co., 164 P.3d 1028（Okla.2006）; Bohannan v.Allstate Ins.Co., 820 P.2d 787（Okla.1991）; Ysbrand v.DaimlerChrysler Corp., 81 P.3d 618（Okla.2003）, cert.denied, 542 U.S.937（U.S.2004）; Bernal v.Charter County Mut.Ins.Co., 209 P.3d 309（Okla.2009）。

其中，加利福尼亚州将该规则适用于合同解释问题。对其他问题，加利福尼亚州适用利益分析方法，除非当事人选择了准据法，此时，法院适用《冲突法重述（第二次）》第187条。[1]在“Kelly诉Teeters案”[2]中，涉及的是一份口头合同，原告默示地选择了加利福尼亚州法律。事实上，如果能够证实的话，一项默示的选择会使该案件适用第187条。然而，原告无法提供任何客观证据证明当事人双方意图适用加利福尼亚州法律。尽管作为一个加利福尼亚州人，原告可以推定适用加利福尼亚州法律，但另一当事人离开加利福尼亚州已经十年并且在合同缔结时已经加入墨西哥国籍。法院随后认为，没有必要再去判断本案要解决的到底是合同的解释问题还是有效性问题，因为在任一案件中，都要适用墨西哥法律。如果所涉问题是解释问题，则根据上述成文法规则应适用墨西哥法律，理由是墨西哥是合同履行地或者合同是在墨西哥订立。[3]如果所涉问题是有效性，则应根据利益分析来选择准据法。然而，该利益分析也会导致适用墨西哥法律，因为合同是在墨西哥订立和履行，应当推定该国利益大于加利福尼亚州利益。

在“Williams诉BASF Catalysts LLC案”[4]中，第三巡回法院赞同了其他巡回法院的观点，认为一位当事人如果没有在初审法院提出法律选择问题，就不能在上诉审程序中再次提出该问题。

（八）侵权法律适用

1.虚假冲突案例

“Janvey诉布朗案”[5]涉及另一个所谓的“庞氏计划”诈骗纠纷，该计划主要在得克萨斯州进行并从该州向其他地区发行，但操纵该计划的团体名义上在加勒比岛国安提瓜登记注册。初审法院并未适用《冲突法重述（第二次）》第148条，而是依据得克萨斯州冲突法认为该案是一起虚假冲突案件，应当适用得克萨斯州法律。被告上诉，认为根据《冲突法重述》第148条应当适用安

---

〔1〕 See Frontier Oil Corp.v.RLI Ins.Co, 63 Cal.Rptr.3d 816(Cal.App.2 Dist.2007), review denied(Nov.14, 2007); Nedlloyd Lines B.V.v.Superior Court, 834 P.2d 1148(Cal.1992).

〔2〕 2014 WL 6698787(Cal.App.Nov.26, 2014)(unpublished).

〔3〕 该合同规定，原告将帮助被告撤销他的强奸罪指控并使其从一家墨西哥监狱获释，当合同订立时该被告正被监禁在该监狱。

〔4〕 765 F.3d 306(3rd Cir., 2014).

〔5〕 767 F.3d 430(5th Cir., 2014).

提瓜法律。第五巡回法院维持原判，认为:(1)进行虚假冲突分析并不与得克萨斯州法院适用《冲突法重述(第二次)》相矛盾;(2)这是一起虚假冲突案件，因为:(a)安提瓜与案件没有实际联系而且对于适用其法律也没有利益;(b)得克萨斯州是该计划的运营中心和部分被骗的投资者的家乡州，对于适用其欺诈性交易法具有实质利益。[1]

2.反致问题

"Boutelle诉Boutelle案"[2]是一起侵权案件，起因于发生在蒙大拿州的一起单车交通事故并且只涉及怀俄明州当事人。其中一位受伤乘客在怀俄明州起诉驾驶员。其诉讼根据怀俄明州的四年诉讼时效仍有效，但根据蒙大拿州的三年诉讼时效已经过期。怀俄明州有一项标准借用立法规定:"如果根据引起诉因的事件发生地州法律诉讼被禁止，则在本州也被禁止。"[3]初审法院适用了该立法，并认为原告的诉因在蒙大拿州引起，因此该诉讼被该州的三年诉讼时效所禁止。

在上诉程序中，原告提出了两点理由，其中第一点是反致。她主张法院应当适用蒙大拿州的全部法律，包括其法律选择规则。由于蒙大拿州已经放弃了侵权行为地法，其冲突法规则将会导致适用怀俄明州法律，该州是当事人的共同住所地州。怀俄明州最高法院驳回了该观点，认为反致是一个"令人讨厌的"理论，该理论"已经被很多美国权威观点抛弃"。[4]法院解释说，"怀俄明州的借用立法本身是一项法律选择立法"，接受反致理论将会"有悖于怀俄明州立法所做的法律选择"，并将会导致"一种循环论证，而这正是主流观点反对反致理论的原因"。蒙大拿州的冲突规则将会反致回怀俄明州法律，"而该州法律又包括怀俄明州的借用立法，该立法又会再次指引适用蒙大拿州法律，以此类推，陷入一种无限循环"。[5]

---

〔1〕 法院还认为，在得克萨斯州法律和其他受害投资者家乡州法律之间不存在冲突，因为那些州与得克萨斯州一样采用相同的《统一欺诈交易法》。

〔2〕 337 P.3d 1148(Wyo.2014).

〔3〕 337 P.3d 1148(Wyo.2014)at 1152(quoting Wyo.Stat.Ann. § 1-3-117).其他涉及借用法规的案例参见Benton v.Cracker Barrel Old Country Stores, Inc., 436 S.W.3d 632(Mo.App.2014), reh' g and/or transfer denied(June 05, 2014), transfer denied(Aug.19, 2014); Grothe v.Grothe, 337 P.3d 72(Kan.App.2014)。

〔4〕 Boutelle, 337 P.3d at 1154.

〔5〕 Id..

3.《联邦侵权赔偿法》案例

2014年12月17日，奥巴马总统宣布恢复与古巴的外交关系，从而结束了美国与古巴之间长达半个世纪的敌对状态。这种关系的改变也对冲突法造成了影响。“格罗斯诉美国案”[1]就是一起典型案例。该案涉及《联邦侵权赔偿法》。原告格罗斯（Gross）是美国国际发展局（USAID）的一位美国承包商，他在古巴遭到逮捕和判刑，理由是他参与了“美国政府意图推翻革命的颠覆计划”。该承包商认为其在古巴被捕是因为没有得到USAID的适当警告和培训，他和妻子于是起诉美国政府，要求补偿其“‘因被错误逮捕和随后的错误监禁’而受到的经济损失，包括‘其业务上所受到的破坏’、收入损失、律师费和医疗费等”。为了避免适用《联邦侵权赔偿法》第1346（b）条规定的外国例外条款，原告主张其经济损失“全部发生在美国境内”且“不是因在古巴遭受的……损害而导致的”。华盛顿特区法院认为这只是“另一种援引总部理论否决索萨案的方式”，因而否决了原告的理由，并强调他们所受的经济损失都是派生的而非直接损失，因为这些损失是因为原告在古巴“被错误逮捕和持续监禁”而导致的。

原告还主张外国例外条款适用于他们是违宪的，因为该条款区分了两类美国公民：在国外受损的人和在美国境内受损的人。原告争辩说，该项例外“唯一表达的目的”是要避免适用外国法律，该目的在他们的案件中不会实现，因为该案受美国法支配。[2]特区巡回法院驳回了该论点，认为最高法院在索萨案中“再次确认了国会并未规定只有当牵涉外国法律的时候才适用该项例外”。[3]法院随后又根据“理性基础”测试标准驳回了原告的平等保护抗辩。[4]

在美国与古巴恢复外交关系之后，格罗斯先生被古巴监狱释放并回到美国。2014年12月23日，他和联邦政府达成了一项320万美元的和解协议，从而终结了该案。

（九）外国婚姻在美国的有效性问题

在美国，通常的规则是，如果婚姻在举行地有效，则在其他地方也被视为有效，除非违反公共政策。但是根据《冲突法重述（第二次）》第283条，这一

〔1〕 771 F.3d 10（D.C.Cir., 2014）.

〔2〕 771 F.3d 10（D.C.Cir., 2014）, at 14.

〔3〕 771 F.3d 10（D.C.Cir., 2014）, at 14.

〔4〕 771 F.3d 10（D.C.Cir., 2014）, at 14–15.

规则反过来推理就不成立了。在举行地州无效的婚姻仍有可能被视为有效，只要该婚姻在另一个具有更密切联系的州内被认为有效，比如在当事人结婚时的共同住所地州。2014年发生的两起案件就分别涉及这两种情形。

第一起是“Tshiani诉Tshiani案”，[1]该案中，马里兰州最高法院承认了一起由代理人举行的外国婚姻。[2]婚礼于1993年在刚果民主共和国（前扎伊尔），新郎和新娘分别是诺尔（Noel）和玛丽·路易斯（Marie-Louise）。但是诺尔并未亲自出席婚礼，而是通过电话参加并由他的堂兄代替出席。婚礼按照传统的刚果方式举行并且交换了嫁妆，包括一头活羊。此后不久，玛丽·路易斯到美国投奔诺尔。他们以夫妻名义一起生活了18年，一开始在弗吉尼亚州，后又移居马里兰州。诺尔在很多场合都正式将玛丽·路易斯列为其妻子，包括在其移民申请、收入税返还和一些保险表格中。当玛丽·路易斯申请离婚时，诺尔主张其婚姻依照刚果法律无效。

法院首先认定该婚姻依照刚果法律有效，随后认为，承认该婚姻并没有与马里兰州的公共政策相抵触。法院注意到，“‘抵触’这一禁止标准被故意设置得很高”。[3]法院将该婚姻与马里兰州法院已经承认的其他外国婚姻进行了比较，尽管那些婚姻也不可能在马里兰州举行，包括普通法婚姻、叔叔和侄女间的婚姻以及近来的同性婚姻等。[4]本案中的婚姻并未达到抵触的禁止标准，理由是法院要求另择日期对另一问题进行审理，即马里兰州本地法律是否允许代理婚姻。不过，法院还是正确地区别了本案和“Aleem诉Aleem案”，[5]该案中，同一个法院拒绝承认一起巴基斯坦的“休妻”（talaq，一种单方面离婚方式），因为它“剥夺了妻子的宪法权利”。[6]

---

〔1〕 81 A.3d 414（Md.2013）.

〔2〕 代理婚姻在加利福尼亚州、科罗拉多州、蒙大拿州和得克萨斯州被承认，同时也被《统一结婚和离婚法》第206（b）条所承认，该法在亚利桑那州、佐治亚州、明尼苏达州、华盛顿州、科罗拉多州和蒙大拿州生效。

〔3〕 Tshiani，81 A.3d at 425.

〔4〕 *Port v.Cowan*，44 A.3d 970（Md.2012）.

〔5〕 947 A.2d 489（Md.2008）.

〔6〕 Tshiani，81 A.3d at 426.Bangaly v.Baggiani，__N.E.3d___，2014 IL App（1st）123760（Ill. App.2014）.该案也涉及代理婚姻。婚礼在马里举办。新郎生活在纽约但由他的弟弟代他出席了婚礼。新娘随后移居纽约，后来又移居伊利诺伊州并在当地发生的一起交通事故中死亡。因其在伊利诺伊州的过错死亡而发生的诉讼中，法院认为，该婚姻根据马里法律有效而且也不违反伊利诺伊州公共政策。因此，除了死者的父母和8名兄弟姐妹外，该丈夫也有权参与该过错死亡诉讼。本案对外国法的证明问题和专家相冲突的证言的权衡问题进行了很好的讨论。

第二起是“Ponorovskaya诉Stecklow案”。[1]该案涉及的是相反情形：一桩婚姻依照举行地墨西哥法律无效，但是在当事人双方住所地纽约却有效。法院将该婚姻的婚礼描述为“一位在互联网上充当普遍生命教会牧师专门为朋友和亲戚举办婚礼的纽约牙医在墨西哥海滩胜地举办的‘虚假的犹太式’婚礼”。[2]该婚礼当事人双方都完全知道该婚礼并不符合墨西哥法律的任何形式要求，而且证据也显示他们只是把该婚礼当作“象征性的”而不是真实的，无论是当时还是在他们回到纽约之后都如此。他们的关系持续了4年，然后该妻子在纽约起诉离婚并主张该婚姻依照纽约法律有效。她援引了一项早被遗忘的制定于1907年的纽约成文法《婚姻关系法》第25条，该法规定，一项婚姻即使没有婚姻证书也有效，只要该婚姻“举行了隆重的仪式”。[3]

先决问题是依照哪一法律判断该婚姻是否“举行了隆重的仪式”。如果适用墨西哥法律，该婚姻显然无效。如果适用纽约法律，下一个问题是主持婚礼的那个牙医是否有资格。法院对该牙医是否真的是一个牧师以及所谓的普遍生命教会是否是一个真正的教会都表示怀疑，但是法院不得不接受这一事实，即该牙医确实有资格在纽约主持婚礼，就如同其他一些人那样通过互联网支付一笔费用获得某种委任状。

这又引出另一个问题，即《婚姻关系法》第25条是否具有域外效力。两个权威证据支持肯定观点。首先是《冲突法重述（第二次）》第283条第1款，该款规定，婚姻的有效性依照与夫妻和婚姻有最密切联系的州的法律确定。该州显然是纽约州，因为那里是当事人长期而持续的居住地。法院拒绝适用该条，认为“它违反了纽约大多数判例，对纽约法院没有约束力”。[4]

第二个权威证据是“In re Farraj案”，[5]该案是纽约中级法院审理的，其认为两位纽约居民在新泽西州举办的婚礼构成了在纽约有效的婚姻，尽管当事人双方并未获得新泽西州法律所要求（纽约的《婚姻关系法》第25条并不要求）的婚姻证书。法院认为，“神秘的”《婚姻关系法》第25条应被解释为“仅仅适用于在

〔1〕 987 N.Y.S.2d 543（N.Y.Supr.2014）.

〔2〕 987 N.Y.S.2d 543（N.Y.Supr.2014），at 544.

〔3〕 实际上，该立法并不包含“properly”这一副词。它规定：“本条规定不得被解释为可以因未获得婚姻证书而宣告任何成年人之间已举办过结婚仪式的婚姻无效”。

〔4〕 987 N.Y.S.2d 543（N.Y.Supr.2014），at 552.

〔5〕 900 N.Y.S.2d 340（N.Y.App.Div.2010）.

最极端情况下”在纽约境外举办的婚礼，而本案中情况并非如此。[1]这一解释使法院可以回到其他纽约判例中形成的一般规则——婚姻的有效性适用婚姻举行地法。因为该婚姻在墨西哥无效，所以在纽约也同样无效。[2]

（十）代孕子女的父亲身份

“Berwick诉Wagner案”[3]是一件涉及同性伴侣之间父亲身份的有趣案子。博维克（Berwick）和瓦格纳（Wagner）一直都是得克萨斯州居民，2003年在加拿大缔结同性婚姻并于2005年在加利福尼亚州登记为婚姻伴侣。2005年他们与一位加利福尼亚州已婚妇女达成了一项由该妇女为他们生一个孩子的代孕协议。该妇女被植入博维克的精子和别人捐赠的卵子形成的胚胎，并成功怀孕生子。在孩子出生前，当事人双方获得了一份加利福尼亚州法院关于父亲身份的判决，该判决宣布：（1）博维克和瓦格纳分别是该孩子的父母，而代孕妇女及其丈夫并非该孩子的法定父母；（2）要求医院将博维克登记为出生证上的父亲而将瓦格纳的名字登记在母亲一栏。

博维克和瓦格纳带着孩子回到得克萨斯州并一直共同生活到2008年。同年，博维克宣布解除两人之间的同性婚姻关系并与一位女士结婚。之后，博维克与瓦格纳之间对该代孕子的监护权产生纠纷。瓦格纳要求得克萨斯州法院承认加利福尼亚州法院的亲子关系判决。而博维克则要求获得独立监护权，认为根据得克萨斯州法律，一个孩子只有一位父亲，而只有他本人才是其儿子的生物学父亲；另外，根据得克萨斯州禁止同性婚姻的法律，该代孕协议不可执行。[4]

有趣的是，法院没有提到《保卫婚姻法》，也没有去讨论得克萨斯州禁止同性婚姻法令的合宪性或公共政策问题。法院也没有提到联邦地区法院在6个月前作出的一项判决，该判决宣布得克萨斯州禁止同性婚姻的法令违宪。[5]

---

〔1〕 *Ponorovskaya*, 987 N.Y.S.2d at 555.

〔2〕 In *Cooney v.W.C.A.B.*(Patterson UTI, Inc.), 94 A.3d 425（Pa.Cmwlth.2014），原告作为一名死亡工人的遗孀要求劳工赔偿，依据是怀俄明州的普通法婚姻。法院驳回了该诉讼请求，因为怀俄明州并不承认普通法婚姻，而且当事人离开怀俄明州之后所生活的宾夕法尼亚州作为法院地州也不承认该婚姻。类似的涉及普通法婚姻和税收利益的案例参见Estate of Booth v.Director, Division of Taxation, 427 N.J.Tax 600（N.J.Tax.2014）。

〔3〕 ___S.W.3d___, 2014 WL 4493470（Tex.App.2014）.

〔4〕 瓦格纳认为：（1）法院地的公共政策对于执行姊妹州的判决并不是合法的抗辩；（2）任何情况下，本案并不涉及得克萨斯州反对同性婚姻的公共政策，因为：（a）加利福尼亚州法律并不要求代孕协议下的委托父母必须已婚；（b）亲子关系判决只处理了该两名男子与该儿童之间的关系，而未处理他们相互之间的关系。

〔5〕 See *De Leon v.Perry*, 975 F.Supp.2d 632（W.D.Texas 2014）.

相反,法院直接驳回了博维克的观点,认为其"(1)在冲突法上违反了充分诚信的宪法原则;(2)忽视了现有的得克萨斯州法律,根据该法律,外州判决有权获得充分诚信而无须考虑公共政策"。[1]法院认为,宪法上的充分诚信条款要求承认加利福尼亚州的亲子关系判决。

(十一)各州排除外国法的立法新发展

在上年度综述中,我们介绍了美国一些州制定了禁止适用外国法(主要是伊斯兰法)的立法。截至目前,已有七个州颁布了类似的法律:路易斯安那州(2010)、[2]田纳西州(2010)、[3]亚利桑那州(2011)、[4]堪萨斯州(2012)、[5]南达科他州(2012)、[6]北卡罗来纳州(2013)[7]和亚拉巴马州(2014)。[8]这些新立法都有相同的内容,因为它们都来自同一个渊源:过去十年里兴起的一个反伊斯兰运动所起草的一种"示范法":"美国法院的美国法法案"(American Laws for American Courts Act)。对此现象,美国已有很多学术文献进行了深入讨论。[9]

---

〔1〕 ___S.W.3d___, 2014 WL 4493470(Tex.App.2014) at__*5.

〔2〕 See LA REV.STAT.9: 6001.

〔3〕 See T.C.A. § § 20-15-101 to 20-15-106.

〔4〕 See A.R.S. § § 12-3101 to 12-3103.

〔5〕 See KAN.CODE CIV.PROC. § § 60-5101 to 60-5108.

〔6〕 See S.D.C.L. § 19-8-7.

〔7〕 See N.C.G.S.A. § 1-87.13 to 1-87.19.

〔8〕 Id..

〔9〕 See, e.g., Abdullahi A.An-Na' im, Banning Sharia Is A 'Red Herring': The Way Forward For All Americans, *St.Louis University Law Journal*, Vol.57, 2013, p.287; Jaron Ballou, Sooners vs.Shari' a: The Constitutional and Societal Problems Raised by the Oklahoma State Ban on Islamic Shari' a Law, *Law & Inequality*, Vol.30, 2012, p.309; Amara S.Chaudhry-Kravitz, The New Facially Neutral 'Anti-Shariah' Bills: A Constitutional Analysis, *Washington & Lee Journal of Civil Rights & Social Justice*, Vol.20, 2013, p.25; Martha F.Davis, Shadow and Substance: The Impacts of the Anti-International Law Debate on State Court Judges, *New England Law Review*, Vol.47, 2013, p.631; Muhammad Elsayed, Contracting into Religious Law: Anti-Sharia Enactments and the Establishment and Free Exercise Clauses, *Georgia Mason Law Review*, Vol.20, 2013, p.937; Sarah M.Fallon, Justice for All: American Muslims, Sharia Law, and Maintaining Comity Within American Jurisprudence, *Boston College International Law & Comparative Law Review*, Vol.36, 2013, p.153; Peter Hay, The Use and Determination of Foreign Law in Civil Litigation in the United States, *American Journal of Comparative Law*, Vol.62, 2014, p.213; Kimberly Karseboom, Sharia Law and America: The Constitutionality of Prohibiting the Consideration of Sharia Law In American Courts, *Georgia Journal of Law & Public Policy*, Vol.10, 2012, p.663; Asma Uddin, The First Amendment: Religious Freedom for All, Including Muslims, *Washington & Lee Journal of Civil Rights & Social Justice*, Vol.20, 2013, p.73.

这些立法中，2014年通过的亚拉巴马州的法律是其中最长的（共963个单词），其中提到了亚拉巴马州的“独有的公共政策”，该政策“建立在美国宪法的基础之上，受到美国宪法第十修正案的保护”，并“通过禁止任何人要求亚拉巴马州法院适用和执行外国法律”来保护亚拉巴马州公民的“独特权利”。[1]尽管该项禁令看上去只适用于“当外国法律的适用将会导致违反亚拉巴马州宪法和美国宪法所保障的权利之时”，[2]但其他条款并没有包含这种限制。比如，该修正案通过一种经典的步步为营策略，试图免除亚拉巴马州法院承担的宪法上对姊妹州法律或判决予以充分诚信的义务。该法公然规定：“如果其他州的公共文书、记录或司法程序违反了亚拉巴马州的公共政策，亚拉巴马州将不会给予充分诚信”。[3]它隐含这样一种推定，即亚拉巴马州“独特的公民们”的愿望可以高于其他州的公民以及联邦宪法的精神，而这除了证明亚拉巴马州的“独特性”之外，别无其他。

值得关注的是，路易斯安那州法院审理的一起案件中，法院就明确排除了穆斯林的“彩礼”（mahr）制度。在“Shaheen诉Khan案”[4]中，当事人是印度人，他们在印度结婚并举行了穆斯林婚礼。他们在该地签订了一份协议，其中包含一项“彩礼”条款，规定丈夫在离婚后应支付给妻子一定数额的金钱。丈夫后来移居到路易斯安那州，妻子3年后也投奔那里。路易斯安那州法律规定，居住于路易斯安那州的夫妻应采用共同财产制，无论其结婚时住所或婚姻举行地在哪里。夫妻移居到路易斯安那州后一年之内（无法院证明）或者一年之后（有法院证明）可以选择不受该制度约束。因为该夫妻没有及时作出选择，妻子5年后起诉离婚时就获得了一项共同财产制的请求权。丈夫对该请求权提出抗辩，认为在印度订立的彩礼协议反映了该夫妻建立分别财产制的意愿，因此没有共同财产可以分割。法院认为不存在此种共同意愿，驳回了丈夫的抗辩。法院认为，夫妻从妻子投奔路易斯安那州的丈夫之日起就适用路易斯安那州的共同财产制。

---

〔1〕 ALA.CONST.ART.I, § 13.50（b）（1），（4），（6）.

〔2〕 ALA.CONST.ART.I, § 13.50（b）（7）.

〔3〕 ALA.CONST.ART.I, § 13.50（i）; § 13.50（b）（8）.（“如果姊妹州的公共文件、档案和其他州的司法程序违反了亚拉巴马州的公共政策，亚拉巴马州不会也不应当对其给予充分诚信。”）

〔4〕 142 So.3d 257（La.App.2014）.

（十二）判决承认与执行中的套利现象

在美国，对于外国法院判决的承认与执行由各州法律调整。承认与执行是两个不同的程序。外国法院作出的判决要想在美国得到执行，首先必须获得州法院的一项承认判决，然后再申请执行该项判决。而各州承认外国（州）法院判决的条件差异很大。但是根据美国宪法的“充分诚信原则”，各州之间判决的承认不存在任何条件限制，对于一州法院的判决，其他州法院必须予以执行。当事人就有可能利用这样的制度来寻求对外国法院判决的变相执行，学界将其称为“判决套利”（judgment arbitrage）。[1]当事人为了在A州执行一项外国法院的判决，就先在B州获得一项承认判决，因为B州承认外国法院判决的条件比A州宽松。然后，当事人在去A州申请执行B州的承认判决，而A州法院必须予以执行。这样一来，当事人实际上就规避了A州承认外国法院判决的法律，获得了所谓的“套利”。

“判决套利”这一现象的最新一起案例是“渣打银行诉Ahmad Hamad Al Gosaibi & Bros.Co.案”。[2]一份巴林法院作出的金额高达2500万美元的判决书持有人在纽约获得了对该判决的承认[3]，随后又在宾夕法尼亚州提起诉讼，要求该法院承认纽约法院的判决。宾夕法尼亚法院同意了该请求。法院指出，这是一项“有效的纽约判决”，该判决“在该州通过了上诉审查”，而且承认一项外州判决“并非什么大不了的事情”。[4]根据通行的观点，法院认为：“按照美国宪法、充分诚信法、（宾夕法尼亚州）执行法，纽约判决作为一个法律问题，与纽约法院作出的其他判决一样，有权在宾夕法尼亚州获得充分诚信。”法院驳回了债务人要求“对纽约判决的有效性进行独立调查”的申请并要求对其进行“强化的”公共政策审查。法院引用了最高法院的申明，即对于姊妹州的“判决的充分诚信不允许有公共政策上的例外”，然后指出，宾夕法尼亚州必须承认姊妹州的判决，即使它们违反本州的公共政策也不例外。

---

〔1〕 See Gregory H.Shill, Ending Judgment Arbitrage: Jurisdictional Competition and the Enforcement of Foreign Money Judgments in the United States, *Harvard International Law Journal*, Vol.54, 2013, p.459.

〔2〕 99 A.3d 936（Pa.Super.Ct., 2014）.

〔3〕 See *Standard Chartered Bank v.Ahmad Hamad Al Gosaibi & Bros.Co.*, 957 N.Y.S.2d 602（N.Y.Sup.Ct., 2012）.

〔4〕 99 A.3d at 943.

第二起案例是“Ahmad Hamad Al Gosaibi & Bros.Co.诉渣打银行案”。[1]该案涉及的是与上文所述相同的纽约判决（以及相同的巴林判决）。但是这一次该判决的债权人试图在哥伦比亚特区获得承认。这一次的结果却大相径庭：哥伦比亚特区上诉法院拒绝承认纽约判决。

法院的部分依据是纽约法院在承认巴林判决时对于债务人并不享有管辖权。特区法院解释说：“如果一个法院承认境外判决的权力不受任何管辖权的限制，那么一个州宽松的标准可能违反其他州的严格限制的政策”，并且“如果赋予纽约判决的充分诚信义务——作为一个法律问题——不必要而且事实上也没有受制于对人管辖权”，那么特区的政策“可能会受到损害”。不过，法院拒绝承认的理由远远不止是纽约缺乏管辖权。出于现实的目的，法院拒绝认为本案涉及的是与外国判决相反的纽约判决。法院错误地推断认为“最高法院的判例……从未禁止……审查纽约作出的判决”，于是进行了审查，并发现“实际上，该判决是一项外国判决”，只不过“披上了……姊妹州判决的外衣”。法院认为，“宪法要求给予充分诚信并不适用于这种情形”。法院对该领域的法律做足了功课，比较了纽约和哥伦比亚特区的利益：“如果一个州仅仅是承认一项外国判决，它就没有利益去援用充分诚信原则……特区在本案中的利益很明显高于纽约所拥有的利益。因此，如果特区选择对巴林判决进行重新审查，各州之间的和谐与正常交往不会受到影响。换句话说，拒绝承认纽约的判决不会违背充分诚信条款的目的。”法院解释说，如果不这样判的话，将会使判决债权人去寻求“在每一个提供了最宽松标准的州”承认外州判决并进一步“在全国执行那些判决”。法院认为，这一问题“并非仅仅是理论上的假设”，因为在纽约“立法上拒绝承认的理由要远远少于哥伦比亚特区”。[2]法院列举了一条关键条文作为这一差别的证据，也就是纽约的一项立法条文（依据的是旧的统一法）以及哥伦比亚特区的一项法律条文（依据的是新的统一法）。[3]不过，有一个例外，[4]即两项法律条文之间的差异大多是用语上的，

---

〔1〕 98 A.3d 998（D.C., 2014）.

〔2〕 98 A.3d 998（D.C., 2014）, at 1007.

〔3〕 98 A.3d 998（D.C., 2014）at 1002（referring to “significant differences” between N.Y.C.P.L.R. § 5304 and D.C.CODE § 15-364）.

〔4〕 新法将外国法院缺乏事项管辖权列为不予承认的强制性理由，而旧法将其作为一项任意性理由。另外，纽约立法包含一项反诽谤条款，而该条款在特区立法中不存在，但是该条款通过联邦言论自由法而成为特区的法律。

无论如何，本案并不涉及这些差异。

判决套利还可能以另一种方式出现。“Commissions Import Export S.A.诉刚果共和国案”[1]是一起承认英国判决的案件，该英国判决确认了一份法国巴黎ICC仲裁裁决的效力。该仲裁裁决在2000年作出，一家英国法院于2010年确认了其效力。要求承认该裁决的诉讼是2011年在哥伦比亚特区提起的。该案争议问题是该诉讼是否已过诉讼时效。《哥伦比亚特区统一外国金钱判决承认法》第15-369条规定，承认外国判决的诉讼必须于该判决在其作出地国期满之前或者在该判决在其作出地国生效后15年内提出，以两个时间中较早者为准。根据该条规定，承认英国判决的诉讼尚未过期，因为根据英国法律，一项判决在作出之日后6年内有效。但是，被告援引了《联邦仲裁法》第207条作为抗辩，该条规定，确认一项仲裁裁决效力的诉讼，如果该仲裁裁决属于纽约公约的适用范围，必须在裁决作出之日起3年内提出。被告主张，《联邦仲裁法》第207条优先于特区统一法第15-369条，因此，本案诉讼已过诉讼时效，因为它是在仲裁裁决作出后11年才提出。然而，法院驳回了被告的主张。法院注意到，第207条只提到仲裁裁决而未提到判决。法院认为：“国会并未打算去关注承认和执行仲裁裁决之外的事项。”[2]法院解释说，“国会不可能打算把它对纽约公约的实施扩展到仲裁裁决和判决而又不提到后者”。[3]法院还指出，在仲裁裁决和法院确认该裁决的判决之间存在明显区别。在美国，联邦法律解决仲裁裁决的确认问题，本案争议并非确认法国仲裁裁决的效力，该裁决已经并入英国判决中了。本案争议是承认英国判决问题。按照本案的判决结果，一项本已超过诉讼时效的仲裁裁决可以因为被纳入一项外国判决而起死回生。

（十三）中国破产程序首次获得美国承认

浙江尖山光电股份有限公司系海宁市重点光伏企业，浙江省海宁市农村信用合作联社对该公司及其三个子公司享有到期金融债权本金1.1亿余元人民币，一直未被清偿。2013年11月5日，海宁市农村信用合作联社向法院申请对债务人进行重整。债务人在法定期限内未提出异议。海宁市人民法院

---

〔1〕 757 F.3d 321（D.C.Cir., 2014）.

〔2〕 757 F.3d 321（D.C.Cir., 2014）, at 329.

〔3〕 757 F.3d 321（D.C.Cir., 2014）, at 332.

同意了该申请，并依法指定尖山公司清算组担任债务人的破产重整一案管理人。2014年6月30日，该院出具《决定书》，表示注意到债务人“在美国拥有大量破产财产”（主要是位于新泽西州某仓库中的太阳能电池板），依据管理人申请，对管理职责范围补充决定如下：“管理人有权依据美利坚合众国法典第11篇（“破产法”）第15章之规定，向美国司法机构寻求相关司法救济，并有权采取其认为合适的步骤履行其职务”，正式授权破产管理人作为债务人的代表，寻求美国破产救济。2014年7月11日，管理人任命了一位“指定受权人”（Authorized Designee），2014年7月16日，该指定受权人聘请的美国律师，向位于新泽西州的美国联邦破产法院提交了《承认外国主要程序和提供救济和帮助》的申请动议书。

美国联邦破产法院新泽西州地区首席法官伯恩斯（Gloria M.Burns）于2014年8月12日签署命令，[1]批准了此项申请：1.根据联邦破产法典第1517（a）（1）-（3）条及第1517（b）（1）条，确认中国破产程序符合美国法定义下的“外国主要程序”的各项条件；2.命令立即提供相应的美国司法救济：“根据联邦破产法典第362条，第1519（a）（1）条和第1521（a）条，所有的自然人债权人和企业债权人，从现在起，被禁止（stayed, without limitation）推进执行一切针对债务人的或债务人在美国境内的任何财产（包括被主张但待确认的财产）的判决或执行令（writ of execution）；并被禁止从事任何占有、控制、移转、处分或设限于债务人在美财产的行为；或未经本庭允许，进行任何针对债务人及其资产的其他行为……任何正在进行中的移转、设限、处分债务人在美资产及其相关收益（含所有被主张但待确认的财产）均暂停实施，直至法院签发相关指令。”

该判决具有相当重要的意义：作为美国法院承认中国破产程序的首例，必将为其他有破产重整需求的中国企业寻求将其在美资产和债权纳入在华发起的破产程序产生积极的示范作用，也为中国法院未来依照互惠原则承认美国破产程序在华的效力带来重要启示并提供了可能。目前，中国另外几家光伏企业如赛维集团（LDK）和尚德集团（Sun Tech）也都在美国寻求破产救济。

---

〔1〕 In re Zhejiang Topoint Photovoltaic Co., Ltd., Case No.14-24549 5/12/2015, at: http://www.njb.uscourts.gov/opinions/GB/docs/2015/R14-24549_May_12_Opinion.pdf（last visited September 15, 2015）.

（十四）中国香港法院判决在美国被承认

在“上海商业银行有限公司诉Chang案”[1]中，涉及的是对一份香港判决的承认，债务人提出了几项反对意见，涉及香港司法制度和某些程序的公正性。华盛顿州法院驳回了这些异议，理由包括：（1）债务人未能证实其对公正性的一般指控；（2）其主要异议——香港法院要求其支付高额担保费（650万美元）——并不涉及他作为被告的此项判决，而是涉及另一起他作为原告的发生在相同当事人之间的另一起诉讼案件。[2]

（十五）厄瓜多尔法院对雪弗龙公司的判决在美国的执行

2011年2月，厄瓜多尔一家法院作出一项判决，要求美国石油巨头雪弗龙公司（Chevron）向受害者支付高达180亿（二审改判为95亿）美元的赔偿，理由是雪弗龙公司应该为过去数十年在厄瓜多尔拉戈阿格里奥（Lago Agrio）地区[3]开发石油造成的环境和社会损害承担责任。该项判决创造了世界环境损害赔偿金额的历史纪录。此后几年，原告所委托的律师在多个国家寻求执行该判决。为了阻止该判决在美国被执行，雪弗龙公司采取先发制人手段，抢先在美国纽约地区法院提起一项诉讼，要求法院拒绝执行该项判决。2014年3月4日，纽约地区法院作出了一份长达497页的裁决书，[4]宣布厄瓜多尔的判决是原告律师斯蒂文·登齐格（Steven Donziger）[5]等人通过贿赂和欺诈手段获得的，因此不能在美国任何法院得到执行。纽约法院的判决还指控登齐格等人违反了美国的RICO法和外国腐败行为法等法律，从事了勒索、洗钱、收买证人、诈取钱财等犯罪行为。登齐格已经对该纽约法院的裁决提起上诉，认为该法院无管辖权。此外，雪弗龙还根据美国和厄瓜多尔之间的双边投资协定向海牙国际仲裁法庭提起了仲裁程序，指控厄瓜多尔法院的该项判决违反了厄

〔1〕 2014 WL 4198391, No.70526-1-I（Wash.App.Aug.25, 2014）.

〔2〕 由于担心其安全，判决债务人没有抗辩银行对他的指控。相反，他对银行提起了另一个诉讼，主张欺诈和证券请求权。该诉讼仍在进行中，但是由于他是非居民原告，香港法院命令对其提供事后安保。

〔3〕 该地区位于亚马逊热带雨林。中国石油和中国石化联合投资的安第斯石油公司（Andes Petroleum）和东方石油公司（PetroOriental）也在该地区开采石油。

〔4〕 Chevron Corporation v.Donziger et al., available at: https://docs.justia.com/cases/federal/district-courts/new-york/nysdce/1: 2011cv00691/374606/1874（last visited Oct.15, 2015）.

〔5〕 登齐格毕业于哈佛大学法学院，是奥巴马的同班同学，因本案而声名大噪。

瓜多尔政府的条约义务。[1]

三、其他国家

（一）多米尼加共和国新国际私法

多米尼加共和国于2014年10月15日颁布第544－14号法律，[2]即《多米尼加共和国国际私法》。此前多米尼加共和国调整国际私法关系的规则分布于1882年7月4日国会法令所颁布的《多米尼加共和国民法典》之中，该法典是按照1845年以来一直适用于多米尼加共和国的《法国民法典》的文本制定的。此外，在其他一些特别法中也有一些分散的规则。当今世界经济日益走向开放、综合和竞争，迫切要求制定更完善的调整国际私法关系的规则，以便进一步提高法律的确定性并尊重当事人的合理预期，从而加强法治。同时，新的立法也要坚守本国法律传统，并尊重美洲国家间组织所通过的条约以及海牙国际私法会议所取得的成果，尤其是多米尼加共和国近来所签署的各项条约。新法分为五编，共99个条文，全面规定了国际私法的三方面内容：（1）多米尼加共和国管辖权的范围及其限制；（2）准据法的确定；（3）承认和执行外国判决的条件。在管辖权方面，新法全面肯定了法院选择协议的有效性。新法也采纳了不方便法院原则（第23条），并采用"先诉法院优先原则"处理平行诉讼问题（第25条），根据这一规定，如果原告在向多米尼加法院起诉之前，已经就相同当事人、相同标的和相同诉因的纠纷向另一国法院提起诉讼，则多米尼加共和国法院应暂停诉讼程序，等待先受理的外国法院就其管辖权做出裁决。如果先受理的外国法院宣布其有管辖权，并且该管辖权依照多米尼加共和国现行的承认和执行判决的规则亦属合理，则后受理该案的多米尼加法院应拒绝行使管辖权。这充分显示了新法在解决管辖权冲突问题上的开放性。

在法律适用领域，对于属人法，继续沿用了传统的住所地原则。对于公司法人，采用成立地主义。当事人意思自治原则得到了充分肯定，当事人可以在夫妻财产关系、离婚、合同和非合同之债、继承等领域允许当事人选择准据法。但是对于雇佣合同和消费者合同，当事人的法律选择受到限制。物权领域不

〔1〕 Chevron Corporation and Texaco Petroleum Corporation v.The Republic of Ecuador, UNCITRAL, PCA Case No.2009-2023.

〔2〕 Official Gazette of the Dominican Republic, December 18, 2014, p.20.

允许当事人意思自治，而适用传统的物之所在地法律。知识产权侵权适用被请求保护地法律。

对于准据法，应由法官依职权适用并在当事人协助下查明。外国法中的公法也可以被适用，但不接受反致和转致。

对于外国法院的判决，有以下情况的，多米尼加法院不予承认：

（1）承认该判决根本上违反公共秩序；

（2）被告被缺席判决，但没有真实证据证明该人及其住所；

（3）该判决与其他国家先前针对相同当事人之间具有相同标的和诉因的纠纷所做出的另一判决相冲突，而且该另一判决符合多米尼加共和国承认的条件；

（4）该判决不符合本法第2条的规定；

（5）多米尼加共和国法律要求该判决必须得到判决做出国的有效认证，而其未能满足该条件。

（二）巴拉圭《国际合同法律适用法》

2015年，巴拉圭颁布第5393号法律，即《国际合同法律适用法》，从而修改了《巴拉圭民法典》中关于国际合同的法律适用规则。正如立法说明中所说，原来的《巴拉圭民法典》中关于合同的冲突法规则还是建立在19世纪的属地主义基础之上，已经不能适应当代社会的需要。比如，原《巴拉圭民法典》仍然不允许当事人意思自治。《巴拉圭民法典》第14条规定，法律行为的形式必须适用巴拉圭法律；债权适用债务履行地法律，履行地无法确定的，适用债务人住所地法律。为此，新法废除了《巴拉圭民法典》第14、17、297、687、699条对国际合同的适用。

为了使巴拉圭合同冲突法赶上世界先进水平，巴拉圭此次新的立法直接采纳了海牙国际私法会议《国际商事合同法律适用原则》的规定。这应当归功于巴拉圭著名法学家罗德里格斯教授的努力。罗德里格斯教授是《国际商事合同法律适用原则》起草工作组的15名专家之一，对该原则的出台作出了巨大贡献。巴拉圭将该原则纳入本国国内法，也极大地促进了该原则在全球的推广。

当然，该法也不是对海牙原则的全盘照搬，它同时还参考了美国国际私法特别会议通过的1994年《国际合同法律适用公约》。

新法一共18条。在适用范围上，该法适用于一方当事人从事商业活动或职业活动的国际合同，但不适用于消费者合同、雇佣合同、特许合同、代理合同和证券发行合同。在合同“国际性”的认定上，采用了海牙原则的方法。该法确立了当事人意思自治原则（第4条），并且也不需要所选择的法律与合同具有实际联系。该法第5条与海牙原则一样，允许当事人选择非国家的法律（non-state law）。法律选择条款的效力独立于主合同，其效力由当事人所选择的法律确定。该法同样排除了反致和转致。

与海牙原则不同的是，该立法还规定了当事人未做选择或选择无效时合同的准据法。此时，应适用与合同联系最密切的国家的法律。法院应考虑合同的主客观各种情形以便确定与合同联系最密切的国家的法律。此外，法院还可以在特定案件中适用国际商法中的指南、习惯和原则以及商业惯例和普遍接受的实践做法。该立法还规定了合同准据法的适用范围以及合同转让情况下的法律适用。另外，巴拉圭的强制性法律规定不能被当事人的法律选择所排除。与案件有密切联系的国家的强制性规定也可以被考虑。当事人选择的法律不能违反公共政策。

（三）巴拿马共和国新国际私法

2014年5月8日，中美洲国家巴拿马共和国颁布了一部国际私法法典，原定于2014年11月8日起生效。[1]在此之前，巴拿马的国际私法主要规定在1916年《巴拿马共和国民法典》和1994年《巴拿马共和国家庭法典》之中。另外，2006年颁布的《私法的国际冲突法》之中也有一些冲突法规范。新颁布的《巴拿马共和国国际私法典》共有184条，内容涵盖了法律适用、管辖权和国际司法协助等所有领域。然而，该法典由于出台过于匆忙，出现了很多不应有的错误。2014年10月28日，巴拿马国民议会紧急通过了一项法令，将该法典的生效日期推迟到2015年11月8日。随后，巴拿马加紧了对该法典的修订工作，并于2015年10月7日颁布了修订后的新法典。新法典删除了一些重复性条文，对章节标题和条文顺序也进行了一些调整。新法典共163条，共十一编：序编，第一编国际司法管辖权的放弃，第二编人身与财产，第三编国际合同，第四编国

〔1〕 Ley 7 de 8 de mayo de 2014 que adopta el Codigo de Derecho Internacional Privado de la Republica de Panama, Gaceta Oficial Digital Nr.27530, available at https://www.gacetaoficial.gob.pa/pdfTemp/27530/46493.pdf (last visited Nov.15, 2015).

际司法合作，第五编准合同，第六编非合同之债，第七编国际商法，第八编外国证据的评估，第九编术语解释，第十编最后条款。[1] 修订后的国际私法典从2015年10月9日起生效。

（四）阿根廷新国际私法

2014年10月8日，阿根廷通过了一部新的《阿根廷共和国民法与商法典》（Codigo Civil Y Comercial de la Nacion），它将1862年的《阿根廷共和国商法典》和1871年的《阿根廷共和国民法典》统一为一部法典。新法典自2015年8月1日起正式生效。[2]新法典第六卷“人身权和财产权的一般规定”中，第四编为国际私法（Disposiciones de derecho internacional privado），共77条（第2594-2671条），分为三章：第一章为一般规定，规定了外国法的查明、反致、法律规避、国际强制性规则、公共秩序保留等基本问题。第二章为国际管辖权的一般规定。第三章为特别规定，具体规定了各种民商事关系的管辖法院和准据法。该法典没有规定外国判决和仲裁裁决的承认和执行问题，因为根据阿根廷宪法，这一问题属于各省的管辖范围，联邦法律无权进行规定。

新的《阿根廷共和国民商法典》及其国际私法编没有规定国籍问题，也不包含知识产权、破产、保险、劳动合同、运输合同等方面的问题。这些问题都由特别法专门规定。在具体内容上，新法典有一些创新之处。在反致问题上，除当事人选择法律的情况外，反致和转致都被接受。新法规定了阿根廷强制性规范的直接适用，同时，外国法律中的强制性规范也可以被适用。在管辖权方面，新法典对于平行诉讼问题作出了专门规定，采用了预期承认理论，只要外国法院受理的案件预期能够得到阿根廷的承认，则阿根廷法院可以放弃管辖。新法典也允许当事人协议选择外国法院管辖，并且所选择的法院具有排他性管辖权。专属管辖方面，只有不动产纠纷、公共登记事项和知识产权纠纷属于专属管辖范围。

在属人法上，阿根廷继续采用住所地原则。在婚姻方面，结婚的条件适用婚姻举行地法律点，但婚姻的人身关系适用共同婚姻住所地法律。婚姻财产

---

〔1〕 http://200.46.254.138/APPS/LEGISPAN/PDF_NORMAS/2010/2015/2015_620_0734.PDF (last visited Nov.15, 2015).

〔2〕 http://www.infoleg.gob.ar/infolegInternet/anexos/235000-239999/235975/norma.htm (last visited Nov.15, 2015).

关系适用协议选择的法律。离婚适用夫妻最后共同住所地法律。新法典还规定了远程婚姻、非婚同居关系的管辖权和准据法。新法对辅助性人工生殖技术带来的亲子关系问题进行了规定，原则上采用了保护儿童最佳利益原则和公共秩序原则。在扶养、收养、监护、儿童拐带等领域，也采取了有利原则和保护儿童利益原则。继承方面，采用了动产和不动产的区别制。合同领域，采用了当事人意思自治原则。当事人未选择的，以合同履行地法律为准。对于消费者合同有特别规定，强化了对消费者的保护。侵权之债适用侵权行为地法律。有价证券之债适用行为发生地法律。物权适用物之所在地法律。登记的财产，其物权适用登记地法律。诉讼时效适用实体争议法律关系的准据法。

（五）巴西新国际民事诉讼法和新仲裁法

1973年，巴西在《巴西共和国民事诉讼法典》第四编第二章专门规定了巴西法院的国际管辖权。其中第88条规定，巴西法院对以下案件有管辖权：（1）被告人，不论其国籍，住所在巴西；（2）在巴西有需履行的债务；（3）诉讼起源于在巴西发生的事实或在巴西实施的行为；外国法人如果在巴西有代表处、分支机构或子公司的，视为在巴西有住所。第89条规定，巴西司法机构对以下案件有排他性管辖权：（1）涉及在巴西境内的不动产的诉讼；（2）位于巴西境内的遗产的清算和继承，即使被继承人为外国人或住所位于巴西境外。第90条则规定了平行诉讼问题：案件被提交到外国法院并不产生诉讼搁置（lis pendens）的结果，也不会阻碍巴西法院对同一法律关系引起的同一诉因的案件的审理。此外，巴西1942年制定、2010年修订的《法律施行法》中，除了法律适用条款之外，也有一条管辖权规定和一条外国判决承认与执行的规定。

2015年3月16日，巴西总统罗塞夫正式批准了第13105号法律，使新《巴西共和国民事诉讼法典》正式颁布。[1]新法典将于2016年3月17日起生效。新法典在其总则卷第二编管辖权之中，专设了第二章“对国内管辖权的限制与国际合作”。其中第一节“对国内管辖权的限制”共5个条文（第21～25条），具体规定了巴西法院行使国际管辖权的依据。第21条基本上沿用了原来第88条的规定，没有变化。第22条则规定了巴西法院对特定案件的管辖权，包括：（1）扶养纠纷，债权人在巴西有住所或居所的，或者被告在巴西境内有财产、

〔1〕 Código de Processo Civil（C.P.C.），Lei No.13.105，de 16 de Marçode 2015.

收入或其他经济利益的;(2)消费者纠纷,消费者住所或居所在巴西的;(3)当事人民事或默示选择国内法院管辖的。第23条在原第89条基础上,对巴西法院的专属管辖权做了进一步规定,包括位于巴西境内的不动产纠纷、巴西境内的遗产继承纠纷和涉及巴西境内财产的离婚纠纷等。

第24条在原第90条的基础上对平行诉讼问题作了更加清晰的规定,虽然并不禁止巴西法院对外国法院已经受理的相同纠纷继续审理,但是规定了条约例外。同时,该条还规定,巴西法院对同一纠纷的审理并不影响外国法院判决在巴西申请承认和执行。

第25条对当事人协议选择法院做了明确规定。根据该条,当事人可以在合同中约定排他性法院选择条款选择外国法院,从而排除巴西法院的管辖权。但是这种选择不得违反巴西的专属管辖权,同时要符合第63条所规定的条件。这一规定在巴西国际民事诉讼法中具有重大历史意义,标志着巴西正式允许当事人协议选择外国法院。

新法典第26~27条规定了巴西与外国法院之间的司法合作。其中第26条规定了司法合作的条件,包括正当程序、平等待遇、程序公开、中央机关等。第27条规定了司法协助的领域,包括域外送达司法文书、取证、判决的承认和执行、紧急措施、法律援助等。

总体上看,新《巴西共和国民事诉讼法典》中的涉外规定与国际上的普遍实践越来越接轨。

与新《巴西共和国民事诉讼法典》几乎同时颁布的还有新修订的《巴西共和国仲裁法》。该法于2015年5月27日在政府公报上公布,同年7月27日起生效。该法基本保留了1996年《巴西共和国仲裁法》的结构和基本精神,主要的改革在于扩大了仲裁的范围,把公司法争端纳入仲裁。另外在外国仲裁裁决的承认与执行方面,新法规定由巴西高等法院管辖,而不再由最高法院管辖。新法进一步贯彻了支持仲裁的立场,对外国仲裁裁决的承认和执行坚守《纽约公约》的精神。

(六)黑山共和国新国际私法

前南斯拉夫共和国解体后,分裂为塞尔维亚、克罗地亚、斯洛文尼亚、马其顿、黑山、波斯尼亚和黑塞哥维那等几个国家。[1]这些国家独立后长期沿用前

〔1〕 科索沃于2008年宣布独立,但我国尚未承认该国。

南斯拉夫的法律，包括其1982年颁布的《南斯拉夫国际冲突法》。不过，这些国家近年来一直在加紧制定各自的国际私法。其中，斯洛文尼亚和马其顿分别于1999年和2007年颁布了自己的国际私法。克罗地亚则于2013年成功加入欧盟，从而直接适用欧盟国际私法。

2013年12月23日，黑山共和国也颁布了一部新的《黑山共和国国际私法典》，并于2014年7月9日正式实施。[1]新法延续了前南斯拉夫国际私法的基本结构，包括法律适用、管辖权以及外国判决承认与执行三个部分，共169条。

黑山正在申请加入欧盟，因此新的立法全面采纳了欧盟国际私法的主要内容。在法律适用方面，新的创新点包括：属人法上继续采用国籍原则，但经常居所在合同领域、婚姻家庭和继承领域也被采纳为重要联结点。对于经常居所的概念，第12条规定，经常居所是自然人主要居住地，不用考虑其登记或许可，也不用考虑任何时间限制。法人的经常居所是其主营业地。当事人意思自治原则得到更大扩张，反致制度得到采纳（第4条）。外国法由法院依职权查明，当事人可以提供协助。但在当事人选择外国法的场合，当事人有义务帮助法院查明外国法（第7条）。强行规范的适用和公共秩序保留也都有规定。法人的属人法依照其成立地法律（第19条）。物权领域，该法专门规定了文物返还请求权的法律适用，准据法为提出请求国法律（第33条）。知识产权适用请求保护国法律，但是劳动期间产生的知识产权适用劳动合同准据法。合同领域全面采用意思自治原则和最密切联系原则。非合同之债原则上也可以由当事人选择法律。没有选择时，侵权适用侵害结果发生地法律，而不适用侵权行为发生地法律。人身侵权适用受害者选择的受害者经常居所地法律或损害发生地法律或加害者经常居所地法律。产品责任直接适用1973年《海牙产品责任法律适用公约》。公路交通事故适用《交通事故法律适用公约》。缔约过失责任适用合同准据法（第62条）。继承领域采用同一制，适用被继承人死亡时经常居所地法律（第71条），但被继承人有一定的法律选择权。遗嘱的形式有效性上采用了有利生效原则，规定了多达7个联结点。遗嘱的实质有效性以及解释适用遗嘱订立时继承准据法。没有继承人的遗产，适用遗产所在地法律。婚姻的实质要件适用当事人国籍国法律。婚姻的形式适用举行地法律。

〔1〕 黑山共和国官方法律公报2014年1月9日公布。

夫妻人身和财产关系，依次适用共同国籍国法律、共同经常居所地国法律和最后共同经常居所地国法律。离婚也依照上述顺序分别确定准据法。当事人可以选择夫妻财产制和离婚的准据法。在亲子关系方面强调对儿童利益的保护。扶养适用被扶养人经常居所地国或国籍国法律。当事人也可以协议选择扶养准据法。

在管辖权领域，以被告住所地作为一般管辖地，行为地作为特别管辖地。当事人可以协议选择黑山共和国法院或者外国法院，该协议具有排他性，除非当事人另有约定。被告可以默示接受黑山共和国法院的管辖权。对于国际平行诉讼，采用了与欧盟布鲁塞尔第一条例相同的先诉法院优先原则，只要案件不属于黑山共和国专属管辖并且外国法院的判决有可能得到黑山共和国承认和执行。该法还针对物权、知识产权、合同、非合同之债、继承、婚姻家庭等事项分别规定了特别管辖法院。

在外国判决承认和执行领域，新法规定了拒绝承认外国法院判决的几项理由，包括：外国法院判决尚未生效、外国判决未保障被告权利、外国判决事项属于黑山共和国专属管辖范围、外国法院行使管辖权的依据不符合黑山共和国法律规定、外国判决与黑山共和国判决相抵触、外国判决违反黑山共和国公共秩序等。

新法还规定了外国仲裁裁决的承认与执行。外国仲裁裁决具有作出地国国籍，其承认与执行应适用1958年《纽约公约》。

（七）新加坡国际商事法院正式运营

2015年1月5日，新加坡国际商事法院（SICC）正式运营。[1]该法院在法律地位上是新加坡高等法院（SHC）的分部，专门受理国际商事纠纷，其作出的判决可向新加坡上诉法院上诉。根据新修订的《新加坡法院规则》第110号令第1项之规定，“国际”商事纠纷是指：(1）当事人以书面形式约定将其纠纷提交国际商事法院审理的，且当事人营业地位于不同国家；(2）当事人营业地均不位于新加坡境内；(3）当事人之间的商事关系的主体部分是在任一当事人有营业地的境外国家境内履行；(4）与争端有密切联系的地点位于境外，且任一方当事人在该地有营业地；(5）当事人一致明示同意争端与多个或一个外国有

〔1〕 关于该法院的具体情况，参见该法院官方网站：http://www.sicc.gov.sg/About.aspx? id=22，最后访问时间：2015年9月30日。

关联。第110号令还对“商事”的定义进行了列举式规定，包括货物或服务的贸易，投资、金融、银行和保险，合资企业或其他工商业合作，海上货物或旅客运输等。此外，新加坡高等法院还可以自行决定将某一案件提交国际商事法院审理。

国际商事法院受理的案件由1名或3名法官审理，法官可以来自外国。首批任命的11名国际法官任期3年，分别来自美国、英国、澳大利亚、奥地利、法国、日本和中国香港等国家和地区。当事人可以聘请符合条件的外国律师作为代理人。如果案件与新加坡没有任何联系（离岸纠纷），当事人还可以全部聘请外国律师而不需要任何本地律师参与。这是新加坡历史上第一次允许外国律师在本地法庭出庭。国际商事法院还可以不受新加坡证据法的约束，而采用当事人所约定的其他国家的证据法。

新加坡国际商事法院面临的最大挑战是其判决的承认和执行。尽管该法院的判决在法律上视同新加坡高等法院的判决，但是与国际商事仲裁相比，目前还缺乏一项类似于《纽约公约》的判决承认与执行的公约。新加坡政府于2015年3月25日签署了海牙《法院选择协议公约》，并争取尽快获得议会批准，以方便该法院判决在其他成员国的执行。

四、海牙国际私法会议

（一）2015年度大会

2015年3月24～25日，海牙国际私法会议总务委员会举行年度会议，来自64个成员和其他组织的180名代表出席。会议首先审议了荷兰政府请求接纳摩尔多瓦共和国加入海牙国际私法会议的议案，也见证了新加坡共和国正式签署2005年《法院选择协议公约》。会议对2015年3月19日《国际商事合同法律适用原则》的通过表示欢迎，并同意寻求联合国国际贸易法委员会对该原则的支持。

对于外国民事保护措施的执行问题，委员会对常设局所做的信息收集和比较研究工作表示肯定，并邀请常设局继续该项工作。关于跨境旅游者的保护问题，委员会要求常设局对该项工作的必要性和可行性进行继续研究。委员会欢迎巴西政府出资聘请一位专家从事该方面的工作。

关于取证公约的实践调查工作，委员会决定建立一个专家组对录像和其他现代技术手段在取证中的运用情况进行研究，并讨论是否有必要制定一个该公约的议定书。委员会也欢迎常设局对非婚同居和登记伴侣所带来的国际私法问题所进行的研究工作，并邀请常设局对此问题进行问卷调查，以便向2017年大会报告。委员会还决定将外国法的查明问题从海牙国际私法会议议程中删除，并将其推迟到以后阶段再进行。

委员会批准了《送达公约实用操作手册》新版本和《取证公约实用操作手册》新版本。委员会对《取消认证公约实用操作手册》特别委员会会议计划表示欢迎，并决定在2016年下半年举办关于电子认证(e-APP)的国际论坛。

委员会对拉美办公室和亚太办公室的工作表示满意，并对计划中的非洲战略表示关注。委员会要求常设局加强和促进在非洲的活动。

(二)判决项目

2015年2月3～6日，海牙国际私法会议判决项目(Judgments Project)工作组第四次会议在海牙举行，来自15个成员的28名代表参加了会议。〔1〕会议通过了一份关于判决承认与执行的公约草案初步文本。

这份草案文本共有12条。第1条是范围。它规定，公约适用于民商事判决的承认与执行，而不适用于税务、海关和其他行政性事项。第2条规定了公约不适用于消费者合同和劳动合同，同时也不适用于以下事项：自然人的身份和能力、扶养义务、其他家庭关系、遗嘱和继承、破产、核事故责任、法人的成立和解散、公共登记的有效性等。该条还列举了一些有争议的事项，包括旅客和货物运输、海事责任、诽谤等。公约也不适用于仲裁。草案第4条规定了承认外国判决的一些前提条件，包括不对外国判决进行实体审查、外国判决必须是在来源国已生效的可执行的判决、外国判决必须未过时效期限等。第5条是最核心条款，规定了拒绝承认外国判决的理由，包括诉讼文书未及时送达被告、判决是通过欺诈方式获得、判决违反公共政策、存在诉讼竞合、判决与其他国家已决判决相抵触等。第5条第3款还规定了拒绝承认外国判决的几项补充理由，包括：判决针对的当事人不是来源国居民、来源国法院根据承认和执行国法律没有管辖权、判决所针对的被告在来源国境内没有分支机构、代理机构或其他营业地、判决所针对的被告没有明示同意来源国法院行使管辖权、合同之

〔1〕 15个成员分别是澳大利亚、巴西、加拿大、中国、塞浦路斯、欧盟、德国、印度、日本、韩国、俄罗斯、西班牙、瑞士、英国和美国。

债的判决所针对的被告在来源国没有主动从事经常性或重要的营业活动、判决做出国不是合同履行地、侵权损害没有发生在来源国境内、知识产权侵权中权利登记地不在来源国境内、来源国不是信托文件所指定的纠纷解决地或准据法所属地或信托管理机关所在地、反诉判决中来源国法院对于原诉没有管辖权等。第6条规定了基于排他性理由而进行的承认与执行，包括知识产权登记和有效性问题的判决和涉及不动产物权的判决等。第7条规定了先决问题。第8条规定了惩罚性赔偿判决的承认与执行。第9条规定了司法调解的承认与执行，根据该条，司法调解书具有和判决同样的效力。第10条规定了申请承认和执行的当事人应当提交的文件。第11条规定了承认和执行的程序。第12条规定了判决的可分性，即可以申请承认和执行判决书的一部分。

工作组第五次会议于2015年10月举行。按照计划，海牙国际私法会议总务局将会在2016年6月举行特别委员会第一次会议对公约草案进行审议。

（三）《跨国收养领域保护儿童与合作公约》生效20周年

2015年5月1日是《跨国收养领域保护儿童与合作公约》生效20周年纪念日。海牙国际私法会议于2015年6月8～12日举行了第四次特别委员会会议，审查了20年来该公约的实践运用情况。会议报告认为，20年来，该公约取得了巨大成功，迄今已有95个缔约国。公约所规定的很多制度都已被各成员国国内法所接受，尤其是儿童最佳利益原则。

报告指出，全球化的发展给跨境收养带来了挑战。公约适用于惯常居所在一个缔约国的儿童在该国被惯常居所在另一缔约国的人收养的案件。但是由于跨境迁移的日益便利，当事人经常性改变其惯常居所，这给确定公约的适用范围带来了障碍。公约本身并未对惯常居所规定明确的判断标准。实践中，各国国内法律与实践对惯常居所的解释也五花八门。这会影响到公约的统一适用。尤其值得重视的是，一些当事人为了规避公约的适用，故意将儿童从一个缔约国带离到一个非缔约国。这极大地损害了儿童的最佳利益。有鉴于此，特委会报告希望各缔约国能够逐渐发展出一些统一的标准用于判断惯常居所。

（四）跨国代孕问题

上一年度综述已经介绍了海牙国际私法会议从2010年开始关注跨国代孕的国际私法问题并进行了一系列研究调查工作。2014年以来，跨国代孕有了很多新的发展,并且出现了一些引人关注的案例。国际层面上,联合国儿童权利委员会在2014年第65届大会上 讨论了跨国代孕带来的儿童权利保护问题,并特别指出:“未加以适当管理的商业代孕正在被广泛采用,这将会导致买卖儿童并违反儿童的权利。”[1]欧洲人权法院(EctHR)也审理了几起涉及代孕儿童的案件,即“Mennesson诉法国案”和“Labassee诉法国案”[2]以及Campanelli诉Italy案。[3]前两起案件中,都涉及法国夫妻在美国通过代孕协议出生的子女,法国法院拒绝承认美国加州和明尼苏达州法院所做的关于该子女身份的判决。欧洲人权法院认为法国法院的行为违反了《欧洲人权条约》第8条的规定。目前国际上的发展趋势是,越来越多的国家从保护儿童利益的角度出发,倾向于承认代孕所生儿童与委托代孕的父母(intending parents)之间的法律关系。比如,2014年12月10日,德国联邦最高法院(BGH)作出裁决,承认了美国加州法院一项关于代孕儿童亲子关系的判决。[4]奥地利、[5]巴西、[6]加拿大[7]等国也都有类似判例。

这些新发展促使海牙国际私法会议继续关注该领域的工作。2015年3月举行的总务委员会年度大会上,常设局提交的报告中对世界各国在2014年度的发展状况进行了总结并建议海牙国际私法会议加强这方面的研究。[8]大会上,总务委员会决定成立一个专家组讨论是否有必要在这方面开展相应工作。专家组将首先研究跨国代孕中儿童的身份问题的国际私法规则。委员会对专家组的组成提出了要求并希望专家组能在2016年年初召开会议并向2016年总务委员会大会提交报告。

---

〔1〕 Para.57(d) of the “Concluding observations on the consolidated third and fourth periodic reports of India”(CRC/C/IND/CO/3-4), 13 June 2014.

〔2〕 该案判决原文参见欧洲人权法院网站:http://hudoc.echr.coe.int/sites/fra/pages/search.aspx? i=001-145179#{“itemid”:[“001-145179”]},最后访问时间:2015年9月30日。

〔3〕 Application No. 25358/12.

〔4〕 BGH, Beschluss vom 10.12.2014-XII ZB 463/13.

〔5〕 Green-Wilson & Bishop[2014]FamCA 1031.

〔6〕 Case No. 0800779-46.2013.8.24.0090.Averiguacao de Paternidade/PROC.Florianopolis (SC), Judge: Luiz Claudio Broering.Dated 30 July 2014.

〔7〕 Adoption-1445[2014]QCCA 1162, 10 June 2014.

〔8〕 http://www.hcch.net/upload/wop/gap2015pd03a_en.pdf,最后访问时间:2015年8月15日。

五、国际统一私法协会

(一)与欧洲法学会合作的跨国民事诉讼项目

上一年的综述中,我们介绍了欧洲法学会(ELI)与国际统一私法协会联合发起的跨国民事诉讼计划,该计划试图在美国法学会和国际统一私法协会联合发布的《跨国民事诉讼原则》基础上制定统一的欧洲民事诉讼规则。在过去的一年里,该计划取得了一系列进展。

2014年5月12~13日,该计划的指导委员会在罗马举行了第一次会议,确定了需要研究的五项议题:信息和证据的获取、临时性和保护性措施、文书送达、平行诉讼与既判力、当事人和律师的义务。每个提议分别组建一个工作小组。其中,前三项议题马上启动,后两个议题于2015年内启动。

2014年11月27~28日,指导委员会和各工作组在罗马举行了一次联合会议。前三个议题的工作组分别提交了各自的先期报告。后两个议题的工作组也正式组建。很多重要的国际组织和机构也参加了这次会议,包括海牙国际私法会议、欧盟委员会和欧洲议会、欧盟法院、国际仲裁协会、美国法学会等。2015年4月16日,指导委员会和各工作组组长联席会议在布鲁塞尔召开。会上,前三个工作组分别汇报了它们近期工作,后两个工作组也第一次做了工作汇报。同一天,欧盟议会法律事务委员会举行了一个听证会,专门听取了跨国民事诉讼计划的工作汇报。2015年11月26~27日,ELI-UNIDROIT还与欧洲法律协会(ERA)联合举办一个名为“构建欧洲民事诉讼规则”的研讨会。[1]

(二)《订单农业法律指南》发布

国际统一私法协会/粮农组织/农发基金合作编制的《订单农业法律指南》于2015年7月28日发布,[2]其目的是提供一个综合性法律工具来指导这种新型的农业生产方式。

订单农业(contract farming)与任何合同关系一样,也有其潜在的缺陷,

---

〔1〕 该研讨会议程参见https://www.era.int/cgi-bin/cms? _SID=728f93bc5fc2c4a2aab3bce046afb9625e03b1c900428023513977 & _sprache=en & _persistant_variant=/Our%20programme/Browse%20all%20events & _bereich=artikel & _aktion=detail & idartikel=125479,最后访问时间:2015年10月15日。

〔2〕 该指南电子版可在以下网址下载:http://www.unidroit.org/english/guides/2015contractfarming/cf-guide-2015-e.pdf,最后访问时间:2015年10月15日。

如果完善的合同安排不到位，通常比农民更强大的采购公司可以利用其议价能力来获取短期经济利益。农民往往缺乏法律追索权来解决纠纷，从而成为交易中利益受损的一方。例如，公司可能会以所交付的产品质量不合格为由，拒绝按商定的价格付款，而合同本身不包括任何争端解决机制。为了使各方都能公平受益，合同必须以相应的法律框架为支撑，做到合理透明。该法律框架是国际统一私法协会(UNIDROIT)作为牵头机构与粮农组织和农发基金(IFAD)多年努力的成果，在此过程中，他们通过法律学者、农业专家、生产者和贸易商收集有关确保可持续合同农业关系的信息。

这份250页的法律指南旨在解决上述问题和可能出现的其他问题，针对从谈判到签约整个完善合同的编制提出建议，包括风险分担及违约追索权和冲突解决等问题的具体条款。它还包括了通用合同条款的说明，并仔细分析了在各种实际情况中可能出现的法律事宜和问题，阐述了在不同法律制度下处理这些问题的办法。该指南还有一个章节，专门论述非诉讼争端解决方式。

为了推广该指南作为法律工具的广泛应用，必须针对农民、采购商和机构开展宣传，加强农民与市场之间的联系。粮农组织将在农发基金和国际统一私法协会的资金支持下编制英文、法文和西班牙文的宣传材料，以精练和通俗易懂的方式向广大公众介绍该指南的主要内容。粮农组织基于网络的合同农业资源中心也将改进并纳入电子培训课程和一个在线实践社区。

(三)长期合同法律项目

2010年，国际统一私法协会发布了新版的《国际商事合同通则》。但是，该通则并不能涵盖所有的合同，尤其是所谓的长期合同(long-term contract)。长期合同是指履行期限较长，通常在一年以上的合同。2013年5月举行的国际统一私法协会第92届大会上，秘书处向理事会提交了一份备忘录，希望对长期合同的法律问题进行研究。理事会对此予以肯定，并授权秘书处进行前期准备工作。2014年5月底第93届大会上，理事会根据秘书处的建议，正式组建了一个工作组，其工作目标是对现行通则的有关条文提出修订意见，以便符合长期合同的实际情况。2015年1月23～29日，工作组在罗马举行的第一次会议。[1]会议上还发布了一份由波奈尔(Bonell)教授负责起草的《国际商事合同

〔1〕 会议报告参见http://www.unidroit.org/english/documents/2015/study50/s-50-misc31rev-e.pdf，最后访问时间：2015年9月30日。

通则和长期合同》基调文件(position paper),其中,波奈尔教授一共提出了30个问题,为工作组今后的工作提供了一个基础框架。[1]

2015年9月26～29日,工作组在汉堡马普所举行了第二次会议,进一步讨论了对国际商事合同通则中相关条款的修订,并建议将修正案提交理事会,争取在2016年内通过。

(四)《开普敦公约》第四议定书

国际统一私法协会2001年通过的《移动设备国际利益公约》取得了较大成功,迄今已有69个缔约国。该公约还有三个特别议定书,分别针对的三种特别移动设备:航空器设备、铁路设备和空间站。三个议定书中,《关于航空器设备特定问题的议定书》已经有60个缔约国,[2]另外两个议定书尚未生效。

目前,国际统一私法协会正在准备起草该公约的第四议定书,专门针对矿业、农业和建筑业设备(以下简称MAC议定书)。2014年,理事会第93届大会上决定成立一个研究小组负责议定书的起草准备工作,由博维克(Bollweg)博士担任组长。2014年12月15～17日,小组在罗马举行了第一次会议,提交了第一份草案供大家讨论。2015年4月8～9日和2015年9月19～21日,小组在罗马举行了第二次和第三次会议,进一步讨论了议定书草案的各项条文。[3]

六、总结与展望

在过去一年里,无论在国际层面还是在国内层面,我们都看到了国际私法进一步欣欣向荣的发展局面。欧盟在过去几年里所进行的国际私法统一化工作在世界各国引发了连锁反应。虽然"后斯德哥尔摩议程"给未来五年欧盟的国际私法立法工作降低了调门,但其他地区似乎又开始了一股前赴后继的国际私法法典化浪潮。其中,拉美地区尤其引人注目。新颁布的《阿根廷共和国民商法典》将国际私法纳入其中,并且在立法技术上达到了国际水准。巴拿马的新国际私法尽管在技术上漏洞百出,但其条文数量颇具规模,显示了巴拿

〔1〕 文件可在国际统一私法协会官网下载:http://www.unidroit.org/english/documents/2014/study50/s-50-126-e.pdf,最后访问时间:2015年9月30日。

〔2〕 我国已经于2008年10月28日正式批准了该公约及航空器议定书,2009年6月1日起对我国生效。

〔3〕 议定书草案可在国际统一私法协会官网下载:http://www.unidroit.org/english/documents/2015/study72k/sg02/s-72k-sg02-07-e.pdf,最后访问时间:2015年9月30日。

马这样一个中美洲国际金融和贸易中心的立法雄心。巴拉圭直接把海牙国际商事合同法律选择原则纳入本国法律，则充分体现了中美洲国家的开放心态。

过去的一年最值得我们关注的是美国法学会终于启动了第三次冲突法重述的编纂工作。在过去的十年里，欧盟在国际私法立法领域一直独领风骚，而美国冲突法理论一直沉陷在“阴暗的沼泽地”难以自拔。不过，具有讽刺意味的是，美国作为世界经济和金融中心，长期以来一直都是跨国商事诉讼的“天堂”。近年来，美国联邦最高法院终于也开始越来越关注冲突法案件，连续几年提审了几起具有重大影响的跨国民事诉讼案件，并在属人管辖权问题上逐步厘清了一些长期争论不休的概念。回顾历史我们可以清晰地看出，美国法学会每次启动冲突法重述的编纂工作之时，都是冲突法理论发生根本性变革的时代。第一次冲突法重述将既得权理论推上了至高无上的地位，第二次冲突法重述则把最密切联系原则推广到全球。对于第三次冲突法重述，我们会有哪些期待呢？未来几年，我们将会逐步看到答案。

随着中国“一带一路”倡议的逐步推进，中国企业将会更广泛地参与沿线国家和地区的开发建设，在这个过程中，不可避免地会遇到一系列法律风险。要化解风险，就必须事先研究相关国家和地区的法律制度，首当其冲的是国际私法制度。在跨国经济纠纷中，无论选择仲裁还是诉讼，都首先要解决法院或仲裁庭的选择问题以及不同国家法律的冲突问题，同时还要考虑到判决和裁决的跨境执行问题。此外，各种跨境司法行政合作也需要提上议事日程。这些都为中国国际私法的发展提供了广阔的舞台。今后，中国国际私法的研究重点要更多地向“一带一路”沿线地区转移。

国际私法国际前沿年度报告
（2015～2016）

前言

过去的一年，我国"一带一路"倡议取得重大进展。国家发展改革委、外交部、商务部于2015年3月28日联合发布了《推动共建丝绸之路经济带和21世纪海上丝绸之路的愿景与行动》。2015年7月21日，我国主导的金砖国家新开发银行在上海正式开业。另一个由我国主导的亚洲基础设施投资银行也于2016年1月在北京正式开业。

在此背景下，2015年9月17日，中共中央、国务院正式发布了《关于构建开放型经济新体制的若干意见》，该意见着重指出要加强开放型经济法治建设。要适应对外开放不断深化的形势，完善涉外法律法规体系，重大开放举措要于法有据，营造规范的法治环境。发挥法治的引领和推动作用，加快形成高标准的贸易投资规则体系。以保护产权、维护契约、统一市场、平等交换、公平竞争、有效监管为基本导向，推进对内对外开放的立法、执法与司法建设。积极参与国际经贸法律交流。强化涉外法律服务，维护我国公民、法人在海外及外国公民、法人在我国的正当经济权益。

最高人民法院也于2015年7月出台了《关于人民法院为"一带一路"建设提供司法服务和保障的若干意见》，其中重点提出要改进外国法查明的薄弱环节，拓展对外司法协助渠道等。2016年5月，中央全面深化改革领导小组第24次会议审议通过《关于发展涉外法律服务业的意见》。该意见指出，发展涉外法律服务业，要健全完善扶持保障政策、进一步建设涉外法律服务机构、发展壮大涉外法律服务队伍、健全涉外法律服务方式、提高涉外法律服务质量、稳步推进法律服务业开放，更好维护我国公民、法人在海外及外国公民、法人在我国的正当权益。

上述新发展充分表明，当前世界多极化、经济全球化进一步发展，国际政治经济环境深刻变化，创新引领发展的趋势更加明显。我国改革开放正站在新的起点上，经济结构深度调整，各项改革全面推进，经济发展进入新常态。面对新形势新挑战新任务，我国法律业界也要转变观念，必须树立对内改革和对外开放相互促进、引进来与走出去相结合的新观念，以对外开放的主动赢得国内法治建设和国际法律竞争的主动，以开放促改革、促发展、促创新，建设开放型法治国家，弘扬“大国司法”理念，为实现“两个一百年”奋斗目标和中华民族伟大复兴的中国梦打下坚实基础。

在这样的背景下，我们更有必要加强对国际私法国际前沿的研究。本综述是在第五次国际私法前沿年度报告，对2015年7月至2016年6月世界范围内的国际私法新发展进行全面系统的梳理和介绍。本报告主要以欧盟和美国为重点关注地区，同时广泛介绍重要国际组织在国际私法领域的最新动向。为了与“一带一路”倡议相配合，本报告也会重点关注亚非拉地区。

一、欧盟国际私法

（一）概论

正如上一年年度报告所说，从2015年起，欧盟在民事司法合作领域开始进入新的“五年议程”。这一期间，欧盟国际私法的重点不再是立法，而逐渐进入司法实践阶段。在过去的一年，欧盟国际私法立法的确进入低潮，只通过了少数几项条例。不过，欧盟法院的国际私法判例却开始层出不穷，逐渐成为学界研究和关注的焦点。

（二）英国脱欧的影响

本年度欧盟最大的事件莫过于英国的“脱欧”。2016年6月23日英国举行的脱欧公投中，52%的选民支持英国脱离欧盟。英国脱离欧盟将会对英国国际私法带来巨大影响。根据学者们的研究评估，可能的变化主要集中在以下几点：

首先，一旦英国正式脱欧，原则上欧盟的所有条约都停止对英国生效，英国1972年通过的《欧共体法》（European Communities Act）也将失效，这将导致英国目前所适用的所有欧盟国际私法条例都不再对英国有效。这些条例包括：布鲁塞尔第一条例、[1]布鲁塞尔第二条例、[2]罗马第一条例、[3]罗马第二条例、[4]《扶养条例》、[5]《取证条例》[6]和《送达条例》。[7]此外，欧盟以独立当事方签订的国际条约也不再对英国适用，包括2007年的《卢加诺公约》[8]和海牙《法院选择协议公约》[9]。

其次，英国脱欧之后，并不意味着英国国际私法会一下子退回到英国加入欧盟（欧共体）之前的状态。[10]从20世纪90年代开始，英国就进行了大规模的司法改革，包括国际私法在内的民事诉讼规则在很大程度上已经发生了很大变化，比如英格兰1995年《国际私法（杂项规定）法》、[11]1998年的《民事诉讼规则》[12]以及苏格兰1982年《民事管辖权和判决法》[13]等。此外，英国在参

---

〔1〕 Regulation（EC）No.1215/2012 of the European Parliament and of the Council on Jurisdiction and the Recognition and Enforcement of Judgments in Civil and Commercial Matters（Recast）（[2012] OJ L351/1）.

〔2〕 Council Regulation（EC）No.2201/2003 Concerning Jurisdiction and the Recognition and Enforcement of Judgments in Matrimonial Matters and the Matters of Parental Responsibility, Repealing Regulation（EC）No.1347/2000（[2003] OJ L338/1）.

〔3〕 Regulation（EC）No.593/2008 of the European Parliament and of the Council on the Law Applicable to Contractual Obligations（Rome Ⅰ）（[2008] OJ L177/6）.

〔4〕 Regulation（EC）No.864/2007 of the European Parliament and of the Council on the Law Applicable to Non-Contractual Obligations（Rome Ⅱ）（[2007] OJ L 199/40）.

〔5〕 Council Regulation（EC）No.4/2009 on Jurisdiction, Applicable Law, Recognition and Enforcement of Decisions and Cooperation in Matters Relation to Maintenance Obligations（[2009] OJ L7/1）.

〔6〕 Council Regulation（EC）No.1206/2001 of 28 May 2001 on Cooperation between the Courts of the Member States in the Taking of Evidence in Civil or Commercial Matters（[2001] OJ L174/1）.

〔7〕 Regulation（EC）No.1393/2007 of the European Parliament and of the Council of 13 November 2007 on the Service in the Member States of Judicial and Extrajudicial Documents in Civil or Commercial Matters（[2007] LJ L324/79）.

〔8〕 Convention on Jurisdiction and the Recognition and Enforcement of Judgments in Civil and Commercial Matters（[2007] OJ L339/3）.英国于1978年加入该公约。

〔9〕 Hague Convention on Choice of Court Agreements（30 June 2005）.

〔10〕 英国是从1973年1月1日起正式加入欧共体的。

〔11〕 Private International Law（Miscellaneous Provisions）Act 1995.

〔12〕 Civil Procedure Rules（SI 1998/3132, as amended）, rr 6.36-6.37 and PD6B.

〔13〕 Civil Jurisdiction and Judgments Act 1982, s 20 and Sch 8.

加《阿姆斯特丹条约》之前，已经加入了几项欧共体制定的国际私法公约，包括1968年《布鲁塞尔公约》、[1]1988年《卢加诺公约》[2]和1980年的《罗马公约》。[3]这几项公约都是通过独立立法程序对英国适用的，包括1982年《民事管辖权和判决法》(Civil Jurisdiction and Judgments Act 1982)、[4]1991年《民事管辖权和判决法》(Civil Jurisdiction and Judgments Act 1991)[5]和1990年的《合同(法律适用)法)》[6]等。因此，英国脱欧之后，这几项公约将会"复活"。不过，由于欧盟28个成员国中，只有15个国家是《布鲁塞尔公约》缔约国，16个成员国是1988年《卢加诺公约》缔约国，27个成员国是《罗马公约》缔约国，因此，英国脱欧之后与其他欧盟成员国之间的民事司法合作范围会大大缩小。

当然，所有这些都是理论上的推演，最关键的还是英国与欧盟之间的谈判。英国可以与欧盟之间缔结专门协议，继续适用欧盟的相关条例，就像欧盟与丹麦之间那样。[7]英国也可以通过国内立法继续适用欧盟的某些立法。最终还是要由英国的选民来决定。

(三)《小额诉讼程序和支付令程序条例》

2013年11月19日，欧盟委员会通过了一项关于修订小额诉讼程序条例和支付令程序条例的立法草案。[8]2014年7月16日，欧盟经济与社会委员会出具

---

〔1〕 Brussels Convention of 27 September 1968 on Jurisdiction and the Enforcement of Judgments in Civil and Commercial Matters([1972]OJ L 299/32).

〔2〕 Convention on Jurisdiction and the Enforcement of Judgments in Civil and Commercial Matters([1988]OJ L 319/9).

〔3〕 Convention on the Law Applicable to Contractual Obligations([1980]OJ L266/1).

〔4〕 该法第2条第(1)款规定："布鲁塞尔公约在英国境内具有法律效力，司法文书中应予以援用。"

〔5〕 该法修订了1982年的《民事管辖权和判决法》，其中第3A条第(1)款规定："卢加诺公约在英国境内具有法律效力，司法文书中应予以援用。"

〔6〕 Contracts(Applicable Law)Act 1990.该法第2条第(1)款规定："罗马公约在英国境内具有法律效力。"

〔7〕 Agreement between the European Community and the Kingdom of Denmark on Jurisdiction and the Recognition and Enforcement of Judgments in Civil and Commercial Matters([2009]OJ L 149/80).

〔8〕 Proposal for a Regulation of the European Parliament and of the Council Amending Regulation(EC)No. 861/2007 of the European Parliament and the Council of 11 July 2007 Establishing a European Small Claims Procedure and Regulation(EC)No. 1896/2006 of the European Parliament and of the Council of 12 December 2006 Creating a European order for Payment Procedure, COM(2013)794 Final.

了对该项草案的评审意见。[1]2015年12月16日，欧盟正式通过了第2015/2421号关于修订小额请求程序条例和支付令程序条例的条例。[2]新条例只适用于跨境案件，其修订要点包括：第一，将小额诉讼程序所适用的请求标的从2000欧元提高到5000欧元；第二，扩大了跨境案件的范围，即只要有一方当事人住所地或经常居所地位于成员国境内，就适用该条例；第三，增加了电子通讯方式的运用以降低当事人和法庭的成本并提高效率；第四，要求法院运用视频会议、电话会议等远程通讯手段进行口头听证和取证；第五，对法院诉讼费用设置了一个最高限额，不得超过各成员国国内简化程序的收费标准；第六，在诉讼费用支付方面简化相关手续。新条例于官方公报公布20日之后生效，并将于2017年7月14日起正式开始适用。

（四）婚姻和登记伴侣财产制条例

据欧盟理事会统计，在欧盟共有将近1600万对跨国夫妻，他们的财产分布于不同成员国境内。为了解决跨国婚姻财产的法律冲突问题，根据《欧洲联盟运行条约》第81条第（3）款的规定，2011年3月16日，欧盟委员会提交了《关于婚姻财产制事项的管辖权、法律适用和判决承认与执行的条例（草案）》以及与之并行的《关于登记伴侣财产制事项的管辖权、法律适用和判决承认与执行的条例（草案）》，供欧洲议会讨论通过。[3]这两个条例草案，前者针对的是婚姻关系，包括同性婚姻和异性婚姻；后者针对的是登记伴侣关系，包括同性伴侣和异性伴侣。目前欧盟成员国中已有14个国家承认了登记伴侣关系。[4]

---

〔1〕 Opinion of the European Economic and Social Committee on the "Proposal for a Regulation of the European Parliament and of the Council Amending Regulation（EC）No. 861/2007 of the European Parliament and the Council of 11 July 2007 Establishing a European Small Claims Procedure and Regulation（EC）No. 1896/2006 of the European Parliament and of the Council of 12 December 2006 Creating a European Order for Payment Procedure", COM（2013）794 Final—2013/0403（COD），2014/C 226/08.

〔2〕 Regulation（EU）2015/2421 of the European Parliament and of the Council of 16 December 2015 Amending Regulation（EC）No. 861/2007 Establishing a European Small Claims Procedure and Regulation（EC）No. 1896/2006 Creating a European order for Payment Procedure.

〔3〕 Proposal for a Council Regulation on Jurisdiction, Applicable Law and the Recognition and Enforcement of Decisions in Matters of Matrimonial Property Regimes, Brussels, 16.03.2011, COM（2011）126/2; Proposal for a Council Regulation on Jurisdiction, Applicable Law and the Recognition and Enforcement of Decisions Regarding the Property Consequences of Registered Partnerships, Brussels, 16.03.2011 COM（2011）127/2.

〔4〕 分别是比利时、丹麦、德国、芬兰、法国、爱尔兰、卢森堡、荷兰、奥地利、瑞典、斯洛文尼亚、捷克、匈牙利和英国。

由于仍有很多欧盟成员国不承认同性伴侣关系，因此，上述条例遭到一些成员国反对，相关讨论持续了较长时间。2014年年底，欧盟理事会决定给予某些不同意见的成员国不超过一年时间的时间以便其进一步表达意见。但是直到2015年12月，欧盟成员国仍然未能达成一项全体一致的政治协议。之后，有17个成员国向欧盟委员会提出请求，首先在这些国家之间就该两项条例所规定的事项范围内进行更广泛的合作。2016年3月2日，欧盟委员会终于通过了一项议案，授权这17个国家在该领域进行更广泛合作，〔1〕并通过了两个条例的正式草案。〔2〕

2016年6月23日，就在举世瞩目的英国脱欧公投进行的同时，欧盟议会终于表决通过了该两项条例。前一个条例以498对58票通过，35票弃权；后一条例以490对68票通过，34票弃权。共有18个欧盟成员国（此前的17国加上塞浦路斯）首批参加该两项条例。这18个成员国是：比利时、保加利亚、塞浦路斯、捷克、德国、希腊、西班牙、法国、克罗地亚、意大利、卢森堡、马耳他、荷兰、奥地利、葡萄牙、斯洛文尼亚、芬兰和瑞典。目前，两项条例需要得到这18个成员国国内批准后在欧盟官方公报上公布，在公布后第20天生效，并且从其生效满30个月后才开始适用。其他未参加该两项条例的成员国仍然继续适用其国内国际私法，并可以在该两个条例生效后任何时间加入。

这两个条例都只涉及婚姻和登记伴侣的财产效力问题，而不涉及对婚姻或登记伴侣关系的跨国承认，也不涉及对该财产的定性以及该财产本身的物权关系。两个条例都只涉及传统的国际私法问题，即管辖权、法律适用和判决的承认与执行。条例并不试图统一各国的实体法，也不影响各成员国对婚姻财产的税收。

条例的目的是简化婚姻财产案件的管辖权标准，提高法律适用上的可预见性，促进各成员国判决的跨境承认与执行，从而方便当事人更充分地在欧盟范围内行使其财产权利。在管辖权方面，两个条例都采取了附属原则，即对离婚（解散）、继承等事项有管辖权的法院也对婚姻（登记伴侣）财产制有管辖权。在法律适用问题上，两个条例都采取了统一性原则，即婚姻和登记伴侣关

〔1〕 http://ec.europa.eu/justice/civil/files/property_enhanced_cooperation_en.pdf.

〔2〕 http://ec.europa.eu/justice/civil/files/property_matrimonial_en.pdf; http://ec.europa.eu/justice/civil/files/property_registered_partnerships_en.pdf.

系的财产制准据法适用于当事人所有财产,无论是动产还是不动产,无论该财产位于何处。对于财产制准据法,两个条例都允许夫妻或伴侣双方在一定范围内协议选择准据法。若无选择,则适用婚后最初的共同经常居所地法律;若没有共同经常居所,则适用其共同国籍国法律。对于登记伴侣关系,若当事人没有选择法律,则适用其登记地法律。

两个条例都要求各成员国承认和执行其他成员国所作出的有关婚姻(登记伴侣)财产制的裁决。

(五)个人数据保护条例与被遗忘权

个人数据保护问题随着新信息时代的来临日渐突出。针对层出不穷的个人数据泄露和滥用事件,2012年1月25日欧盟委员会公布《关于涉及个人数据处理的个人保护以及此类数据自由流动的第2012/72、73 号草案》,拟对实施了近17 年的《关于涉及个人数据处理的个人保护以及此类数据自由流动的第95/46/EC 号指令》(以下简称《1995 年欧盟指令》)进行修订。2016年4月27日,欧盟议会和理事会正式通过了《关于在个人数据处理方面对自然人保护和此类数据自由流动的第2016/679号条例》。2016年5月4日,该条例正式在欧盟官方公报上公布,将从2018年5月25日起正式实施。[1]

新条例的目的在于实现数据保护法律框架的现代化,更好地实现建立欧盟数字单一市场(Digital Single Market)的目标。新条例取代了此前的第95/46/EC号指令,从而可以在欧盟成员国被直接适用。根据原来的指令,各成员国是根据国内法转化该指令,在具体案件中只根据各国国内法来保护个人数据。《1995年欧盟指令》为此专门设立了第4条的冲突规范,规定了何种情况下适用何国法律。

第4条:应适用的国内法

1.在以下情况下,各成员国在处理个人数据时应根据本指令适用其国内法:

(1)数据的处理是基于控制者营业地的行为而引起,而该控制者

---

〔1〕 REGULATION(EU)2016/679 OF THE EUROPEAN PARLIAMENT AND OF THE COUNCIL of 27 April 2016 on the Protection of Natural Persons with Regard to the Processing of Personal Data and on the Free Movement of Such Data, and Repealing Directive 95/46/EC(General Data Protection Regulation).

营业地位于该成员国领域内;如果该控制者营业地位于几个成员国境内,其必须采取必要措施以确保每一营业地都遵守所适用的法律规定的义务;

(2)该控制者营业地不在该成员国境内,但其所在地根据国际公法的规定应适用该国法律;

(3)该控制者营业地不在欧共体境内,并且为了处理个人数据的目的而使用了位于上述成员国境内的设备,除非该设备只是用来穿越欧共体领土。

2.在第1款第(3)项的情形下,控制者必须指派一名营业地位于该成员国境内的代表,并且不得妨碍针对该控制者本人而提起的法律诉讼。

而根据2016年新条例,所有欧盟成员国将直接适用该条例保护个人数据。因此,新条例统一了欧盟境内关于个人数据保护的法律,消除了这方面的法律冲突。但是,紧接而来的是欧盟数据保护法与非欧盟成员国法律的冲突问题。这方面,新条例第3条专门规定了该条例的地域适用范围:

第3条:地域适用范围

1.本条例适用于与营业地位于欧盟境内的控制者或操作者的活动有关的个人数据处理,无论该处理行为是否发生于欧盟境内。

2.本条例适用于对位于欧盟境内的数据主体的个人数据的处理行为,即使控制者或操作者的营业地不在欧盟境内,只要该处理活动关涉:

(1)向欧盟境内的数据主体提供货物或服务,无论是否需要该数据主体进行支付;或

(2)对该行为的监控,并且该行为发生于欧盟境内。

3.本条例适用于营业地不在欧盟境内的控制者实施的个人数据处理行为,但该控制者的营业地根据国际公法应适用该成员国法律。

这一规定实际上在很大程度上赋予了欧盟数据保护条例域外适用的效力。

新条例中最具争议性的条款当属所谓的"被遗忘的权利"(right to be forgotten。"被遗忘权",又称为"删除权"(right to erasure),指数据主体有权要求数据控制者永久删除有关数据主体的个人数据,有权被互联网所遗忘,

除非数据的保留有合法的理由。这意味着，只要用户想终止或避免自己的个人数据在互联网或其他领域被使用、传播或泄露，就有权要求数据收集方和使用方彻底删除其数据，但这项权利并非绝对的权利，不能践踏言论自由和损害公共利益等。“被遗忘权”的提出是欧盟数据保护法改革的一大亮点，也是争论最大的条款。新条例在广泛讨论和争议的基础上，采用了“删除权（被遗忘权）”[Right to erasure（right to be forgotten）]这一表述。

“被遗忘权”的提出在欧盟和美国之间引发了巨大的争议和激烈的辩论，支持者认为确立“被遗忘权”有利于保护隐私；而反对者则认为会损害言论自由、阻碍公共信息传播，并严重伤害信息经济的商业活力，争议的背后反映着经济利益之间的矛盾和价值观上的冲突。在欧盟国家，个人数据普遍被承认为一项基本人权。出于“二战”期间纳粹大规模侵犯人权的教训，欧盟国家普遍反对对个人数据的任意获取。而美国法律传统中，普遍倾向于保护个人的言论自由和信息自由。从经济利益上看，世界上信息技术最发达的是美国，美国拥有谷歌、facebook等一大批网络信息企业，数据获取自由是这些企业生存的基础。而欧美则要通过对信息获取的严格监管，防止美国企业垄断欧美国家的数据服务市场。

由于新条例所规定的域外管辖权，使欧美之间关于信息保护的法律冲突变得格外尖锐。互联网数据的流动跨越国界，“被遗忘权”的实现容易陷入数据保护法律体系不一致的困境。传统法律大多在主权国家范围内实施，国家地理边界就是法律的适用范围。而互联网世界则是以一种“超空间”的形式存在，其虚拟性和全球性使原本清晰的“实施地”“结果发生地”“住所地”等一系列与管辖权紧密联系的联结点模糊化和多样化，使网络上的行为游离于确定的连结点之外，法律管辖遭遇前所未有的尴尬。美国谷歌公司在反对欧洲审查其数据政策的辩解中，一个强有力的理由就是欧洲的个人数据保护立法对于美国人而言不适用。

但是根据新条例第3条第1款的规定，无论数据控制者或处理者对该信息的处理行为是否发生在欧美境内，只要数据控制者或处理者的营业机构（establishment）位于欧盟境内，该条例就对其适用。该条实际上采纳了欧盟法院在“谷歌西班牙案”（Google Spain case）判决中的结论。

此外，根据第3条第2款，该条例还适用于营业机构不在欧盟境内的数据控制者和处理者，只要数据主体位于欧盟境内，而且对该数据的处理是为了提供商品和服务，或者该数据处理涉及对它们行为的监管，而这些行为发生于欧盟境内。根据这一规定，如果欧盟境内的消费者在中国阿里巴巴网站上购物时，阿里巴巴公司所获取的该消费者信息也要受到欧盟条例的约束。

条例第3条第3款还规定，对于在欧盟境内没有营业机构的数据控制者，如果根据国际公法的规定应该适用欧盟成员国法律的，也应适用该条例。

(六)内部单一市场

从2015年开始，欧盟在司法合作领域启动了一项新的五年议程。新上任的欧盟委员会主席容克确立了新一届委员会的十大优先主题，其中重中之重就是建立欧盟内部单一市场(internal single market)，其目标就是要实现货物和服务在欧盟范围内的自由流动。单一市场建设的重点之一就是建立一个“资本市场联盟”(Capital Markets Union)，能够让欧盟各成员国的资本市场统一起来，实现证券交易的互通互联，促进欧盟范围内资本的自由流动，便利中小企业融资，从而带动经济增长和就业。2015年9月30日，欧盟委员会通过了一项《关于建立资本市场联盟的行动计划》，[1]其中也提到相关的冲突法立法计划。目前的证券交易中，越来越多的企业进行跨境上市，越来越多的投资者购买境外市场发行的证券，这就导致了越来越多的跨境证券投资纠纷。欧盟各国在这方面的立法各不相同，因此有必要协调和统一各国相关法律。尤其是在欧盟推行证券单一结算系统(Target 2 Securities System, T2S)之后，[2]这方面的法律统一工作至关重要。该计划重点提到证券交易中债权转让对第三方当事人的效力问题。在跨境担保中，由于各国国内法的差异，经常会导致投资者面临很大的法律风险。欧盟委员会计划尽快对这方面的冲突法问题进行研究，并提出一项立法计划。

欧盟委员会另一项优先战略是数字单一市场(Digital Single Market)计划。2015年5月6日，欧盟委员会发布的《关于欧洲数字单一市场战略》[3]的声明中，明确规定要建立网上信息获取的统一规则以及电子商务的合同法统一

〔1〕 Action Plan on Building a Capital Markets Union, COM/2015/0468 final.

〔2〕 T2S是欧盟于2008年开始启动的一项雄心勃勃的计划，试图统一欧盟各国证券交易结算系统。它本身并不是一个独立的结算机构，而只是为欧盟各国证券交易结算机构提供一个统一的结算平台。目前已有24家成员国证券结算机构签署了协议，准备在2015～2017年相继加入该平台。

〔3〕 A Digital Single Market Strategy for Europe, COM(2015)192 final.

规则，包括消费者保护规则。这可能会导致对罗马第一条例第6条的修订。

（七）公文的相互承认

在前几年的综述中，我们介绍了欧盟委员会正在努力推动公文的自由流动和身份证明文书的相互承认。近年来，随着欧盟境内居民跨境流动的增长，已有超过1300万欧盟居民在非母国定居。这些居民在从事民事活动时，经常会遇到身份文书的跨国认证问题，给他们的生活带来极大不便。为了解决该问题，2010年，欧盟委员会发布了一份《减少对公民的官僚主义：促进公文的自由流动和承认身份文书效力绿皮书》。2013年4月24日，欧盟委员会通过了一项《关于在欧盟范围内简化某些公文的接受以促进公民和营业自由迁移并修订第1024/2012号条例的条例的建议》。[1]2014年2月4日，欧洲议会表决通过了对该项建议的修正案。[2]

2016年6月9日，欧盟议会终于通过了该项条例。该条例适用于各国主管机关颁发的公共文书，包括：出生、死亡、姓名、结婚、离婚、司法别居、登记伴侣关系、亲子关系、收养、住所或居所、居民身份、国籍、无犯罪记录、投票权和选举权等。受教育程度、伤残记录、公司的法律地位和代表人等事项暂时被排除在外，待该条例生效两年之后再由欧盟委员会决定是否将其纳入。私人出具或签署的文书以及非成员国主管机关出具的公文不适用该条例。

根据该条例，某一成员国国民向另一成员国当局出示的公共文书，不再需要进行认证签注。但是，该条例并非要求另一成员国当局承认该公共文书的内容和法律效力。各成员国仍然适用其国内法来决定是否承认其内容和效力。如果该公文是用欧盟官方语言做成，另一成员国也不得要求当事人提供翻译。同时，该条例也设置了相关机制以防止当事人提供虚假文书。该机制是通过内部市场信息系统（IMI）来实现，即受理该公文的成员国当局可以通过该系统向公文做出国当局进行询问以确定公文的真实性。非欧盟成员国作出的公共

---

〔1〕 Proposal for a Regulation of the European Parliament and of the Council on promoting the free movement of citizens and businesses by simplifying the acceptance of certain public documents in the European Union and amending Regulation（EU）No. 1024/2012.

〔2〕 European Parliament legislative resolution of 4 February 2014 on the Proposal for a Regulation of the European Parliament and of the Council on Promoting the Free Movement of Citizens and Businesses by Simplifying the Acceptance of Certain Public Documents in the European Union and Amending Regulation（EU）No. 1024/2012［COM（2013）0228 –C7–0111/2013– 2013/0119（COD）］.

文书不适用该条例。各成员国应在该条例生效后两年半内采取必要的国内法措施以保证该条例在该国的实施。该条例将于2019年起正式适用。

(八)布鲁塞尔第二条例的修订计划

早在2000年5月29日，欧盟就通过了《关于婚姻事项管辖权和判决承认与执行的第1347号条例》(旧布鲁塞尔第二条例)。[1]该条例取代了1998年5月28日的《布鲁塞尔第二公约》，并于2001年3月1日生效。此后，该条例被2003年11月27日《关于婚姻事项和父母责任事项管辖权与判决承认和执行的条例》(新布鲁塞尔第二条例)[2]取代。新布鲁塞尔第二条例于2005年1月1日起在除丹麦之外的所有欧盟成员国生效。

布鲁塞尔第二条例生效十年来，欧盟范围内的跨国婚姻有了迅速增长。根据该条例第65条，欧盟委员会应当在2012年1月1日之前向欧洲议会汇报该条例的适用情况。直到2014年4月5日，经过两年多时间的拖延，欧盟委员会的评估报告终于出台。[3]根据该报告，2003年的布鲁塞尔第二条例在各成员国的适用情况基本良好，但也存在需要完善的地方。

比如，在管辖权方面，条例的规定容易引发挑选法院(forum shopping)。主要的原因是该条例仅仅规范了管辖权和判决的承认和执行，而没有规定法律适用问题。而且该条例所规定的管辖权并非唯一。2006年，欧盟委员会曾建议修订该条例并在条例中增加法律适用条款，但是各成员国在这方面没有达成一致。最终的妥协结果是通过了2010年12月20日《关于离婚和司法别居法律适用的条例》(罗马第三条例)。[4]但是罗马第三条例只在14个成员国之间生效，其他国家拒绝适用。这意味着跨国婚姻纠纷在不同成员国法院起诉，

---

〔1〕 EG-Verordnung Nr.1347 / 2000 vom 29.5.2000 über die Zuständigkeit und die Anerkennung und Vollstredkung von Entscheidungen in Ehesachen und in Verfahren betreffend die elterliche Verantwortung für die gemeinsamen Kinder der Ehegatten(EheGVO), in: EG-Abl.2000 160, S.19.

〔2〕 Council Regulation(EC)No. 2201/2003 of 27 November 2003 Concerning Jurisdiction and the Recognition and Enforcement of Judgments in Matrimonial Matters and the Matters of Parental Responsibility.

〔3〕 REPORT FROM THE COMMISSION TO THE EUROPEAN PARLIAMENT, THE COUNCIL AND THE EUROPEAN ECONOMIC AND SOCIAL COMMITTEE on the Application of Council Regulation(EC)No. 2201/2003 Concerning Jurisdiction and the Recognition and Enforcement of Judgements in Matrimonial Matters and the Matters of Parental Responsibility, Repealing Regulation(EC)No. 1347/2000, COM(2014)225 Final.

〔4〕 Rome Ⅲ Regulation Implementing Enhanced Cooperation in the Area of the Law Applicable to Divorce and Legal Separation.

所适用的法律会有差异，从而带来挑选法院问题。该条例没有规定协议选择管辖权，这与当前的发展趋势不相符。2008年欧盟的《扶养条例》和2012年的《继承条例》中都允许当事人协议选择管辖权。此外，条例第12条规定的父母责任的管辖权容易带来解释上的难题。条例第15条规定的管辖权转移制度在实践中也存在执行上的障碍。条例也没有像《扶养条例》和《继承条例》那样规定必要管辖权（forum necessitatis）。最后，条例也没有规定欧盟成员国法院在何种情况下可以宣告自己无管辖权从而让案件到更方便的第三国法院审理。在判决承认与执行方面，委员会在报告中希望取消判决的认证程序（exequatur）。另外，在过去十年的实践中，欧盟法院多次通过判例对该条例中存在的漏洞进行了弥补。对欧盟法院的判例法，也有必要在修订中予以考虑。

2015年，欧盟委员会组建了一个工作小组准备起草修订草案。经过一年多的努力，2016年6月30日，欧盟委员会终于出台了一项修订草案。[1]修订草案在适用范围上并没有任何改变，仍然适用于离婚、司法别居或婚姻无效以及父母责任。试图弥补原条例的不足，并增加了跨国儿童拐带方面的内容，重点在于提高被拐带儿童返还程序的效率。比如，新条例增加了一项时间限制，要求负责的中央机关必须在六周内受理并处理有关申请、确定被告和儿童的位置、进行调解、向申请人推荐合格的律师或告知当事人向法院起诉等。草案还要求成员国将儿童拐带案件交由专门的法院集中管辖，对儿童返还判决的上诉也施加了限制。另外，草案还规定了一些专门措施以提高裁决的实际执行效率。

（九）《关于民商事调解特定事项的指令》的适用报告

2008年5月24日，欧盟通过了一项《关于民商事调解相关问题的第2008/52/EC号指令》（以下简称《调解指令》）[2]旨在协调调解和司法程序之间的关系，促进欧盟范围内任意性争端解决方式的发展，方便当事人更好地解决争议。该指令适用于跨境民商事争端。作为一项指令，它必须在2011年5月21日前被成员国转化为国内法。

自那以后，调解制度在欧盟范围内有了继续发展。2013年，欧盟通过了

---

〔1〕 Proposal for a COUNCIL REGULATION on Jurisdiction, the Recognition and Enforcement of Decisions in Matrimonial Matters and the Matters of Parental Responsibility, and on International Child Abduction (Recast), COM (2016) 411/2.

〔2〕 Directive 2008/52/EC on Certain Aspects of Mediation in Civil and Commercial Matters, OJ L 136, 24.5.2008.

《关于消费者争端替代性解决机制的第2013/11/EU号指令》(以下简称ADR指令)和《关于网上消费者争端解决的第524/2013号条例》(以下简称网上争端解决条例),这两个文件进一步把消费者争端纳入任意性争端解决机制中。此外,近年来,欧盟还极力在家庭事务领域扩展任意性争端解决机制的运用,尤其是在跨境家事调解方面取得了很大进展。在“欧洲电子司法门户网站”中专门成立了一个独立的家事跨国调解分站。

根据《调解指令》第11条的规定,在其生效5年之内,欧盟需要对其适用的状况进行评估。2016年8月26日,欧盟出台了一份评估报告。[1]该报告指出,总体上,该指令对有关成员国国内法产生了重要影响。已有15个成员国在该指令出台前就颁布了调解的国内法,因此不需要再重新颁布相关法律。9个成员国此前的国内法不完善,因此根据该指令修改了相关国内法。另有4个成员国此前没有相关国内法,因此根据指令的要求重新颁布了国内法。报告也指出了所存在的问题,最主要的是在某些成员国不存在“调解文化”,民众对调解一无所知,对调解制度的具体运作束手无策。由于调解的非正式性,也很难获得各国关于调解制度的相关数据,如调解的成功率等。

根据调查显示,各成员国在转化运用《调解指令》方面也存在一些差异。首先,在适用范围上,多数成员国都将调解运用于所有民商事领域,而不仅限于指令所规定的跨国民商事领域。尤其是在家庭事务方面,调解运用得最为广泛。但是在破产领域,调解被运用得极少。

在调解的程序上,很多成员国采用了《欧洲调解员行为法典》,[2]有的成员国将该法典转化为国内法,有的则只是在实践中采用。欧洲目前还没有建立一套统一的调解质量管控机制,各国可以自行加以规定。很多成员国呼吁建立统一的管控机制。但是多数接受调查者都反对建立统一的欧洲调解标准。

(十)仲裁庭禁诉令的效力——Gazprom案

禁诉令(anti-suit injunction)是指法院颁发的禁止当事人向其他国家法

---

〔1〕 REPORT FROM THE COMMISSION TO THE EUROPEAN PARLIAMENT, THE COUNCIL AND THE EUROPEAN ECONOMIC AND SOCIAL COMMITTEE on the Application of Directive 2008/52/EC of the European Parliament and of the Council on Certain Aspects of Mediation in Civil and Commercial Matters, COM(2016)542 Final.

〔2〕 European Code of Conduct for Mediators, http://ec.europa.eu/civiljustice/adr/adr_ec_code_conduct_en.pdf.

院提起诉讼程序的命令，多为普通法国家法院所采用。在欧盟范围内，欧盟法院已经通过2005年的Turner案[1]和2009年的West Tankers案[2]禁止欧盟成员国法院颁布禁诉令。但是，如果仲裁庭颁布禁诉令，禁止当事人向其他国家法院提起诉讼程序，其他国家法院是否应当受该禁诉令的约束？这一问题随着2012年欧盟布鲁塞尔第一条例的修订，越来越受到关注。

布鲁塞尔第一条例第1条第2款（d）项明确把仲裁排除在该条例适用范围之外。2012年新修订的条例保留了这一排除条款，并且在该条例序言第12条中还详细做了说明："（12）本条例不适用于仲裁。本条例的任何内容都不妨碍成员国的法院在受理一个双方达成了仲裁协议的案件时，告知当事人诉诸仲裁，中止或驳回案件，或者根据其国内法审查仲裁协议是否无效、未生效或者不能履行。成员国法院作出的仲裁协议是否无效、未生效或者不能履行的裁定，无论是作为主要问题还是先决问题作出的，均不适用本条例有关承认与执行的规定。但是，成员国法院根据本条例或其国内法行使管辖权时，若裁定仲裁协议无效、未生效或者不能履行，这并不排除该法院就实体问题作出的判决根据本条例得到承认或执行。成员国法院根据1958年6月10日在纽约签署的《承认和执行外国仲裁裁决公约》（《1958年纽约公约》），认为承认与执行仲裁裁决的权限不应受到妨碍，该公约优先于本条例。任何诉讼或附属程序，如果涉及仲裁庭的成立、仲裁员的权力、仲裁程序的进行或该程序的任何其他事项，均不适用本条例；本条例也不适用于任何有关仲裁裁决的撤销、审查、上诉、承认和执行。"

尽管法院颁布的禁诉令遭到欧美法院的拒绝，但是仲裁庭颁布的禁诉令是否不受欧盟法院上述判决的影响？也就是说，当一方当事人没有遵守仲裁协议提起仲裁，而是向某一成员国法院起诉，另一方当事人能否要求仲裁庭发布禁诉令，禁止对方当事人的诉讼？这就是Gazprom案[3]所涉及的核心问题。

该案中，一方当事人是立陶宛政府，另一方当事人是Gazprom等几家外国能源公司，双方合资成立了一家立陶宛燃气公司。合资协议里面订立的仲裁条款约定双方争议提交瑞典斯德哥尔摩仲裁院。但是，立陶宛政府在发生争议后向立陶宛法院提起诉讼，该法院受理了案件，认为双方争议不受仲裁条款

---

〔1〕 Case C-159/02 Turner v Grovit（2005）ECR 1-03565.

〔2〕 Case C-185/07 West Tankers inc v Allianze SpA（2009）ECR 1-00663.

〔3〕 Case C-536/13 Gazprom v Lithuania ECLI：EU：C：2015：316.

约束。而Gazprom公司则向斯德哥尔摩仲裁庭提起仲裁，认为立陶宛政府违反了仲裁协议。在立陶宛法院审理期间，仲裁庭作出裁决，认为立陶宛政府违反了仲裁协议，要求其停止法院的诉讼程序。Gazprom公司向立陶宛法院请求承认并执行仲裁庭的此项裁决，立陶宛上诉法院以违反公共政策为由拒绝承认并执行。Gazprom公司上诉到立陶宛最高法院，该法院将案件提交欧盟法院，请求该法院对《布鲁塞尔条例》进行解释，以确定立陶宛法院的做法是否违反该条例。欧盟法院最终作出裁决认为:《布鲁塞尔条例》并不禁止成员国法院承认或执行一项包含禁诉令的仲裁裁决，也不禁止成员国法院拒绝承认或执行这样的裁决，因为该条例并不涉及一个成员国承认或执行另一成员国的仲裁庭所作的仲裁裁决的问题。这就意味着，立陶宛法院可以根据本国国内法或国际公约(《纽约公约》)的规定自行决定是否承认和执行该仲裁裁决。与之前的West Tankers案相比，这一判决结果对仲裁而言是比较宽容的，因为它没有像West Tankers案那样完全禁止成员国法院颁发禁诉令。

(十一)自然人姓名的跨国承认

2016年6月2日，欧盟法院针对广受关注的“Nabiel Peter Bogendorff von Wolfersdorff诉卡尔斯鲁厄民政局案”中作出了一项判决，认为欧盟成员国拒绝承认另一成员国公民在该国登记的姓名的行为限制了《欧盟运行条约》第21条所规定的公民自由权。不过法院同时认为，只有根据公共政策考量才可以实施这种限制。

该案中，原告Bogendorff von Wolffersdorff先生是一位德国公民，原名Nabiel Bagadi，后来被别人收养，并被改名为Peter Nabiel Bogendorff von Wolffersdorff。他移居到英国后获得英国国籍，并将其姓名改为Peter Mark Emanuel Graf von Wolffersdorff Freiherr von Bogendorff。但是德国民政机关拒绝承认其新姓名，因为其中的“Graf”和“Freiherr”在德国属于贵族称号。根据现在仍然有效的《魏玛宪法》第109条，在德国不能创设新的贵族称号。不过在该法律颁布的时候，已经有很多贵族称号变成普通姓氏的一部分，因而仍然有很多德国人拥有这种贵族姓氏。本案当事人的女儿也曾在另一起诉讼中遇到同样的问题，她要求德国当局承认其在英国获得的姓名“Larissa Xenia Gräfin von Wolffersdorff Freiin von Bogendorff”，并获得德国法院许可。本案中，卡尔斯鲁厄地区法院将案件提交给欧盟法院并要求回答以下问题：如果一位本国公民加入另一国国籍并在该另一国惯常居住，从而在该另一国合法更改了姓名，如果新的姓名违反了之前国籍国国内法，那么之前的国籍国是否有义务承认其更改后的姓名？

欧盟法院判决指出，原则上，在一个成员国合法获得的姓名应当得到其他成员国的承认。但是，如果该姓名违反了该国公共利益，则可以拒绝承认。但是对于公共利益的判断应当采取严格解释。

（十二）如何判断案件的“国际性”

通常情况下，欧盟颁布的国际私法条例适用于涉及多个成员国的“国际性”纠纷。但是，如何判断纠纷的“国际性”？这在实践中往往会发生争议。2016年欧盟法院受理的SMD诉Banco Santander Totta SA案[1]就提供了一个机会，可以让欧盟法院对此问题加以解释。

该案中，双方当事人都是葡萄牙的两家公司，双方签署的一份掉期协议（SWAP），协议中包含了法律选择条款和管辖权条款，约定适用英国法律并由英国法院管辖。葡萄牙最高法院将案件提交欧盟法院，请求回答以下关键问题：上方均为国内法人的当事人，选择外国法院作为管辖法院，是否可以被认定为具有“国际性”并可以适用欧盟《布鲁塞尔条例》？能够根据不方便法院原则排除所选择的外国法院？如果上述答案是否定的，那么是否还有其他国际因素可以考虑？当事人选择外国法律是否可以作为考虑因素？欧盟法院对该案的回复对欧盟国际私法具有重要意义，我们将拭目以待。

二、美国冲突法

（一）冲突法革命50周年

2015年9月7日是美国冲突法革命的领袖布莱纳德·柯里教授逝世五十周年纪念日。柯里的逝世代表着美国冲突法革命高潮的结束。五十年之后再来反思这场轰轰烈烈的“革命”确实有着非同寻常的意义。为了纪念柯里逝世五十周年，美国法学院协会（AALS）冲突法分会利用其2015年年会的契机举办了一场主题为“冲突法方法论：布莱纳德·柯里之后的五十年”的专题研讨会。这次研讨会的六篇论文发表在《伊利诺伊大学法律评论》2015年第5期。研讨会上，柯里教授的弟子，加州伯克利分校法学院的赫尔玛·希尔·凯

〔1〕 Case C-136/16.

伊教授首先回顾了柯里教授生前的教学和学术工作，介绍了自己跟随柯里教授从事冲突法研究的经历。[1]凯伊教授尤其感激柯里教授对自己职业生涯的帮助。凯伊教授本人也是柯里学说的坚定支持者，曾经于1989年海牙国际法学院做“为柯里政府利益分析说辩护”的演讲。[2]耶鲁大学法学院的李·布里迈耶教授随后作了题为“疑难案件、单一因素理论和第二次冲突法重述反思”的发言。[3]布里迈耶教授指出，无论是第一次冲突法重述中的属地主义方法，还是柯里为代表的利益分析方法，都属于“单一因素”理论，也就是说，它们的结果都是适用某一个单一的法律去解决涉及个国家的法律纠纷。而《冲突法重述(第二次)》则可以避免这一弊端。布里迈耶教授认为，《冲突法重述(第二次)》中的最密切联系原则具有充分的灵活性，因此是一种“多元因素”方法。哈佛大学法学院的辛格教授在其论文中则对“更好法律说”(better law)大加推崇。[4]得克萨斯大学法学院的温伯格教授则指出，要利用美国法学会着手起草第三次冲突法重述的契机，推动冲突法的根本转型。[5]温伯格教授为《冲突法重述(第三次)》设计了一个全新的方案，他认为，应当放弃那种陈旧的追求完美抽象规则的企图，抛弃前两次冲突法重述叠床架构的臃肿结构，也不要所谓的“最密切联系原则”。他认为，从柯里的著作中其实就可以延伸出一种全新的解决法律冲突(包括州际冲突和国际冲突)的全新体系。新的冲突法重述应当以美国最高法院在冲突法领域的宪法解释意见为基础，完全采纳各级法院所遵循的普通法冲突规则。温伯格主张，应当放弃现行重述中对案件的分类方法，比如按照合同、侵权等进行分类。他提出，新重述应当借鉴柯里的理论，按照法律冲突的类型进行分类并设计相应的规则。他根据柯里的理论将冲突案件分为五种类型，其中重点是以下四类：无冲突案件、虚假冲突案件、

〔1〕 Herma Hill Kay, Remembering Brainerd Currie, University of Illinois Law Review, Vol.2015, Issue 5(2015), pp.1961-1968.

〔2〕 Hemra Hill Kay, A Defense of Currie' s Governmental Interest Analysis, 215 RECUEIL DES COURS 9, 149(1989-Ⅲ).

〔3〕 Lea Brilmayer, Hard Cases, Single Factor Theories, and a Second Look at the Restatement 2nd of Conflicts, *University of Illinois Law Review*, Vol.2015, Issue 5, 2015, pp.1969-1998.

〔4〕 Joseph William Singer, Multistate Justice: Better Law, Comity, and Fairness in the Conflict of Laws, *University of Illinois Law Review*, Issue 5, 2015, pp.1923-1960.

〔5〕 Louise Weinberg, A Radically Transformed Restatement for Conflicts, *University of Illinois Law Review*, Issue 5, 2015, pp.1999-2052.

无从下手的案件(unprovided case)、真实冲突案件。[1]温伯格教授对这四种冲突案件都给出了自己的解决方案。伊利诺伊大学法学院前院长皮特·海教授的论文对冲突法革命后的欧洲冲突法发展做了比较研究。[2]他重点探讨了美国冲突法革命对欧洲的影响,同时也指出了二者的区别。他认为,欧洲冲突法在美国冲突法的影响下也经历了重大变革,这体现在近年来欧盟国际私法的发展之中。但是皮特·海教授也强调指出,欧盟国际私法与美国冲突法仍然存在很多根本性差异,其中最根本的是欧洲国际私法并未抛弃传统的冲突规则,而只是尽可能地赋予了这些冲突规则更多的灵活性。皮特·海教授一针见血地指出了欧洲国际私法与美国冲突法最本质的差异:美国冲突法理论所探求的根本问题是为什么要适用法院地以外的其他地方的法律?而欧洲国际私法则认为这根本不是一个问题,适用外国法是不言而喻的,因此,欧洲国际私法所要探讨的根本问题就是在各种可供选择的法律当中到底选择哪一个?欧洲学者根本不会去关注真实冲突或虚假冲突的问题,而在美国学者眼里这却是最根本的问题。这种基本前提的差异决定了欧洲和美国冲突法在理论和实践中的分歧。皮特·海教授也指出了美国冲突法革命对欧洲的影响,比如最密切联系原则。不过在欧洲,最密切联系原则主要作为一种例外机制发挥作用。另外,欧洲的强行规范理论也是受美国影响下发展起来的一种重要理论,但这种理论在美国却无用武之地。另外,皮特·海教授还以反致制度为例说明了欧洲和美国冲突法的差异。反致制度在美国冲突法中根本是多余的,而在欧洲却受到欢迎。皮特·海教授指出,欧洲国际私法正在逐步走向联邦化;相反,美国冲突法仍然处于碎片化的陷阱之中难以自拔。希望第三次冲突法重述的编纂能够有助于美国冲突法的统一。本次研讨会的组织者西蒙尼德斯教授以一篇《柯里之后五十年的冲突法革命:一个终结与一个开端》[3]对冲突法革命五十年的发展做了一个总结。他首先从正反两个方面分析了柯里的“政府利益分析”理论目前的状况。西蒙尼德斯教授指出,一方面,在实践层面,柯里

---

〔1〕 柯里理论中的第五种冲突案件是指相冲突的两个州都不是法院地州的情况,也就是说,法院地州是一个无利害关系的第三方。这种情况不属于讨论的范围。

〔2〕 Peter Hay, European Conflicts Law After the American Revolution-Comparative Note, *University of Illinois Law Review*, Issue 5, 2015, pp.2053-2074.

〔3〕 Symeon C.Symeonides, The Choice-of-Law Revolution Fifty Years After Currie: An End and a Beginning, *University of Illinois Law Review*, Issue 5, 2015, pp.1847-1922.

的理论已经逐渐被绝大多数州所抛弃，只有极个别州还在采用柯里的政府利益分析方法；但另一方面，柯里的理论在学术界却仍然主导着学者们的话语权，也是法学院冲突法课程上无法回避的关键词。西蒙尼德斯认为，冲突法革命赋予了美国冲突法过多的灵活性，但同时也降低了结果的确定性。他认为，冲突法革命已经过去了五十年了，现在十分有必要将革命的成果转化为现实，因此需要将美国冲突法予以统一化和标准化。西蒙尼德斯是最早呼吁重订冲突法重述的美国学者，现在他的呼吁已经被美国法学会采纳，第三次冲突法重述正在起草过程之中。西蒙尼德斯将其视为旧的结束和新的开始。最后，西蒙尼德斯还为新的冲突法重述提出了一些自己的建议，比如，新版冲突法重述只应包含法律适用问题，而不要把管辖权和判决承认与执行问题纳入；新版冲突法重述应当更多关注国际冲突，而不仅仅是州际冲突。

（二）外国国有企业的管辖权豁免

《外国主权豁免法》禁止针对外国国家及其代理人或机构提起诉讼，除非该诉讼属于该法规定的特别例外情形。这些例外之一就是商业活动例外，它在某些情形下取消了主权豁免，即“诉讼是基于（based on）外国国家在美国境内实施的一项商业活动”。[1]

---

〔1〕 28 U.S.C.§ 1605(a)(2)(emphasis added).For other 2015 cases involving the FSIA's commercial activity exception, see, e.g., Global Technology, Inc.v.Yubei(XinXiang)Power Steering System Co., Ltd., ___F.3d____, 2015 WL 7964418(6th Cir.Dec.7, 2015); Singh ex rel.Singh v.Caribbean Airlincs Ltd., 798 F.3d 1355(11th Cir., 2015), petition for cert.filed 84 U.S.L.W.3306(Nov.17, 2015), docketed(Nov.20, 2015); Schoeps v.Freistaat Bayern, 611 Fed.App'x 32(2d Cir., 2015), petition for cert.filed(No.15-447), 84 U.S.L.W.3202(Oct.6, 2015), docketed(Oct.8, 2015); Intercontinental Industries Corp.v.Wuhan State Owned Industrial Holdings Co., Ltd., 619 Fed.App'x 592(9th Cir., 2015), as amended on clarification(Aug.19, 2015); EM Ltd.v.Banco Central De La Republica Argentina, 800 F.3d 78(2d Cir., 2015); Ezeiruaku v.Bull, 617 Fed.App'x 179(3d Cir., 2015); Architectural Ingenieria Siglo XXI, LLC v.Dominican Republic, 788 F.3d 1329(11th Cir., 2015).For cases involving the expropriation exception, see Helmerich & Payne Intern. Drilling Co.v.Bolivarian Republic of Venezuela, 784 F.3d 804(D.C.Cir., 2015), reh'g en banc denied(Jul.30, 2015), petition for cert.filed(No.15-423), 84 U.S.L.W.3202(Oct.5, 2015), and petition for cert.filed(No.15-698), 84 U.S.L.W.3327(Nov.25, 2015); Mezerhane v.Republica Bolivariana de Venezuela, 785 F.3d 545(11th Cir., 2015), petition for cert.filed, 84 U.S.L.W.3202(Oct.2, 2015), docketed(Oct.2, 2015).For cases involving the arbitration exception, see Chevron Corp.v.Ecuador, 795 F.3d 200(D.C.Cir., 2015), reh'g en banc denied(Sep.28, 2015); Belize Social Development Ltd.v.Government of Belize, 794 F.3d 99(D.C.Cir., 2015), reh'g en banc denied(Sep.28, 2015). For cases involving other exceptions, see Bennett v.Islamic Republic of Iran, 799 F.3d 1281(9th Cir., 2015)(exception from attachment); Mohammadi v.Islamic Republic of Iran, 782 F.3d 9(D.C.Cir., 2015)(terror-ism exception).

“OBB Personenverkehr AG诉Sachs案”[1]是美国联邦最高法院提审的最新一起涉及外国公司被告的民事诉讼，也是联邦最高法院二十多年来再次提审《外国主权豁免法》的案件。本案最终结论取决于前文斜体字的含义。该案原告是一位加利福尼亚州居民，在网上从一家马萨诸塞州的旅行社那里购买了一张欧铁通票用于在欧洲境内的火车旅行。原告在奥地利因斯布鲁克境内乘火车时不慎坠落在铁轨上并遭受重伤，该火车是由被告运营的，被告是一家由奥地利政府所有的企业。原告起诉该公司，认为自己的诉讼请求是“基于”被告公司在美国境内向原告销售火车票的行为引起的，而这一行为属于《外国主权豁免法》中商业活动例外的适用范围。第九巡回法院同意了原告的请求，理由是欧铁火车票的销售是一项在美国境内实施的商业活动并构成了原告的诉讼请求所依赖的一个“实质性要件”。

美国联邦最高法院于2015年12月1日作出裁决，推翻了第二巡回法院的判决。最高法院援引了其之前的判例“沙特阿拉伯诉Nelson案”，[2]该案认为，“基于”这一要件必须关注的是“控诉的要旨”，也就是导致原告实际受到伤害的行为，而不是后来引起杀害的之前的行为。[3]在Nelson案中，原告在美国境内被招聘，但是导致其受到实际伤害的行为发生在沙特阿拉伯。法院认为不适用商业活动例外，因为原告指控的要旨是发生在沙特的伤害。本案与此类似，法院认为，“构成原告诉讼要旨的行为明显发生在境外。原告所有的诉讼请求都取决于发生在奥地利的悲剧事件，也就是在奥地利的过错行为和危险环境，它们导致了在奥地利遭受到伤害”。[4]根据这一标准，“欧铁火车票的销售构成该诉讼请求的唯一要素，这一事实并不足以证明该诉讼请求是‘基于’该销售行为从而构成商业活动例外”。[5]

不过，最高法院的这一判决并未平息对这一问题的所有争议。就在该案判决作出后不久，联邦第二巡回法院在另一起*Atlantica Holdings, Inc. v.Sovereign Wealth Fund Samruk-Kazyna JSC*案[6]中，再次裁定哈萨克斯坦一

---

〔1〕 ___U.S.___, 136 S.Ct.390（2015）.

〔2〕 507 U.S.349（1993）.

〔3〕 Id., at 395（quoting Nelson）.

〔4〕 Id., at 396.

〔5〕 Id., at 395.

〔6〕 14-917-cv, --F.3d---, 2016 WL 403445（2016）.

家国有基金公司在美国境外的行为符合商业活动例外，从而在美国不享受国家主权豁免。该案被告是哈萨克斯坦一家国有基金公司，原告是该公司的投资人，其中有两名美国人。原告指控被告在其网站上发布大量广告，导致原告通过位于美国迈阿密境内的一家投资公司购买了被告的基金。此后，该基金价值暴跌。原告以被告虚假陈述为由向美国纽约南区联邦地区法院起诉。被告提出国家主权豁免。联邦地区法院认为本案适用商业活动例外，联邦第二巡回法院也维持了该判决，认为被告的虚假陈述行为虽然发生在美国境外，但本案的诉讼请求是“基于”被告虚假陈述这一商业行为所产生的，理由是被告的虚假陈述行为对美国产生了直接影响。法院援引了《冲突法重述（第一次）》，认为在虚假陈述案件中，侵权行为地通常是指损失发生地，而不是侵权行为发生地。因此，本案符合《外国主权豁免法》的商业活动例外。

（三）一般管辖权与不方便法院原则：Ranza诉Nike案

联邦第九巡回法院在Loredana Ranza诉Nike（荷兰）公司案中，以缺乏一般管辖权和不方便法院为由，驳回了原告对耐克（荷兰）公司的起诉。[1]

该案中，原告是一位居住在荷兰的美国公民，被告是总部位于俄勒冈州的美国耐克公司及其子公司NEON公司。NEON公司是根据荷兰法律成立的，由美国Nike公司全资拥有，负责Nike产品在欧洲市场的销售。原告于1996年被NEON公司雇佣为销售经理，2008年遭到NEON解聘。解聘前，根据荷兰法律的规定，NEON公司向荷兰一家法院申请批准解聘协议。荷兰法院审理后批准了对原告的解聘，并判给原告20万欧元的补偿金。但是在荷兰法院诉讼期间，原告又向荷兰公平待遇委员会提起申诉，指控受到被告的性别和年龄歧视。但是该委员会裁决不存在歧视。

就在荷兰的两项程序正在进行之时，原告又向美国公平雇佣机会委员会（EEOC）提起申诉，但遭到驳回。随后，原告向美国俄勒冈州地区法院起诉NEON公司及其母公司Nike公司。俄勒冈地区法院认为自己没有对人管辖权，且俄勒冈地区法院审理本案不方便，驳回了原告起诉。原告向第九巡回法院上诉。第九巡回法院维持了地区法院的判决，认为对原告缺乏一般对人管辖权，因为被告是一家荷兰公司，尽管Nike公司是其母公司，但是NEON公司与

〔1〕 Loredana Ranza v.Nike, Inc.et al., 9th Cir., 16.7.2015, No.13-35251.

俄勒冈州之间不具有持续且系统的联系，根据Daimler案的判决，美国法院不能对其行使一般对人管辖权。同时，根据不方便法院理论，法院驳回了原告针对Nike的诉讼，因为美国法院审理本案不方便，而荷兰公平待遇委员会更便于处理本案，并且该委员会已经受理了本案且作出了裁决。

（四）美国法院承认中国法院选择条款

2016年2月5日，美国佛罗里达州南区联邦地区法院在“江苏宏远医药有限公司诉DI全球物流公司案”[1]中，以不方便法院原则为由，驳回了原告宏远公司的诉讼，承认了双方在合同中约定的中国法院管辖条款的效力。

原告江苏宏远药业公司是一家中国企业，被告DI全球物流公司是一家美国佛罗里达州企业。2013年4月，宏远公司和DI公司签署一份代理协议，宏远公司根据该协议授权Di公司专属代理权，负责在哥伦比亚、特立尼达和多巴哥、巴西、委内瑞拉以及美国销售其产品，期限为五年。宏远公司根据协议向DI公司发运了价值21万美元的货物，但DI公司未支付货款。2015年6月26日，宏远公司以美国宏远公司的名义向美国佛罗里达州南区联邦地区法院提起诉讼，要求被告DI公司承担违约和不当得利等责任。被告以法院缺乏diversity管辖权为由提出抗辩，因为原告美国宏远公司和被告DI公司都是佛罗里达州企业。法院准许原告修改起诉书，原告转而以江苏宏远公司为名再次提起诉讼。被告则根据《联邦民事诉讼规则》第12条（b）款之第（3）项，以不方便法院为由提出不适当审判地的抗辩。被告援引了双方协议第6条，该条为“准据法”，规定如下：“本协议仅应适用中国法律。对于双方当事人之间的任何争端，（中国）江苏省人民法院应当有权予以审理，除非强制性法律规定由其他法院审理。”被告据此认为，该条包含有一项法院选择条款，根据其规定，本诉讼应由中国法院管辖。原告则认为“没有任何法律上或合同上的义务强迫原告去中国法院起诉”。法院于2016年1月25日举行了第二次庭审。

法院认为，根据不方便法院理论，即使在审判地适当的情况下，地区法院也有权拒绝行使管辖权。根据美国判例，提出不方便法院抗辩的当事人必须证明以下几项条件：（1）公共要素和私人要素都倾向于支持驳回该诉讼；（2）存在一个适当的替代法院；（3）原告可以在替代法院行使其诉讼权利而不会遭受

〔1〕 Jiangsu Hongyuan Pharmaceutical Co.v.DI Global Logistics Inc.（S.D.Fla.2016）.

不方便或歧视。

法院分别从以下几个方面进行了讨论:

1.法院选择条款的有效性

被告DI公司首先主张双方合同中存在一项法院选择条款。法院需要判断该条款是否构成一项有效的、可执行的、强制性的法院选择条款,以及该条款是否适用于解决本案争端。

根据美国最高法院Bremen诉Zapata案[1]的判例,国际合同中的法院选择条款只有在以下情况下才能被认为是不可执行:(1)该条款是通过欺诈或强迫而缔结;(2)原告可能会因为被选择的法院不方便或不公正而无法出庭;(3)被选择的法院不公正从而会剥夺原告应获得的救济;(4)该条款的执行会违反强烈的公共政策。

法院认为,双方合同中的法院选择条款不违反上诉Bremen案中的所有限制条件。首先,该合同不是欺诈或强迫缔结的;其次,该合同是原告宏远公司起草的,原告主动选择中国法院,因此该法院不会对原告不方便;再次,原告在合同中选择适用中国法律,该法律不会剥夺原告所获得的救济;最后,执行该条款也不会违反任何公共政策。

2.法院选择条款的强制性

法院接下来还要确定双方合同中的法院选择条款是否具有强制性。法院选择条款有两类:强制性(mandatory)条款和许可性(permissive)条款。如果法院选择条款是许可性的,那么它只是授权被选择的法院可以管辖该诉讼,但并不排除其他有管辖权的法院也可以受理该诉讼。强制性法院选择条款则授予被选择的法院排他性管辖权(exclusive jurisdiction)。

本案中所涉的条款规定:"对于双方当事人之间的任何争端,(中国)江苏省人民法院应当有权予以审理,除非强制性法律规定由其他法院审理。"被告认为,该条款采用了"应当"(shall)这一用语,表明中国法院的管辖权是强制性的。但是原告认为,不能仅从字面上来理解,而应从该条款的整体含义来分析。该条款后面还有"除非强制性法律规定由其他法院审理"这一例外条件,从而表明中国法院的管辖权并非强制性的。

---

〔1〕 M/S Bremen v.Zapata Off-Shore Co., 407 U.S.1(1972).

对此争议，法院援引了第七巡回法院在Frietsch案[1]中的判决，认为应当分析该条款的功能。就本案中所涉条款而言，原告宏远公司之所以在起草的合同中加入这样一个法院选择条款，就是要排除其他替代法院的管辖权。如果认为该条款是任意性的，那么这一条款就失去了意义，因为即使没有这一条款，原告或被告同样可以到中国法院去起诉。因此，该条款只能被理解为强制性条款，它后面的除外规定是毫无意义的。

3.法院选择条款的适用范围

原告宏远公司还提出了一项理由，认为该法院选择条款不适用于本案纠纷。因为该条款前面还有一项法律选择规定："本协议仅应适用中国法律。"这意味着，该条款后面的法院选择规定仅针对该代理协议本身的争端，而不适用于本案中原告所提起的因为被告未支付货款和不当得利而产生的争端。

法院对此观点进行了分析后认为，尽管本案所涉条款中没有出现"因本合同所引起的所有争端"这样的字样，但是根据美国法院判例，合同争端已经被广义地解释为包括了所有与合同直接和间接相关的所有争端。因此，本案合同中的法院选择条款也适用于当事人双方因为该合同所产生的所有争端。

4.法院选择条款与不方便法院原则

接下来法院分析了法院选择条款与不方便法院原则的关系。在美国，根据美国最高法院在Atlantic Marine Construction公司案中的判决，如果当事人已经达成了一项法院选择条款，那么就意味着他们放弃了以不方便法院为由对所选择的法院提出抗辩的权利。本案中，被告提出美国法院是不方便法院。法院从三个方面进行了分析：

（1）公共利益

法院认为，所有的公共利益都支持驳回原告的诉讼。首先，双方合同第6条规定，该合同只适用中国法律。而中国法院对中国法律更为熟悉。其次，中国对于本案在中国法院起诉具有更大的利益，因为双方选择在中国法院起诉，中国法院也希望该国公民在该国法院得到救济。最后，受害企业是一家中国企业，在其家乡解决纠纷显然更有利于保护其本地利益。

---

〔1〕 Frietsch v.Refco, Inc., 56 F.3d 825（7th Cir., 1995）.

（2）是否存在适当的替代法院

法院认为，替代法院被推定为适当的法院，除非原告有相反证明，比如存在严重偏袒、腐败或拖延。原告宏远公司举出一些学术论文，认为中国法律制度“存在严重拖延、妨碍律师工作、腐败、缺乏法律安全、受到政治干预等”。但是，法院指出，“礼让原则禁止一家法院去对外国法律制度的好坏进行评判”。法院指出，一般性的腐败指控不足以将一个外国的法律制度笼统地判断为不适当。法院援引了CYBERsitter案，认为对中国法律制度的指控都是“投机性的”，不足以证明中国不能提供适当的法院。

原告还指出，中国法院不能提供有效的救济，因为被告在中国没有财产，即使原告获得胜诉，也难以执行判决。法院认为，除非能够证明外国法院提供的救济“等同于无”，否则不能以外国法院提供的救济不现实或困难为由而认为其不适当。法院还援引了《中华人民共和国合同法》和《民法通则》的条文证明中国法律对于违反合同也提供了适当的救济。

最后，法院还分析了替代法院是否能够行使管辖权。法院认为，既然双方当事人都协议选择了中国法院，而且被告律师也表明愿意服从中国法院的管辖，因此这个问题也就不存在障碍。

（3）不方便或受歧视

对于不方便法院原则的最后一个条件，即替代法院严重不方便或对当事人构成歧视，法院认为在本案中并不存在。

最终，法院认为，不方便法院原则的所有要件都满足，因此驳回了原告的诉讼。

（五）美国法院拒绝承认中国法院商事判决

美国纽约联邦地区法院在Chen v.Sun（S.D.N.Y.2016）案[1]中，以原告未能证明法院具有diversity jurisdiction为由，拒绝了原告要求承认中国上海法院一起商事判决的诉讼请求。

根据美国民事诉讼法，联邦法院受理民事案件必须首先具有事项管辖权（subject matter jurisdiction），事项管辖权又包括两方面：其一是联邦问题管辖权（federal question jurisdiction），其二就是diversity管辖权。

---

〔1〕 Chen v.Sun（S.D.N.Y.2016）.

根据《美国法典》第28章第1332条(a)款第(2)项,Diversity管辖权是指美国联邦地区法院对于“一州(国)公民与外州(国)公民之间的争议”具有管辖权。根据判例法,这种diversity管辖权被进一步细化。如果全部当事人都是外国人,或者一方当事人中既有本国人又有外国人,但是另一方当事人中全部是外国人,则diversity管辖权也不成立。此外,根据判例法,在判断diversity管辖权时,居住在外国的美国公民既不是美国任何州的公民,也不是任何外国的公民。因此,法院对于这种人的诉讼不能行使diversity管辖权。

本案中,原告Chen是中国公民,住所也在外国。被告Sun是美国公民,双方因合同纠纷在中国法院发生诉讼,上海市第一中级人民法院判决被告Sun败诉。原告Chen在中国无法找到Sun,但发现Sun及其妻子在美国纽约拥有房产,被告的子女也住在美国。但被告则主张他虽然于2002年获得美国国籍,但是从2004年起就和母亲住在中国,也取得了中国工作签证,在中国工作并交税。因此,他认为自己住所不在纽约,而在中国。因此,美国联邦地区法院对其案件不具有Diversity管辖权。纽约南区地区法院接受了被告的抗辩,驳回了原告的诉讼请求。其实,本案原告没必要选择到联邦法院诉讼,而应该选择在州法院。

(六)美国法院承认中国台湾地区法院一夫多妻判决

“In re Chao-Te案”[1]是一起同一丈夫的两位妻子之间发生的婚姻财产纠纷。1964年,丈夫在中国台湾根据习惯法娶了第一位妻子,但没有登记。7年后,在与第一个妻子生下几个孩子后,他娶了第二个妻子,但这一次进行了登记。一年后,他在中国台湾购买了一幢房产,部分钱款来自第一位妻子的捐助。几年后他将该房产卖出,获取了三倍多的收益。随后他用这笔钱购买了位于拉斯维加斯的一家汽车旅馆,并与第二位妻子和四位子女一起移居该地。2005年,第一位妻子在内华达州的家庭法院起诉离婚。丈夫则在中国台湾起诉要求宣布其与第一位妻子的婚姻无效。内华达州法院中止诉讼程序等待中国台湾法院的判决结果。中国台湾法院认为,第一起婚姻有效,台湾地区“内政部”更新了登记状况以表明该第一位妻子是合法妻子,而第二位妻子是“妾”。

在内华达州法院重新启动诉讼程序之后不久,丈夫去世,争议继续在两

[1] 2015 WL 3489560(Nev.May 29, 2015).

位妻子之间进行，因为第一位妻子要求获得该汽车旅馆和他丈夫遗赠给第二位妻子的其他财产的一半价值。第二位妻子认为，不应承认中国台湾的判决。但是法院驳回了该请求，因为该判决符合内华达州法律规定的承认外国判决的所有条件。第一位妻子胜诉。

(七)雇佣合同中法院选择条款的效力

通过将法律选择条款和法院选择条款相结合，当事人可以规避那些未被选择的国家的法律对另一方当事人提供的保护。这种组合在雇佣合同和消费者合同中正变得越来越普遍。这就是为什么一些外国的法律制度直接保护消费者、雇员和其他一些被推定为弱方的当事人，其方法就是在涉及这些当事人的合同中对当事人意思自治施加一些一般性的或特别的限制。[1]比如，在欧盟，罗马第一条例规定，法律选择协议不能剥夺在没有该协议的情况下一个"被动的"消费者或一个雇员依据所应适用的法律——准据法——[2]中的强制性规定所享有的保护。[3]布鲁塞尔第一条例也提供这种保护，它规定，事先做出的不利于消费者或雇员的法院选择条款不可执行。[4]

相反，美国法原则上更加鼓励商业交易并反对管制，它并没有特别挑出一些弱方当事人加以保护。比如，《冲突法重述(第二次)》就只规定了一条意思自治条款(第187条)适用于所有合同，而没有针对不同类型的合同或事项规定不同的规则。《统一商法典》也对当事人意思自治只设置了一个条文，即第1-301条，该条甚至要比《冲突法重述》第187条更为简洁和灵活。[5]2001年曾尝试把消费者作为保护对象，但是面对商业利益的强烈反对而遭到否定。

不过在某些州，成文法填补了部分空白。某些调整消费者、劳动、特许交

〔1〕 563 U.S.333(2011).

〔2〕 See SYMEONIDES, CODIFYING CHOICE OF LAW, pp.110-170.

〔3〕 See Regulation(EC)No.593/2008 of the European Parliament and of the Council of 17 June 2008 on the Law Applicable to Contractual Obligations(Rome I),(2008)OJ L 177/6, arts.6(2), 8(1).

〔4〕 See Articles 19 and 23 of Regulation(EU)No.1215/2012 of the European Parliament and of the Council of 12 December 2012 on Jurisdiction and the Recognition and Enforcement of Judgments in Civil and Commercial Matters(Recast)(hereafter "Brussels I Regulation"), L 351/1 O.J.(Dec.20, 2012).

〔5〕 《统一商法典》第1-301条规定："如果一项交易与法院地州和其他州或国家有合理联系，当事人可以同意适用该法院地州或其他州或国家的法律支配其权利与义务"。U.C.C. § 1-301(a).因此，对于该条款所支配的合同，与被选择州具有"合理联系"就成为允许合同法律选择条款的唯一明示要件。

易或保险合同的实体立法中包含了“地方化条款”,它强行要求那些与该州有特别联系的合同必须适用该法。这些立法中,有一些明确禁止放弃该州法律,要么是直接要么是间接地通过合同选择另一州法律;另一些州还禁止将管辖权赋予另一州法院的法院选择条款。[1]这些地方化条款实际上就是单边类型的冲突规则。如果可以适用的话,它们就极大地降低法院对法律选择进行分析的必要性。

“Acharya诉微软公司案”[2]涉及微软公司英格兰分公司及其华盛顿总公司与一位微软前雇员之间的雇佣合同,该雇员是根据与微软公司之间的一项协议而被其分公司雇佣。该雇员在伦敦工作并向位于比利时的上司汇报工作,但是该合同包含一项瑞士法院选择条款和法律选择条款。该雇员根据《华盛顿州反歧视法》(WLAD)起诉微软公司,声称其遭到比利时上司的性别歧视。微软公司援引瑞士法院选择协议提出驳回起诉的动议。华盛顿州法院驳回了该动议。法院将微软公司视为原告事实上的雇主并推断认为,就该动议而言,歧视行为发生在华盛顿州。法院指出,根据华盛顿州法律,“免于歧视的权利是不可谈判的并且不能在合同中被放弃”,而“根据该法院选择条款和法律选择条款,原告根据《华盛顿州反歧视法》享有的权利将不会被承认”。[3]法院认为,执行该条款将会违反华盛顿州的公共政策。[4]

(八)外国司法不公正能否作为拒绝承认该国判决的依据

得克萨斯州是采用1962年的旧版《统一外国金钱判决承认法》(UFMJRA)的州之一,而没有采用2005年的新版《统一外国金钱判决承认法》。两部法律都规定,如果判决是“根据一个不能提供公正法庭或程序的司法制度而作出,该制度不符合法律的正当程序的要求”,则属于拒绝承认的强制性理由之一。[5]然而,新法增加了一项拒绝承认的非强制性理由,即外国判决的作出“让人对该法院的诚实”产生重大怀疑。[6]这一项针对法院的抗辩理由加上前面的制度性抗辩理由,可以在某些案件中带来各种差别。如果判决债务人证

〔1〕 包含该立法的案例参见下文。

〔2〕 354 P.3d 908(Wash.Ct.App.2015).

〔3〕 354 P.3d 908(Wash.Ct.App.2015), at 914.

〔4〕 354 P.3d 908(Wash.Ct.App.2015).

〔5〕 UFMJRA § 4(a)(1); UFCMJRA § 4(b)(1).

〔6〕 UFCMJRA § 4(c)(7).

明某些外国法院不正直，就可以拒绝承认该判决而不用对外国的整个制度进行谴责。此外，在有些情况下，外国制度可能确实很完善，但是特定的程序却非常不完善。此时，对于判决债务人而言，告诉他外国制度对于所有其他诉讼当事人都是非常公正的，这是无济于事的。

在*DeJoria v.Maghreb Petroleum Exploration, S.A.*案[1]中，判决债务人要求一家得克萨斯州法院不要承认一份摩洛哥法院判决，该判决涉及他和几位摩洛哥皇室成员之间的纷争。由于得克萨斯州不允许针对法院的抗辩理由，该债务人不得不主张摩洛哥司法制度整体上是腐败的。他主张，摩洛哥法官依附于国王，并引用了一份USAID的报告和一份美国国务院报告，指出摩洛哥司法制度“受到政治干预”，该国法官“容易受到政治惩罚”并且“易受干预，尤其是在敏感案件中”。[2]

法院驳回了该债务人的理由。法院指出，得克萨斯州的《统一外国判决承认法》不允许审查“特定的判决”，但是允许对整体司法制度进行权衡。[3]法院还强调该法不要求外国制度“照搬美国的正当程序”，[4]而只是要求其程序“相当于”正当程序。法院认为，摩洛哥司法制度符合这一标准，因为债权人的专家证明，“摩洛哥法官必须通过一项许可考试并且要接受为期两年的法官职业培训”，[5]“摩洛哥商事法院采用的诉讼程序类似于美国法院”。[6]法院比较了本案和其他两起案件（这样的案例极少），其中，一家美国法院以同样的理由拒绝承认了一份外国判决。其中一份外国判决被告是前伊朗国王的姐姐，发生在该国王于1979年革命下台之后不久。[7]第二份判决是在利比亚发生的残酷内战期间作出的。[8]法院认为，“摩洛哥的司法制度并没有处于这样的恐

---

〔1〕 804 F.3d 373(5th Cir., 2015).

〔2〕 804 F.3d 373(5th Cir., 2015), at 381.

〔3〕 804 F.3d 373(5th Cir., 2015), at 381.

〔4〕 804 F.3d 373(5th Cir., 2015), at 387.

〔5〕 804 F.3d 373(5th Cir., 2015), at 381.

〔6〕 804 F.3d 373(5th Cir., 2015), at 382.法院还援引了USAID被告中的一项声明，认为王国政府“已经对其关键目标进行司法改革”并且“正在大跨步地”迈向建立一个法治国家；还有从国务院报告中引用的一项声明，认为该政府实施了改革，“目的在于提高司法独立和公正”。

〔7〕 See Bank Melli Iran v.Pahlavi, 58 F.3d 1406(9th Cir., 1995).

〔8〕 See Bridgeway Corp.v.Citibank, 201 F.3d 134(2nd Cir., 2000).

怖状态”。[1]

在前文提到的“江苏宏远医药有限公司诉DI全球物流公司案”[2]中，也涉及对中国司法制度的审查。法院最后也认定，中国司法制度已经取得了重大进步，能够保障该案得到公正审理，因此驳回了美国DI公司的主张，认为案件应当由合同中约定的中国法院审理。

（九）判决套利现象

在美国，对外国法院的判决和外州法院的判决的承认与执行都是由各州法律来规范。通常，各州对于外国法院判决的承认和执行条件比较严格，而对于姊妹州法院的判决，根据联邦宪法中的充分诚信条款，各州必须给予承认与执行。这样一来，一些当事人为了规避对外国法院判决的执行限制，就会选择先在一个州内申请承认某一外国法院的判决，然后再到另一个州去申请执行前一个州法院的承认判决。这就把外国法院判决的承认与执行问题转化成了姊妹州法院判决的承认与执行问题。这种现象被学者们称为“判决套利”（Judgment Arbitrage）。[3]对于这种套利现象，美国各州法院有两种态度：（1）将前一个州法院的判决视为一份姊妹州的判决，从而根据充分诚信条款自动予以承认；（2）仍然按照更严格的承认外国判决的标准来对待该判决。

2015年的*Alberta Securities Commission v. Ryckman*案[4]也采用了第一种做法。该案中，一家阿尔贝塔省法院作出一项判决，对于一位阿尔贝塔省居民违反加拿大证券法的行为判处罚金。该判决的债权人已经在亚利桑那州法院获得了对该判决的承认，而该判决债务人离开了那里，因此债权人随后又申请在特拉华州针对债务人在那里的财产予以承认该判决。阿尔贝塔省判决本身在特拉华州并未得到承认因为它违反了特拉华州的《统一外国金钱判决承认法》，理由包括两个：第一，该判决是在十七年之前作出的，而《统一外国金钱

〔1〕 DeJoria, 804 F.3d at 383.In United States v.Shkambi, ___Fed.App' x.___, 2015 WL 4648012（5th Cir.Aug.6, 2015）, cert.denied, 2015 WL 5837454（U.S., Nov.16, 2015），被告因图谋销售可卡因和海洛因而在美国被定罪。他提出了抗辩，认为法院将其以前在阿尔巴尼亚的海洛因罪行作为证据，属于滥用裁量权，他主张，阿尔巴尼亚的司法制度不符合程序正义的最低标准。法院驳回了该主张，认可了控方的专家证人提供的可靠的相反证据。

〔2〕 Jiangsu Hongyuan Pharmaceutical Co.v.DI Global Logistics Inc.（S.D.Fla.2016）.

〔3〕 Gregory H.Shill, Ending Judgment Arbitrage: Jurisdictional Competition and the Enforcement of Foreign Money Judgments in the United States, *Harv.Int'l.L.J.*, Vol.54, No.2, 2013, p.459.

〔4〕 2015 WL 2265473（Del.Super.Ct.May 05, 2015）, aff' d___A.3d____（Del., 2015）.

判决承认法》对于外国判决的承认规定了十五年的诉讼时效。第二，该判决作出了一项罚金，而《统一外国金钱判决承认法》并不适用于施加罚金的判决。然而，亚利桑那州并没有采用《统一外国金钱判决承认法》并且其法律也对承认施加没有限制。亚利桑那州法院在判决债务人全部参与的一个程序中承认了该判决。该债务人反对在特拉华州承认该判决，指责债权人“挑选法院并且通过走特拉华州的‘后门’来‘谋取承认’一项外国判决”。[1]法院承认存在挑选法院的可能性，但是指出本案并不涉及挑选法院，因为当债权人申请在亚利桑那州承认判决时，亚利桑那州是债务人的住所地。法院认为：“即使特拉华州不能直接转化加拿大的判决……特拉华州的公共政策也必须屈从于更强烈的给予姊妹州判决充分诚信的国家利益……亚利桑那州判决有权获得特拉华州的充分诚信。”[2]

（十）古驰诉中国银行案的新进展

上年度的报告中，我们介绍了“古驰诉中国银行案”的进展。2014年9月17日，美国第二巡回法院在“古驰诉中国银行案”[3]中根据戴姆勒案的判决结果，推翻了纽约南区地区法院的一项判决，认为美国法院对中国银行没有一般属人管辖权。[4]但第二巡回法院要求南区地区法院重新审查对中国银行是否拥有特别属人管辖权以及这种管辖权的行使是否违反与中国的国际礼让。在同日宣判的另一起“蒂芙尼诉中国招商银行案”中，该法院也作出了同样的判决。[5]

2015年9月29日，纽约南区地区法院作出裁决，认为该法院对中国银行拥有特别管辖权。[6]法院认为，其对中国银行拥有特别管辖权，且行使该管辖权并不会违背礼让原则。故此，法院命令中国银行遵守古驰公司的传票，提供相关的账户信息及其他文件。2015年11月，纽约南区法院认定中国银行未遵守相关传票及命令，判定中国银行在民事上藐视法庭，并对中国银行处以每日五万美元的强制性罚款。

---

〔1〕 Ryckman, 2015 WL 2265473 at*4.

〔2〕 Ryckman, 2015 WL 2265473 at*7.

〔3〕 该案的真正被告是WEIXING LI等多位涉嫌在网上销售假冒古驰（Gucci）产品的个人和网站，但古驰公司同时申请法院发布命令，要求中国银行提供被告在银行的账户信息。中国银行以法院缺乏属人管辖权为由提出抗辩，但遭到一审法院驳回。

〔4〕 Gucci v.Weixing Li, 768 F.3d 122（2d Cir.2014）.

〔5〕 Tiffany LLC v.China Merchants Bank, 12-2317-cv（L）（2nd Cir., 2014）.

〔6〕 Gucci Am.et al.v.Weixing Li et al., 2015 WL 5707135（SDNY Sept.29, 2015）.

在管辖权分析中，法院认为，联邦法院要对一个主体行使属人管辖权，必须符合三个主要条件:(1)该主体必须被合法送达;(2)法院行使该等属人管辖权必须具有法律依据(statutory basis);(3)行使该等属人管辖权符合宪法规定的正当程序。各方对中国银行已被合法送达并无异议，故纽约南区法院着重分析了后两个条件。首先，纽约南区法院认为其有法律依据对中国银行行使属人管辖权。纽约的长臂法案(long-arm statute)规定，若某非居民自己或者通过代理人在纽约州从事交易，而原告的诉由源于该等交易，则法院可以对该等非居民行使属人管辖权。所以，在对一个主体行使属人管辖权之前，法院需要决定:(1)被告是否在纽约从事交易;及(2)诉由是否源于该等交易。中国银行在纽约拥有不动产，并有两个分支机构;中国银行总行在纽约摩根大通银行开立有代理银行账户，以便摩根大通银行的客户向中国银行的客户直接转账。法院据此认定中国银行在纽约从事交易。法院还进一步认为，古驰公司宣称被告利用中国银行在摩根大通银行的代理银行账户完成美国与中国的电子转账，是其制假售假业务的关键组成部分。古驰公司的两份传票要求中国银行提供与这些电子转账以及被告与中国银行关系相关的信息。可见，古驰公司的证据开示要求与中国银行在纽约的交易活动密切相关。其次，纽约南区法院认为其行使属人管辖权符合宪法规定的正当程序。在评估法院对某主体行使特别属人管辖权在宪法上是否恰当时，法院必须分两步来分析:首先，必须确定该主体与该法域具有充足的“最低限度联系”;其次，必须确定在这种情况下行使管辖权是合理的。纽约南区法院认为中国银行在纽约有实质运营、员工和办公场所并积极在纽约开拓业务和客户，其与纽约存在有意且重复发生的联系;而且，中国银行向其纽约的客户提供广泛的服务，从而与纽约具有充足的“最低限度联系”。

在分析美国法院的管辖权是否违反对中国的国际礼让时，纽约南区法院认为，中国银行保密法关于未经同意不得披露个人账户信息的规定对中国建立与其他国家接轨的现代银行系统来讲是必要的。但其根据中国银行提供的专家意见得出结论，中国的银行保密法提供的保护可以由开户人自己放弃或者由人民法院、税务机关、公安机关、工商部门及证券监管部门等有权机关豁免。法院由此认定，中国的银行保密法仅仅是赋予客户一项个人特权，并未反映一项值得认真尊重的国家政策。法院还认为，中国银行在选择到纽约开展业务，享受纽约作为美国主要金融中心的诸多好处时，就不能躲在中国银行保密法这样一个保护盾后面，逃避其他美国金融机构都要面对的要求。与此同时，纽约南区法院认为，美国在执行国会通过的法案方面拥有强大的利益，尤其是执行像兰哈姆法案这样意在保护知识产权和防止消费者混淆的法案。通过比较两国所涉利益，考虑到被告等造假者看起来是有意利用外国银行保密规定为其实施违反兰哈姆法案的侵权行为提供便利，纽约南区法院认为国家利益平衡测试明显对原告有利。法院还认为，中国银行未能证明其遵守传票要求将导致在中国承担民事或者刑事责任的实际可能性；虽然中国银行提供了吴志攀教授提供的中国法律专家意见以及银监会和中国人民银行等监管部门关于中国的银行保密法律的信函，但纽约南区法院认为中国银行未能提供中国金融机构因为遵守外国法院提供信息的命令而被处罚的具体案例。对中国银行提出的其在中国境内败诉的事实，纽约南区法院的认定出人意料，它认为这使国家利益平衡更倾向于美国利益。因为这些判决认可了中国银行对其客户的账户信息拥有广泛的合同权利，比如说在特定情形下暂停或者终止服务的权利；中国银行未能充分证明这些情形的存在不能改变北京判决认可中国银行拥有该等权利的事实。北京判决未能提供支持证明中国银行的主张，未能证明中国的银行保密法被严格执行，或者是一项利益超过美国执行兰哈姆法案利益的强烈的国家政策。综合分析后，纽约南区法院得出结论，认为其对中国银行行使管辖权符合国际礼让原则。

（十一）外国人侵权法诉讼的新进展

在2013年的综述中，我们介绍了联邦最高法院在2013年4月17日的"Kiobel诉皇家荷兰石油公司案"中维持了第二巡回法院的判决结果。[1]本来，第二巡回法院在判决书中是以跨国公司在习惯国际法上没有法律地位为由驳回原告诉讼请求的。[2]但是最高法院在诉讼过程中却把问题的焦点转向另一个问题:《外国人侵权法》是否具有域外适用效力？对于该问题，最高法院援引了其在Morrison案中引入的"反域外适用的推定"(presumption against

〔1〕 Kiobel v.Royal Dutch Petroleum Co., 133 S.Ct.1659, 185 L.Ed.2d 671(2013).

〔2〕 Kiobel v.Royal Dutch Petroleum Co., 132 S.Ct.472(U.S.2011).

extraterritoriality）理论，[1]认为外国人侵权法不能适用于该案中发生于美国境外的侵权行为。

最高法院的判决并未能解决第二巡回法院在Kiobel案中提出的另一个问题：即公司能够承担《外国人侵权法》上的国际法责任？在Kiobel案中，第二巡回法院的审判庭以2：1的票数通过了卡布拉内斯（Cabranes）法官撰写的意见书，认为公司不能根据《外国人侵权法》承担责任，因为习惯国际法并不承认公司责任的概念。这确实是一个新理论。但是这一结论遭到很多学者的评判，正如波斯纳法官所指出的那样，按照该理论，“一个海盗可以根据《外国人侵权法》被起诉，但是一个名叫印度洋海盗公司的海盗公司却不能”。[2]其他几个巡回法院都没有接受第二巡回法院的观点。[3]最高法院在这个问题上打起了“擦边球”，没有直接给出结论。从技术上看，最高法院的复审判决似乎并未推翻第二巡回法院的裁决。这意味着Kiobel案二审中公司不承担责任的理论仍然是第二巡回法院的有效法律，除非其被该法院全席判决推翻或者被最高法院推翻。

在阿拉伯银行案[4]中，第二巡回法院的一个审判庭认为，“Kiobel Ⅱ案确实在几个方面挑战了Kiobel Ⅰ案”。该审判庭给出了三个理由。第一，最高法院在Kiobel Ⅱ案中声明，仅仅是公司在美国存在并不足以推翻反域外适用推定，这意味着具有其他美国因素的公司有可能推翻该推定，因此可以承担公司责任。第二，Kiobel Ⅱ案中包含了对Sosa案[5]的解释，即“根据国际法只有该行为被禁止，而由国内法来规定应给予的救济以及所针对的当事人”。[6]第三，

---

〔1〕 关于Morrison案，参见杜涛：《美国证券法域外管辖权：终结还是复活——评美国联邦最高法院Morrison案及〈多德—弗兰克法〉》，载《国际经济法学刊》（第19卷第4期）（2012年），北京大学出版社2013年版，第188页。

〔2〕 Flomo v.Firestone Nat.Rubber Co., 643 F.3d 1013, 1017（7th Cir., 2011）.

〔3〕 See Doe VIII v.Exxon Mobil Corp., 654 F.3d 11（D.C.Cir.2011）, vacated on other grounds, 527 F.App' x 7（D.C.Cir.2013）; Al Shimari v.CACI Premier Tech., Inc., 758 F.3d 516（4th Cir., 2014）; Beanal v.Freeport-McMoran, Inc., 197 F.3d 161（5th Cir.1999）; Flomo v.Firestone Nat.Rubber Co., 643 F.3d 1013（7th Cir.2011）; Doe I v.Nestle USA, Inc., 766 F.3d 1013（9th Cir., 2014）; Doe v.Drummond Co., Inc., 782 F.3d 576（11th Cir., 2015）.

〔4〕 Jesner v.Arab Bank, PLC Alien Tort Statute Litig., __F.3d__, 2015 WL 8122895, at*4（2d Cir.Dec.8, 2015）.

〔5〕 See Sosa v.Alvarez-Machain, 542 U.S.692（2004）（discussed in Symeonides, 2004 Survey, 925-30, and 935-38）.

〔6〕 In re Arab Bank, ___F.3d____at___2015 WL 8122895 at*7.

“Kiobel Ⅰ案和Kiobel Ⅱ案有可能会用来限制联邦法院根据《外国人侵权法》享有的管辖权，而该管辖权超出了国会在通过该法时所赋予的范围”，并将受伤害的原告置于“一个很小的盒子里”。[1]尽管如此，阿拉伯银行案的审判庭还是决定不偏离此前在Kiobel案二审中的观点，认为公司不能承担《外国人侵权法》上的国际法责任。[2]审判庭决定“留待（第二巡回法院）全席审判庭或者将来的最高法院复审来推翻Kiobel I案判决，如果其确实不再有用”。[3]

三、其他国家和地区

（一）瑞士修订国际私法法典

瑞士联邦参议员于2015年10月14日公布了一项立法议案，决定对1987年12月18日的《瑞士国际私法典》中的有关条款进行修订。[4]此次修订主要涉及第十一章中的跨国破产条文。

现行《瑞士国际私法典》第十一章“破产与和解”主要规定了对外国破产宣告的承认问题。对于跨国破产的管辖权和法律适用问题，《瑞士国际私法典》中并没有规定，这是因为瑞士1889年的《瑞士债务追偿和破产法》（SchKG）中已有规定。

根据属地原则，外国破产宣告原则上在瑞士不具有法律效力。如果外国破产债权人需要在瑞士境内执行破产债务人的财产，必须首先申请瑞士承认该外国破产宣告的效力。根据第166条的规定，在债务人住所地国家做出的外国破产宣告，需符合以下几个条件才能得到承认：（1）该破产宣告在做出地国家可以被执行；（2）不存在本法第27条规定的拒绝理由；（3）存在互惠关系。而该法第27条规定了拒绝承认外国判决的理由包括：（1）当事人未被合法传唤；（2）违反诉讼法基本原则，尤其是未给予当事人出庭辩护机会；（3）违反瑞士法院或第三国法院的既判裁决。由于上述规定的条件比较严格，实践中经常会导致外国破产宣告在瑞士很难得到承认和执行，从而不利于保护外国债权人的利益。据统计，2010～2014年，瑞士法院受理了约50起申请承认外国法院

---

〔1〕 Id.at___*8.

〔2〕 Id.at___*9.

〔3〕 Id..

〔4〕 http://www.ejpd.admin.ch/ejpd/de/home/aktuell/news/2015/2015-10-141.html.

破产宣告的案件。实务部门对现行法律提出了很多批评意见。

新的修订草案大量借鉴了联合国1997年《跨国破产示范法》的规定，尤其是考虑到欧盟2015年新修订的《跨国破产条例》。[1]草案在以下几个方面做了较大改革：

1.扩大了外国破产宣告的范围，除了破产债务人住所地国家作出的破产宣告之外，破产债务人利益中心地（COMI）所在国做出的破产宣告也可以被申请承认；

2.简化了承认外国破产宣告的条件，取消了互惠要求；

3.简化了外国破产宣告在瑞士执行的程序，如果没有需要保护的瑞士债权人，则可以取消在瑞士的辅助程序（Hilfsverfahren）；

4.扩大了外国破产管理人在瑞士行动的权力；

5.加强了内、外国破产机构的协调与合作。

（二）瑞士法院拒绝承认美国代孕判决

瑞士联邦法院在2015年5月21日作出的一项裁决中，[2]拒绝承认一对瑞士同性伴侣在美国代孕产子的父亲身份。该案中，两位瑞士同性伴侣于2010年在美国加州与一对美国夫妇达成代孕协议，对方同意为其代孕生子，并且同意放弃对所生子女的父母身份。子女出生后，加州法院向该同性伴侣颁发了子女出生证，并作出一份裁决书，认定该同性伴侣该子女的法定父母。随后，该同性伴侣向瑞士有关机关申请承认美国法院的裁决并要求身份登记。瑞士圣加仑州内务部要求登记机关将两位同性伴侣都登记为该子女的父亲，但是联邦司法部提出抗议，圣加仑州行政法院驳回该抗议。上诉后，瑞士联邦法院赞同联邦司法部的意见，认为承认该伴侣为该儿童的父亲身份会违反瑞士的法律和道德观念（公共政策）。在瑞士，代孕生子在宪法层面被禁止，因此这属于瑞士法律的基本信仰和核心观念。如果承认加州的裁决，则会导致承认一对与子女没有任何血缘关系的男子成为该子女的“父亲”，这在瑞士是不能允许的。

---

〔1〕 Verordnung（EG）Nr.1346/2000 des Rates vom 29.Mai 2000 über Insolvenzverfahren, ersetzt durch die Verordnung（EU）2015/848 des Europäischen Parlaments und des Rates vom 20.Mai 2015 über Insolvenzverfahren.

〔2〕 Urteil vom 21.Mai 2015（5A_748/2014）.

(三)英国法院的禁诉令——Essar公司诉中国银行案

20013 年11 月27 日,Essar Shipping Ltd(Essar)将一艘船定期租赁给Ocean Bulk Shipping Pte(OBS)。定期租船规定合同适用英国法,争议依据英国海事仲裁协会规则提交英国仲裁解决。同日,OBS 与Atlas Iron Ltd(Atlas)签订航次租船合同,规定遵守上述法律适用和争议解决条款。2013 年12 月25 日,一集装箱货物在该船上装载运往中国。提单表明Atlas 是发货人,并由船长代理人签字。该提单是凭指示提单,2013 年11 月27 日可付,同时规定提单包含租船合同的所有条款和条件,包括法律适用和仲裁条款。该集装箱货物通过中国银行信用证付款。由于付款方的违约,中国银行成为合法的提单持有人。该货物在仅有对Essar 出具的保函的情况下被无单放货。2014年3月,中国银行扣货并紧接着在2014年9月扣船以作担保,来分别实现其在信用证和提单下的诉求。中国银行在青岛对Essar 提起诉讼,要求赔偿提单项下11,165,128.46美元的损失。2014年11月,Essar 基于法律适用和争议解决的仲裁条款提起管辖权异议。最终未被支持,并被驳回上诉。之后,Essar在英国法院申请禁诉令。

该法院认为,Essar 在诉讼程序启动将近2个月后提起管辖权异议,并且在将近9个月后才在英国法院申请禁诉令。也就是说,Essar直到对中国的诉讼提起管辖权异议的7个月后,才申请禁诉令。这一行为是违反了该院在The Angelis Grace 案件中的裁决,即授予禁诉令必须同时满足两个条件:及时申请,并且外国的诉讼程序尚未深入进展。仅仅缺乏及时性就足以构成拒绝授予禁诉令的合法理由。[1]由于没有任何理由显示Essar 能在管辖权异议之诉中获胜,因此有充分的理由认为Essar 在英国法院申请禁诉令的行为是迟延的。并且,英国法院认为该迟延非常严重,因此拒绝授予禁诉令。

高等法院判决强调,为了执行约定的仲裁或管辖条款,在英国申请禁诉令时必须满足及时性(promptness)的要求。原告在英国申请禁诉令前等待外国法院关于管辖权异议的判决结果的行为[亦称之为"观望"(wait and see)策略],实际造成了英国法院会基于迟延拒绝授予禁诉令的风险,被告是否由于此迟延遭受了损害则无须考虑。在国际贸易中发生的管辖权争议,当事人都

〔1〕 12 2015 EWHC 3266(Comm), para.42.

希望本国的法院管辖。这一情况在当事一方并非租船合同当事人在希望实现自己在提单下的权利时更是如此。本案结果表明，英国法院并不会必然帮助作为违反管辖权条款的受害者的一方，如果该当事人不及时寻求救济的话。依据合同在英国解决争议的当事人，面对合同约定的争议解决程序遭受损害时，时间是最紧要的因素。及早提起管辖权异议之诉的同时在本国申请禁诉令才是保险的方式。

（四）中国香港地区法院拒绝承认英国同性婚姻

2016年3月10日，香港高等法院在"QT诉Director of Immigration案"[1]中，支持了香港入境事务处拒绝向原告颁发依亲签证的决定。该案中，申请人是英国国民，她的同性伴侣持工作签证在香港工作。申请人以其同性伴侣的受养人的身份，申请依亲签证来港居留。根据受养人政策，"配偶"被视为仅由男女结合的一夫一妻婚姻中的其中一方，而这种婚姻被理解为唯一一种获香港法律认可的婚姻；入境事务处处长以此为依据，拒绝发给申请人依亲签证。申请人寻求司法复核，被法院驳回。法院的理由是，如果入境处给予申请人颁发签证，则会变相地承认同性伴侣或同性婚姻关系在香港的法律效力，而这在香港是不被法律允许的。

香港2006年4月11日颁布法律禁止英国驻香港领事馆为同性伴侣颁发结婚登记。而英国驻中国大陆地区的领事馆则可以向英国公民颁发同性结婚证书。

（五）加拿大法院对厄瓜多尔判决的执行案

在上一年的年度报告中，我们介绍了厄瓜多尔法院针对美国雪佛龙公司作出的天价惩罚判决。2013年12月12日，厄瓜多尔最高法院作出了终审判决，支持厄瓜多尔居民的上诉，判令雪佛龙公司承担95亿美元的赔偿金。然而，比起巨大的赔偿金，雪佛龙公司在厄瓜多尔的资产可以说只是杯水车薪。因此，胜诉原告开始了一场全球的追债历程，在雪佛龙公司有资产的国家（美国、加拿大、巴西、阿根廷等国）提起承认与执行厄瓜多尔法院判决的诉讼。[2]

2013年，47名厄瓜多尔人民作为原告，在加拿大渥太华高等法院对雪佛

---

〔1〕 QT v. Director of Immigration（2016）2 HKLRD 583.

〔2〕 Manuel A.Gomez, The Global Chase: Seeking the Recognition and Enforcement of the Lago Agro Judgment outside of Ecuador, *Stanford J.of Complex Litigation*, Spring 2013, Vol.1, p.429.

龙公司及雪佛龙加拿大有限公司提起了承认与执行厄瓜多尔判决的诉讼。该案件中，渥太华高等法院是否对案件有管辖权具有至关重要的意义，也是双方激烈交锋的争议点。雪佛龙公司及雪佛龙加拿大有限公司从诉讼战略角度出发，分别提出管辖权异议，并将就此动议的裁决上诉至安大略省上诉法庭乃至加拿大最高法院。加拿大最高法院于2015年9月4日作出最终裁决，判定安大略法院对该案件有管辖权，否认了雪佛龙公司及雪佛龙加拿大有限公司的上诉申请。[1]

根据加拿大的法律，承认和执行一项外国案件必须满足“real and substantial connection”标准，即法院要对诉讼当事人或者诉讼争议事项有真实且实质性的联系。雪佛龙公司认为，其作为一个在加拿大内没有任何资产的外国企业，且诉讼争议事项发生在厄瓜多尔，与加拿大并无任何关系，因此该案件不满足“real and substantial connection”标准的要求。

加拿大最高法院驳回雪佛龙的动议，最高法院虽然肯定“real and substantial connection”标准的适用，但其认为该项测试的实质是要求外国法院（本案中为厄瓜多尔）是否与判决有真实而实际的联系即可满足，并非要求执行法院具有该项联系。最高法院从成文法、判例法、法律原则、学者观点以及其他国家的态度五个方面进行了论证并得出了上述结论。但法院同时表示，对管辖权抗辩的否决并不意味着雪佛龙公司及雪佛龙加拿大有限公司会输掉这场官司。

（六）荷兰法院驳回厄瓜多尔撤销仲裁裁决的请求

在厄瓜多尔法院对雪佛龙公司作出判决的同时，雪弗龙公司和德士古石油公司根据厄瓜多尔和美国的双边投资协定中的仲裁条款于2009年向位于荷兰的仲裁庭提起了仲裁。仲裁庭根据联合国贸易法委员会仲裁规则以海牙作为仲裁地进行了仲裁。雪佛龙和德士古石油公司在仲裁中请求仲裁庭作出了多项临时裁决，要求厄瓜多尔停止在国内外寻求执行厄瓜多尔法院判决的行动。

厄瓜多尔则向仲裁地海牙的地区法院提起诉讼请求，要求撤销仲裁庭裁决。厄瓜多尔援引荷兰《民事诉讼法》第1064条和第1065条，认为双方不存在

---

〔1〕 Chevron Corp.v.Yaiguaje, 2015 SCC 42.

有效的仲裁协议因而仲裁庭没有管辖权，仲裁裁决违反公共政策，仲裁员没有遵守委托义务。

地区法院对上述三点理由进行了审理，认为：(1)双方之间的争议属于双边投资协定中仲裁条款所包括的范围，因此仲裁庭有管辖权；(2)仲裁庭的临时裁决要求厄瓜多尔停止执行其判决，这并不违反厄瓜多尔的主权和司法独立，因为厄瓜多尔在双边投资协定中自愿地、无条件地同意受仲裁条款约束，因此仲裁庭的裁决不违反公共政策；仲裁员也没有违反委托。最终，法院于2016年1月20日作出裁决，驳回厄瓜多尔的诉讼请求。[1]

（七）西班牙颁布《国际民事司法合作法》

西班牙于2015年7月31日公布《国际民事司法合作法》(Ley decooperación juridical internacional en material civil)，并于公布20日后生效。

该法一共六编，61条。序言编规定了立法宗旨和原则。根据该编规定，西班牙与外国之间的民事司法合作不需要互惠。第一编规定了国际司法合作的一般制度，包括中央机关、请求书的内容和要求、请求的执行程序等。该编还规定了拒绝提供司法合作的理由。另外，该编还专门规定了司法文书和司法外文书的送达。第二编为外国法的证明。该编规定，外国法应按照《西班牙民事诉讼法》规定证明其内容和有效性。如果无法证明，则适用西班牙法律。第三编规定了西班牙与外国相互提供法律信息的程序和条件。第四编规定了平行诉讼和关联诉讼。对于西班牙法院和外国法院同时受理的案件，如果西班牙法院认为外国法院与案件具有合理联系，并且可以预见到外国判决能够在西班牙得到承认，或者为了正当司法程序的需要，可以中止西班牙法院的程序。第五编为外国判决的承认与执行。其中最重要的是拒绝承认的理由，包括违反公共政策、损害当事人辩护权、违反西班牙专属管辖权、与西班牙法院的判决相抵触、与另一国法院判决相抵触、违反平行诉讼原则。该法还规定了外国公共文书在西班牙的执行条件和程序。只要其在作出国能够执行并且不违反西班牙的公共政策，即可在西班牙予以执行。

---

〔1〕 The Republic of Ecuador v. Chevron Corporation, DISTRICT COURT OF THE HAGUE, C/09/477457/HA ZA 14-1291.

四、海牙国际私法会议

（一）新成员国和缔约国

1961年10月5日通过的《取消外国公文认证要求的公约》（The Apostille Convention，以下简称《证明书公约》）迄今已有112个缔约国，是海牙国际私法会议迄今为止缔约国数量最多的公约，因此也是最成功的公约。

过去的一年，有多个国家加入该公约。科索沃于2015年11月6日向海牙国际私法会议递交加入《取消外国公文认证要求的公约》的文件。该公约将于2016年7月14日对摩洛哥生效。摩洛哥于2015年11月27日向海牙国际私法会议递交加入《取消外国公文认证要求的公约》的文件。该公约将于2016年8月14日对摩洛哥生效。巴西于2015年12月2日向海牙国际私法会议递交了加入《取消外国公文认证要求的公约》的文件。该公约于2016年8月14日对巴西生效。智利于2015年12月16日向海牙国际私法会议递交了加入《取消外国公文认证要求的公约》的文件。该公约于2016年8月30日对智利生效。

2015年9月21日，纳米比亚加入1993年《跨国收养方面保护儿童及合作公约》，公约自2016年1月1日起对该国生效。

2015年9月30日，意大利加入1996年《关于父母责任和保护儿童措施的管辖权、法律适用、承认、执行和合作公约》，公约于2016年1月1日起对意大利生效。自此，该公约对所有欧盟成员国均已生效。

2015年10月15日，哈萨克斯坦共和国加入1965年《关于向国外送达民事或商事司法文书和司法外文书的公约》，公约自2016年6月1日起对该国生效。

2015年12月24日，黑山共和国加入2007年《关于国际追索儿童抚养费和其他形式家庭抚养公约》，公约自2017年1月1日起对该国生效。

2016年1月15日，塞尔维亚加入1996年《关于父母责任和保护儿童措施的管辖权、法律适用、承认、执行和合作公约》，成为其第43个缔约国，公约自2016年11月1日起对该国生效。

2016年3月4日，摩纳哥加入2000年《成年人国际保护公约》，成为其第9个缔约国。公约自2016年7月1日起对摩纳哥生效。

2016年3月16日，摩尔多瓦共和国加入海牙国际私法会议，成为其第81个成员国。摩尔多瓦迄今已参加了8项海牙公约。

2016年3月16日，哥斯达黎加和越南同时加入1965年《送达公约》，该公约于2016年10月1日起对该两个国家正式生效。《送达公约》目前已有71个成员国。

2016年3月21日，乌克兰签署了2005年《法院选择协议公约》和2007年《抚养义务法律适用议定书》。乌克兰目前已经加入了10个海牙公约。

2016年3月30日，挪威加入1996年10月19日《关于父母责任和保护儿童措施的管辖权、法律适用、承认、执行和合作公约》，成为其第44个缔约国，公约于2016年7月1日起对挪威生效。

2016年7月13日，玻利维亚加入1980年《国际诱拐儿童民事方面的公约》，成为公约第95个缔约国。公约于2016年10月1日起对该国生效。

2016年8月12日，吉尔吉斯斯坦共和国加入1993年《跨国收养方面保护儿童及合作公约》，公约2016年11月1日起对该国生效。

2016年9月21日，加纳加入1993年5月29日《关于跨国收养方面保护儿童及合作公约》，成为该公约第98个缔约国。公约自2017年1月1日起对加纳生效。

2016年9月7日，美国加入2007年《关于国际追索儿童抚养费和其他形式家庭扶养的公约》，成为其第33个缔约国。公约于2017年1月1日起对美国生效。美国迄今加入了6个海牙公约。

2016年7月14日，玻利维亚加入1980年《国际诱拐儿童民事方面的公约》，成为该公约第95个缔约国。

2016年10月19日，沙特阿拉伯王国正式递交加入海牙国际私法会议的批准书，成为该组织第82个成员国。目前，沙特还没有参加任何一项海牙公约。

2016年10月7日，土耳其政府签署并递交了批准1996年10月19日《关于父母责任和保护儿童措施的管辖权、法律适用、承认、执行和合作公约》和2007年11月23日《关于国际追索儿童抚养费和其他形式家庭扶养的公约》。两个公约将于2017年2月1日起对土耳其生效。1996年公约目前已有45个缔约国，2007年公约已有34个缔约国。

（二）2016年度大会

2016年3月15～17日，来自69个成员国、两个候选国和12个国际组织和非政府组织的219名代表参加了2016年总务委员会大会。大会上，摩尔多瓦共和国和哈萨克斯坦共和国加入了海牙国际私法会议。哥斯达黎加共和国加入了1965年11月15日《关于域外送达民商事司法和司法外文书的公约》（成为该公约第70个缔约国）、1980年10月25日《国际司法救助公约》（成为第28个缔约国）和1970年3月18日《关于从国外调取民事或商事证据的公约》（第59个缔约国）。菲律宾加入1980年10月25日《国际诱拐儿童民事方面的公约》（第94个缔约国）。越南加入1965年11月15日《关于域外送达民商事司法和司法外文书的公约》（第71个缔约国）。

对于判决项目，总务委员会决定成立一个特别委员会准备起草一项公约，并责成秘书长于2016年6月召开第一次会议（第二次会议将于2017年2月举行）。

对于亲子关系和代孕项目，委员会对专家小组的报告表示欢迎，并邀请该小组根据2015年的授权继续工作。专家小组将在下一年大会前召开第二次工作会议，工作重点在于承认问题。

对于和解协议的承认与执行问题，委员会要求常设局起草一项非约束性“指导性文件”（navigation tool），为当事人提供一份最佳实践。委员会将在2017年大会上进一步讨论是否有必要起草一项约束性法律文件。

对于旅游者保护项目，巴西政府愿意出资赞助聘请一位专家到常设局从事专题研究工作，委员会对此表示感谢。常设局将会具体落实专家的聘请工作，并对相关问题进行报告。

委员会还讨论了域外取证中录像链接的运用问题、域外民事保护措施的承认与执行问题、婚外同居法律问题等。

委员会对于秘书处和国际统一私法协会以及联合国国际贸易委员会的合作给予了高度关注。三方准备共同起草一份国际商事合同的法律文件。另外，海牙国际私法会议和世界知识产权组织也开展合作，共同进行国际私法与知识产权的研究。

（三）判决项目的新进展

海牙判决项目2015年取得了新进展。根据2015年3月委员会的授权，专家组于2015年11月份完成了一份草案。[1]2016年3月举行的总务委员会大会上，委员会决定设立一个特别委员会(Special Commission)准备起草公约草案。2016年6月1～9日，特别委员会举行了第一次会议，共有来自53个国家和一个地区性经济组织的153名代表参加了会议。会议对专家组草案进行了审议和修改，并正式提出了一份公约草案(以下简称特委会草案)。

特委会草案共16条，比工作组草案增加一条。第1条规定公约适用范围，即在一个缔约国做出的民商事判决在另一个缔约国的承认与执行。第2条规定了公约排除适用的事项，包括a)自然人的身份和法律能力；b)抚养义务；c)其他家庭法事项，包括婚姻财产制、因婚姻或类似关系产生的其他权利与义务；d)遗嘱和继承；e)破产、重整及类似事项；f)客运和货运；g)海洋污染、海事赔偿责任限制、共同海损以及紧急拖航与救助；h)核损害责任；i)法人或社团的有效、无效和解散，及其机关决议的有效性；j)公开登记(或注册)的有效性；k)诽谤等。公约也不适用于仲裁。

草案第4条规定，被请求国不应对判决进行实质审查。对于判决的终局性，只要该判决在来源国具有可执行性即可。第5条规定了承认与执行的间接管辖权，包括:(1)被请求人在来源国法院有惯常居所;(2)被请求人主营业地位于来源国;(3)被请求人是原诉讼的起诉人;(4)被请求人在来源国有分支机构、代理机构或营业所;(5)被请求人同意来源国法院的管辖权;(6)被请求人出庭且未提出管辖权异议;(7)判决作出地是合同约定的履行地;(8)判决作出地是不动产所在地;(9)判决作出地是不动产担保物之所在地;(10)判决作出地是损害发生地;(11)判决作出地是知识产权登记地;(12)判决作出地是版权来源国;(13)判决作出地是信托文件指定的法院地或信托准据法所属国或信托管理地;(14)判决涉及反诉，法院对原诉有管辖权;(15)判决涉及之前的一项判决，法院对前诉有管辖权。

---

〔1〕 C & Rs adopted by the Council of 24 to 26 March 2015, para.4. 11 “Report of the Fifth Meeting of the Working Group on the Judgments Project(26–31 October 2015)and Proposed Draft Text Resulting from the Meeting”, Prel.Doc.No 7A of November 2015 for the attention of the Council of March 2016 on General Affairs and Policy of the Conference.The reports of the Working Group’ s meetings, along with the other documentation and information concerning the developments of the Judgments Project from 2010 to date, are available on the Hague Conference website < www.hcch.net > under “Judgments” then “Recent developments(2010 onwards)”.

第7条规定了拒绝承认与执行的理由，包括（1）送达不及时或违法送达；（2）判决通过欺诈获得；（3）违反公共政策；（4）违反信托文件中约定的管辖权（5）违反平行诉讼；（6）违反在先判决。

草案还规定，惩罚性赔偿判决不能被承认与执行（第9条）。司法和解协议可以与判决同等执行（第10条）。被承认与执行的外国判决与国内判决具有同等效力（第14条）；判决可以全部或部分承认与执行（第15条）。

（四）婚外同居关系的国际私法立法计划

早在1987年，海牙国际私法会议常设局就起草了“关于非婚伴侣（cohabiting couples）法律适用的说明”。在第十六届大会上，代表们研究了该问题，但没有将其作为优先课题。1992年，常设局再次提交了一份说明，其中包含了一份调研报告，从比较法角度对该问题进行了调研。该报告指出，非婚同居现象（cohabitation outside marriage）已经逐渐从西欧国家蔓延到东欧和拉美国家。1995年，一般事务和政策特委会组织专家讨论了该问题，认为应当把登记伴侣关系（registered partner）纳入该问题之中一起考虑。第十八届大会决定把该议题纳入大会议程，但不作为优先议题，同时决定把研究的范围扩大到管辖权、法律适用和判决承认与执行三个领域。[1]

2008年，常设局发布了一份“关于非婚同居和登记伴侣国内法和国际私法发展状况的说明”。[2]2013年，总务委员会要求常设局继续对该领域加强研究。2015年3月，常设局向总务委员会提交了一份关于非婚同居和登记伴侣的国内法和国际私法的最新发展情况的更新说明。[3]总务委员会同时要求常设局进行问卷调查，并在此基础上于2017年提交一份报告。[4]调查的内容包括两个方面：一方面是各国国内法对非婚同居和登记伴侣关系的规定；另一方面是有关国际私法的规定。截至2016年9月17日，已有28个国家和地区回复了该问卷。

〔1〕 Final Act of the Eighteenth Session of the Hague Conference on Private International Law, 19 October 1996, under Part B 4 c.

〔2〕 Note on developments in internal law and private international law concerning cohabitation outside marriage, including registered partnerships, Prel.Doc.No. 11 of March 2008 for the attention of the Council of April 2008 on General Affairs and Policy of the Conference.

〔3〕 Prel.Doc.No.5 of March 2015 for the attention of the Council on General Affairs and Policy of March 2015.

〔4〕 See the Conclusions and Recommendations adopted by the Council of 2015(24-26 March 2015), para.10, available on the Hague Conference website at(www.hcch.net) under “Governance” then “Council on General Affairs and Policy”.

根据各国回复情况，非婚同居现象（unmarried cohabitation）目前已经越来越普遍，并且伴随着越来越多的非婚生子女。比如在英国，非婚同居在2012年已经占全国人口的11.7%，达到590万人。预计到2031年，将有1/4的伴侣是以非婚同居方式生活在一起。在美国，2010年有6.6%的家庭属于非婚同居家庭。即使是在相对保守的亚洲各国，非婚同居现象也在大幅增长。

同时，越来越多的国家开始在立法上承认登记伴侣关系（registered partnership）。登记伴侣在不同国家有不同名称，如"家庭伴侣"（domestic partnership）、"民事伴侣"（civil partnership）、"民事结合"（civil union）、"固定伴侣结合"（permanent couple union）、"法定同居"（statutory cohabitation）等。登记伴侣包括同性伴侣和异性伴侣。

对于登记伴侣关系，中国内地法律尚不予承认。而对于非婚同居，我国《婚姻法》虽然未作规定，但是1989年最高人民法院发布《关于人民法院审理未办结婚登记而以夫妻名义同居生活案件的若干意见》和2001年《最高人民法院关于适用中华人民共和国婚姻法若干问题的解释（一）》[1]有专门规定。根据该规定，我国在一定条件下将非婚同居作为事实婚姻对待。但是，我国国际私法并没有专门针对非婚同居关系作出规定，因此，非婚同居当事人在我国境外依照当地法律获得的权利和义务，在我国并不被承认。[2]

我国香港特别行政区也禁止同性婚姻，同时也不承认境外同性婚姻的效力。[3]但是，我国澳门特别行政区对于境外登记伴侣（包括同性伴侣）的态度较为宽容，一定程度上可以承认其效力。[4]

海牙国际私法会议目前已有的国际公约中并不直接涉及婚外同居关系，但是在某些公约中间接有所涉及。比如，海牙跨国收养公约就没有要求收养人必须是正式结婚的夫妻。因此，从理论上说，登记伴侣也可以通过该公约收养儿童，不过，不同成员国可能会对公约是否适用于非婚同居收养人有不同解释。

---

〔1〕 法释〔2001〕30号。

〔2〕 参见中国外交部对该问卷调查的回复：https://assets.hcch.net/docs/c11de156-4c61-4297-a092-0bca2f18abcb.pdf。

〔3〕 QT v Director of Immigration（2016）2 HKLRD 583.

〔4〕 参见澳门特别行政区的答复：https://assets.hcch.net/docs/81a0d0f1-5d66-4d21-8795-258359faf30c.pdf。

常设局在其报告中指出，目前还没有一项国际公约专门对婚外同居关系的国际私法问题加以规范，给现实中的当事人带来很大法律障碍。因此，报告呼吁海牙国际私法会议起草相关国际公约以消除该领域的法律不确定性。

（五）国际儿童争端中调解协议的跨境承认与执行问题

近年来，在家庭事务领域，调解被运用得越来越广泛。海牙国际私法会议近年来通过的一系列家庭领域的国际公约[1]也鼓励当事人通过调解解决纠纷。与此同时，海牙国际私法会议也开始积极关注调解协议的跨境承认与执行问题。2012年，总务委员会要求成立一个专家小组对国际儿童争端中各种协议的跨境承认与执行问题加以研究，并探讨缔结一项新的法律文件的可能性。[2]专家小组于2013年年底在海牙举行了会议，对这方面的理论与实践问题进行了讨论。会议报告中指出，在家庭纠纷中达成的各种协议（不限于调解协议）对于有效解决纠纷，尤其是对于保护儿童具有很好效果。但是各种协议的跨境执行会面临各国法律的障碍，因此，专家小组认为，有必要制定一项“非约束性”指导文件“navigation tool”来帮助当事人在不同国家承认与执行相关协议，同时，也有必要制定一项约束性国际公约来对这种协议的承认与执行问题加以规范，为当事人提供一种“一站式服务”（one-stop shop）。[3]

为了进一步加强该问题的研究，常设局于2015年进行了一项问卷调查，针对海牙国际私法会议所通过的三个公约在实践中的运用情况，征询了各成员国对各种协议的承认与执行方面的意见和建议。

2015年11月2～4日，专家小组再次举行会议，并通过了一项《关于与儿童

〔1〕 The Convention of 25 October 1980 on the Civil Aspects of International Child Abduction (“1980 Convention”); The Convention of 19 October 1996 on Jurisdiction, Applicable Law, Recognition, Enforcement and Co-operation in Respect of Parental Responsibility and Measures for the Protection of Children(“1996 Convention”); The Convention of 23 November 2007 on the International Recovery of Child Support and Other Forms of Family Maintenance(“2007 Convention”).

〔2〕 See Conclusions and Recommendations adopted by the Council of 2012(17-20 April 2012), para.7[available at(www.hcch.net) under “Work in Progress” then “General Affairs”].

〔3〕 Prel.Doc.No 5 of March 2014-Report on the Experts' Group meeting on cross-border recognition and enforcement of agreements in international child disputes and recommendation for further work.

有关的家庭事务中各种协议的跨境承认与执行的报告》。[1]专家小组最后建议总务委员会继续保留专家小组以便继续相关工作，包括：(1)起草一项非约束性指导文件以方便当事人运用现有的三个海牙公约去寻求在其他国家承认和执行其达成的协议；(2)通过一项有法律约束力的公约为各种家庭领域的协议建立一个“一站式服务平台”(one-stop shop)。公约应当制定一个排他性法院或机关来批准这种协议并提供简便的机制以便承认和执行该种协议。常设局将筹备下一次会议以便开始起草相关文本。

(六)跨国代孕项目

2015年3月举行的总务委员会年度大会上，总务委员会决定成立一个专家组讨论是否有必要开展代孕问题的立法工作。专家组将首先研究跨国代孕中儿童的身份问题的国际私法规则。2016年2月15～18日，专家小组在海牙举行了会议。来自21个国家的21位专家和3位观察员出席了会议，并提交了一份报告。会议首先从讨论各国典型案例开始。通过讨论，代表们认识到当前各国法律对于代孕问题缺乏统一的规定，导致很严重的法律冲突问题，比如对于代孕子的父母身份、代孕子的法律地位、代孕子的国籍、扶养、移民等。工作组指出，代孕子的父母身份问题是国际私法上最需要关注的问题。只有解决该问题，儿童的其他权利才能依次得到解决。海牙现有的各项公约中都没有相关规定。工作组也讨论了迄今各国在国际私法上的实践。现有资料显示，各国在跨国代孕问题上对于管辖权、法律适用和判决承认与执行方面的做法各有差别。对于管辖权问题，代表们认为实践中尚无特别需要关注的问题。对于法律适用，专家组指出，目前各国的实践分为两种：一些国家统一适用法院地法，另一些国家也会考虑适用外国法。不过，大多数国家都没有专门的国际私法规则，而是类推适用一般规则。专家组建议进一步研究是否需要统一相关连结点。在外国公文和裁决的承认方面，报告也认为有必要进行更深入的研究，特别要考虑到各国的公共政策因素。考虑到各国在代孕问题上的法律差异，报告认为会议还难以达成统一意见，因此建议常设局继续支持专家小组进行相关工作。

---

〔1〕 Prel.Doc.No. 5 of January 2016-Report of the Experts' Group meeting on cross-border recognition and enforcement of agreements in family matters involving children (The Hague, 2-4 November 2015).

(七)域外取证中使用视频链接和其他现代技术的专家组报告

随着各种现代通讯技术的发展，运用视频等手段进行取证已经在很多国家被采用。如何在1970年《海牙取证公约》框架下运用视频等现代技术进行域外取证，逐渐受到海牙国际私法会议的关注。2009年2月，海牙国际私法会议就举行了相关的特别委员会会议讨论这一问题。[1]

比如《海牙取证公约》第7条规定，如请求机关提出请求，应将进行司法程序的时间和地点通知该机关，以便有关当事人和他们已有的代理人能够出席。第8条也规定，缔约国可以声明，在执行请求时，允许另一缔约国请求机关的司法人员出席。这里的“出席”能够通过视频方式进行?

常设局的报告指出，公约第9条第1款规定，执行请求书的司法机关应适用其本国法规定的方式和程序。这就给视频取证提供了合法性依据，只要执行国法律允许视频取证即可。另外，第9条第2款也规定，执行机关也可以采用请求机关提出的特殊方式和程序进行执行，只要不与执行国国内法相抵触。这也为视频取证提供了理论上的可行性。

另外，视频取证对于公约第二章具有更为重大的意义。该章第15条规定，缔约国外交官员或领事官员在另一缔约国境内可以向他所代表的国家的国民在不采取强制措施的情况下调取证据。第16条规定，缔约国的外交官员或领事代表在另一缔约国境内也可以向他执行职务地所在国或第三国国民在不采取强制措施的情况下调取证据。第17条也允许特派员可以在不采取强制措施的情况下在一缔约国境内调取证据。公约中并没有禁止外交官员或领事代表或特派员采用视频取证，但是第21条要求取证不得违背取证地国法律。因此，如果取证地法律禁止视频取证，则不得采用。

由此，常设局得出结论认为，海牙取证公约并不禁止视频取证，但是视频取证带来一系列问题需要予以澄清，尤其是视频取证能够通过公约规定的途径实施。尤其是当取证涉及多个国家时，可能会产生相应的法律冲突，比如当事人作伪证的责任及其惩罚、当事人蔑视法庭拒绝提供证据的责任等。

2015年，总务委员会年度大会决议成立一个专家组专门讨论域外取证中视频连接和其他现代技术的应用问题。2015年12月2～4日，专家组举行了第

---

〔1〕 Prel.Doc.No. 6 of December 2008-The taking of evidence by video-link under the Hague Evidence Convention.

一次会议。来自26个国家和两个国际组织的39位专家参加了会议。

会议指出,专家组的工作并不是要修改公约或者改变公约的性质。专家组的任务只是探讨在公约框架下如何运用视频取证等现代技术,从而进一步促进公约的采用。因此,专家组的工作主要是起草一份良好实践指南或一份软法性质的文件,比如示范法或原则。

专家组建议,成立一系列专题小组对相关问题进行更深入的专题研究和讨论,并负责相关条款的起草工作。[1]

(八)《选择法院协议公约》正式生效

欧盟委员会于2014年12月4日正式通过《关于以欧盟名义批准2005年6月30日〈海牙选择法院协议公约〉的决定》。[2]根据该决定,欧盟以地区性经济一体化组织的身份加入该公约。2015年6月11日,欧盟代表正式向荷兰外交部交存了批准书。由于墨西哥已经批准了该公约。根据公约第31条的规定,公约自第二份批准书交存后三个月期间届满后的第一个月的第一天起生效,因此,公约于2015年10月1日起正式生效。

公约的生效促进了更多国家相继加入公约。2016年3月21日,乌克兰签署了该公约,成为其第29个缔约国。2016年6月2日,新加坡正式签署该公约,成为该公约第30个缔约国,也是亚洲第一个缔约国。

公约的生效将会促进国际商事交易中纠纷解决的可预见性,方便当事人选择法院。公约的核心原则包括:当事人所选择的法院对纠纷具有排他性管辖权,其他任何法院必须放弃管辖;被选择的法院所作出的判决必须被其他缔约国承认和执行。如果更多的国家接受该公约,将会极大地便利国际商事纠纷的解决。

五、联合国国际贸易法委员会

(一)国际货物销售合同公约35周年

2015年是联合国《国际货物销售合同公约》(CISG)通过35周年。联合国

---

〔1〕 Prel.Doc.No. 8 of December 2015-Report of the Experts' Group on the use of video-link and other modern technologies in the taking of evidence abroad.

〔2〕 COUNCIL DECISION of 4 December 2014 on the approval, on behalf of the European Union, of the Hague Convention of 30 June 2005 on Choice of Court Agreements(2014/887/EU).

国际贸易法委员会秘书处于2015年7月6日第48届会议期间在维也纳举行了一次高级别小组座谈会,邀请全球国际货物销售合同领域的专家参加。

匈牙利前外长马东尼(János Martonyi)主持了会议,他在开幕式上表示,CISG在过去35年里对匈牙利和全世界的合同法都发挥了重大影响。他以匈牙利新民法典为例对此作了说明。他还介绍了匈牙利刚刚决定撤销对公约第96条的保留声明。马东尼最后指出,CISG不仅是条约统一法与国际商业实践之间的桥梁,也不仅是英美法与大陆法之间的桥梁,还不仅是更广泛意义上的不同法律文化、观念和语言之间的桥梁,更是连接过去与未来的桥梁。它不仅是桥梁,更是未来的预测和支柱。但它是私法统一迄今为止最重要的成就。

著名CISG专家伯格斯滕(Bergsten)教授在题为《联合国国际货物销售合同公约三十五年:期望与成果》的发言中,回顾了公约从制订到生效的艰辛历史,以及公约35年来在世界各国所产生的重要影响。他同时也指出,目前最令人关切的是公约的统一解释和适用问题。他希望委员会能够尽快发动这方面的工作。

新加坡高等法院的昆廷蕙(Quentin Loh)法官在发言中指出,尽管全球法律统一化运动取得了很大成就,但是也面临巨大挑战。尽管CISG已有83个缔约国,但是实践中运用公约的情况是零零星星的,公约的知名度并不高。他以新加坡为例,自新加坡加入公约以来,仅有5个案例援引了公约。他指出,应当采取措施来让提高公约的知名度,让下一代律师更熟悉公约。他还指出,仅仅在文本上实现法律统一只会造成一种假象,更本质的是统一文本的解释,而这需要各国法院发挥作用。这种前景还需拭目以待。

葡萄牙的瑞·曼努埃尔·莫拉拉莫斯(Rui Manuel Moura Ramos)教授的发言《联合国国际货物销售合同公约三十五年后》重点分析了公约所存在的问题,指出公约还需要改进。

来自萨尔瓦多的安娜·伊丽莎白·维拉尔塔·维兹卡拉(Ana Elizabeth Villalta Vizcarra)女士对公约在美洲国家的适用情况做了介绍。美洲已有18个国家加入了公约,1994年的美洲《墨西哥公约》也借鉴了公约的很多规定。

中国著名民法专家王利明教授在发言中重点介绍了CISG对《中华人民共和国合同法》的影响,并展望了公约对我国正在制定的民法典的影响。

（二）和解协议的承认与执行

联合国国际贸易法委员会早在1980年就颁布了一份《调解规则》，并于2002年出台了一项《国际商事调解示范法》。2014年，联合国国际贸易法委员会在其第47届会议上决定着手起草一项关于调解所产生国际商事和解协议的可执行性的公约或示范法。[1]委员会同意第二工作组在其第62届会议上着手讨论此项议题的可行性。2015年，委员会在其第48届会议上讨论了工作组提交的报告，同意工作组继续进行该领域的工作，包括准备起草一项公约草案、示范条款或操作指南的文本等。[2]

工作组随后分别在其第63届和第64届会议上着手进行了相关工作，并提出了草案文本。[3]该草案文本目前暂时以一项独立公约的形式起草。如果最终通过的是一项“联合国国际商事调解示范法”（UNCITRAL Model Law on International Commercial Conciliation），则该草案文本将作为该示范法的一部分。

该草案文本将用于规范调解所产生的国际商事和解协议的跨国承认与执行。对于“国际性”的认定，草案借鉴了《国际商事仲裁示范法》第1（3）条的规定，以当事人营业地位于不同缔约国为主要标准。对于“和解协议”的概念，草案第3条将其定义为“商事争议当事人通过调解达成的用于解决其全部或部分争议的书面协议”。草案第3条并没有提到和解协议是否具有终局性。但是在第8条中，草案规定，和解协议的非终局性可以作为执行和解协议的抗辩理由。在工作组第63届会议上，对于将文书范围局限于调解所产生的和解协议表示了广泛支持（A/CN.9/861，第 19 段）。不过，会上提出，文书中的“调解”概念应当是广义和包容性的，可以涵盖不同类型的调解方法。普遍认为《示范法》第 1 条第（3）款关于“调解”的定义提供了一个有益的参照（A/CN.9/861，第 21 段）。草案第4条规定了和解（Conciliation）的概念。和解是通过不具有司法权的第三方的协助在争端当事人之间达成的友好解决争端的

---

〔1〕 Official Records of the General Assembly, Sixty-ninth Session, Supplement No.17 (A/69/17), paras.123-125.

〔2〕 Official Records of the General Assembly, Seventieth Session, Supplement No.17 (A/70/17), para.142.

〔3〕 International commercial conciliation: preparation of an instrument on enforcement of international commercial settlement agreements resulting from conciliation, A/CN.9/WG. Ⅱ /WP.198.

一种程序。工作组也考虑了是否可以用"mediation"取代"conciliation"这一术语。对于当事人在司法程序或仲裁程序过程中达成的和解是否可以纳入计划中的公约的适用范围,尚有争议。草案中提出了几种建议方案。对于消费者事务、家庭事务和劳动关系中的和解协议,不应包括在公约适用范围之内。

草案规定,符合草案适用范围的和解协议应当在缔约国被赋予法律效力。当事人也可以申请承认与执行。草案第8条规定了拒绝承认与执行的几项理由,包括和解协议当事人无行为能力、和解协议的执行违反其自身规定、和解协议无效或失效、和解协议无法执行、调解程序违反公平、和解协议的标的不同通过调解解决、违反公共政策等。草案还规定了保密性问题、执行程序与司法程序和仲裁程序的关系、当事人能否选择适用本公约等问题。

(三)破产相关判决的承认与执行

在国际贸易法委员会2014年第47届大会上,第五工作组(破产法)被授权起草一项关于破产相关判决承认与执行的示范法或示范条款。第五工作组在其第46次会议(2014年12月)上对该问题进行了讨论,认为应当起草一项独立的法律文件,而不是作为《跨境破产示范法》的一部分。在第47次会议上,工作组提交了第一份草案,内容包括判决的类型、承认和执行的程序、拒绝承认的理由等。

2015年第48次会议上,工作组对该草案进行了修改。2016年5月2～6日举行的第49次会议对该文本进行了进一步审议。[1]最新的示范法草案共13条。第1条规定了示范法的调整范围。草案提供了两种供选择的文本:(1)当一个外国代表或其他人在一个国家申请承认和执行一项与破产有关的判决,而该判决与一项外国程序相关联时,适用本法;(2)本法适用于承认和执行一项在其他国家进行的程序中作出的与破产相关的判决。

第2条规定了相关定义,其中最关键的是"与破产有关的判决"。该条列举了涉及以下事项的判决:破产财产的移交、破产财产的数额、破产财产的售卖、与外国程序相关的会计要求、与债务人或破产财产有关的交易的撤销、境外程序中诉讼搁置的修改或执行、担保债权的有效性、经法院批准的债权人所提出的诉因、破产实施期间董事的责任、重组或清算计划的确认、特定债务的清偿、

〔1〕 A/CN.9/WG.V/WP.138-Cross-border recognition and enforcement of insolvency-related judgements.

对债务人清偿的承认以及当事人提出的与破产有关的诉因等。

第3条规定了条约义务优先原则。草案还提供了另两种供选择的条文方案。

第4条规定了管辖法院或机关。第5条规定了各国被授权申请承认和执行一项与破产有关的判决的个人或机关。第6条规定了其他法律提供的补充性协助措施。第6条的另一种方案是公共秩序保留条款。第7条是解释规则。第8条是如何申请承认和执行一项破产相关判决。第9条规定了承认和执行判决的决定。第10条是拒绝承认和执行判决的理由。第11条规定了被承认的外国判决具有与本国判决同等的效力。第12条规定了判决的可分性。第13条规定了临时救济措施。

六、海牙国际法学院

2016年8月1日至19日，海牙国际法学院（The Hague Academy of International Law）"国际私法暑期班课程"在和平宫举行。参加本次课程的学员均来自世界各地的知名高校，包括美国马里兰大学、意大利那不勒斯大学、英国利兹大学、荷兰莱顿大学以及华东政法大学、北京大学、中国政法大学、武汉大学等国内高校。讲授本次课程的老师包括国际私法理论界的著名学者以及各类国际组织中的职业者等，共同为学员们奉献了一次丰富的学术体验。

德国海德堡大学的杰米（Jayme）教授作开幕发言，主题为"语言和国际私法"。他将语言视为跨国合同准据法选择的一个联结点，讲述了跨国合同中的语言对于准据法的确定产生的影响。著名国际私法学者——美国维拉米特大学的西蒙尼德斯（Symeonides）教授讲述了国际私法从诞生至今的历史发展。西蒙尼德斯教授通过总结和观察得出结论：（1）国际私法的公法性和政治性均在不断增强，意思自治不断削弱，弱者保护、维护公共利益等实质正义的追求在增强；（2）法律选择的灵活性在不断增强，法官被赋予了更多选择法律的自由裁量权，强制规定适用某一准据法的条文不断减少；（3）在形式上，国际私法的法典化进程不断加快，世界各国的国际私法典和国际私法条约层出不穷。

来自海牙国际私法会议（Hague Conference on Private International Law）的首席秘书桑德（Sender）女士依据其多年从事国际私法公约制定的经验，介绍了目前国际私法界最为关注的话题：外国法院判决的承认与执行。桑德女士认为，外国判决的承认和执行不仅是国际私法上的一大突破，更是实现世界经济一体化的必经程序；但由于目前缺少普遍性公约，各国对于外国判决的承认和执行，更多依靠互惠等原则，因此充满了较大的不确定性。为此，她重点讲解了2005年的《法院选择协议公约》和正在制定的《外国判决承认与执行公约》的草案。

来自巴西里约天主教大学的卢拉·伽码（Lauro Gama）教授讲述了罗马国际私法统一协会国际商事合同原则（UNIDROIT Principles on International Commercial Contract）的内容和作用。该原则作为现代商人习惯法的总结，以非国内立法的身份在世界范围内得到了广泛的适用，特别是对CISG起到了的补充解释作用。

来自德国汉堡Bucerius法学院的托恩（Thorn）教授讲述了国际私法中对于中小企业的保护，意大利罗马大学的马尔基西奥（Marchisio）教授讲述了外层空间开发中国际私法的作用和意义，来自瑞典斯德哥尔摩大学的海尔纳（Hellner）教授讲述了跨国代孕协议中的国际私法问题。

七、国际法学会《关于国际罪行赔偿的普遍民事管辖权的决议》

久负盛名的国际法学会（Institut de droit international）于2015年8月22～30日在爱沙尼亚首都塔林大学举行了第77届大会。国际法学会的主要议题以国际公法为主，但也经常涉及国际私法问题。本次大会就通过了一项与国际私法和国际公法都紧密相关的决议：《关于国际罪行赔偿的普遍民事管辖权的决议》[1]对于严重违反国际法的罪行，如种族屠杀、战争、酷刑、海盗等，国际法赋予各国享有普遍管辖权。但是这种管辖权通常被认为仅限于追究罪犯的刑事责任。对于国际罪行所导致的民事损害赔偿责任，一国法院能否依据普遍管辖原则行使管辖权？这个问题在国际法上存在巨大争议。[2]此次大会通过的决议共六条。其中，第1条指出，国际罪行的受害者有权从责任人那

---

〔1〕 Universal Civil Jurisdiction with regard to Reparation for International Crimes, JUSTITIA ET PACE 1st Commission INSTITUT DE DROIT INTERNATIONAL PLENIERE Session de Tallinn–2015 30 August 2015.

〔2〕 Andreas Bucher, La competence universelle civile, Rec.des cours 372（2015）, pp.9–127.

里获得有效赔偿。而且，受害者要求民事赔偿的权利并不取决于犯罪行为实施者已经被追究刑事责任。第2条规定，对于国际罪行的损害赔偿诉讼，如果没有其他国家与该罪行有更密切联系，则任何国家的法院都可以行使管辖权。如果其他一个或多个国家与该罪行有更密切联系，但是该国法院无法提供救济，则其他国家法院也可行使管辖权。该决议还要求各国尽量降低对损害赔偿诉讼的法律和经济阻碍，并为相关集体诉讼提供程序保障。各国不应以国家豁免为由阻碍受害者行使其救济权。该决议还要求海牙国际私法会议等国际组织在通过的相关管辖权和判决承认与执行的公约中应考虑到上述问题。国际法学会通过的决议虽然不具有法律效力，但是对于国际法的发展具有很大的影响力。

八、国际统一私法协会

（一）长期合同法律项目

上一年的年度报告中，我们介绍了国际统一私法协会国际商事合同原则关于长期合同的工作组于2015年发布了一份由波奈尔（Bonell）教授起草的《国际商事合同通则和长期合同》的基调文件。[1]2015年10月26～29日，工作组在汉堡举行了第二次会议，对报告人提交的报告进行了逐条讨论。[2]

会议认为应当在修订后的《国际商事合同通则》里面增加关于长期合同的规定。在第7.3.6条的评注1中取消“经过一段时期后履行的合同”这一用语，代之以“长期合同”这一术语。在其他有关条款中也同样处理。

对于长期合同的概念，原来的草案给出了以下定义：“长期合同是指那些与将在同一时间履行的简单交换合同不同的合同，它们在一定程度上涉及超过一定期间的履行、复杂的交易和当事人之间的关系”。工作组对这一概念进行了语言上的修订：“长期合同是指那些需要经过一段期间才能履行的合同，它们通常在一定程度上会涉及复杂的交易和当事人之间长期的关系。”

新草案在第六章增加第三节，标题为“因不可抗力而终止合同”，其中规定：“长期合同可以因不可抗力而被任一当事人终止，所谓不可抗力是指，在考

〔1〕 文件可在国际统一私法协会官网下载：http://www.unidroit.org/english/documents/2014/study50/s-50-126-e.pdf，2015年9月30日访问。

〔2〕 http://www.unidroit.org/english/documents/2016/study50/s-50-misc32-e.pdf.

虑到所有特殊情况的前提下并权衡双方当事人利益的情况下，仍然不能合理地预期终止合同的当事人会继续履行合同关系。”

将原来的第5.1.8条标题修改为：“无明确期限的合同的解除”，在正文中用“可以被解除”代替“可以被终止”。修改第5.1.8条，明确规定，一旦无明确期限的合同被解除，对于相关的赔偿问题适用第7.3.5条和第7.3.7条的规定。

2016年5月18～20日，国际统一私法协会第95届大会在罗马举行，指导委员会通过了长期合同工作组所修订的2010年《国际商事合同通则》修订版草案，并授权秘书处出版一份新版的《2016年国际统一私法协会国际商事合同通则》。[1]秘书处将于2016年年底完成这一任务。

（二）《开普敦公约》第四议定书

上一年的报告中介绍了国际统一私法协会正在准备起草《移动设备国际利益公约》（以下简称《开普敦公约》）的第四议定书，专门针对矿业、农业和建筑业设备（以下简称MAC议定书）。2015年10月19～21日，第四议定书研究小组在罗马举行了第三次会议。来自联合国国际贸易法委员会、世界海关组织、国际金融公司等国际组织的代表也参加了会议。研究小组重点对固定附着物的处理以及“统一商品描述和编码系统”进行了研究。2016年3月7～9日，研究小组在罗马举行了第四次会议，审查了议定书草案的全文，重点讨论了几个尚未解决的法律问题，包括矿业、农业和建筑设备变成不动产附属物之后的法律效力问题以及议定书修订程序如何完善等。第四次会议之后，研究小组决定把议定书初步草案提交给理事会，并建议召集政府专家委员会对议定书进行进一步研究。根据会议结果，秘书处修订了有关文件。2016年理事会第95届大会上审核了研究小组提交的议定书草案文本，并决定可以召集政府专家委员会进行审议。

2016年12月2日，秘书处将邀请成员国和《开普敦公约》缔约国代表举行一场研讨会。2017年3月20～24日，政府专家委员会将举行第一次会议审议第四议定书草案。秘书处已向各国及国际组织发出参会和征集意见的邀请。

（三）与欧洲法学会合作的跨国民事诉讼项目

2015年11月26～27日，UNIDROIT与欧洲法学会在欧洲法律协会（ERA）

---

〔1〕 http://www.unidroit.org/english/governments/councildocuments/2016session/cd-95-03-e.pdf.

总部所在地德国特里尔联合举办一个名为“构建欧洲民事诉讼规则”的研讨会。[1]会议讨论了五个方面的问题：信息和证据的调取、临时性和保护性措施、诉讼程序的送达和正当通知、当事人和律师的义务、既判力和平行诉讼。来自不同法律文化的70位代表参加了会议。

2016年4月21日和22日，指导委员会和共同报告人第二次联合会议在罗马举行。五个工作小组的报告人分别汇报了他们的工作并提交给指导委员会讨论。会议上，新成立的费用与判决工作组也做了报告。

2016年5月30～31日，国际统一私法协会副秘书长参加了在布达佩斯举行的一场名为“匈牙利新民事诉讼法与欧洲民事诉讼规则的发展”的学术研讨会，该会议由欧洲法学会、匈牙利司法部、匈牙利科学院、法学研究所和国家司法办公室共同举办。

2016年9月7～9日，欧洲法学会年会上进一步讨论了项目的进展情况。2016年11月21～22日，指导委员会和共同报告人第三次联合会议将在维也纳举办。

九、总结与展望

过去的一年，国际形势风云变幻。世界各国经济都陷入增长乏力的“新常态”，而全球政治环境也面临越来越大的不确定性。欧洲的难民危机让欧盟焦头烂额，而英国的脱欧公投更使欧盟面临解体的危险。美国大选的波诡云翳让美国的全球领导力大打折扣。在这样的环境下，我们来重新思考国际私法面临的机遇与挑战，无疑具有现实意义。

欧盟过去十多年在国际私法立法上的“革命”随着斯德哥尔摩议程的结束是否会告一段落？美国虽然启动了第三次冲突法重述的编纂工作，但充斥美国司法机构的保守主义倾向会不会让这项工作的价值大打折扣？近年来重新焕发活力的海牙国际私法会议的各项立法活动会不会再次夭折？

二十年前，当冷战结束之时，人类充满了对世界的乐观主义幻想。在法律界，世界法、全球法、普世法的理念深入人心。所有人都在倡导自由化，倡导

---

〔1〕 该研讨会议程参见https://www.era.int/cgi-bin/cms?_SID=728f93bc5fc2c4a2aab3bce046afb9625e03b1c900428023513977&_sprache=en&_persistant_variant=/Our%20programme/Browse%20all%20events&_bereich=artikel&_aktion=detail&idartikel=125479。

更少的贸易管制。所有的国家都普遍认识到需要更安全、更可预测、因而更一致的法律环境，需要更统一的法律框架。然而，近年来世界所展现出的复杂性、不确定性、不可预知性和偶然性，让我们认识到全球化比表面看起来更为复杂和多样化，它与碎片化、区域化和本地化趋势似乎交织在一起。仅仅在十几年前，不同法律规则层面之间的层次关系看上去还相当明确，尤其是国际法与国内法律之间，自“二战”以来所形成的所谓的金字塔结构似乎牢不可破。但如今这种层次关系已越来越模糊，不同性质、功能和层面的法律规范之间相互竞争、相互交错、相互作用，同时也相互吸纳和相互排斥。碎片化和区域化趋势不仅在国际法领域表现突出，在国际私法领域也越来越明显。

参考文献

一、图书

ANDERSON, W., *Caribbean Private International Law*, Sweet & Maxwell (2014).

ANGELO (A.H.), *Private International Law in New Zealand*, Kluwer Law International (2012).

ARNELL (P.), *Law Across Borders: The Extraterritorial Application of United Kingdom Law*, Routledge (2011).

Bariatti, S., *Cases and Materials on EU Private International Law*, Hart Publishing (2011).

Beaumont, P., Hess, B., Walker, L. & Spancken, S., *The Recovery of Maintenance in the EU and Worldwide*, Hart Publishing (2016).

Bergquist, U., et al., *EU Regulation on Succession and Wills: Commentary*, Verlag Dr.Otto Schmidt (2015).

BOELE-WOELKI, K. & FUCHS, A. (eds.), *Legal Recognition of Same-Sex Relationships in Europe: National, Cross-Border and European Perspectives*, Intersentia (2012).

BOGDAN, M. & MAUNSBACH, U., *EU Private International Law: An ECJ Casebook*, Europa Law Publishing (2012).

Bogdan, M., *Private International Law in Sweden*, Kluwer Law International (2nd ed., 2015).

Bogdan, M., *Concise Introduction to EU Private International Law*, Europa Law Publishing (3rd ed., 2016).

Bork, R. & van Zwieten, K. (eds.), *Commentary on the European Insolvency Regulation*, Oxford University Press (2016).

Born, G. & Rutledge, P.B., *International Civil Litigation in United States Courts*, Aspen Publishers (5th ed., 2011).

BRIGGS, A., *Private International Law in English Courts*, Oxford University Press (2014).

Brilmayer, L., Goldsmith, J. & O' Hara, E., *Conflict of Laws: Cases and Materials*, Wolters Kluwer, (7th ed., 2015).

Brower, A. (ed.), *Libel Tourism and Foreign Libel Lawsuits*, Nova Science Publishers (2011).

Calme, S., *French Private International Law*, Vandeplas Publishing (2015).

Calvo Caravaca, A.L., Davi, A. & Mansel, H-P. (eds.), *The EU Succession Regulation: A Commentary*, Cambridge University Press (2016).

Campuzano Diaz, B., Czepelak, M., Rodriguez Benot, A. & Rodriguez Vazquez, A. (eds.), *Latest Developments in EU Private International Law*, Intersentia (2011).

Carballo Leyda, A. (ed.), *Asian Conflict of Laws: East and South East Asia*, Kluwer Law International (2015).

CARMON, H., *Foreign Judgments in Israel: Recognition and Enforcement*, Springer (2013).

Crawford E.B. & & Carruthers, J.M., *International Private Law—A Scots Perspective*, W Greens (2015).

DICKINSON, A., JOHN, T. & KEYES, M. (eds.), *Australian Private International Law for the 21st Century: Facing Outwards*, Hart Publishing (2014).

Dickinson A. & Lein E. (eds.), *Brussels I Regulation Recast*, Oxford University Press (2015).

DOLINGER(J.), *Private International Law in Brazil*, Kluwer Law International(2012).

Dreyzin de Klor, A., *Private International Law in Argentina*, Kluwer Law International(2nd ed., 2016).

EINHORN(T.), *Private International Law in Israel*, Kluwer Law International(2nd ed., 2012).

Fernández Arroyo, D.P., Checa Martınez, M. & Maestre Casas, P., *Private International Law in Spain*, Kluwer Law International(2016).

GALLO, D., PALADINI, L. & PUSTORINO, P., *Same-Sex Couples before National, Supranational and International Jurisdictions*, Springer (2016).

Govindaraj, V.C., *The Conflict of Laws in India: Inter-Territorial and Inter-Personal Conflict*, Oxford University Press(2011).

GROLIMUND, P., SCHNYDER, A. & MOSIMANN, N., *Private International Law in Switzerland*, Kluwer Law International(2013).

HALEY, J.O., *Fundamentals of Transnational Litigation: The United States, Canada, Japan, and the European Union*, LEXISNEXIS(2014).

HARTLEY, T., *Choice-of-Court Agreements under the European Instruments and the Hague Convention: The Revised Brussels I Regulation, the Lugano Convention, and the Hague Convention*, Oxford University Press (2013).

KARAYANNI, M.M., *Conflicts in a Conflict: A Conflict of Laws Case Study on Israel and the Palestinian Territories*, Oxford University Press (2014).

Lazić V. & Stuij, S.(eds.), *Brussels Ibis Regulation: Changes and Challenges of the Renewed Procedural Scheme*, Springer(2016).

Leible, S.(ed.), *General Principles of European Private International Law*, Wolters Kluwer Law & Business(2016).

MAGNUS, U. & JANKOWSKI, P.(eds.), *Brussels IIbis Regulation*, Sellier European Law Publishers(2012).

Magnus, U. & Mankowski, P. (eds.), *Brussels I Regulation*, Sellier European Law Publishers (2nd rev.ed., 2012).

Mortensen, R., Garnett, R. & Keyes, M., *Private international law in Australia*, Kluwer Law International (3rd ed., 2015).

NAGY, C.I., *Private International Law in Hungary*, Kluwer Law International (2012).

Nguyen, T.H., *Private International Law in Vietnam: On General Issues, Contracts and Torts in Light of European Developments*, Mohr Siebeck (2016).

OBANDO PERALTA, J.J., *Private International Law in Costa Rica*, Kluwer Law International (2013).

OPPONG, R.F., *Private International Law in Ghana*, Kluwer Law International (2012).

OPPONG, R.F., *Private International Law in Commonwealth Africa*, Kluwer Law International (2013).

Pauknerová, M., *Private International Law in the Czech Republic*, Kluwer Law International (2011).

SCHOEMAN, E., ROODT, C. & WETHMARLEMMER, M., *Private International Law in South Africa*, Kluwer Law International (2014).

Stone, P., *EU Private International Law*, Edward Elgar Publishing (3rd ed., 2014).

SYMEONIDES, S., *Codifying Choice of Law around the World: An International Comparative Analysis*, Oxford University Press (2014).

TRIMMINGS, K. & BEAUMONT, P. (eds.), *International Surrogacy Arrangements: Legal Regulation at the International Level*, Hart Publishing (2013).

Vorobieva, O., *Private international law in Russia*, Kluwer Law International (2nd ed., 2015).

Vrellis, S., *Private International Law in Greece*, Kluwer Law International (2011).

二、论文

Aguiar, A.S., The Law Applicable to International Trade Transactions with Brazilian Parties: A Comparative Study of the Brazilian Law, the CISG, and the American Law About Contract Formation, 17 *L. & Bus.Rev.of the Am.* 487(2011).

Abdel Waham, M.S., Brexit' s Chilling Effect on Choice of Law and Arbitration in the United Kingdom: Reflections between Aggravation and Alleviation, 33 *J.Int'l Arb.*463(2016).

Abdel Wahab, M., The Law Applicable to Technology Transfer Contracts and Egyptian Conflict of Laws: A Triumph of Nationalism over Internationalism? , 12 *Ybk.Priv.Int'l L.*457(2010).

Ahmed, M., The Enforcement of Settlement and Jurisdiction Agreements and Parallel Proceedings in the European Union: The Alexandros T Litigation in the English Courts, 12 *J.Priv.Int'l L.* 406(2016).

AKILA CHOUDHURY, C., Shari' ah Law as National Security Threat? 46 *Akron L.Rev.* 49(2013).

ANASTOPULOS, H., Jurisdictional Russian Roulette: The Intersection of Comity, Family Security, and Access to Same-Sex Divorce, 14 *Geo. J.Gender & L.* 133(2013).

Ali, F.A. & Røsæg, E., New Rules on Cross-Border Insolvencies in Norway, 17 *Ybk.Priv.Int'l L.*385(2015-2016).

ALFORD, R.P., Human Rights after Kiobel: Choice of Law and the Rise of Transnational Tort Litigation, 63 *Emory L.J.* 1089(2014).

Arkin, M.M., OBB Personenverkehr A.G.v.Sachs: Continuity and Unanswered Questions for Foreign Sovereign Immunity in the United States, 17 *Ybk.Priv.Int'l L.*395(2015-2016).

Baer, G., Towards an International Insolvency Convention: Issues, Options and Feasibility Considerations, 17 *Bus.L.Int'l* 5(2016).

Baker, J. & Parise, A., Conflicts in International Tort Litigation Between

U.S.and Latin American Courts, 42 *U.Miami Inter-Am.L.Rev.*1 (2010).

BAMODU (G.), The Enforcement of Foreign Money Judgments in Nigeria: A Case of Unnecessary Judicial Pragmatism? 12 *Oxf.U.Commonw. L.J.* 1 (2012).

Bamodu, G., In Personam Jurisdiction: An Overlooked Concept in Recent Nigerian Jurisprudence, 7 *J.Priv.Int'l L.*273 (2011).

Baquizal, K., The Extraterritorial Reach of Section 10(b): Revisiting Morrison in Light of Dodd-Frank, 34 *Fordham Int'l L.J.*1544 (2011).

Bellia, A.J. & Clark, B.R., The Alien Tort Statute and the Law of Nations, 78 *U.Chi.L.Rev.*445 (2011).

Benedettelli, M., Five Lay Commandments for the EU Private International Law of Companies, 17 *Ybk.Priv.Int'l L.*209 (2015–2016).

BESSON, S., The Extraterritoriality of the European Convention on Human Rights: Why Human Rights Depend on Jurisdiction and What Jurisdiction Amounts To, 25 *Leiden J.Int'l L.*857 (2012).

Beyea, G., Morrison v.National Australia Bank and the Future of Extraterritorial Application of the U.S.Securities Laws, 72 *Ohio St.L.J.*537 (2011).

BITRAN, E.L., Boumediene at the Border? The Constitution and Foreign Nationals on the U.S.–Mexico Border, 49 *Harv.C.R.-C.L.L.Rev.* 229 (2014).

BLACK, V., Conditional Forum Non Conveniens in Canadian Courts, 39 Queen' s L.J.41 (2013).

Blom, J., Canadian Cases in Private International Law in 2015, 53 *Can. Ybk.Int'l L.*560 (2016).

Bonomi, A., Courage or Caution? A Critical Overview of the Hague Preliminary Draft on Judgments, 17 *Ybk.Priv.Int'l L.*1 (2015–2016).

Borchers, P., J.McIntyre Machinery, Goodyear, and the Incoherence of the Minimum Contacts Test, 44 *Creighton L.Rev.*1245 (2011).

Borchers, P.J., An Essay on Predictability in Choice-of-Law Doctrine and Implications for a Third Conflicts Re-statement, 49 *Creighton L.Rev.*495 (2016).

Borchers, P.J., Is the Supreme Court Really Going to Regulate Choice of Law Involving States? 50 *Creighton L.Rev.* 7(2016).

Bornheim, J.J., Relative Property Rights in German Conflict of Laws, 79 *RabelsZ* 36(2015).

BONOMI, A., The Interaction Among the Future EU Instruments on Matrimonial Property, Registered Partnerships and Successions, 13 *Y.B.Priv. Int'l L.* 217(2011).

BORNHEIM, J.J., Same-Sex Marriages in Canadian Private International Law, 51 *Alta.L.Rev.* 77(2013–2014).

Buonaiuti, F.N., The EU Succession Regulation and Third Country Courts, 12 *J.Priv.Int'l L.*545(2016).

Buxbaum, H.L., Foreign Governments as Plaintiffs in U.S.Courts and the Case against "Judicial Imperialism", 73 *Wash. & Lee L.* Rev.653(2016).

CANYA, A., Why Not Enforce? A Critical Analysis of the Refusal to Enforce Foreign Joint Custody Judgments in Turkish Courts, 27 *Int'l J.L.Pol'y & Fam.* 310(2013).

CARDUCCI, G., The New EU Regulation 1215/2012 of 12 December 2012 on Jurisdiction and International Arbitration, 29 *Arb.Int'l* 467(2013).

CHAUDHRY-KRAVITZ, A.S., The New Facially Neutral "Anti-Shariah" Bills: A Constitutional Analysis, 20 *Wash. & Lee J.Civil Rts. & Soc. Just.*25(2013).

CHILDRESS, D.E., The Alien Tort Statute, Federalism, and the Next Wave of Transnational Litigation, 100 *Geo.L.J.* 709(2012).

CHILDRESS, D.E., General Jurisdiction after Bauman, 66 *Vand.L.Rev.* 197(2014).

COLANGELO, A., The Alien Tort Statute and the Law of Nations in Kiobel and Beyond, 44 *Geo.J.Int'l L.* 1329(2013).

COLANGELO, A.J., What is Extraterritorial Jurisdiction? 99 *Cornell L.Rev.* 1303(2014).

CORDERO-MOSS(G.), New Trends in the Norwegian Practice on the Choice of Law Applicable to Contracts, 57 *Scandinavian Stud.L.*45(2012).

Corneloup, S., The Application of Foreign Law in European Private International Law: Reflections from a French Perspective, 78 *RabelsZ* 844 (2014).

Cornett, J.M. & Hoffheimer, M.H., Good-Bye Significant Contacts: General Personal Jurisdiction after Daimler AG v.Bauman, 76 *Ohio State L.J.* 101(2015).

CURRAN, V.G., Mass Torts and Universal Jurisdiction, 34 *U.Pa.J.Int'l L.*799(2013).

Curran, V.G., United States Discovery and Foreign Blocking Statutes, 76 *La.L.Rev.* 1141(2016).

Daskal, J., The Un-Territoriality of Data, 125 *Yale L.J.326*(2015).

DEVAUX, A., The European Regulations on Succession of July 2012: A Path To-wards the End of the Succession Conflicts of Law in Europe, or Not? 47 *Int'l Law* 229(2013).

Devaux, A., The New French Marriage in an International and Comparative Law Perspective, 23 *Tul.J.Int'l & Comp.L.* 73(2014).

Dickinson, A., Surveying the Proposed Brussels I bis Regulation: Solid Foundations but Renovation Needed, 12 *Ybk.Priv.Int'l L.* 247(2010).

Dickinson, A., Back to the Future: The UK's EU Exit and the Conflict of Laws, 12 *J.Priv.Int'l L.*195(2016).

DI IORIO, R., Latest Developments in the ECJ Case Law on Jurisdiction Concerning Consumer Contracts, 15 *Ybk.Priv.Int'l L.* 529(2013–2014).

DI MATTEO, L., Common European Sales Law: A Critique of its Rationales, Functions, and Unanswered Questions, 11 *J.Int'l Trade L. & Pol'y* 222(2012).

DHOOGE, L., Public Policy and the Recognition of Foreign Judgments in Canada, 39 *N.C.J.Int'l L. & Com.Reg.* 115(2013).

Domej, T., The Recast Brussels I Regulation–Quantum Leaps in

European Civil Procedure, 78 *RabelsZ* 508(2014).

Donini, V.M., Protection of Weaker Parties and Economic Challenges: An Overview of Arab Countries' Consumer Protection Laws, 78 *RabelsZ* 784 (2014).

Dutta, A., Cross-Border Protection Measures in the European Union, 12 *J.Priv.Int'l L.*169(2016).

Ebrahimi, S., An Overview of the Private International Law of Iran: Theory and Practice, 12 *Ybk.Priv.Int'l L.*503(2010).

EL CHAZLI, K., Recognition and Enforcement of Foreign Decisions in Egypt, 15 *Ybk.Priv.Int'l L.* 387(2013-2014).

ENGLE, E., Kiobel v.Royal Dutch Petroleum Co.: Corporate liability under the Alien Torts Statute, 34 *Houston J.Int'l L.*499(2012).

ERNST, U., The Polish Private International Law Act of 2011-National Recodification in Times of Exercise of Supranational Competences, 76 *RabelsZ* 597(2012).

Feldman, A., Rethinking Review of Foreign Court Jurisdiction in Light of the Hague Judgments Negotiations, 89 *N.Y.U.L.Rev.* 2109(2014).

FELLMETH, A., U.S.State Legislation to Limit Use of International and Foreign Law, 106 *Am.J.Int'l L.*107(2012).

Fernandez Arroyo, D.P., A New Autonomous Dimension for the Argentinian Private International Law System, 16 *Y.B.Priv.Int'l L.* 411(2014-2015).

Fernández Arroyo, D.P., Main Characteristics of the New Private International Law of the Argentinian Republic, 80 *RabelsZ* 130(2016).

Fichera, M., Same-Sex Marriage and the Role of Transnational Law: Changes in the European Landscape, 17 *German L.J.* 383(2016).

Forner-Delaygua, Q., Changes to Jurisdiction Based on Exclusive Jurisdiction Agreements Under the Brussels I Regulation Recast, 11 *J.Priv.Int'l L.* 379(2015).

Genetin, B.B., The Supreme Court's New Approach to Personal

Jurisdiction, 68 *SMU L.Rev.* 107(2015).

GIDI, A., The Recognition of U.S.Class Action Judgments Abroad: The Case of Latin America, 37 *Brook.J.Int'l L.* 893(2012).

GONZÁLEZ BEILFUSS(C.), The Proposal for a Council Regulation on the Property Consequences of Registered Partnerships, 13 *Y.B.Priv.Int'l L.*183 (2011).

Goessl, S.L., From Question of Fact to Question of Law to Question of Private International Law: The Question Whether a Person is Male, Female, Or... 12 *J.Priv.Int'l L.* 261(2016).

Gonzalez, J.C., The Internet–Privacy and Rights Relating to Personality, 378 *Recueil des cours* 263(2015).

Goode, R., Private Commercial Law Conventions and Public and Private International Law: The Radical Approach of the Cape Town Convention 2001 and Its Protocols, 65 *Int'l & Comp.L.Q.*523(2016).

GRISHCHENKOVA, A., Recognition and Enforcement of Foreign Judgments in Russia–Recent Trends, 15 *Ybk.Priv.Int'l L.*439(2013–2014).

GUGU BUSHATI, A., The Albanian Private International Law of 2011, 15 *Ybk.Priv.Int'l L.* 509(2013–2014).

Gwynne, R., Rome II Regulation, 12 *Bus.L.Int'l* 293(2011).

Harding, M., The Harmonisation of Private International Law in Europe: Taking the Character Out of Family Law? , 7 *J.Priv.Int'l L.*203(2011).

HARTLEY, T., Choice-of-Court Agreements and the New Brussels I Regulation, 129 *L.Q.Rev.*309(2013).

Hay, P., European Conflicts Law after the American "Revolution"— Comparative Notes, 2015 *U.Ill.L.Rev.* 2053(2015).

Henderson, T., From Brussels to Rome: The Necessity of Resolving Divorce Law Conflicts Across the European Union, 28 *Wis.Int'l L.J.*768 (2011).

HOFFHEIMER(M.), General Personal Jurisdiction after Goodyear Dunlop Tires Operations, S.A.v.Brown, 60 *U.Kan.L.Rev.* 549(2012).

Hollander, P., Report on the Public Policy Exception in the New York Convention, 10 *Disp.Resol.Int'l* 35(2016).

HUNTLEY, A., RICO's Extraterritoriality after Morrison: Where Should we go from Here? , 65 *Hastings L.J.* 1691(2014).

Isailović, I., Reframing the Kiobel Case: Political Recognition and State Jurisdiction, 38 *Suffolk Transnat'l L.Rev.* (2015).

Kadner Graziano, T., Codifying European Union Private International Law: The Swiss Private International Law Act–A Model for a Comprehensive EU Private Inter-national Law Regulation? 11 *J.Priv.Int'l L.*585(2015).

KENNY, D., Re Flightlease: The 'Real and Substantial Connection' Test for Recognition and Enforcement of For-eign Judgments Fails to Take Flight in Ireland, 63 *Int'l & Comp.L.Q.* 197(2014).

Kenny, D. & Hennigan, R., Choice-of-Court Agreements, the Ital-ian Torpedo, and the Recast of the Brussels I Regulation, 64 *Int'l & Comp. L.Q.*197(2015).

KIM, E-J.K., Islamic Law in American Courts: Good, Bad, and Unsustainable Uses, 28 *Notre Dame J.L.Ethics & Pub.Pol'y* 287(2014).

KINSCH, P., Private International Law Topics Before the European Court of Human Rights–Selected Judgments and Decisions(2010–2011), 13 *Y.B.Priv.Int'l L.* 37(2011).

KNÖFEL(S.) & BRAY(R.), The Proposal for a Common European Sales Law: A Snapshot of the Debate, 14 *Ybk.Priv.Int'l L.*385(2013).

KOHLER, C., Towards the Recognition of Civil Status in the European Union, 15 *Ybk.Priv.Int'l L.*13(2013–2014).

Koji T., The Jurisdiction of Japanese Courts in a Comparative Context, 11 *J.Priv.Int'l L.*103(2015).

Kostić-Mandić, M., The New Private International Law Act of Montenegro, 16 *Y.B.Priv.Int'l L.*429(2014–2015).

Kruger, T. & Samyn, L., Brussels Ⅱ bis: Successes and Suggested Improvements, 12 *J.Priv.Int'l L.*132(2016).

KU, J.G., Kiobel and the Surprising Death of Universal Jurisdiction under the Alien Tort Statute, 107 *Am.J.Int'l L.* 835(2013).

LAGARDE, P., The Movement of Civil-Status Records in Europe, and the European Commission's Proposal of 24 April 2013, 15 *Ybk.Priv.Int'l L.* 1 (2013–2014).

LEIBLE, S. & MÜLLER, M., The Idea of a "Rome 0 Regulation," 14 *Ybk.Priv.Int'l L.*137(2013).

LEVI, L., The Problem of Trans-National Libel, 60 *Am.J.Comp.L.*507 (2012).

LINDSAY, G., Private International Law: Forum-Australia and New Zealand, 87 *Australian L.J.* 817(2013).

Lipe, G.S. & Tyler, T.J., The Hague Convention on Choice of Court Agreements: Creating Room for Choice in International Cases, 33 *Hous.J.Int'l L.*1(2010).

Lu, A., Shelley, J., Thillainadarajah, T. & Leonard, R., Developments in Australian Private International Law 2014–2015, 33 Austl. *Ybk.Int'l L.*317 (2015).

Lye, K. & Ta, E., Gay Marriage and the Common Law Conflict of Laws Rules: A Singapore Perspective, 45 *H.K.L.J.* 693(2015).

Marinai, S., Recognition in Italy of Same-Sex Marriages Celebrated Abroad: The Importance of a Bottom-Up Approach, 9 *Eur.J.Legal Stud.*10 (2016).

Masters, S. & McRae, B., What Does Brexit Mean for the Brussels Regime, 33 *J.Int'l Arb.*483(2016).

Matias Fernandes, M.J., International Jurisdiction under the 2013 Portuguese Civil Procedure Code, 16 *Y.B.Priv.Int'l L.*457(2014–2015).

MCCORMACK, G., Reforming the European Insolvency Regulation: A Legal and Policy Perspective, 10 *J.Priv.Int'l L.* 41(2014).

Meier, F.M., Unification of Choice-Of-Law Rules for Defamation Claims, 12 *J.Priv.Int'l L.*492(2016).

Meier, N. & Rodriguez, R., Recast of the Swiss International Insolvency Law, 17 *Ybk.Priv.Int'l L.*355 (2015–2016).

Meilhac-Perri, M., National Regulation and Cross-Border Surrogacy in France, 16 *Y.B.Priv.Int'l L.* 275 (2014–2015).

MELCHER, M., (Mutual) Recognition of Registered Relationships via EU Private International Law, 9 *J.Priv.Int'l L.*149 (2013).

MENDELSOHN, A.I. & RUIZ, C.J., The United States vs.France: Article 33 of the Montreal Convention and the Doctrine of Forum non Conveniens, 77 *J.of Air L. & Com.*467 (2012).

Merin, Y., Anglo-American Choice of Law and the Recognition of Foreign Same-sex Marriage in Israel: On Religious Norms and Secular Reform, 36 *Brook.J.Int'l L.*509 (2011).

MIKKOLA, T., Pleading and Proof of Foreign Law in Finland, 14 *Ybk. Priv.Int'l L.* 465 (2013).

Mohapatra, S., Adopting an International Convention on Surrogacy–A Lesson from Intercountry Adoption, 13 *Loy.U.Chi.Int'l L.Rev.* 25 (2016).

MONESTIER, T.J., Is Canada the New Shangri-La of Global Securities Class Actions? , 32 *Nw.J.Int'l L. & Bus.*305 (2012).

Mora, P.D., The Alien Tort Statute After Kiobel: The Possibility of Unlawful Assertions of Universal Civil Jurisdiction Still Re-mains, 63 *Int'l & Comp.L.Q.* 699 (2014).

Moura Ramos, R.M., The New Portuguese Arbitration Act (Law No.63/2011 of 14 December on Voluntary Arbitration), 16 *Y.B.Priv.Int'l L.*25 (2014–2015).

Mucciarelli, F.M., Private International Law Rules in the Insolvency Regulation Recast: A Reform or a Restate-ment of the Status Quo, 13 *Eur. Company & Financial L.Rev.*1 (2016).

MULHERON, R., The Recognition, and Res Judicata Effect, of a United States Class Actions Judgment in England: A Rebuttal of Vivendi, 75 *Mod. L.Rev.* 180 (2012).

Nachtergaele, A., Harmonization of Private International Law in the Southern African Development Community, 16 *Y.B.Priv.Int'l L*.365(2014-2015).

Najm, M-C., The Enforcement of Foreign Judgments in Lebanese Private International Law, 17 *Ybk.Priv.Int'l L*.463(2015-2016).

NEELS, J.L., The Nature, Objective and Purposes of the Hague Principles on Choice of Law in International Con-tracts, 15 *Ybk.Priv.Int'l L*.45 (2013-14).

Nielsen, P.A., The Hague Judgments Convention, *Nordic J.Int'l L*.95 (2011).

NIELSEN, P., Libel Tourism: English and EU Private International Law, 9 *J.Priv.Int'l L*.269(2013).

O' CONNOR, J., Expanding Admiralty Jurisdiction in Canada' s Federal Courts, 44 *J.Mar.L. & Com.* 291(2013).

Odetayo, S., A Critical Assessment of the Validity and Recognition of Same-Sex Marriage under the Nigerian Legal System, 24 *Afr.J.Int'l & Comp. L*.420(2016).

O' Gorman, K. & Olivares, E.C., The Hague Convention on the Civil Aspects of Child Abduction: An Update after Abbott, 33 *Hous.J.Int'l L*.39 (2010).

Okoli, P.N., Subject Matter Jurisdiction: The Recognition and Enforcement of English Judgments in Nigeria and the Need for a Universal Standpoint, 17 *Ybk.Priv.Int'l L*.507(2015-2016).

Ojiegbe, C.P., From West Tankers to Gazprom: Anti-Suit Injunctions, Arbitral Anti-Suit Orders and the Brussels I Recast, 11 *J.Priv.Int'l L.* 267 (2015).

OKOLI, P., Recognition and Enforcement of Foreign Judgments in Nigeria: Comparative Analysis of Legal Regimes and Jurisdictions, 24 *Int'l Co. & Com.L.Rev*.401(2013).

Okoli, C.S.A, Sowing the Seeds of a Future African Union Private

International Law: A Review of Private International Law in Commonwealth Africa, 10 *J.Priv.Int'l L.*517(2014).

OKUDA, Y., New Provisions on International Jurisdiction of Japanese Courts, 13 *Y.B.Priv.Int'l L.*367(2011).

OKUDA, Y., Recognition and Enforcement of Foreign Judgments in Japan, 15 *Ybk.Priv.Int'l L.*411(2013-2014).

Oviedo-Albán, J., News on Conflictual Autonomy in Latin American International Private Law, 21 *Unif.L.Rev.* 271(2016).

PAJOR, T., Introduction to the New Polish Act on Private International Law of 4 February 2011, 13 *Y.B.Priv.Int'l L.*381(2011).

PARRY, J.T., Oklahoma's Save Our State Amendment: Two Issues for the Appeal, 64 *Okla.L.Rev.* 161(2012).

PAUKNEROVÁ, M. & PFEIFFER, M., The New Act on Private International Law in the Czech Republic: Starting Points and Perspectives within the European Un-ion, 10 *J.Priv.Int'l L.* 205(2014).

PEDDIE, C., Mi Casa es Su Casa: Enterprise Theory and General Jurisdiction over Foreign Corporations after Goodyear Dunlop Tires Operations, S.A.v.Brown, 63 *S.C.L.Rev.* 697(2012).

Phuong, T.T.T., Vietnam's New Law on the Right of Parties to Choose Applicable Law in Civil Relations Involving Foreign Elements, 9 *J.Pol. & L.* 93(2016).

Pineiro, L., Towards the Reform of the European Insolvency Regulation: Codification rather than Modification, *Ned.Int'l Priv.*207(2014).

Pitel, S., The Canadian Codification of Forum Non Conveniens, 7 *J.Priv.Int'l L.*251(2011).

Regan, J., Recognition and Enforcement of Foreign Judgments—A Second Attempt in The Hague? , 14 *Rich.J.Global L. & Bus.* 63(2015).

Reimann, M., Choice-of-Law Codification in Modern Eu-rope: The Costs of Multi-Level Law-Making, 49 *Creighton L.Rev.*507(2016).

Reinhart, S., The European Insolvency Regulation 2015, 17 *Ybk.Priv.*

*Int'l L.*291(2015–2016).

Rühl, G. & von Hein, J., Towards a European Code on Private International Law?, 79 *RabelsZ* 701(2015).

Sancho Villa, D., Jurisdiction over Jurisdiction and Choice of Court Agreements: Views on the Hague Convention of 2005 and Implications for the European Regime, 12 *Ybk.Priv.Int'l L.* 399(2010).

ROBERTSON, G.B., Public Policy and Recognition of Foreign Divorces: Zhang v Lin and Marzara v Mazara, 49 *Alberta L.Rev.*745(2012).

Rodríguez Pineau.E., International Child Abduction: New Developments in Spain, 17 *Ybk.Priv.Int'l L.*427(2015–16).

ROOSEVELT, K., Choice of Law in Federal Courts: From Erie and Klaxon to CAFA and Shady Grove, 106 *Nw.U.L.Rev.* 1(2012).

SAKURADA, Y. & SCHWITTEK, E., The Reform of Japanese Private International Law, 76 *RabelsZ* 86(2012).

Schwartze, A., New Trends in Parties' Options to Select the Applicable Law? The Hague Principles on Choice of Law in International Contracts in a Comparative Perspective, 12 *U.St.Thomas L.J.*87(2015).

Scott, J., The New EU Extraterritoriality, 51 *Common Mkt.L.Rev.*1343 (2014).

SIMONS, M., Kiobel v.Royal Dutch Petroleum: A Practitioner's Viewpoint, 28 *Md.J.Int'l L.*28(2013).

Silberman, L.J., Daimler AG v.Bauman: A New Era for Judicial Jurisdiction in the United States, 16 *Y.B.Priv.Int'l L.*1(2014–2015).

Smerek, S.R. & Hamilton, J.C., Extraterritorial Application of United States Law After Morrison v National Australia Bank, 5 *Disp.Resolution Int'l* 21(2011).

Spector, R., A Guide to United States Case Law under the Hague Convention on the Civil Aspects of International Child Abduction, 12 *Ybk. Priv.Int'l L.*139(2010).

Stewart, D.P., Recognition and Enforcement of Foreign Judgments in the

United States, 12 *Ybk.Priv.Int'l L.*179(2010).

STARK, B., International Surrogacy: Transnational Surrogacy and International Human Rights Law, 18 *ILSA J.Int'l & Comp.L.*369(2012).

STEINMAN, A., The Meaning of McIntyre, 18 *Sw.J.Int'l L.* 417(2012).

Stiggelbout, M., The Recognition in England and Wales of United States Judgments in Class Actions, 52 *Harv.Int'l L.J.* 433(2011).

STOKES, D., Cyprus Trusts: Cyprus-Reform of the International Trusts Law, 27 *J.Int'l Banking L. & Reg.* 102(2012).

STRUYCKEN, A.V.M., Codification of Private International Law: Efforts in the Netherlands, Book 10 Civil Code, 39 *Int'l J.Legal Info.*287 (2011).

Stute, D.J., Privacy Almighty? The CJEU' s Judgment in Google Spain SL v.AEPD, 36 *Mich.J.Int'l L.* 649(2015).

SUK, K.H., Recognition and Enforcement of Foreign Judgments in the Republic of Korea, 15 *Ybk.Priv.Int'l L.*421(2013-2014).

SÜRAL, C. & TARMAN, Z.D., Recognition and Enforcement of Foreign Court Decisions in Turkey, 15 *Ybk.Priv.Int'l L.* 485(2013-2014).

Svantesson, D.J.B., Recent Developments in Private International Law Applicable to the Internet, 15 *J.Internet L.*26(2011).

Symeonides, S.C., Choice of Law in the American Courts in 2010: Twenty-Fourth Annual Survey, 59 *Am.J.Comp.L.* 303(2011).

SYMEONIDES, S.C., Choice of Law in the American Courts in 2011: Twenty-Fifth Annual Survey, 60 *Am.J.Comp.L.*291(2012).

SYMEONIDES, S., Choice of Law in the American Courts in 2012: Twenty-Sixth Annual Survey, 61 *Am.J.Comp.L.*217(2013).

SYMEONIDES, S., The Hague Principles on Choice of Law for International Contracts: Some Preliminary Comments, 61 *Am.J.Comp.L.*873 (2013).

SYMEONIDES, S.C., Choice of Law in the American Courts in 2013: Twenty-Seventh Annual Survey, 62 *Am.J.Comp.L.*223(2014).

Symeonides, S.C., Choice of Law in the American Courts in 2014: Twenty-Eighth Annual Survey, 63 *Am.J.Comp.L.* 299 (2015).

Symeonides, S.C., Choice of Law in the American Courts in 2015: Twenty-Ninth Annual Survey, 64 *Am.J.Comp.L.*221 (2016).

Symeonides, S.C., The Choice-of-Law Revolution Fifty Years After Currie: An End and a Beginning, 2015 *U.Ill.L.Rev.*1847 (2015).

TARMAN, Z.D., The International Jurisdiction of Turkish Courts on Personal Status of Turkish Nationals, 14 *Ybk.Priv.Int'l L.*477 (2013).

Tassis, S. & Peristeraki, M., The Extraterritorial Scope of the "Right to Be Forgotten" and How This Affects Obligations of Search Engine Operators Located Outside the EU, 2 *Eur.Net-works L. & Reg.Q.*244 (2014).

TEN WOLDE, M., Codification and Consolidation of Dutch Private International Law: The Book 10 Civil Code of the Netherlands, 13 *Y.B.Priv. Int'l L.*389 (2011).

Tolani, M., U.S.Punitive Damages Before German Courts: A Comparative Analysis with Respect to the Ordre Public, 17 *Ann.Surv.Int'l & Comp.L.*185 (2011).

Torremans, P., Jurisdiction for Cross-Border Intellectual Property Infringement Cases in Europe, 53 *Common Mkt.L.Rev.* 1625 (2016).

Trimmings, K. & Beaumont, P., International Surrogacy Arrangements: An Urgent Need for Legal Regulation at the International Level, 7 *J.Priv.Int'l L.*627 (2011).

TRIMBLE, M., Extraterritorial Intellectual Property Enforcement in the European Union, 18 *Sw.J.Int'l L.*233 (2012).

Uhlířová, P., New Private International Law in the Czech Re-public, 16 *Y.B.Priv.Int'l L.* 469 (2014–2015).

van Loon, J.H.A., The Global Horizon of Private International Law, 380 *Recueil des cours* 9 (2016).

Viarengo, I., The Rome Ⅲ Regulation in Legal Practice: Case Law and Comments, *ERA-Forum* 547 (2015).

VOLOKH, E., Foreign Law in American Courts, 66 *Okla.L.Rev.* 219 (2014).

Wahab, M.S.A., Brexit's Chilling Effect on Choice of Law and Arbitration in the United Kingdom: Practical Re-flections between Aggravation and Alleviation, 33 *J.Int'l Arb.*463 (2016).

WASS, J., The Court's in Personam Juris-diction Cases Involving Foreign Land, 63 *Int'l & Comp.L.Q.*103 (2014).

Weber, J., Universal Jurisdiction and Third States in the Reform of the Brussels I Regulation, 75 *RabelsZ* 619 (2011).

Weller, M., Mutual Trust: In Search of the Future of European Union Private International Law, 11 *J.Priv.Int'l L.* 64 (2015).

Wells-Greco, M. & Dawson, H., Inter-Country Surrogacy and Public Policy: Lessons from the European Court of Human Rights, 16 *Y.B.Priv.Int'l L.*315 (2014–2015).

Wessels, B., The European Union Regulation on Insolvency Proceedings (Recast): The First Commentaries, 13 *Eur.Company L.*129 (2016).

WHYTOCK, C., CHILDRESS (D.) & RAMSEY (M.), After Kiobel—International Human Rights Litigation in State Courts and Under State Law, 3 *UC Irvine L.Rev.*1 (2013).

Williams, T.C., The American and European Revolutions on Choice of Law in Tort with Foreign Element: Case Studies for the Practice of Conflict of Laws in Nigeria, 2 *Int'l J.Humanities & Cultural Stud.*1 (2015).

WILSON, M., Improving the Process: Transnational Litigation and the Application of Private Foreign Law in U.S.Courts, 45 *N.Y.U.J.Int'l L. & Pol.*1111 (2013).

WINSHIP, V., Personal Jurisdiction and Corporate Groups: Daimler Chrysler AG v Bauman, 9 *J.Priv.Int'l L.*431 (2013).

Wong, J., BG Group v.Republic of Argentina: A Supreme Misunderstanding of Investment Treaty Arbitration, 43 *Pepp.L.Rev.*541 (2016).

WUERTH, I., Kiobel v.Royal Dutch Petroleum Co.: The Supreme Court and the Alien Tort Statute, 107 *Am.J.Int'l L.*601 (2013).

YEO, T.M., Recognition and Enforcement of Foreign Judgments in Singapore, 15 *Ybk.Priv.Int'l L.*451 (2013–2014).

Young, E.A., Universal Jurisdiction, the Alien Tort Statute, and Transnational Public-Law Litigation after Kiobel, 64 *Duke L.J.* 1023 (2015).

Zdenek, C., The United States versus Japan as a Lesson Commending International Mediation to Secure Hague Abduction Convention Compliance, 16 *San Diego Int'l L.J.*209 (2014).

后　　记

自改革开放以来，我国国际私法学界对国际前沿动态的研究一直比较重视。甚至可以说，与我国国内法其他领域（如民法、刑法、宪法等）相比，我国国际私法研究在改革开放初期一直保持着起点高的优势。只要查阅一下20世纪八九十年代的法学著作和期刊论文就可以发现，当我国国内法领域的大多数学者仍然主要依赖苏联和我国台湾地区的资料进行辛苦耕耘的时候，我国国际私法学界已经和国际最前沿领域直接进行对话。这应当归功于老一辈法学家的身体力行和积极倡导。韩德培教授对国际私法发展趋势的研究、[1]李浩培教授对国籍问题和国际民事诉讼法的研究、[2]李双元教授对国际私法统一化运动的研究[3]等都走在国际潮流的前沿。在他们的引领下，我国学者

---

〔1〕 韩德培：《国际私法的晚近发展趋势》，载《中国国际法年刊》1988年卷。

〔2〕 李浩培：《国籍问题的比较研究》，商务印书馆1979年版；李浩培：《国际民事程序法概论》，法律出版社1995年版。

〔3〕 李双元主编：《中国与国际私法统一化进程》，武汉大学出版社1993年第1版，1998年修订版。

对西方国际私法前沿领域的研究一直长盛不衰。[1]

然而，在进入21世纪之后，我国国际私法曾经拥有的这种先发优势逐渐丧失。随着大批海外留学人才的回归，国内各部门法学逐渐摆脱了片面依赖苏俄和台湾地区法学资源的局面，发展形势为之焕然一新。近年来，无论是宪法学界还是民商法、诉讼法或刑事法学界，学术研究可谓活力四射、日新月异。宪法学界规范宪法学派和政治宪法学派的武当少林之争，刑法学界实质刑法观和形式刑法观的南拳北腿之斗，民法学界由民法典引发的华山论剑，无不显示国内法学科的日渐成熟。一个学科成熟的标志，就是能够源源不断地提出可供学界讨论的话题，而且无论讨论什么问题，都有来自不同学派的学者进行针锋相对的、符合学术规范的激烈讨论。如果一个学科提不出可供讨论的话题，或者所提出的话题激发不了人们讨论的热情，甚至引发的仅仅是意气之争或一言堂，那么这个学科的发展就岌岌可危了。

我们不得不承认，无论是与国内法学界相比，还是与西方发达国家国际私法学界相比，我国国际私法近年来的研究虽然表面热闹，但内里显得有些不温不火，缺乏激情。其中一个表现就是，我国对国际私法的前沿问题研究方面还存在相当大的滞后性，在有些领域甚至长期存在空白。比如，对海牙国际私法会议通过的一系列重要公约，我国一直缺乏专门的研究。对北欧、南欧、东欧和拉美国家国际私法的研究也一直付诸阙如。甚至对同属我国的香港地区和台湾地区的冲突法都缺乏系统的研究，另外，即使是已有的研究成果，也缺乏必要的后续跟踪研究，这对我国国际私法立法和司法实践都带来了不利影响。以《涉外民事关系法律适用法》的立法为例，该法中很多新的规定之所以引发

---

〔1〕 改革开放以来，我国出版了一大批国外国际私法研究专著，如邓正来：《美国现代国际私法流派》，法律出版社1987年版；张翔雨：《现代美国国际私法学说研究》，武汉大学出版社1986年版；韩德培、韩健：《美国国际私法（冲突法）导论》，法律出版社1994年版；陈卫佐：《瑞士国际私法法典研究》，法律出版社1997年版；刘仁山：《加拿大国际私法研究》，法律出版社2001年版；董丽萍：《澳大利亚国际私法研究》，法律出版社1999年版；袁泉：《荷兰国际私法研究》，法律出版社2000年版；张茂：《美国国际民事诉讼法》，中国政法大学出版社1999年版；肖永平主编：《欧盟统一国际私法研究》，武汉大学出版社2002年版；孙劲：《美国的外国法院判决承认与执行制度研究》，中国人民公安大学出版社2003年版；杜涛：《德国国际私法：理论、方法和立法的变迁》，法律出版社2006年版；邹国勇：《德国国际私法的欧盟化》，法律出版社2007年版；王承志：《美国冲突法重述之晚近发展》，法律出版社2006年版；欧福永：《英国民商事管辖权制度研究》，法律出版社2004年版；朱伟东：《南非共和国国际私法研究》，法律出版社2006年版；陈小云：《英国国际私法本体研究》，知识产权出版社2008年版；邹龙妹：《俄罗斯国际私法研究》，知识产权出版社2008年版等。

了学界质疑，就是因为前期缺乏对国外相关领域的深入比较研究，导致在国内学界形成了一些不全面的认知，最终给立法者也造成了一定误导。

以属人法问题为例，近年来，我国国际私法学界兴起了一股否定国籍原则的潮流。近二十年来国际私法学者所发表的几乎所有论及属人法问题的论文和著作，都一边倒地对国籍原则提出批判，主张采用经常居所原则。[1]我国国际私法学界联合起草的《中华人民共和国国际私法示范法》、全国人大常委会法工委委托起草的《民法典》草案第九编以及全国人大常委会法工委内部起草的《涉外民事关系法律适用法(草案)》都试图改变我国传统的国籍原则，转而采用经常居所原则。[2]2010年8月28日通过的《涉外民事关系法律适用法》最终也大势所趋，经常居所[3]终于彻底取代国籍，成为我国国际私法中新的属人法连结点。然而，如果我们对国外相关理论和实践的发展有更深入了解的话，就不会产生这样的错觉了。国外围绕着国籍原则和住所原则(包括经常居

〔1〕 宋航:《属人法的发展趋向及其在中国的适用》，载《安徽大学学报》(哲学社会科学版)1997年第1期;刘益灯:《惯常居所:属人法趋同化的必然选择》，载《中南工业大学学报》(社会科学版)2002年第3期;王霖华:《关于我国自然人属人法制度的思考》，载《广州大学学报》2004年第3期;江茹娇:《从国际属人法的发展谈我国有关冲突规范的完善》，载《铜陵学院学报》2005年第2期;单海玲:《论涉外民事关系中住所及惯常居所的法律适用》，载《比较法研究》2006年第2期;杜焕芳:《论惯常居所地法及其在中国的适用》，载《政法论丛》2007年第5期;贺连博:《两大法系属人法分歧及我国属人法立法完善》，载《烟台大学学报》(哲学社会科学版)2008年第2期;袁发强:《属人法的新发展:当事人所在地法》，载《法律科学》2008年第1期。

〔2〕《中华人民共和国国际私法示范法》(2000年版)第65条:"自然人权利能力，适用其住所地法或惯常居所地法";第67条:"自然人行为能力，适用其住所地法或惯常居所地法。"《民法典》草案第九编(2002年版)第20条规定:"自然人的民事权利能力和民事行为能力，适用其住所地法律或者经常居住地法律"。2010年10月28日通过的《涉外民事关系法律适用法》第11条:"自然人的民事权利能力，适用经常居所地法律。"第12条:"自然人的民事行为能力，适用经常居所地法律"。《涉外民事关系法律适用法》其他条文中凡是涉及自然人属人法的，均以经常居所作为首要联结点，国籍几乎被全部取代。

〔3〕 我国国际私法学界多将habitual residence译为"惯常居所"，《涉外民事关系法律适用法》采用"经常居所"这一用语，为统一起见，笔者均使用"经常居所"，其含义等同于"惯常居所"。

所原则）一直存在激烈的争论。[1]但他们讨论的结果并非像我国这样最终形成一边倒局面，而是形成了国籍、住所和经常居所各得其所的较为理性的结构安排，而并非某一原则独统天下。

再以意思自治原则为例，我国近年来的学界理论也几乎成一边倒之势，鼓吹意思自治原则的扩张。但似乎很少有人注意到国外学界对意思自治原则的强烈批判。[2]尤其是在物权国际私法领域，西方学者对意思自治原则的态度更显理性和审慎。[3]

当然，我国国际私法面临的一些困境是我国现有国情所导致的。我们都知道，在美国和欧洲很多国家都有一批毕生从事中国法研究的“中国通”。但是我国现有的学术研究和学术评价体制下很难产生类似的“美国通”或“欧洲通”。在我国，研究外国法似乎难登大雅之堂。我国现在广泛推行权威期刊和核心期刊制度，但越是所谓的权威期刊，越是不愿意发表外国法和比较法论文；相反，它们宁愿发表研究几千年前的秦汉法律史的论文。另外，我国现在的法学期刊都是综合性的，极度缺乏专业性法学刊物。尤其是在国际法和比较法领域，专业期刊的匮乏导致我国比较法研究的极度虚弱。反观美国，以国

---

〔1〕 有关这场大讨论的各种观点参见Sevold Braga, Staatsangehörigkeits oder Wohnsitzprinzip? *RabelsZ*, vol.18（1953）, S.227; Nadelmann, Manncini' s Nationality Rule and Non-Unified Legal Systems, Nationality versus Domicile, *American Journal of Comparative Law*, vol.17（1969）, pp.418-451; Drobnig, Verstößt das Staatsangehörigkeitsprinzip gegen das Diskriminierungsverbot des EWG-Vertrages? *RabelsZ*, vol.34（1970）, SS.636-662; de Winter, Nationality or Domicile? *Recueil des Cours*, vol.Ⅲ（1969）, pp.347-503; Kropholler, Vom Staatsangehörigkeits-zum Aufenthalsprinzip, *Juristische Zeitung*（1972）, S.16f; Bucher, Staatsangehörigkeits-und Wohnsitzprinzip, Eine rechtsvergleichende Übersicht, *Schweizerisches Jahresbuch für Internationales Recht*, vol.28（1972）, SS.76-160; Graue, Domicil, Nationality and the Proper Law of the Person, *German Yearbook of International Law*, vol.19（1976）, pp.254-277; Mansel, *Personalstatut, Staatsangehörigkeit und Effektivität*, München（1988）, SS.56-82; Jayme/Mansel（Hrsg.）, *Nation und Staat im IPR*, 1990; Westenberg, *Staatsangehörigkeit im schweizerischen IPRG*, Zürich（1992）; Fischer, Die Entwicklung des Staatsangehörigkeitsprinzips in den Haager Übereinkommen, *RabelsZ*, vol.57（1993）, SS.1-25; Schockweler, Habitual Residence as a Connecting Factor in questions of Personal Status under Luxembourg Law, *Netherlands International Law Review* 1993, pp.115-128; Rohe, Staatsangehörigkeit oder Lebensmittelpunkt? Anknüpfungsgerechtigkeit im Lichte neuerer Entwicklungen, *FS Rothoeft*（1994）, SS.1-39。在德国，Kegel、Jayme、Mansel、Kropholler、Rauscher等著名学者都是国籍原则的坚定支持者；汉堡马普所所长Basedow教授支持经常居所原则，参见J.Basedow, Das Staatsangehörigkeitsprinzip in der EU, *IPRax* 2011, Heft 2, S.109。

〔2〕 Geisela Rühl, Die Kosten der Rechtswahlfreiheit, *RabelsZ* 71（2007）, S.559ff.

〔3〕 Roel Westrik/Jeroen van der Weide（eds.）, *Partr Autonomy in International Property Law*, Munich 2011.

际法或比较法命名的学术期刊就不下数十种。[1]很多法学院主办的法律评论也经常发表比较法和国际私法方面的论文。在欧洲，国际私法和比较法专业期刊也比比皆是。[2]在这样相对不利的局面下，如果我国国际私法学界身处危境而不自知，不注重自身的学术创新，不重视培养新人，国际私法将来被排除出法学主流阵营也并非杞人忧天。2012年《民事诉讼法》的修订就把国际私法学者排除在外，这给我们敲响了警钟。

近年来，围绕着《涉外民事关系法律适用法》的立法，我国国际私法学界

〔1〕 美国著名的比较法刊物有美国比较法学会主办的American Journal of Comparative Law以及美国国际法学会主办的American Journal of International Law 和ILSA Journal of International and Comparative Law；另外，美国很多大学法学院都主办有专业性国际法和比较法刊物，比如 American University International Law Review, Arizona Journal of International and Comparative Law, Berkeley Journal of International Law, Boston College International and Comparative Law Review, Brooklyn Journal of International Law, Buffalo Journal of International Law, California Western International Law Journal, Cardozo Journal of International and Comparative Law, Chicago Journal of International Law, Columbia Journal of Transnational Law, Connecticut Journal of International Law, Cornell International Law Journal, Creighton International and Comparative Law Journal, Denver Journal of International Law and Policy, Duke Journal of Comparative and International Law, Emory International Law Review, Florida Journal of International Law, Florida International Law Review, Fordham International Law Journal, Georgetown Journal of International Law, Georgia Journal of International and Comparative Law, Harvard International Law Journal, Hastings International and Comparative Law Review, Houston Journal of International Law, Indiana International & Comparative Law Review, International Business Law Journal, Journal of International Economic Law, Loyola of Los Angeles International and Comparative Law Review, Loyola University Chicago International Law Review, Maryland Journal of International Law, Michigan Journal of International Law, Michigan State International Law Review, Minnesota Journal of International Law, New York Law School Journal of International and Comparative Law, Northwestern Journal of International Law & Business, Notre Dame International and Comparative Law Journal, Oregon Review of International Law, Pace International Law Review, Regent Journal of International Law, Santa Clara Journal of International Law, Southwestern Journal of International Law, Stanford Journal of International Law, Suffolk Transnational Law Review, Temple International & Comparative Law Journal, Texas International Law Journal, Tulane Journal of International and Comparative Law, Tulsa Journal of Comparative & International Law, University of Miami International and Comparative Law Review, University of Pennsylvania Journal of International Law, Vanderbilt Journal of Transnational Law, Virginia Journal of International Law, Wisconsin International Law Journal, Yale Journal of International Law, etc.

〔2〕 英国的International and Comparative Law Quarterly, Journal of Private International Law；法国的Journal de droit international, *Revue Critique de Droit International Privé*；荷兰的Recueil des cours de l' academie de droit international, Nederlands Internationaal Privaatrecht, Netherlands International Law Review, Maastricht Journal of European and Comparative Law；德国的Rabels Zeitschrift fuer auslaendisches und internationals Privatrecht, Praxis des Internationalen Privat-und Verfahrensrechts；瑞士的Yearbook of Private International Law；意大利的*Rivista di diritto internazionale privato e processuale*等。

虽然提出了一些与主流理论不相一致的观点，但结果也并不令人满意。笔者深感，要想改变学术研究的片面化局面，只有扩大我们的学术视野。虽然在当今电子化时代，获取国外信息仅是举手之劳，但学术研究需要一个学者踏踏实实地从基础工作做起，寒灯枯坐、皓首穷经，一点一滴，聚沙成塔。

为了力所能及地改变一下这种境况，笔者萌发了撰写国外国际私法前沿动态年度报告的念头，并从2012年起付诸实施。截至2017年，笔者已经撰写了五篇年度报告，并分别提交给每年的国际私法年会供学界参考。令笔者感到欣慰的是，这几篇报告得到我国国际私法学界的一致好评。黄进会长多次给予笔者鼓励，并支持笔者负责组建了国际私法前言问题研究专题委员会。在每年的国际私法年会上，笔者也应邀就该此做专题报告。《国际法研究》杂志社的沈涓老师和李庆明副研究员也没有嫌弃本报告过于冗长，从2015年起开始在该杂志上连续刊发年度报告。其中，2015年度的报告还被《复印报刊资料·国际法学》全文转载。这充分体现了中国学术界旺盛的生命力，让笔者对中国国际私法的未来发展充满了希望。

需要说明的是，由于此项工作涉及面太广，每一期报告都不可能面面俱到。而且由于笔者视野和能力有限，研究范围不可能涵盖世界所有国家，也不涉及有关国家国际私法的全貌，而仅关注笔者认为与国内研究热点相关联的重要问题，尤其关注最新的立法动态和判例实践，也适当涉及当年出版的重要著作或论文的点评。

2017年恰逢华东政法大学65周年校庆。校领导本着勤俭办校庆、学术办校庆的理念，出版了这套校庆文丛。乘此契机，笔者希望把过去五年来发表的五篇报告汇集成册。感谢校领导对国际私法的重视，同时也感谢《中国国际私法和比较法年刊》和《国际法研究》编辑部的授权，使笔者的愿望得以实现。

学海无涯苦作舟。笔者希望在有生之年能够把这项工作继续做下去。随着国家"一带一路"倡议的实施，国际私法将进入一个黄金年代。我国正在进行的《民法典》编纂也将把涉外民事关系纳入其中。笔者衷心希望这项研究工作能够为我国国际私法的进步提供一些有益的帮助。

2017年7月1日

图书在版编目（CIP）数据

国际私法国际前沿年度报告. 2011～2016 / 杜涛著
.—北京：法律出版社，2017
（华东政法大学65周年校庆文丛）
ISBN 978-7-5197-1351-5

Ⅰ.①国…　Ⅱ.①杜…　Ⅲ.①国际私法—研究报告—2011-2016　Ⅳ.①D997

中国版本图书馆CIP数据核字（2017）第217924号

国际私法国际前沿年度报告（2011～2016）
GUOJI SIFA GUOJI QIANYAN NIANDU BAOGAO
（2011～2016）

杜　涛　著

策划编辑　黄琳佳
责任编辑　黄琳佳
装帧设计　汪奇峰

出版　法律出版社
总发行　中国法律图书有限公司
经销　新华书店
印刷　固安华明印业有限公司
责任校对　王沁陶
责任印制　陶　松

编辑统筹　学术·对外出版分社
开本　720毫米×960毫米　1/16
印张　18.25
字数　280千
版本　2017年10月第1版
印次　2017年10月第1次印刷

法律出版社 / 北京市丰台区莲花池西里7号（100073）
网址 / www.lawpress.com.cn
投稿邮箱 / info@lawpress.com.cn
举报维权邮箱 / jbwq@lawpress.com.cn
销售热线 / 010-63939792
咨询电话 / 010-63939796

中国法律图书有限公司 / 北京市丰台区莲花池西里7号（100073）
全国各地中法图分、子公司销售电话：
统一销售客服 / 400-660-6393
第一法律书店 / 010-63939781/9782　西安分公司 / 029-85330678　重庆分公司 / 023-67453036
上海分公司 / 021-62071639/1636　深圳分公司 / 0755-83072995

书号：ISBN 978-7-5197-1351-5　**定价**：56.00元